U0554440

BLUE BOOK

智 库 成 果 出 版 与 传 播 平 台

中国社会科学院创新工程学术出版资助项目

日本经济蓝皮书
BLUE BOOK OF JAPANESE ECONOMY

日本经济与中日经贸关系研究报告（2025）

ANNUAL REPORT ON JAPANESE ECONOMY
AND SINO-JAPANESE ECONOMIC & TRADE RELATIONS (2025)

世界经济格局变化下的日本经济
The Japanese Economy under the Changing Global Economic Situation

组织编写 / 全国日本经济学会
中国社会科学院日本研究所

主　编 / 闫　坤
副主编 / 李清如

社会科学文献出版社
SOCIAL SCIENCES ACADEMIC PRESS（CHINA）

图书在版编目（CIP）数据

日本经济与中日经贸关系研究报告 . 2025：世界经
济格局变化下的日本经济／闫坤主编；李清如副主编 .
北京：社会科学文献出版社，2025.9. --（日本经济蓝
皮书）. --ISBN 978-7-5228-5899-9

Ⅰ. F131. 34；F125. 531. 3

中国国家版本馆 CIP 数据核字第 2025FC5702 号

日本经济蓝皮书

日本经济与中日经贸关系研究报告（2025）
——世界经济格局变化下的日本经济

主　　编／闫　坤
副 主 编／李清如

出 版 人／冀祥德
责任编辑／王晓卿
责任印制／岳　阳

出　　版／社会科学文献出版社·文化传媒分社（010）59367156
　　　　　地址：北京市北三环中路甲 29 号院华龙大厦　邮编：100029
　　　　　网址：www. ssap. com. cn
发　　行／社会科学文献出版社（010）59367028
印　　装／三河市东方印刷有限公司

规　　格／开　本：787mm×1092mm　1/16
　　　　　印　张：22　字　数：332 千字
版　　次／2025 年 9 月第 1 版　2025 年 9 月第 1 次印刷
书　　号／ISBN 978-7-5228-5899-9
定　　价／168. 00 元

读者服务电话：4008918866

日本经济蓝皮书
编 委 会

主编和副主编简介

闫　坤　女，1964 年 8 月出生，辽宁大连人。1997 年毕业于中国社会科学院研究生院财贸经济系，获经济学博士学位。现为中国社会科学院日本研究所党委书记、二级研究员，中国社会科学院大学应用经济学院教授、博士生导师，全国日本经济学会会长。享受国务院政府特殊津贴专家，"新世纪百千万人才工程"国家级人选。主要研究领域为宏观经济理论与政策、日本经济等。在《中国社会科学》《经济研究》《管理世界》等学术杂志上发表论文 200 余篇，近期代表性作品有：《"失去"的日本经济：事实、原因及启示》（载于《日本学刊》2022 年第 5 期，第一作者）、《中国式分权、财政纵向失衡与基本公共服务供给研究》（载于《经济学动态》2022 年第 12 期，第一作者）、《日本收入差距与分配制度及其对中国共同富裕的借鉴》（载于《全球化》2024 年第 3 期，第一作者）、《以深化改革推动形成与数字经济时代相适应的生产关系》（载于《经济研究》2024 年第 8 期，第一作者）、《中国农业减污降碳协同效应的量化评估与动态演化——基于边际减排成本的分析》（载于《中国农村经济》2024 年第 9 期，第一作者）、《全球化浪潮中的"日本式衰退"：对中国的借鉴与启示》（当代中国出版社，2024 年 4 月出版，第一作者）。

李清如　女，1986 年 5 月出生，山东济南人。2014 年 6 月毕业于对外经济贸易大学国际经济贸易学院，获经济学博士学位。现为中国社会科学院日本研究所研究员，中国社会科学院大学国际政治经济学院教授，全国日本经济学会秘书长。主要研究领域为国际贸易与投资、东亚经济、区域经济合作等。近期代表性作品有:《日本消费税改革研究》(社会科学文献出版社,2021年3月出版,独著)、《日本强化与中东欧经贸关系的动因、布局及影响》(载于《日本学刊》2021年第1期,独著)、《碳中和目标下日本碳定价机制发展动向分析》(载于《现代日本经济》2022年第3期,独著)、《日本育儿税收支持政策的制度设计及对中国的启示》(载于《妇女研究论丛》2023年第2期,独著)、《国际变局下日本经济形势分析与展望》(载于《东北亚学刊》2024年第2期,独著)等。

摘　要

本报告对日本宏观经济运行情况、日本经济政策重点方面以及日本经济走向进行系统分析与展望。2024 年，日本经济呈现复苏趋势，但步伐较为缓慢。受通货膨胀因素的影响，2024 年日本名义 GDP 超过 600 万亿日元，达到有统计以来的最高值，但实际 GDP 增长率仍然较低，保持超低速增长状态。就业环境改善促进消费复苏，与半导体、节省人力相关的企业设备投资需求也在增加，但出于对物价上涨的强烈警惕，内需仍处于弱势水平；日元贬值带动出口增长，受益于海外投资收益和入境游客消费增长，经常收支顺差显著扩大；日本央行对货币政策做出重大调整，历时八年的负利率时代宣告结束。在经历政权更迭后，日本新任石破茂政府出台任期内首个经济刺激计划，强调向"成长型"经济过渡，增加全体国民的工资和收入，促进地方经济振兴，重点扶持半导体、生成式人工智能产业的发展。继 2023 年日本名义 GDP 规模被德国超过之后，2024 年日本名义 GDP 规模仍小于德国，为世界第四大经济体。展望日本经济走势，从短期来看，日本经济将会继续维持复苏基调，但面临较大的不确定性；从中长期来看，日本经济社会的深层次结构性问题仍难解决，日本政府也在尝试进行适应性调整，可以预见日本将在较长时期内处于一个结构性问题深化和适应性调整并行的状态。

本报告以"世界经济格局变化下的日本经济"为主题，设有"总报告""分报告""世界经济格局变化下的日本经济"三个栏目。全书以总报告为基础，对日本财政、金融、产业以及对外经济关系的动态变化、存在问题、未来走势进行全方位分析与展望，并重点探讨中日经贸合作面临的新机遇和

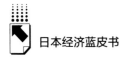

新挑战。同时，在复杂演变的世界经济格局下，日本经济各方面也在不断做出调整，呈现新的趋势。基于此，本报告对日本经济转型的新特征与新趋势、日本与东亚经贸结构变化、日本蓄电池矿产供应链安全问题、日本发展生物经济的战略动向与实现路径、日本绿色金融的发展与问题、日本生成式人工智能产业的现状与趋势、日本预算绩效管理改革的动向与特点、日本房地产市场升温的原因及可持续性、日美半导体合作的动向及影响、日本高质量基础设施合作伙伴关系战略在东南亚的新进展及其影响、全球南方视域下日本对非洲经济外交转型等课题进行了具体、深入的探讨，以期为相关领域的政策制定提供参考，并为相关学术研究提供新视角和新思路。

关键词：日本经济　中日经贸关系　经济政策　产业变革　经济安全

目　录 ⟍⟍

I　总报告

II　分报告

III　世界经济格局变化下的日本经济

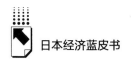

皮书数据库阅读**使用指南**

B.1

内外压力下的艰难复苏：
2024年日本经济形势与展望

闫 坤　李清如*

摘　要： 2024年，日本经济呈现复苏趋势，但步伐较为缓慢。受通货膨胀因素影响，2024年日本名义GDP超过600万亿日元，达到自有统计以来的最高值，但实际GDP增长率仍然较低，保持超低速增长状态。就业环境改善促进消费复苏，与半导体、省人力相关的企业设备投资需求也在增加，但出于对物价上涨的强烈警惕，内需仍处于弱势水平；日元贬值带动出口增长，受益于海外投资收益和入境游客消费，经常收支顺差显著扩大；日本央行对货币政策做出重大调整，历时八年的负利率时代宣告结束。在经历政权更迭后，日本新任石破茂政府出台任期内首个经济刺激计划，强调向"成长型"经济过渡，增加全体国民的工资和收入，促进地方经济振兴，重点

---

* 闫坤，经济学博士，中国社会科学院日本研究所党委书记、二级研究员，全国日本经济学会会长，主要研究领域为宏观经济理论与政策、日本经济；李清如，经济学博士，中国社会科学院日本研究所研究员、全国日本经济学会秘书长，主要研究领域为国际贸易与投资、区域经济合作、东亚经济等。

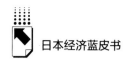

扶持半导体、生成式人工智能产业的发展。继 2023 年日本名义 GDP 规模被德国超过之后，2024 年日本名义 GDP 规模仍小于德国，为世界第四大经济体。展望日本经济走势，从短期来看，日本经济将会继续维持复苏基调，但面临较大的不确定性；从中长期来看，日本经济社会的深层次结构性问题仍难解决，日本政府也在尝试进行适应性调整，可以预见日本经济将在较长时期内处于一个结构性问题深化和适应性调整并行的状态。

关键词： 日本经济　私人消费　企业投资　通货膨胀　经济政策

2024 年，在内外复杂环境下，日本经济继续保持着恢复基调，但也面临较大压力。各季度经济增长率上下起伏，物价和汇率持续波动，不确定性预期使居民和企业消费与投资更加谨慎，外需拉动经济增长的趋势并不稳定。石破政府出台上任后首个经济刺激计划，名为"面向国民安心、安全和持续增长的综合经济对策"，旨在推动日本向以增加工资收入和扩大投资带动经济增长的"成长型"经济模式过渡，但日本社会质疑其经济效果可能有限。2024 年，日本名义 GDP 折算为美元的规模仍低于德国，在世界经济排名中位列第四。展望日本经济的未来走势，就业环境改善、投资需求增加、访日游客消费扩大、出口贸易增长，可为日本经济复苏提供助力，但同时，美国贸易保护主义升级、国际政治局势紧张、全球供应链震荡、世界经济增速减缓，这些因素也会对日本经济复苏造成较大压力。日本经济的走向对世界经济、中日经济关系均可能产生一定程度的影响。基于此，本报告拟对 2024 年日本经济形势、日本经济政策重点方向以及日本经济走向做深入探讨。

一　日本经济形势与现状

2024 年国际政治经济形势波动和国内外需求变化对日本经济造成深刻

影响，日本宏观经济、消费与投资、对外贸易与经常收支、汇率等多方面均呈现一些新的动向。拉动经济增长的内需和外需并不稳定，虽然实际收入下降的趋势得以缓解，但物价上涨仍给企业生产和居民生活带来很大压力，日本央行退出实施多年的负利率政策并逐步上调利率，如何促进工资与物价的良性循环依然是日本政府面临的重要课题。

（一）宏观经济形势

总体来看，2024年，日本经济显现出复苏趋势，但经济增速仍在低位徘徊。根据日本内阁府发布的国内生产总值（GDP）统计数据，如图1所示，2024年，日本实际GDP增长率为0.1%，呈现超低速增长的状态。在泡沫经济破灭后的30多年（1992~2024年）中，日本实际GDP年均增长率仅为0.8%，这与高速增长期（1956~1973年）的平均增速（9.3%）和中速增长期（1974~1991年）的平均增速（4.0%）形成鲜明对比。

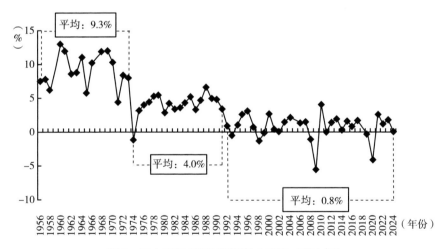

图1　日本实际GDP增长率（1956~2024年）

资料来源：1956~2023年数据来自内阁府「令和6年度年次经济财政报告—热量あふれる新たな经济ステージへ—（令和6年8月2日）」、https：//www5. cao. go. jp/j-j/wp/wp-je24/index. html；2024年数据来自内阁府「四半期别GDP速报2024年10~12月期1次速报值（2025年2月17日公表）」、https：//www. esri. cao. go. jp/jp/sna/data/data_list/sokuhou/files/2024/qe244/gdemenuja. html。最后访问日期：2025年2月20日。

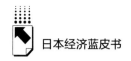

　　从 GDP 规模来看，2024 年，日本实际 GDP 为 557.4 万亿日元，受通货膨胀因素影响，名义 GDP 达到 609.3 万亿日元。这是日本名义 GDP 自有统计以来首次超过 600 万亿日元，创历史最高纪录。实际上，名义 GDP 超过 600 万亿日元是 2015 年安倍政府时期作为"新三支箭"的目标提出来的。所谓"新三支箭"，是在"安倍经济学"的原"三支箭"，即"大胆的货币政策""灵活的财政政策""刺激民间投资的增长战略"的基础上进一步进行拓展。"新三支箭"分别为"孕育希望的强大经济"、"构筑梦想的育儿支援"以及"令人安心的社会保障"，分别对应"战后最高的名义 GDP 600 万亿日元"、"总和生育率 1.8"以及"工作和照顾老人能够两立"的政策目标。然而，由于日本国内经济低迷，实现这一目标花费了九年之久。从更长的时间周期来看，日本名义 GDP 在 1992 年超过 500 万亿日元，但是由于泡沫经济崩溃后经济长期低增长，时隔 32 年才超过 600 万亿日元。①

　　从国际比较来看，受日元贬值影响，2024 年按美元换算的日本名义 GDP 约为 4.07 万亿美元，低于美国（29.17 万亿美元）、中国（18.27 万亿美元）、德国（4.71 万亿美元）的水平。2010 年，日本经济规模被中国超越，世界经济排名从第二位降至第三位；2023 年，日本又被德国超越，排名下降至第四位；2024 年，日本的世界经济排名维持在第四位。②

　　再看一下日本实际 GDP 的季度变化情况。自 2019 年第四季度以来，日本实际 GDP 季度增长率一直围绕着 0 上下波动。其中，2019 年第四季度受消费税增税的影响，个人消费大幅萎缩，实际 GDP 增长率下降至-2.9%，换算成年率为-11.1%。2020 年，新冠疫情对日本经济造成严重冲击，各季度经济增长率大起大落，其中第二季度实际 GDP 增长率下降至-7.6%，换

---

① 数据来自内阁府「四半期別 GDP 速報 2024 年 10~12 月期 1 次速報値（2025 年 2 月 17 日公表）」，https://www.esri.cao.go.jp/jp/sna/data/data_list/sokuhou/files/2024/qe244/gdemenuja.html. 最后访问日期：2025 年 2 月 20 日。

② International Monetary Fund, "World Economic Outlook, October 2024: Policy Pivot, Rising Threats", https://www.imf.org/en/Publications/WEO/Issues/2024/10/22/world - economic - outlook-october-2024. 最后访问日期：2025 年 2 月 20 日。

算成年率为-27.1%；第三季度出现恢复性增长，实际 GDP 增长率为 5.4%，换算成年率为 23.5%。进入 2021 年之后，新冠疫情所造成的冲击有所减缓，2022 年和 2023 年逐步实现经济社会活动的正常化，各季度经济增长率不再出现大幅波动，但仍难以保持连续几个季度的正增长，而是呈现正负增长交替的局面，说明经济并没有进入稳定的增长轨道。如图 2 所示，2024 年第一、二、三、四季度，实际 GDP 环比增长率（季节调整值）分别为-0.5%、0.7%、0.4%、0.7%，换算成年率分别为-1.9%、3.0%、1.7%、2.8%。可以看出，后三个季度经济保持连续正增长，且从规模来看，第四季度实际 GDP（季节调整值）超过 560 万亿日元，为近年来的最高水平，说明经济出现复苏的趋势。然而，日本国内需求依旧低迷，复杂的国际局势和特朗普政府贸易保护主义的升级导致外部需求也存在很大的不确定性，日本经济复苏的这一稳定趋势是否能够持续仍是未知数。

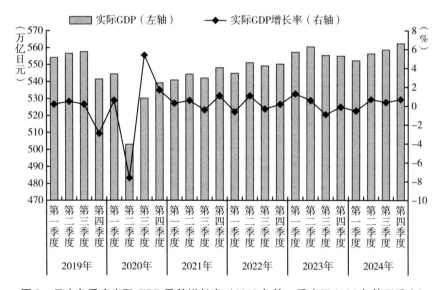

图 2　日本各季度实际 GDP 及其增长率（2019 年第一季度至 2024 年第四季度）

注：实际 GDP 为季节调整值，增长率为环比增长率（季节调整值）。

资料来源：内阁府「四半期别 GDP 速报 2024 年 10~12 月期 1 次速报值（2025 年 2 月 17 日公表）」、https：//www.esri.cao.go.jp/jp/sna/data/data_list/sokuhou/files/2024/qe244/gdemenuja. html。最后访问日期：2025 年 2 月 20 日。

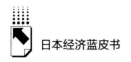

（二）消费和投资形势

私人消费和企业设备投资是日本内需的两大支柱。自 20 世纪 90 年代初以来，私人消费在日本实际 GDP 中所占比重总体保持在 55%~60% 之间，但 2019 年以后出现下降趋势，基本处于 53%~54% 的水平，反映出民间消费持续低迷的现象；企业设备投资在日本实际 GDP 中所占比重总体保持在 15%~17% 之间，近年来这一比例较为稳定。

根据日本内阁府的统计数据，2024 年，日本私人消费在实际 GDP 中所占比重为 53.4%，实际增长率为 -0.1%，属于较低水平，说明私人消费复苏仍然面临较为困难的局面。2024 年，日本企业设备投资在实际 GDP 中所占比重为 16.6%，实际增长率为 1.2%。这一方面反映出受益于日元贬值带来的出口扩大和海外投资收益的增加，一部分企业盈利状况改善从而产生扩大设备投资的需求；另一方面是由于日本国内外对半导体生产设备和零部件的需求均在增加，同时在人口少子老龄化情况下企业也出现不断加大对省人力、自动化设备投资的倾向。此外，在 GDP 的构成要素中，政府消费近年来在 GDP 中所占比重有所上升，2024 年，日本政府消费在实际 GDP 中所占比重为 21.4%，实际增长率为 0.9%；民间住宅投资曾在日本 GDP 中占据非常重要的地位，但自 20 世纪 90 年代初以来一直呈下降趋势，2024 年，日本民间住宅投资在实际 GDP 中所占比重仅为 3.3%，实际增长率为 -2.3%；公共投资自 20 世纪 90 年代初以来也总体处于下降状态，2024 年，日本公共投资在实际 GDP 中所占比重为 4.7%，实际增长率为 -0.9%。[①]

虽然整体复苏困难，但从各季度来看，私人消费还是出现了一些复苏的迹象。根据日本内阁府的统计数据，2024 年第一、二、三、四季度，日本私人消费环比实际增长率（季节调整值）分别为 -0.5%、0.7%、0.7%、0.1%，换算成年率分别为 -2.1%、3.0%、3.0%、0.5%；企业设备投资环

---

① 内阁府「四半期别 GDP 速报 2024 年 10~12 月期 1 次速报值(2025 年 2 月 17 日公表)」，https://www.esri.cao.go.jp/jp/sna/data/data_list/sokuhou/files/2024/qe244/gdemenuja.html。最后访问日期：2025 年 2 月 20 日。

比实际增长率（季节调整值）分别为 -0.4%、1.1%、-0.1%、0.5%，换算成年率分别为 -1.4%、4.4%、-0.3%、1.9%。[①] 可以看出，后三个季度，私人消费连续保持正增长。这一方面是由于日本政府一些刺激消费的政策起到一定的作用，例如，对低收入家庭和育儿家庭发放补贴、对居民购买空调和冰箱等大型节能家电提供补贴等；另一方面，也与物价上涨幅度收窄和实际工资下降趋势得以缓解有很大关系。

从内需和外需对经济的拉动作用来看，如图 3 所示，内需在 2024 年第二、三季度对实际 GDP 起到正向拉动作用，对实际 GDP 增长率的贡献度分别为 1.1%、0.5%，在第一、四季度则对实际 GDP 起到负向拉动作用，对实际 GDP 增长率的贡献度分别为 -0.2%、-0.1%；外需（净出口）在第一、二、三季度对实际 GDP 增长率的贡献度均为负，第四季度则转为正值。从全年来看，2024 年，内需对实际 GDP 增长率的贡献度为 0.2%，外需为 -0.1%。这说明了以下几方面问题。一是从整体来看，内需和外需均不强劲，因此导致全年实际 GDP 增长率仅为 0.1% 的超低水平。二是从趋势来看，如图 3 所示，2019 年以来，内需和外需对经济的拉动作用并不稳定，贡献度时正时负，波动比较大，这与消费税增税、疫情冲击、日元贬值、物价上涨等一系列因素有关。三是以私人消费和企业设备投资为代表的内需确实出现一定程度的复苏，但这一趋势能否持续还是未知数。这主要是因为：一方面经济预期的不确定性对居民和企业需求起到一定的抑制作用；另一方面虽然物价上涨幅度收窄，但居民和企业对物价上涨存在很大的警惕性，这也在一定程度上抑制了居民消费和企业投资。

（三）物价与就业形势

从物价变化情况来看，受地缘政治冲突、国际大宗商品价格上涨以及日元贬值等因素的影响，自 2022 年初以来，日本国内消费者价格指数（CPI）

---

① 内阁府「四半期别 GDP 速报 2024 年 10~12 月期 1 次速报值（2025 年 2 月 17 日公表）」，https://www.esri.cao.go.jp/jp/sna/data/data_list/sokuhou/files/2024/qe244/gdemenuja.html。最后访问日期：2025 年 2 月 20 日。

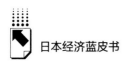

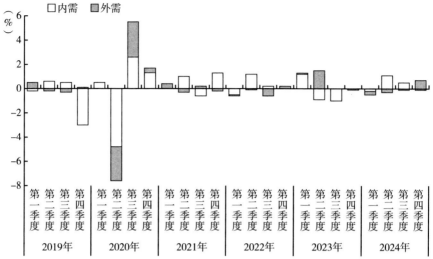

图 3 内需和外需对日本实际 GDP 增长率的贡献度
（2019 年第一季度至 2024 年第四季度）

注：图中数据为内需和外需对实际 GDP 环比增长率（季节调整值）的贡献度。

资料来源：内閣府「四半期別 GDP 速報 2024 年 10~12 月期 1 次速報値（2025 年 2 月 17 日公表）」、https：//www.esri.cao.go.jp/jp/sna/data/data _ list/sokuhou/files/2024/qe244/gdemenuja.html。最后访问日期：2025 年 2 月 20 日。

不断攀升，这一趋势一直持续到 2024 年，但上升幅度有所收窄。

根据日本总务省的统计数据，如图 4 所示，自 2013 年 1 月日本政府和央行发表联合声明设定消费者价格指数同比上涨 2% 的物价目标之后，除 2014 年消费税增税时 CPI 出现过短暂上升以外，一直到 2021 年末，CPI 同比增长率从未达到过 2%，其中大部分月份都在 1% 以下，有时甚至出现负增长。进入 2022 年之后，美欧央行在短时间内数次加息，使得日本与美欧的政策利率差不断拉大，日元贬值的趋势增强，再加之俄乌冲突等导致地缘局势紧张使得全球供应链震荡、国际大宗商品价格上涨，在这些因素的综合影响下，日本国内消费者价格指数迅速攀升。从图 4 可以看出，剔除价格波动较大的生鲜食品及能源之后的核心 CPI 同比增长率在 2022 年和 2023 年呈现明显上升的趋势，从 2022 年初低于 0，到 2022 年 12 月达到 3%，再到 2023 年 4 月突破 4%，一直到 2023 年 10 月均保持在 4% 以上，在这期间一度达到4.3%的高位。2024年，CPI同比增长率有所下降，说明物价上涨的幅度开始收窄，但是CPI仍处于上升趋势。除个别月份外，剔除生鲜食品及能源的核心CPI同比增长率均在2%以上，有一些月份还超过3%。同时，整体的综合CPI和剔除生鲜食品的核心CPI的上涨幅度更高，且一般会比剔除生鲜食品及能源的核心CPI更早出现上涨趋势。这说明，物价上涨首先由原油进口引发，进而通过产业链传导至位于各生产和销售环节的企业，出现价格的普遍上涨。2024年全年，综合CPI、剔除生鲜食品的核心CPI、剔除生鲜食品及能源的核心CPI的平均同比增长率分别为2.7%、2.5%、2.4%。[①]

在就业和工资收入方面，近年来，日本政府采取一系列促进就业的措施，并为企业提供雇佣补贴，取得一定效果。2024年，日本平均就业人数为6781万人，较上年增加34万人，这是疫情发生后连续第四年就业人数保持增加的趋势。其中，女性就业人数为3082万人，较上年增加31万人；男性就业人数为3699万人，较上年增加3万人。这说明女性劳动者是就业人数增加的主要源泉，而就业岗位多为派遣工、季节工等灵活就业方式。从行业来看，就业人数增加最多的是信息通信业，较上年增加14万人，反映出与数字、通信等行业相关的社会需求正在增加；其次是医疗福利业和住宿餐饮业，就业人数分别增加12万人和9万人，反映出在人口老龄化趋势下医疗护理行业需要更多的从业者以满足日益增长的医疗与照护需求，同时，随着服务业的复苏和入境游客消费的增长，住宿餐饮业更加活跃。从劳动供求关系来看，自2010年以来，日本完全失业率呈下降趋势，从2010年的5.1%下降至2019年的2.4%。新冠疫情期间失业率有所上升，2020年和2021年均为2.8%。2022年和2023年，随着经济和社会活动日趋正常化，失业率有所下降，两年均为2.6%。2024年，日本完全失业率较上年下降0.1个

---

① 内阁府「四半期别GDP速报2024年10～12月期1次速报值（2025年2月17日公表）」，https://www.esri.cao.go.jp/jp/sna/data/data_list/sokuhou/files/2024/qe244/gdemenuja.html。最后访问日期：2025年2月20日。

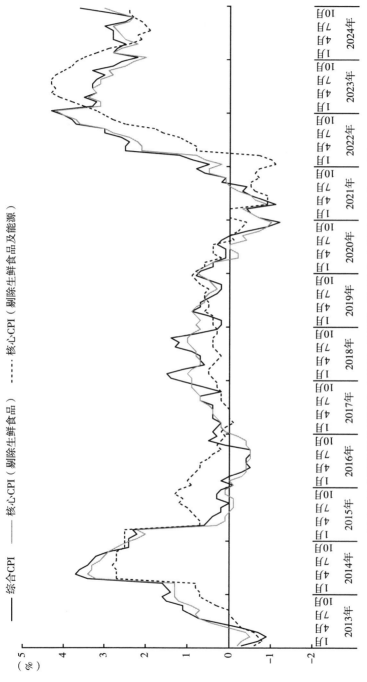

图 4　日本消费者价格指数（CPI）的变化（2013 年 1 月至 2024 年 12 月）

注：图中数据为同比增长率。

资料来源：総務省統計局「2020 年基準消費者物価指数 全国 2024 年（令和 6 年）12 月分（2025 年 1 月 24 日公表）」，https：//
www. stat. go. jp/data/cpi/sokuhou/tsuki/index-z. html。最后访问日期：2025 年 2 月 20 日。

百分点，保持在2.5%这一较低水平，说明就业环境整体有所改善。①

从工资收入来看，上届岸田政府所提出的"日式新资本主义"和本届石破政府所提出的"成长型"经济均将提高工资作为施政重心，鼓励企业不断加薪，以实现工资收入增加带动消费支出增加的良性循环。根据日本厚生劳动省的统计数据，2022年、2023年、2024年的各月，日本名义平均工资均较上年同期实现正增长，全年名义平均工资增长率分别为2.0%、1.2%、2.8%，反映出经济活动整体好转，且日本政府促进企业涨薪的措施也在一定程度上起到了作用。尤其是2024年，名义平均工资上涨幅度较高。然而，实际工资受物价上涨影响在不断下降。从2022年4月至2024年5月，日本实际平均工资同比增长率连续26个月陷入负增长。2024年5月以后，实际平均工资持续负增长的趋势得到缓解，各月同比增长率有正有负，存在波动性。2022年、2023年、2024年，全年实际平均工资增长率分别为-1.0%、-2.5%、-0.3%。可以看出，2024年，随着物价上涨幅度的收窄和就业环境的改善，实际工资下降幅度也在缩小，但仍为负增长。实际工资的下降意味着居民家庭可支配收入进一步减少，这也成为消费低迷的重要原因。②

（四）对外贸易与经常收支形势

2024年，在日元贬值等因素的作用下，日本商品贸易出口较上年有所增长。如图5所示，2024年，日本商品贸易出口额为107.1万亿日元，达到自有统计以来的最高位，增长率为6.2%；进口额为112.4万亿日元，增长率为1.8%；商品贸易收支整体为逆差，逆差额为5.3万亿日元，这是日本对外贸易连续第四年处于逆差状态。从更长的时间趋势来看，如图5所

---

① 総務省統計局「労働力調査（基本集計）2024年（令和6年）平均結果（2025年1月31日公表）」，https：//www.stat.go.jp/data/roudou/2.html。最后访问日期：2025年2月20日。
② 厚生労働省「毎月勤労統計調査 令和6年分結果確報（令和7年2月25日）」，https：//www.mhlw.go.jp/toukei/itiran/roudou/monthly/r06/24cr/24cr.html。最后访问日期：2025年3月1日。

示，国际金融危机发生后的 2009~2014 年，日本对外贸易基本呈恢复上升趋势，2015~2019 年则波动较为明显。2020 年，受疫情影响，日本对外贸易出现大幅下降，2021 年则呈现较为明显的恢复性增长。2022 年，由于国际能源价格上涨叠加日元贬值造成进口价格大幅上升，当年商品贸易进口额同比增长率达到 39.6%，出口额同比增长率则为 18.2%，逆差额高达 20.3万亿日元。2023 年，国际能源价格和日元贬值的影响仍在持续但有所减缓，日本出口进一步恢复，商品贸易出口额达到 100.9 万亿日元，是自有统计以来首次超过 100 万亿日元；进口额为 110.4 万亿日元；逆差额为 9.5 万亿日元，较上年大幅减少。可以看出，虽然连续四年逆差，但随着出口的增加，逆差额逐渐缩小。

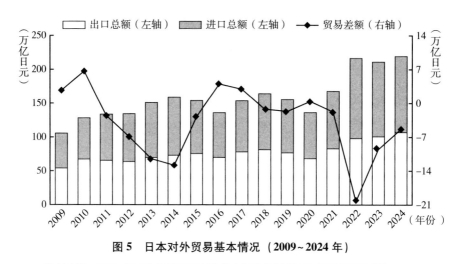

图 5　日本对外贸易基本情况（2009~2024 年）

资料来源：2009~2019 年数据来自财务省「财务省贸易统计 普通贸易统计」、https：//www. customs. go. jp/toukei/search/index1. htm；2020~2024 年数据来自财务省「报道发表 令和 6 年分（输出确报；输入速报（9 桁））（令和 7 年 1 月 30 日）」、https：//www. customs. go. jp/toukei/shinbun/trade-st/2024/2024_115. xml。最后访问日期：2025 年 2 月 20 日。

在主要贸易对象方面，2024 年，亚洲地区在日本对外商品贸易出口额和进口额中所占的份额分别为 53.1%和 47.9%，是日本开展对外贸易最主要的地区。其中，中国在日本对外商品贸易出口额和进口额中所占的份额分别为 17.6%和 22.5%，是日本第一大贸易伙伴国、第一大进口来源国和第二大出口对象国；东盟在日本对外商品贸易出口额和进口额中所占的份额分别为14.3%和15.7%，也是日本的重要贸易对象。美国在日本对外商品贸易出口额和进口额中所占的份额分别为19.9%和11.3%，其中出口份额在2023年和2024年连续两年超过中国，美国成为日本第一大出口对象国。欧盟在日本对外商品贸易出口额和进口额中所占的份额分别为9.3%和10.5%，也是日本主要的贸易对象。此外，中东地区是日本进口能源的重要来源地，在日本对外商品贸易进口额中所占的份额为11.5%。①

值得关注的是，2024年，被列入服务贸易出口的日本入境游客消费明显增加，对经济起到一定的拉动作用。日本国土交通省的统计调查显示，2024年，到访日本的外国人旅客数为3687万人，为自有统计以来的最高水平。② 如图6所示，2024年，访日外国游客消费总额为81395亿日元，为自有统计以来的最高水平，且与上年相比增长53.4%，与疫情发生前的2019年相比增长69.1%；平均每人旅游支出为22.7万日元，与上年相比增长6.8%，与疫情发生前的2019年相比增长43.3%。从游客消费额结构来看，排名前五位的国家和地区分别为，中国大陆游客消费17335亿日元（占比21.3%）、中国台湾游客消费10936亿日元（占比13.4%）、韩国游客消费9632亿日元（占比11.8%）、美国游客消费9021亿日元（占比11.1%）、中国香港游客消费6584亿日元（占比8.1%）。这些国家和地区总占比65.7%，是日本入境游客的主要来源。从2024年访日外国游客消费总额来看，其在同年名义GDP中所占的比重已经达到约1.3%，游客不仅对经济增长和市场活跃起到拉动作用，对服务业，特别是住宿餐饮、商品零售、娱乐、旅游、交通等行业的复苏也起到重要作用。

总体来看，国家经常项目收支反映的是一国贸易、投资等与海外交易的

---

① 财务省「報道発表 令和6年分（輸出確報；輸入速報（9桁））（令和7年1月30日）」、https：//www.customs.go.jp/toukei/shinbun/trade-st/2024/2024_115.xml。最后访问日期：2025年2月20日。

② 国土交通省観光庁「訪日外国人旅行者数・出国日本人数」、https：//www.mlit.go.jp/kankocho/tokei_hakusyo/shutsunyukokushasu.html。最后访问日期：2025年2月20日。

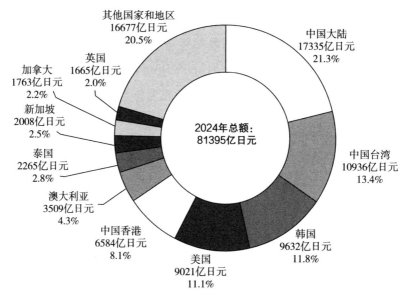

图6　2024年访日游客消费额

资料来源：国土交通省観光庁「インバウンド消費動向調査2024年年間 調査結果（速報）の概要（2025年1月15日）」、https://www.mlit.go.jp/kankocho/tokei_hakusyo/gaikokujinshohidoko.html。最后访问日期：2025年2月20日。

整体情况。近年来，日本主要依靠海外投资收益保持经常收支顺差。如图7所示，在2011年之后的大部分年份，日本贸易收支均为逆差或者小幅顺差，服务收支一直为小幅逆差，而代表海外投资收益的"第一次所得收支"则一直保持顺差，并且自2020年以来出现明显扩大的趋势，这使得日本经常收支能够一直维持顺差的状态。从图7中可以看出，在2016~2019年，日本每年经常收支顺差在20万亿日元左右，2020年受新冠疫情影响，经常收支顺差有所减少，但仍然达到16.0万亿日元，2021年则增加至21.5万亿日元。2022年，由于进口价格显著上升，商品贸易逆差迅速扩大，日本经常收支明显恶化，较上年大幅减少，但依靠海外投资收益的增加，经常收支顺差额能够维持在11.4万亿日元。2023年和2024年，受日元贬值和国际大宗商品价格上涨等因素影响，日本海外子公司收益扩大，代表海外投资收益的"第一次所得收支"顺差额在2023年达到36.1万亿日元，2024年则进一步增加至40.2万亿日元，连续两年更新历史最高纪录，在很大程度上弥补了商品贸易逆差对经常项目收支的影响。基于此，2024年，日本经常收支顺差额达到29.3万亿日元，较上年增长29.5%，为自有统计以来的最高值。

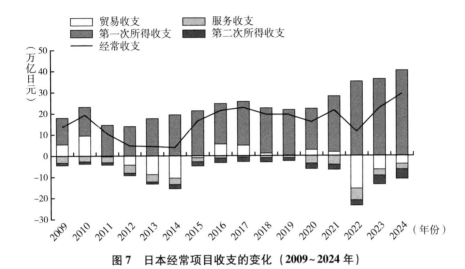

图7　日本经常项目收支的变化（2009~2024年）

资料来源：2009~2023年数据来自财务省「国際収支の推移」、https：//www. mof. go. jp/policy/international_policy/reference/balance_of_payments/bpnet. htm；2024年数据来自财务省「令和6年中 国際収支状況（速報）の概要（令和7年2月10日）」、https：//www. mof. go. jp/policy/international_policy/reference/balance_of_payments/preliminary/pg2024cy. htm。最后访问日期：2025年2月20日。

（五）汇率变化形势

进入2022年之后，美欧央行数次启动加息，货币政策进入收缩轨道，而日本央行则继续维持以长短期利率操作为核心的超宽松货币政策，通过公开市场操作确保实现收益率曲线控制的目标。日本与欧美央行的逆向操作，成为汇率波动、日元贬值的主要诱因。如图8所示，自2022年初开始，日元进入贬值状态，美元对日元汇率从2022年初的1美元兑110~115日元，到4月末5月初达到1美元兑130日元左右，9月初突破1美元兑140日元，10月中下旬突破1美元兑150日元，日元成为国际主要货币中贬值幅度最大的一种货币。

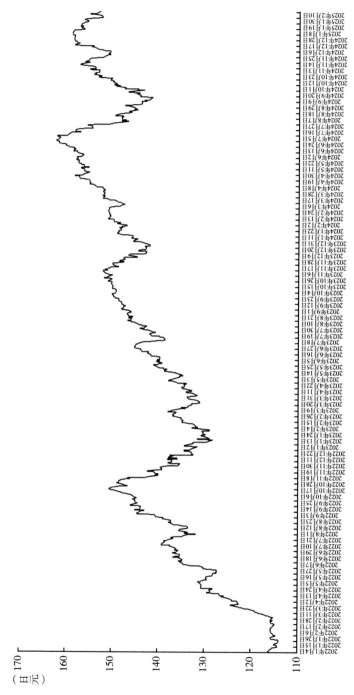

（日元）

图 8 美元对日元汇率的变化（2022 年 1 月~2025 年 2 月）

注：图中汇率数据来自东京市场，每日最高值。

资料来源：日本銀行「各種マーケット関連統計 外国為替市況（日次）」，https：//www. boj. or. jp/statistics/market/forex/fxdaily/index. htm。

最后访问日期：2025 年 3 月 20 日。

　　2023 年 4 月，日本经济学家植田和男接替主导超宽松货币政策的黑田东彦担任新一任央行行长，开始着手调整日本货币政策。2024 年 3 月，日本央行正式启动对超宽松货币政策的实质性调整，主要内容集中在三个方面。一是结束负利率政策。取消准备金分层制度，恢复 2016 年引入负利率政策之前的传统两档准备金制度，将超额准备金利率设定为 0.1%，无担保隔夜拆借利率即政策利率的目标区间设定为 0~0.1%。二是废除收益率曲线控制。2016 年引入的收益率曲线控制政策通过公开市场操作大规模购买国债，从而将长期（即 10 年期国债）利率水平控制在 0 左右。此次调整取消了对 10 年期国债收益率的参考上限，但仍保持与以往相当规模的国债购买额度。三是不再继续购买交易型开放式指数基金（ETF）等风险资产，并逐步取消公司债、商业票据的购买。

　　此后，2024 年 7 月，日本央行在货币政策会议后公布，将目标政策利率从 0~0.1% 区间上调至 0.25%，相当于加息 15 个基点，同时逐步缩减每月国债购买规模，到 2026 年第一季度实现减半，即从目前的每月约 6 万亿日元逐步缩减至 2026 年第一季度的每月约 3 万亿日元。此次日本央行的加息政策旨在抑制通货膨胀并推动货币政策回归正常化，因为此前日本社会普遍认为美日政策利率差是造成此轮日本物价上涨、日元贬值的重要原因。但是市场反应却显示出对经济前景的担忧。如图 8 所示，2024 年上半年，日元汇率整体呈现贬值的趋势，美元对日元汇率从 2024 年初的 1 美元兑 140~145 日元，到 2 月中旬再次突破 1 美元兑 150 日元大关，此后有所波动，进入 3 月中下旬之后则一直保持在 1 美元兑 150 日元以上，4 月下旬突破 1 美元兑 155 日元，到 6 月末则一度突破 1 美元兑 160 日元，为过去 37 年来的最高水平。到 2024 年下半年，日本央行加息的作用逐渐显现，日元贬值的幅度得以收缩，但波动比较大，特别是 10 月下旬以后，日元汇率基本处于 1 美元兑 150 日元以上。2024 年 10 月，在日本央行货币政策会议后的记者发布会上，日本央行行长植田和男表示，如果经济和物价预期得以实现，将继续提高政策利率，调整货币宽松程度，但是美国新总统的政策可能带来新的风险，将密切关注美国总统选举后的市场动向。

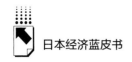

目前，市场对日元汇率的走向存在分歧，一方面认为日元贬值、美元升值的态势将会进一步加剧，因为特朗普的减税政策和移民政策等均有可能引发新一轮通货膨胀；另一方面认为日元将缓慢升值，因为特朗普的经济政策更强调通过美元贬值促进出口。关于特朗普政府的经济和财政政策及其对日元汇率的影响仍存在争议。但是，在日本国内消费和投资并未摆脱低迷的情况下，接下来的日本央行货币政策调整将面临更加复杂的内外环境和多方面挑战是客观现实情况。

二 日本经济政策的重点方向

如何在内外多重经济压力下，寻求日本经济的稳步复苏和增长，并推动经济社会的结构性改革成为日本经济政策的重点。在此背景下，2024 年 11 月，在经历政权更迭后，日本新任石破茂政府出台任期内首个经济刺激计划，名为"面向国民安心、安全和持续增长的综合经济对策"，其核心是增加全体国民的工资和收入、促进地方经济振兴，从而推动经济增长和收入分配的良性循环，以增加工资收入和扩大投资带动经济增长，向"成长型"经济过渡。同时，日本货币政策也做出重要调整。2024 年 3 月，日本央行宣布结束负利率政策，日本历时八年的负利率时代落下帷幕；同年 7 月，日本央行再次启动加息，推动货币政策回归正常化。此外，2024 年 6 月，日本政府宣布设立四大"金融与资产运用特区"（以下简称"金融特区"），以吸引日本国内和海外各方投资，打造国际金融中心，提升日本的国际影响力，推进"资产运用立国"战略。

（一）出台新一轮经济刺激计划，向"成长型"经济过渡

为拉动经济增长，应对物价上涨、需求不振等多重因素对日本经济和社会造成的冲击，推动日本向以增加工资收入和扩大投资带动经济增长的"成长型"经济过渡，2024 年 11 月 22 日，日本石破茂政府出台新一轮经济刺激计划，名为"面向国民安心、安全和持续增长的综合经济对策"。该计

划以"增加所有年龄层现在和未来的工资收入，促进日本经济、地方经济的成长""克服物价上涨的影响，为向'成长型'经济过渡铺平道路""确保国民的安心和安全，为向'成长型'经济过渡奠定基础"为三大支柱，预计总资金规模达到39.0万亿日元，其中财政支出为21.9万亿日元（见表1）。这是石破政府上任后出台的第一个经济刺激计划，体现出其经济政策的核心方针和重点领域。

表1 日本新一轮经济刺激计划的主要内容和资金分配

单位：万亿日元

内容	财政支出	总资金规模
第一支柱:增加所有年龄层现在和未来的工资收入,促进日本经济、地方经济的成长	10.4	19.1
第二支柱:克服物价上涨的影响,为向"成长型"经济过渡铺平道路	4.6	12.7
第三支柱:确保国民的安心和安全,为向"成长型"经济过渡奠定基础	6.9	7.2
合　计	21.9	39.0

注：由于保留一位小数，各项目加总可能与合计数存在细微差异。
资料来源：内閣府「国民の安心・安全と持続的な成長に向けた総合経済対策~全ての世代の現在・将来の賃金・所得を増やす~（令和6年11月22日）」、https://www5.cao.go.jp/keizai1/keizaitaisaku/2024/1122_taisaku.pdf。最后访问日期：2025年2月20日。

此轮经济刺激计划由三大支柱构成。如表1所示，第一大支柱是"增加所有年龄层现在和未来的工资收入，促进日本经济、地方经济的成长"，这一领域预计总资金规模为19.1万亿日元，其中财政支出为10.4万亿日元。这是整个经济刺激计划最重要的组成部分，集中反映出石破政府的施政重点和特色。其核心政策内容是，实现工资上涨的速度稳步超过物价上涨的速度并使之持续下去，让每一位国民，都能以实际工资和收入增加的形式切实感受到富裕，强化日本经济和地方经济的成长力。主要有以下措施。一是优化工资收入增加的环境，促进骨干企业、中小企业生产率的提高，带动全社会普遍性的工资收入增加。提高最低工资水平；改善大企业与中小企业的

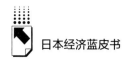

业务承包机制，保障中小企业的权益；鼓励中小企业转变生产经营模式，促进"省人力、数字化"投资；加大对人才培养的投入，推动劳动力市场改革，打造多元化人才能够安心工作的环境，改善非正式就业人员的待遇，完善人才培育机制。二是推动地方振兴，带动全国各地区普遍性的工资和收入增加。以 2024 年 10 月设立的政府机构"新地方经济·生活环境创生本部"为牵引，制定地方振兴的战略规划和实施方案；推动地方"产官学金劳言"携手合作，发挥各自的智慧和热情，探索地方振兴的多种路径；加大帮扶力度，促进地方农林水产业可持续发展，提高第一产业的生产效率；改善地方生活环境，扶持地方产业发展，包括医疗护理业、交通物流业、观光旅游业、批发零售业等。三是推动"投资立国"和"资产运用立国"的实现，增强经济长期可持续增长的能力，带动未来居民工资和收入的普遍性增加。加大对科技创新的投入，重点推进宇宙探索、海洋开发、先进医药等领域的研究和开发；增加对科技创新起到牵引作用的创业企业的支持，包括规则、资金、海外业务拓展等各方面；加速推动行政手续数字化和地方服务数字化转型。

第二大支柱是"克服物价上涨的影响，为向'成长型'经济过渡铺平道路"，这一领域预计总资金规模为 12.7 万亿日元，其中财政支出为 4.6 万亿日元。其核心政策内容是，在居民实际工资和收入强劲增长的状况稳固下来之前，为减轻家庭负担，减缓物价上涨的影响，让居民切实感受到富裕，采取适当的支援措施，确保任何人都不掉队。主要有以下措施。一是对受物价上涨影响较为严重的低收入家庭和困难群众进行支援。为低收入家庭和育儿家庭提供补贴；促进企业和家庭的节能改造，支持可再生能源的推广和普及。二是根据各地方的实际情况推进应对物价上涨对策。利用财政补贴中的"重点支援地方交付金"，减轻能源和食品等生产和生活必需品价格高涨造成的影响，该资金将用于多个方面，包括支付学校午餐费用、发放商品消费券、补贴使用液化气的家庭，并对农林水产业、地方旅游业、医疗护理业等重点行业以及保育设施、学校设施、地方商店街等重点设施提供支持。

第三大支柱是"确保国民的安心和安全，为向'成长型'经济过渡奠定基础"，这一领域预计总资金规模为 7.2 万亿日元，其中财政支出为 6.9 万亿日元。其核心政策内容是，有效应对自然灾害和环境变化，为居民创造安心、安全的生活环境。主要有以下措施。一是加快重大自然灾害的灾后恢复和重建。主要面向东日本大地震、2024 年日本能登半岛地震受灾地区的灾后恢复、重建及推动国土强韧化。二是加强防灾减灾建设，强化灾害应对机制。结合即将成立的政府机构"防灾厅"，在预算、人员两方面强化内阁府的统筹和担当，同时推进防灾减灾基础设施建设、改善避难设施条件，为今后有效应对灾害做好准备。三是实现"无人掉队的社会"。加大打击欺诈、犯罪的力度，改善城市治安环境，确保居民安全，特别是重点防范新型电信网络诈骗，同时利用数字技术手段，维护地方治安稳定；加强儿童和育儿支援，保障儿童的安全和身心健康；加快教育领域的数字化转型，强化对数字技术人才和高技术人才的培养机制；促进女性和高龄者的活跃，鼓励其积极参与社会工作，缩小男女工资差距，培养女性数字人才、创业人才和领导人才，为有意愿继续工作的 65 岁以上人员提供工作机会。

石破政府的经济刺激计划反映出其经济政策方针。总体来看，其经济政策有以下几方面的特点。一是强调自身的经济政策特色，石破茂本人曾在较长时期内担任过农林水产大臣、地方创生担当大臣，对农业和地方经济发展较为重视，地方振兴也是其在竞选期间的核心经济政策，这些方面在此次的经济刺激计划中均有重点体现；同时，"新地方经济·生活环境创生本部"和"防灾厅"都是其要力推增设的政府机构，这在此次的经济刺激计划中也有所反映。二是政策较为务实。在三大支柱中，均提出要增加居民的实际工资和收入，让居民切实感受到富裕，各阶层都要顾及，每一个人都不能掉队，这说明其政策重点下沉到微观个体，注重居民的实际感受；同时，虽然未提出"安倍经济学"或者"日式新资本主义"那样的口号，但其也提出了一些新的理念，比如要向以工资收入增加和投资扩大为牵引的"成长型"经济过渡，以及推动"产官学金劳言"携手合作。其中，"产"是指产业界，"官"是指国家机关或地方公共团体，"学"是指大学等教育机构，

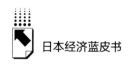

"金"是指金融机构,"劳"是指劳动团体,"言"是指新闻传播机构,这是对日本一直以来强调的"产官学"合作的拓展。三是重点推动关键产业和战略性产业的发展。例如,在第一大支柱中,提出重点支持半导体、数字产业和生成式人工智能的技术开发和设备投资,到 2030 年度之前,以财政补贴、担保贷款、政府出资等形式,提供总额超过 10 万亿日元的公共支援,加快尖端半导体的量化生产和日本国内生产基地建设,并修订法律法规予以保护,从而在未来十年间带动超过 50 万亿日元的公共和民间投资,对整体经济产生显著波及效果。

但同时,日本社会对这些经济政策存在一些质疑,主要体现在以下几方面。一是认为其经济效果有限,且缺乏真正的亮点。此次经济刺激计划缺乏能够立竿见影的措施,难以起到直接的效果。一些对居民、中小企业、地方产业的补贴措施,基本是承接前几任政府,第二大支柱和第三大支柱的各项措施,与此前年度的措施均大同小异。而这仅是表面现象,更深层次的原因是,在日本经济下行压力增大、经济社会的结构性问题相互掣肘的情况下,已经很难寻找新的经济增长点。二是政策实施方式依然依赖于增加财政支出,这将进一步加重日本的财政压力,导致财政状况进一步恶化。为筹集此次经济刺激计划所需资金,日本政府于 2024 年 11 月 29 日提出 2024 年度补充预算方案,新增财政支出 13.9 万亿日元,其中财政收入不足的部分将通过新发行 6.7 万亿日元的国债来填补。这意味着,2024 年度日本财政支出总额达到 126.5 万亿日元,国债发行额达到 42.1 万亿日元,国债发行额与财政支出总额的比例达到 33.3%,相当于 1/3 的财政支出依赖发行国债来筹集。① 三是对半导体产业的"漫灌式"补贴反而会降低行业竞争力和生产效率,带来融资风险。由政府出面的担保贷款和直接出资虽然能够保证半导体企业充足的资金调配,但同样也会淡化资金使用的责任意识,造成资金的浪费和使用过程的不透明,降低资金利用效率和产出效

① 日本財務省「令和 6 年度補正予算(令和 6 年 11 月 29 日)」、https://www.mof.go.jp/policy/budget/budger_workflow/budget/fy2024/20241129.html。最后访问日期:2025 年 2 月 20 日。

率，不仅可能导致经营失败、达不到产业扶持的预期效果，还可能增加偿债风险、引发金融系统的不稳定。

（二）设立"金融特区"，推进"资产运用立国"战略

为吸引日本国内和海外各方投资、打造国际金融中心，提升日本的国际影响力和竞争力，2024年6月，日本政府宣布设立东京都、北海道札幌市、大阪府大阪市、福冈县福冈市为"金融特区"。此次设立四个"金融特区"是日本政府"资产运用立国"战略的重要一环。日本政府于2023年12月提出"资产运用立国"战略，旨在鼓励居民家庭扩大金融投资、促进企业成长，居民可以以股息和股价上升的方式获得收益，并将由投资获得的资产收入增加部分用于消费，从而实现促进企业成长和居民消费的"成长和分配的良性循环"。

可以看出，日本政府设立"金融特区"的目的主要有以下两方面。一是通过改善投资环境，加快资金流动，打造不逊色于甚至超越中国香港和新加坡的东亚乃至国际金融中心；二是在鼓励居民家庭进行金融投资的同时，引导国际资本大量流入日本，并向特定地区聚集，从而促进地区产业和企业发展，实现地方经济活性化、外国人才活用、应对少子老龄化、推动数字化转型和绿色转型等多重政策目标，培育新的经济增长点。

此次"金融特区"的设立，包括产业培育、制度改革、地方经济活性化等多方面内容。其中，打造投资友好型营商环境、吸引资金流入是此次设立"金融特区"的核心。主要举措有以下几方面：一是普及用英语进行商务活动，对于设立法人等行政手续用英语进行办理，如商业登记手续、店铺开业手续、社会保险办理手续等；二是对于高级金融人才、创新创业人才、对创业企业进行投资的外国人投资家等，简化签证手续，设立新型签证类型，缩短外国人开设银行账户所需的时间；三是放宽对绿色转型相关产业的出资规定，同时放宽对创业企业和风险投资的出资规定；四是为投资者提供优惠和帮助，例如，进行税费减免，提供创业补助金，通过举办各种商业交流会、宣讲会等帮助投资者和被投资者进行信息互通，从而创造更多的投资

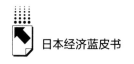

机会。

同时，根据地区特色和专长，对四个"金融特区"进行不同的定位，使其能够各自发挥功能。具体为，首先，东京都的定位是"实现可持续发展社会的亚洲创新金融中心"。东京都将发挥从全球吸引资金、人才、技术、信息的枢纽和中心作用，为日本和亚洲的发展做出贡献，成为国际创业企业集聚的中心。其次，北海道札幌市的定位是"推进绿色转型的金融特区"。重点在于推动与绿色转型产业相关的资金、人才、信息在此集聚，使其成为日本可再生能源的供给基地，实现绿色转型相关产业的供应链构筑，打造富有魅力和特色的亚洲和世界绿色转型金融中心。再次，大阪府大阪市的定位是"面向未来社会的金融特区"。重点在于面对不断产生新变革的未来社会，打造符合全球标准的规则标准体系，从亚洲、世界引进人才、企业、资金，官产学相联合，谋求金融功能的强化，吸引创新创业企业在此集聚。最后，福冈县福冈市的定位是"创业金融和资产运用特区"。重点在于发挥福冈市作为"亚洲门户"的功能特性，集聚国际性金融机构及其关联企业和高端金融人才，在吸收亚洲活力的同时，促进日本九州地区的产业集聚和培育。

日本曾在20世纪50年代确立"贸易立国"战略，以出口导向型模式促进经济发展，后又在七八十年代提出"投资立国"战略，鼓励企业大规模"出海"，在海外进行产业布局。90年代之后，日本政府更加明确地提出"贸易投资立国"战略，希望借助对外投资和对外贸易双驱动模式，以外循环拉动内循环发展。可以看出，"资产运用立国"战略更加注重从外部吸引资金流入日本和促进日本居民家庭的资金循环，从促进日本企业对外投资向促进外资企业对日投资转变，这在一定程度上反映出日本经济政策的变化，以及近年来发达国家普遍出现的产业回流现象。

同时，作为"资产运用立国"战略的重要一环，日本此次设立的四个"金融特区"各具特色。对各个特区赋予不同的功能，不仅能够鼓励更多的日本企业参与资本运营活动、吸引更多的国际投资及高端人才进入日本，从而在一定程度上增强日本经济整体活力，而且可以为日本国内新兴产业、尖端技术发展提供更有力的金融活动支持，并通过扶持地区中心城市，在一定程度上带动区域经济发展。但是，日本国内也有一些质疑，在日本国内经济下行压力较大的情况下，仅靠推广英语商务活动、税费减免、签证手续简化等手段，很难立竿见影地吸引大量国际投资流入日本，并且，日本与其他亚洲金融中心之间的国际资本及人才竞争也将更趋激烈。

三 日本经济展望

2025年1月，国际货币基金组织（IMF）在最新发布的《世界经济展望报告》中预测，2025年和2026年日本实际GDP增长率分别为1.1%和0.8%，较2024年有所改观。同期，发达国家实际GDP增长率平均值分别为1.9%和1.8%，新兴经济体与发展中国家平均值分别为4.2%和4.3%，世界总体平均值分别为3.3%和3.3%。可见，日本整体经济增长率还是较低的。根据IMF预测，在未来五年（2025～2029年），日本名义GDP美元换算值将继续低于美国、中国、德国，且有可能在2026年前后被印度超过，世界经济排名居于第四位或者第五位。[①]

（一）日本经济短期走势

从外部环境来看，国际形势的变化，特别是特朗普再次执政后的经济政策走向将会对日本经济产生较大冲击。一方面，特朗普政府的单边主义和保护主义政策有可能在整体上恶化全球贸易环境，造成全球供应链混乱，这对于深入参与全球价值链的日本来说，将会产生严峻的挑战。另一方面，日本由于近年来采取深度跟随和绑定美国的经济外交策略，2017～2024年，日本对美国的出口在日本对外贸易出口总额中的占比有所上升，并且2023年和2024年，美国均超过中国成为日本第一大出口对象国。

[①] International Monetary Fund, "World Economic Outlook Update, January 2025: Global Growth: Divergent and Uncertain", https://www.imf.org/en/Publications/WEO/Issues/2025/01/17/world-economic-outlook-update-january-2025. 最后访问日期：2025年2月20日。

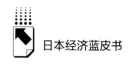

2024 年，日本对美贸易顺差达到 565.7 亿美元。① 一旦美国强化关税措施，例如特朗普在竞选中曾宣称对来自所有国家的进口产品统一征收 10%~20% 的底线关税，并在其上台后陆续出台针对汽车等重点行业的关税措施，这对于日本出口来说将会造成重大打击。日本智库测算，如果特朗普政府对日本产品一律征收 10% 的关税、对汽车行业征收 25% 的关税，将导致日本实际 GDP 分别下降 0.09% 和 0.08%。② 日本智库还总结出特朗普再次上台后日本面临的六大威胁，分别是保护主义抬头、通货膨胀加速、脱碳战略倒退、被迫增加防卫费、对华强硬政策的波及影响、石破政府面临困境。③

从内部环境来看，随着经济显现出复苏趋势，私人消费和企业设备投资有可能获得恢复，数字化转型和绿色转型也能为日本经济带来一些活力。在家庭部门，日本央行退出负利率政策并启动加息、美欧央行暂停加息步伐之后，日元贬值的速度有所减缓，同时能源等资源价格上涨导致的进口成本增加的影响逐渐被消化，物价上涨幅度逐渐收缩，对私人消费造成的压力也有一定程度的减轻。在此趋势下，实际工资持续下降的趋势已经被遏制住，再加之日本政府推行的一系列提高工资收入的政策措施，居民可支配收入有望增加，这对于消费来说是利好因素。在企业部门，日本国内半导体工厂的大规模建设带动相关需求增加，海外对于日本半导体装置的需求也在扩大，数字化转型带动与软件相关的设备投资稳步增长，这些因素有利于发挥投资拉动经济的作用。然而，由于此前多年来日本物价基本保持在同一水平，近期物价飙升使得居民和企业对物价上涨有较强的警惕性，同时，虽然实际工资

① United Nations, "UN Comtrade Database", https://comtradeplus.un.org/. 最后访问日期：2025 年 2 月 20 日。
② 木内登英「日米首脳会談①：トランプ大統領は対日貿易赤字削減へ対日関税に言及：日本車に25%の関税は日本のGDPを0.08%押し下げる」、野村総合研究所、https://www.nri.com/jp/media/column/kiuchi/20250210_2.html. 最后访问日期：2025 年 2 月 20 日。
③ 熊野英生「トランプ当選でこう変わる！~日本経済へ飛び火するリスク~」、日本第一生命経済研究所、https://www.dlri.co.jp/report/macro/387865.html. 最后访问日期：2025 年 2 月 20 日。

持续下降的趋势已经缓解，但实际工资并没有进入稳定增长的轨道，居民对于工资的持续增长难有信心，而特朗普保护主义政策所带来的不确定性和外部经济环境的恶化，将会加剧企业部门的担忧，使其对投资保持谨慎，从而进一步抑制内需的恢复。

（二）日本经济中长期展望

从中长期来看，少子老龄化、需求低迷、市场缺乏活跃性、潜在经济增长率下降等制约经济发展的结构性问题仍在不断加剧，日本依赖大规模财政支出支撑经济的局面很难改变。截至2024年9月，在日本总人口中，65岁以上人口比重已经达到29.3%，0~14岁人口比重仅为11.2%，总人口较上年同期减少59万人。① 随着日本少子老龄化程度不断加深，劳动力不足、国内市场萎缩等问题将逐渐显性化。同时，日本政府在年金、医疗、护理等社会保障方面的支出持续增长，财政面临巨大压力。在2025年度初始财政预算中，社会保障支出占日本财政总支出的比重达到33.1%，即约1/3的财政支出被用于社会保障相关费用。② 并且，日本政府每次出台经济刺激计划，均需要以扩大财政支出、发行国债作为支撑，政府债务不断累积。根据IMF的统计，2025年，日本包括中央政府、地方政府和社会保障基金在内的一般政府债务余额占GDP的比例，将达到248.7%，在主要发达国家中为最高，是美国（124.1%）的2倍左右，大大超出德国（62.1%）、法国（115.3%）、英国（103.8%）的水平。③

结构性因素导致日本潜在经济增长率持续下降。自20世纪90年代初泡沫经济崩溃后，日本潜在经济增长率显著下降，从1990年的4.2%下降至

---

① 総務省統計局「統計からみた我が国の高齢者(令和6年9月15日)」、https://www.stat.go.jp/data/topics/topi1420.htm. 最后访问日期：2025年2月20日。

② 財務省「令和7年度予算政府案」、https://www.mof.go.jp/policy/budget/budger_workflow/budget/fy2025/seifuan2025/index.html. 最后访问日期：2025年2月20日。

③ International Monetary Fund, "World Economic Outlook, October 2024: Policy Pivot, Rising Threats", https://www.imf.org/en/Publications/WEO/Issues/2024/10/22/world-economic-outlook-october-2024. 最后访问日期：2025年2月20日。

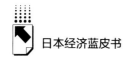

2000 年的 0.9%。此后有所波动，在 2009 年国际金融危机期间曾下降至
-0.2%，安倍内阁上台后的 2013 年以后有所回升，2014 年曾达到 1.1%，
但此后又开始下降，到 2019~2021 年降至 0.2%，2022 年和 2023 年有所恢
复，2024 年继续恢复到 0.6%，但仍处于较低水平。[①] 今后，随着经济逐渐
复苏，数字化转型的推进可以促进资源分配更有效率，科技创新和人力资本
投资的增加有望推动日本全要素生产率（TFP）的增长率缓慢回升；同时，
劳动时间减少的趋势可能得到缓解，资本存量增长率也可能出现循环性提
高。这些要素对于日本潜在经济增长率可以产生一定的支撑作用。但是，在
人口结构长期变化的趋势下，劳动投入对于潜在经济增长率的贡献基本为
负；而经济和产业结构的调整、企业的数字化转型和绿色转型投资等，目前
进展仍然比较缓慢；未来推动 TFP 增长率上升的因素，如创新和资源优化
配置等，也具有很大的不确定性。因此，未来日本潜在经济增长率将会在一
段时期内处于较低水平，能否持续回升仍有待观察。

总体来看，中长期日本经济继续缓慢复苏的可能性较大，但面临诸多风
险。受国内市场狭窄所限，个人消费难以大规模提高；人口深度老龄化趋势
不断加快，社会保障压力越来越大，导致经济活力减弱，整个社会的不安感
也在增强。财政政策和金融政策措施过于关注短期纾困目标，不仅对经济社
会长期可持续发展的支撑作用有限，还可能催生潜在经济风险显性化问题。
不过，从另一个方面来看，日本仍是世界主要经济体之一。尽管经济长期低
迷，社会问题也在逐渐深化，但日本经济社会的发展已经进入成熟阶段，并
且随着国际和国内环境的变化，日本经济与区域经济的深度融合带来区域供
应链的拓展，日本政府的经济政策也在不断做出适应性调整。因此，在未来
的一段时期内，日本经济将处于一个结构性问题深化和适应性调整并行的
状态。

---

① 此处是以上半年度和下半年度的平均值计算潜在经济增长率，2024 年为上半年度值。参见
日本银行「需給ギャップと潜在成長率」、https：//www.boj.or.jp/research/research_data/
gap/index.htm。最后访问日期：2025 年 2 月 20 日。

分 报 告

B.2

2024年的日本财政：多重约束下的
财政健全化探索

张欣怡*

摘　要：　2024年，日本财政预算在多重约束下探索财政健全化，通过工资上涨与民间投资提振经济活力；债务压力持续高企。预算总额约114.4万亿日元，社保与医疗（占比29.5%）、国债费用（占比24.6%）为最大支出项，同时增加少子化、国防及基建投入。财政收入依赖税收（占比61.8%）与公债（占比31.5%），特例公债占比较高，凸显财政脆弱性。补充预算追加13.9万亿日元，用于经济振兴、物价应对及安全保障。2025年日本财政预算延续改革方向，强调社保优化、绿色转型与科技投入，但债务依存度仍居高不下，财政可持续性挑战严峻。

关键词：　财政预算　多重约束　超老龄化社会　财政可持续

---

* 张欣怡，经济学博士，北京语言大学商学院教授，全国日本经济学会常务理事，主要研究领域为宏观经济与财政政策。

一　2024年度日本财政预算分析

（一）日本财政健全化探索面临多重约束

第一，经济约束。财政政策制定应关注推动物价可持续回升和提升民间消费增长活力。日本在2023年经历了30年以来首次较高水平的工资上涨，企业的投资信心和投资意愿也明显增强。日本财政大臣表示，日本财政收支将首先致力于经济增长，以增加所有世代的工资和收入。此外，财政大臣的演讲特别提到，要从未来世代的角度出发，确定日本的前进方向，振兴日本经济并将社会传递给下一代。[①]

第二，债务约束。债务预算制定将中长期财政可持续作为政策重要考量。为应对新冠疫情以及物价上涨等问题，日本编制了多次补充预算，日本的财政状况由此变得更加严峻。事实上，2024年政府债务占GDP的比例达251.2%的警戒水平，国债费用占收入比重高达24%，形成"以债养债"的恶性循环。[②] 财政是国家信任的基础，日本财务省表示要坚持"有经济才有财政，经济是财政的基础"的理念，确保中长期财政可持续。日本将根据《经济财政运营与改革的基本方针2023》等文件，推动收支两方面的改革，向2025年度实现基础财政收支盈余的目标迈进。

第三，结构性改革约束。财政支出需要积极应对日本经济社会面临的结构性问题。一是推动实现物价和工资的良性循环，安排应对原油价格和物价上涨对策及促进工资增长环境建设的预备费用。二是应对超老龄化问题，改善医疗和社会福利保障领域工作人员待遇，推动工资上涨幅度不低于物价上

---

① 財務省「第 213 回国会における鈴木財務大臣の財政演説（令和 6 年 1 月 30 日）」、https：//www. mof. go. jp/public_relations/statement/fiscal_policy_speech/20240130. html。最后访问日期：2025 年 3 月 2 日。

② 財務省「令和 6 年度予算政府案」、https：//www. mof. go. jp/policy/budget/budger_workflow/budget/fy2024/seifuan2024/index. html。最后访问日期：2025 年 3 月 2 日。

涨幅度。三是应对少子化加速问题，实施"儿童未来战略"的加速计划，扩充儿童补贴、分娩费用保险、儿童福利等。

（二）2024年财政预算的基本方针

2023年7月25日，日本通过了《2024年财政预算的基本方针》。[①] 该预算方针与2021~2023年连续三年的《经济财政运营与改革的基本方针》相一致，要求稳步推进经济与财政一体化改革，全面审视各项政策的优先顺序，排除预算浪费，将预算投入重点领域。

一是重视老龄化问题，安排养老金、医疗等相关开支。额度首先参考前一年度初始预算中养老金、医疗等相关费用的金额，加上由于老龄化等因素而产生的自然增长额，限额约5200亿日元。基于《经济财政运营与改革的基本方针2021》提出的要求，在合理化、高效化方面尽最大努力，将社保相关支出控制在与老龄化增长相匹配的幅度内。

二是要求各部门施策保持稳定性和持续性。通过对施策和制度进行根本性的重新审视，以及在各项经费之间进行严格的优先顺序选择，对预算进行详细审查，以切实满足真正的需求。构建能够促进结构变化的创新机制，推动公共部门的产业化和透明化，使各项预算更加有效和高效，并加强对成果的验证。此外，为实现适应数字社会的下一代行政服务改革，要彻底推进具有经济波及效应、高质量且高效率的财政改革。

三是研讨重要政策框架。在2024年财政预算中，需要考虑的重要政策课题包括实现结构性加薪、扩大官民合作投资、加强少子化对策及儿童政策、加速新资本主义发展以及应对环境变化，并为此设置"重要政策推进框架"。在"重要政策推进框架"中，各府省厅应认真研究推进支出改革，明确改革效果的定量估算与证据。预算编制中需要参考《新经济财政再生计划》中提出的"为应对真正必要的财政需求的增加，在推进支出改革工作中应统筹考虑通过制度改革促进财政收入增长"。

---

① 财务省「令和6年度予算の概算要求に当たっての基本的な方針について」、https://www.mof.go.jp/policy/budget/sy230725c.pdf。最后访问日期：2025年3月2日。

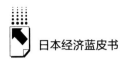
（三）2024年日本各政府部门预算要求额分析①

从各部门提出的预算要求额来看，整体预算有所增加，但财政投融资计划有所减少。2024年各部门预算要求额总计约114.4万亿日元，较2023年增加8.4万亿日元。下面分部门来看财政预算在不同领域的政策优先级和资源分配策略（见表1）。一是社会保障与医疗费用占比最高。厚生劳动省2024年预算要求额为33.7万亿日元，较2023年（33.1万亿日元）增加了5866亿日元，是政府预算要求总额中第一大分项，占比达29.5%。社会福利和医疗是日本财政预算投入最多的部分，这与老龄化紧密相关。二是政府债务压力不减反增。国债费用2024年预算要求额约28.1万亿日元，占比约24.6%，较2023年国债费用预算要求额的占比（23.8%）上升了0.8个百分点，显示出日本政府债务高企对政府预算的负担不减反增。三是总务省的预算占比较高。总务省2024年预算要求额为17.9万亿日元，占比15.6%，仅次于厚生劳动省和国债费用，这与其负责的广泛行政职能有关。四是对地方财政的支持有所增加。地方交付税交付金等的预算要求额从2023年的16.4万亿日元增长到2024年的17.4万亿日元，增加了9891亿日元。五是在国防安全方面的投入有所增加。防卫省2024年预算要求额为7.7万亿日元，占比约6.7%，较2023年增加了9170亿日元，防卫资金有所增加。六是国土交通省的预算要求额有所增加。国土交通省2024年预算要求额为7.2万亿日元，占比6.3%，较2023年增加了11509亿日元，显示出日本财政预算对基础设施建设、交通管理和国土规划的重视。七是文部科学省的预算要求额有所增加。文部科学省2024年预算要求额为5.9万亿日元，占比5.2%，较2023年增加了6275亿日元，显示出日本财政预算对教育、科研和文化的支持。八是其他预算要求额占比较高的部门有农林水产省（2.2%）、经济产业省（0.98%）、环境省（0.39%）。

---

① 本小节数据来源：财务省「令和6年度一般会计概算要求・要望额(令和5年9月5日)」、https://www.mof.go.jp/policy/budget/budger_workflow/budget/fy2024/sy050905.pdf。最后访问日期：2025年3月2日。

表1 2024年各部门预算要求额

单位：亿日元

部门	上年度预算额	概算要求额	期望额	合计	比较增减额
皇室费	67	59	7	66	−1
国会	1282	1309	—	1309	27
裁判所	3222	3324	85	3409	187
会计检查院	158	161	8	169	10
内阁	1064	992	256	1248	183
内阁府	48983	48547	2187	50733	1751
内阁本府等	46081	45807	1922	47728	1647
警察厅	2902	2740	265	3005	104
数字厅	4951	4618	1202	5819	868
总务省	168625	178168	473	178641	10016
其中:地方交付税交付金等	163992	173883	—	173883	9891
法务省	7250	7291	380	7671	421
外务省	7434	6895	1242	8137	702
财务省	18453	17755	9100	26855	8402
文部科学省	52941	50116	9100	59216	6275
厚生劳动省	331408	335757	1518	337275	5866
农林水产省	20937	20617	4532	25149	4212
经济产业省	8809	8864	2400	11264	2455
国土交通省	60778	55771	16516	72286	11509
环境省	3259	3581	858	4439	1180
防卫省	67880	77050	—	77050	9170
小计	807503	820874	41554	862427	54924
其中:一般支出	643511	646990	41554	688544	45033
国债费用	252503	281424	—	281424	28921
合　计	1060006	1102298	41554	1143852	83845

注：1. 上年度预算额中还包括：防卫力强化资金转入 33806 亿日元、新冠疫情防控及原油价格和物价上涨对策预备费 40000 亿日元、乌克兰局势经济紧急应对预备费 10000 亿日元。

2. 2024 年（令和 6 年度）概算要求中的防卫力强化资金转入、新冠疫情防控及原油价格和物价上涨对策预备费、乌克兰局势经济紧急应对预备费，是根据《令和 6 年度预算的概算要求基本方针（令和 5 年 7 月 25 日内阁会议决定）》进行的事项要求。

3. 地方交付税交付金等的概算要求额是基于税收等进行机械性试算后暂定的。

4. 数字计算过程中四舍五入，因此合计可能不完全与分项相加后的结果一致。

5. 各府省要求的金额是直接汇总的，经过审查后金额可能会有所变动。

资料来源：日本财务省「令和 6 年度一般会计概算要求・要望额(令和 5 年 9 月 5 日)」、https：//www.mof.go.jp/policy/budget/budger_workflow/budget/fy2024/sy050905.pdf。最后访问日期：2025 年 3 月 2 日。

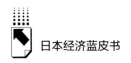

日本政府在财政投融资方面的支出有所缩减。2024年日本财政投融资计划额从16.3万亿日元减少到14.3万亿日元，减少了2.0万亿日元。这存在多方面的影响因素。一是政府的债务压力。日本政府债务率在世界主要经济体中名列第一，日本政府为控制债务水平，减少了财政投融资计划的预算，以降低债务依赖。政府债务占GDP的比例攀升至251.2%，国债费用吞噬24%的财政支出，形成"每100日元税收中有24日元用于偿债"的恶性循环。二是老龄化。日本是全球人口老龄化程度最高的国家之一，社保支出大幅增加，挤占财政预算资源，间接导致政府不得不缩减其他领域的政府预算。三是结合经济形势进行调整。财政投融资计划的预算减少，是部分将资金用于更能够促进经济增长和提高生产率的领域，如科技创新、产业政策等。四是调整政策优先级。政府在制定预算时，根据政策优先级的变化，对财政资金进行了重新分配，如投入可再生能源和能源效率提升、国防安全支出和地缘政治应对等方面。

（四）2024年日本财政预算收支分析[①]

1. 财政收入结构中债务压力依然较大，税收财政的建立仍在路上

2024年日本财政预算收入为112.6万亿日元（见图1），较2023年减少1.8万亿日元。财政预算收入主要包括三部分。一是税收收入69.6万亿日元，占比61.8%，较2023年增加1680亿日元。税收收入是日本政府的主要收入来源，主要包括消费税（21.2%）、所得税（15.9%）、法人税（15.1%）等。二是发行公债35.4万亿日元，占比31.5%，较2023年下降0.3个百分点（见表2）。日本政府对公债的依赖程度较高，虽然较新冠疫情以来已有所下降（见图2），但整体依然较高。从债券类型来看，21世纪前，日本以建设公债为主；21世纪后，日本以特例公债为主。2024年日本公债预算安排中，特例公债规模是建设公债规模的4.4倍。特例公债是在建设公债不足以弥补政府赤字和一些异常情况下申请发行的，但日本对于异常

---

① 本小节数据来源：财务省「令和6年度予算政府案」、https://www.mof.go.jp/policy/budget/budger_workflow/budget/fy2024/seifuan2024/index.html。最后访问日期：2025年3月2日。

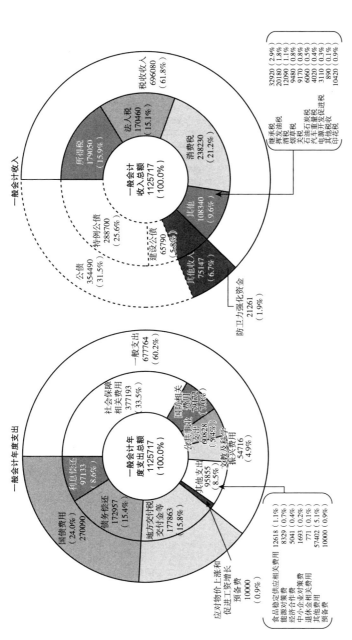

图 1　2024 年（令和 6 年度）日本财政收支结构（单位：亿日元）

注：1.　"一般支出"是指支出总额减去国债费用及地方交付税费用等之后的费用。2.　"基础财政收支对象费用"＝年度支出总额中减去一部分国债费用后的费用。3.　当年度政策成本指数：859390（76.3%）。4.　计数方面，由于采用四舍五入的方法，因此在尾数上有与合计不一致的部分。5.　社会保障相关费用占一般财政支出的 55.7%。

资料来源：财务省「令和 6 年度予算 政府案」，https://www.mof.go.jp/policy/budget/budger_workflow/budget/fy2024/seifuan2024/index.html。最后访问日期：2025 年 3 月 2 日。

一般会计收入

税收收入 696080（61.8%）
法人税 170460（15.1%）
所得税 179050（15.9%）
消费税 238230（21.2%）
其他 108340（9.6%）
一般会计收入总额 1125717（100.0%）

公债 354490（31.5%）
特例公债 288700（25.6%）
建设公债 65790（5.8%）

其他收入 75147（6.7%）
防卫力强化资金 21261（1.9%）

继承税 33920（2.9%）
挥发油税 20180（1.8%）
酒税 12090（1.1%）
烟草税 9480（0.8%）
关税 9170（0.8%）
石油石炭税 6060（0.5%）
汽车重量税 4020（0.4%）
电源开发促进税 3110（0.3%）
其他税收 890（0.1%）
印花税 10420（0.9%）

一般会计年度支出

一般支出 677764（60.2%）
社会保障相关费用 377193（33.5%）
一般会计年度支出总额 1125717（100.0%）
文教及科学振兴费用 54716（4.9%）
防卫相关费用 79102（7.0%）
公共事业支出 60828（5.4%）
其他支出 95855（8.5%）

国债费用 270090（24.0%）
利息偿还 97133（8.6%）
债务偿还 172957（15.4%）
地方交付税交付金等 177863（15.8%）

食品稳定供应相关费用 12618（1.1%）
能源对策费 8329（0.7%）
经济合作费 5041（0.4%）
中小企业对策费 1693（0.2%）
退休金相关费用 771（0.1%）
其他费用 57402（5.1%）
应对物价上涨和促进工资增长预备费 10000（0.9%）
预备费 10000（0.9%）

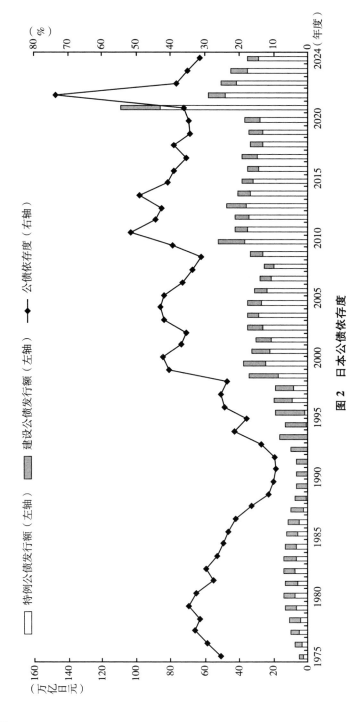

图 2　日本公债依存度

资料来源：财务省「令和 6 年度予算政府案、我が国の财政事情」，https：//www. mof. go. jp/policy/budget/budget_workflow/budget/fy2024/seifuan2024/32. pdf。最后访问日期：2025 年 3 月 2 日。

情况的判断较为宽松，也无须议会授权，导致特例公债发行并不"特别"。特别是在经济衰退、刺激需求、社保支出方面，日本政府越来越依赖特例公债。三是其他收入 7.5 万亿日元，占比 6.7%。

表 2　日本 2024 年财政预算收入概要

单位：亿日元，%

项目	2023 年（初值）	2024 年预算	增减	2024 年各项收入占比
税收收入	694400	696080	1680	61.8
其他收入	93182	75147	−18035	6.7
公债	356230	354490	−1740	31.5
其中：1. 建设公债	65580	65790	210	5.8
2. 特例公债（赤字公债）	290650	288700	−1950	25.6
总　计	1143812	1125717	−18095	100.0

注：本表由笔者绘制。

资料来源：财务省「令和 6 年度予算政府案、我が国の财政事情」、https：//www.mof.go.jp/policy/budget/budger_workflow/budget/fy2024/seifuan2024/32.pdf。最后访问日期：2025 年 3 月 2 日。

2. 财政支出中社保和债务费用支出较高，呈现"银发财政"和债务财政特征

2024 年日本财政预算支出为 112.6 万亿日元，较 2023 年增加 1.8 万亿日元。财政支出分为三大类型，分别是一般支出、国债费用和地方交付税交付金等（见表 3）。

第一，一般支出 67.8 万亿日元，占财政总支出的 60.2%，较 2023 年减少 5.0 万亿日元。一般支出主要包括以下部分。一是社会保障支出 37.7 万亿日元，占比 33.5%。社会保障支出是日本政府最大的支出项目，反映了政府在养老、医疗、失业等社会福利方面的投入。值得注意的是，日本财政一般支出中，社保支出较 2023 年增加超 8000 亿日元，而除社保以外支出均有所减少。日本社会老龄化问题严重，政府在社会保障方面的财政压力较大。二是国防相关费用 7.9 万亿日元，占比 7.0%。国防相关费用主要用于国防建设和军事装备采购。三是公共事业支出 6.1 万亿日元，占比 5.4%。

公共事业支出主要用于基础设施建设、维护和改善，包括道路、桥梁、公共设施等。这一支出比例呈走低态势，反映出日本经济阶段处于基建较为完备的后工业化阶段，不再依赖基建投资。四是文教及科学振兴费用 5.5 万亿日元，占比 4.9%。五是其他支出 9.6 万亿日元，占比 8.5%。这一支出包括食品稳定供应相关费用、能源对策费、经济合作费、中小企业对策费等。

第二，地方交付税交付金等 17.8 万亿日元，占比 15.8%。地方交付税交付金是中央政府对地方政府的财政转移支付，用于支持地方公共服务和基础设施建设。

第三，国债费用 27.0 万亿日元，占比 24.0%。其中，债务偿还费用 17.3 万亿日元，占比 15.4%；利息偿还 9.7 万亿日元，占比 8.6%。债务偿还费用是日本政府第二大支出项目，主要用于偿还国债本金和支付利息。这一高比例支出表明日本政府在债务管理方面的压力较大，特别是利息偿还部分占到了国债费用的 35.9%，出现了"以债养债"的恶性循环，债务规模仍将延续居高难下的态势，需要持续关注债务可持续性问题。

表 3　日本 2024 年财政预算支出概要

单位：亿日元，%

项目	2023 年（初值）	2024 年预算	增减	2024 年各项支出占比
一般支出	727317	677764	−49554	60.2
其中：1. 社会保障相关费用	368687	377193	8506	33.5
2. 社会保障相关费用以外费用	308630	290571	−18060	25.8
3. 应对物价上涨和促进工资增长预备费	50000	10000	−40000	0.9
地方交付税交付金等	163992	177863	13871	15.8
国债费用	252503	270090	17587	24.0
总　计	1143812	1125717	−18095	100.0

注：本表由笔者绘制。

资料来源：财务省「令和 6 年度予算政府案、我が国の财政事情」、https：//www.mof.go.jp/policy/budget/budger_workflow/budget/fy2024/seifuan2024/32.pdf。最后访问日期：2025 年 3 月 2 日。

3.政府债务压力居高不下

从图 3 可以看出，日本一般会计支出从 1975 年的不及 21 万亿日元增长

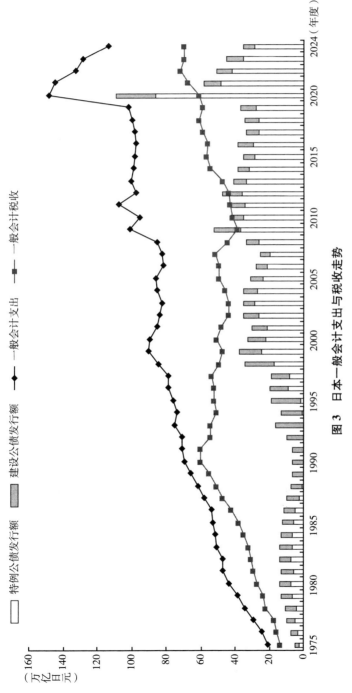

图 3 日本一般会计支出与税收走势

资料来源：财务省「令和 6 年度予算政府案、我が国の财政事情」，https：//www.mof.go.jp/policy/budget/budget_workflow/budget/fy2024/seifuan2024/32.pdf。最后访问日期：2025 年 3 月 2 日。

至 2024 年的约 112.6 万亿日元；税收从 1975 年的不及 14 万亿日元增长至 2024 年的约 69.6 万亿日元。一般会计支出与税收间的差额从 20 世纪 90 年代以来呈现扩大态势，尽管自 2020 年以来有所缩小，但时至 2024 年依然维持较大状态，这意味着日本对国债的依赖度依旧较高。从 2024 年预算来看，政府债务率仍处于高位（见表 4）。日本 2024 年政府债务率高达 251.2%，远高于经济合作与发展组织（OECD）的其他国家，如美国（121.0%）、英国（101.8%）、德国（62.7%）、法国（112.3%）、意大利（136.9%）、加拿大（106.1%）（见图 4）。

表 4 日本 2022~2024 年债务状况

单位：万亿日元，%

项目	2022 年末	2023 年末	2024 年预算案
公债余额(普通国债余额)	1027	1076	1105
占 GDP 比例	181	180	180
国家和地方的长期债务余额	1239	1285	1315
占 GDP 比例	219	215	214

资料来源：财务省「令和 6 年度予算政府案」、https：//www.mof.go.jp/policy/budget/budger_workflow/budget/fy2024/seifuan2024/index.html。最后访问日期：2025 年 3 月 2 日。

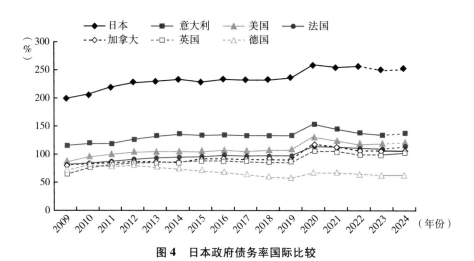

图 4 日本政府债务率国际比较

注：日本 2023 年和 2024 年的数据是估计值，其他国家 2024 年的数据是估计值。
资料来源：财务省「令和 6 年度予算政府案」、https：//www.mof.go.jp/policy/budget/budger_workflow/budget/fy2024/seifuan2024/index.html。最后访问日期：2025 年 3 月 2 日。

二　日本财政2024年补充预算分析：财政加力以试图振兴经济①

日本财政大臣在第216届国会演讲时表示：日本经济正在取得积极进展，经济显示出有望进入良性循环的迹象；通过补充预算，全面的经济措施旨在确保工资增长超过物价上涨，并过渡到由工资增长和投资驱动的"成长型"经济。

通过补充预算，政府将增加13.94万亿日元的财政收支（见表5）。财政收入中，预计税收收入将增加约3.83万亿日元，非税收收入增加约1.87万亿日元，上一年的保留收益约为1.56万亿日元。对于收入不及支出的部分，计划发行约6.69万亿日元的公共债务。

财政支出的变化主要是三项。一是增加约5.75万亿日元作为日本和地方经济体增长的费用。资金用途包括提高最低工资、促进中小企业设备投资、改善医疗护理和残疾人职场环境、支持医疗机构、应对地方少子化、促进农林水产业可持续增长、保障饲料安全、改善入境旅游、支持文化艺术、支持未来产业等，实现经济模式的"投资立国"和"资产运用立国"等。二是物价上涨应对费用约3.39万亿日元。包括支持地方低收入家庭、减轻冬季电费和燃气费负担、减缓燃料油价格上涨、支持家庭节能施工、支持新能源车和自动驾驶等所需费用。三是确保国民安心和安全费用约4.79万亿日元。包括自然灾害后恢复、推进防灾减灾和国土强韧化建设、外交和国防安全保障、儿童和育儿支持等方面费用。与一般账户的初始预算相比，一般账户的总账户预算总额增加了约13.94万亿日元，达到了约126.52万亿日元。

---

① 本节数据来源：财务省「令和6年度補正予算（令和6年11月29日）」、https：//www.mof. go. jp/policy/budget/budger_workflow/budget/fy2024/20241129. html。最后访问日期：2025年3月2日。

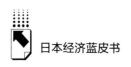

表5　日本2024年补充预算收支

单位：亿日元

财政支出补充预算		财政收入补充预算	
（一）经济对策相关费用（下述三项合计）	139310	（一）税收	38270
1. 日本经济和地方经济的成长：增加所有年龄层现在和未来的工资和收入	57505		
2. 克服物价上涨的影响：为实现不让任何人掉队的"成长型"经济铺平道路	33897	（二）税外收入	18668
3. 确保国民的安心和安全：为实现"成长型"经济奠定基础	47909	（三）上年度剩余金收入	15595
（二）其他经费	1768	（四）公债资金	66900
（三）国债整理基金特别会计收入	4259	其中：1. 建设公债	30800
（四）地方交付税交付金等	10398	2. 特例公债	36100
（五）既定经费的减额	−16303		
合　计	139433	合　计	139433

资料来源：财務省「令和6年度補正予算（令和6年11月29日）」、https：//www. mof. go. jp/policy/budget/budger_workflow/budget/fy2024/20241129. html。最后访问日期：2025年3月2日。

三　2025财年财政预算成立[①]

日本经济出现了30年来最高的工资增长和最大规模的设备投资等积极迹象，为确保这一良性循环的可持续，需要实现工资增长超过物价上涨，经济模式转变为工资增长和投资驱动的"成长型"经济。财政是国家信誉的基础，为了应对日本面临的各种挑战，必须从收入和支出两方面切实推进改革，特别是改善处于世界最糟糕水平的公债余额占GDP的比例。

2025年度财政预算中，除了应对多个年度计划中的重要课题，如基于官民合作的"AI·半导体领域投资促进"、实施"GX（绿色转型）投资促进"、根据"儿童未来战略"实施儿童与育儿支援加速计划、切实执行"防卫力的

---

① 本节数据来源：财務省「令和7年度予算」、https：//www. mof. go. jp/policy/budget/budger_workflow/budget/fy2025/fy2025. html。最后访问日期：2025年3月2日。

强化"等，还包括地方创生支持的倍数增加、内阁防灾负责的预算增加等。

2025年，日本财政预算收支较2024年初始预算增加2.97万亿日元（见表6、表7）。一般支出约为68.2万亿日元，再加上地方交付税交付金等约19.1万亿日元和国债费用约28.2万亿日元，一般会计支出总额约为115.5万亿日元，较上年度初始预算增加约2.97万亿日元。收入方面，预计税收等收入约为78.4万亿日元，其他收入约为8.5万亿日元。此外，公债下降至28.6万亿日元。

表6　日本2025年财政预算支出

单位：亿日元

项目	2024年初始预算	2025年预算	增减
一般支出	677764	682452	4689
社会保障相关费用	377193	382778	5585
社会保障相关费用以外费用	290571	299674	9103
其中：防卫力整备计划对象费用	77249	84748	7498
一般预备费	10000	10000	—
应对物价上涨和促进工资增长预备费	10000	—	-10000
地方交付税交付金等	177863	190784	12921
国债费用	270090	282179	12089
合　计	1125717	1155415	29698

资料来源：财务省「令和7年度予算」、https：//www.mof.go.jp/policy/budget/budger_workflow/budget/fy2025/fy2025.html。最后访问日期：2025年3月2日。

表7　日本2025年财政预算收入

单位：亿日元

项目	2024年初始预算	2025年预算	增减
税收收入	696080	784400	88320
其他收入	75147	84525	9378
其中：防卫力强化资金	21261	26659	5398
公债	354490	286490	-68000
其中：1.4条公债（建设公债）	65790	67910	2120
2. 特例公债（赤字公债）	288700	218580	-70120
合　计	1125717	1155415	29698

注：本表由笔者绘制。

资料来源：财务省「令和7年度予算」、https：//www.mof.go.jp/policy/budget/budger_workflow/budget/fy2025/fy2025.html。最后访问日期：2025年3月2日。

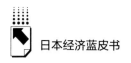
四 日本财政最新动向和课题

（一）社保领域：应对老龄化与少子化，增加社保投入并优化医疗、护理服务定价机制，强化儿童与育儿支持[①]

第一，社保费用因老龄化和养老金调整增加，但仍控制在政策目标内。2024年社会保障相关费用比上一年度的约36.9万亿日元增加约8506亿日元，达到约37.7万亿日元。在考虑经济和物价走势等因素的基础上，老龄化导致的费用增加约为3700亿日元，养老金调整部分的费用增加约为3500亿日元，日本实现了将社会保障相关费用的实际增长控制在老龄化导致的增加部分内的政策要求。

第二，调整医疗护理服务定价机制，优化药品支付方式以保障供应。重新审视公共价格，构建与现场工作人员工资上涨结构性相连的机制。以诊所为中心，通过管理费、处方费等的重组，实现其有效率且合理的调整。此外，在药品价格方面，除了反映市场价格外，还将进一步评估创新的价值，并确保后续药品等的稳定供应。同时，重新审视长期收录药品的保险支付方式。

第三，强化儿童与育儿支持，扩大财政投入并扩大制度覆盖范围。根据"儿童未来战略"，儿童家庭厅的2024年预算增加0.5万亿日元，达到5.3万亿日元，进一步扩充儿童津贴、减少高等教育费用、提升幼儿教育和保育质量、改善配置标准和待遇、积极应对贫困、预防虐童和保护残疾儿童、增加男性育儿休假。加强财政基础，将相关费用的国库负担从现行的1/80提高到1/8。

---

① 本小节数据来源：财务省「令和6年度予算 各府省の概算要求書、要望一覧及び政策評価調書公開ページへのリンク先一覧（概要）」，https://www.mof.go.jp/policy/budget/budger_workflow/budget/fy2024/2024gaisangaiyo_link.html；厚生労働省「令和6年度 所管予算概算要求関係」，https://www.mhlw.go.jp/wp/yosan/yosan/24syokan/index.html。最后访问日期：2025年3月2日。

（二）国土交通和基础设施建设领域：扩大防灾减灾和国土强韧化建设投资，提升基础设施现代化水平，改善从业者待遇①

第一，公共工程预算增加，聚焦防灾减灾与国土强韧化建设。2024 年公共工程相关费用达到 6.1 万亿日元，较上一年度增加 260 亿日元，通过结合硬件建设和软件措施，全面推进防灾减灾和国土强韧化。

第二，推进水道、港口等基础设施现代化，提升国际竞争力。结合土地利用管制，推进治水、海啸、高风险灾害等对策；制定上下水道一体化高效实施计划的补助项目；推进国际集装箱战略港口的功能强化，提升机场的国际竞争力。

第三，提高公共工程从业者工资，改善劳动力待遇。提高公共工程设计劳务单价和卡车司机工资。

（三）文教和科学技术领域：推进教育改革与科研创新，减轻教育负担，支持年轻研究者，优化私立学校补助机制②

第一，改革教育体系，优化资源配置并应对校园问题。在所有小学和中学配置教师业务支援员，实现小学五年级班级人数在 35 人以下的目标。在小学高年级的外语、理科、数学、体育等科目中，通过教师之间的课程交换和小中衔接等方式，提前实施分科制。为应对遭遇欺凌、辍学等问题的学生，增加学校心理咨询师和学校社会工作者的重点配置。

---

① 本小节数据来源：财务省「令和 6 年度予算 各府省の概算要求书、要望一覧及び政策評価調書公開ページへのリンク先一覧（概要）」，https：//www. mof. go. jp/policy/budget/budger_workflow/budget/fy2024/2024gaisangaiyo_link. html；国土交通省「令和 6 年度 予算概算要求概要」，https：//www. mlit. go. jp/page/kanbo05 _ hy _003149. html。最后访问日期：2025 年 3 月 2 日。
② 本小节数据来源：财务省「令和 6 年度予算 各府省の概算要求书、要望一覧及び政策評価調書公開ページへのリンク先一覧（概要）」，https：//www. mof. go. jp/policy/budget/budger_workflow/budget/fy2024/2024gaisangaiyo_link. html；文部科学省「令和 6 年度 概算要求等の発表資料一覧」，https：//www. mext. go. jp/a_menu/kaikei/zaimu/1234699. htm。最后访问日期：2025 年 3 月 2 日。

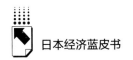

第二，扩大高等教育援助，减轻中低收入家庭经济负担。延续修学支援新制度，即为低收入家庭学生提供学费和入学金减免以及给付型奖学金。自2024年起，根据"儿童未来战略"，将修学支援新制度的适用对象扩大到多子女家庭以及理工农学科学生等中产阶层（家庭年收入约600万日元）。

第三，优化私立学校补助机制，强化经营改革要求。考虑到私立大学面对的严峻经营环境，对招生不足大学的重新分配资金，支持致力于经营改革和联合的大学。从2026年度开始，要求未达到招生率或经营状况标准的私立大学制订"经营改革计划"，以加强私立学校补助机制的合理性。

第四，加大科研投入，支持年轻研究者的发展与职业规划。根据日本科学技术政策研究所的报告，日本在国际科学文献数据库SCI（科学引文索引）中被引用次数排名前10%的论文作者中，超过一半的论文作者年龄在40岁以下。日本财政预算通过充实科学研究费补助事业费用，支持年轻研究者，如通过同行评审支持年轻研究者自由研究、为博士后期研究者提供特别津贴、推动年轻研究者的职业发展等。

（四）农林水产领域：调整农业结构以保障粮食安全，应对劳动力短缺，扩大农产品出口多元化布局①

第一，调整农业结构，强化粮食自给与可持续生产。通过支持水田转为旱田，推动高收益蔬菜以及日本国内自给不足的小麦、大豆等旱田农作物的生产，同时推进减少依赖进口的化学肥料的使用以及扩大国内饲料生产。

第二，应对农业人口减少，培育规模化经营主体。支持扩大从事地区农业的经营主体规模，培育服务型企业，推进生产结构性转型。此外，从构建可持续粮食系统的角度出发，推动农产品等合理定价。

---

① 本小节数据来源：财务省「令和6年度予算 各府省の概算要求書、要望一覧及び政策評価調書公開ページへのリンク先一覧（概要）」、https：//www.mof.go.jp/policy/budget/budger_workflow/budget/fy2024/2024gaisangaiyo_link.html；農林水産省「令和6年度 予算概算要求の概要」、https：//www.maff.go.jp/j/budget/r6yokyu.html。最后访问日期：2025年3月2日。

第三，拓展农产品出口市场，构建多元化渠道与品牌。为实现 2025 年 2 万亿日元、2030 年 5 万亿日元的出口目标，应积极推进出口对象国的多元化，开拓销售渠道，构建当地商业流通体系，加大农产品的推销力度，统一包装规格，形成大规模出口产区等。

（五）产业政策领域：聚焦绿色转型、数字基建与科技研发，推动新能源、6G 通信及酒类产业振兴，扶持中小企业升级①

第一，加强科技研发投入，推动绿色转型与新兴产业。2024 年科学技术振兴费达到 1194 亿日元，较 2023 年增加 72 亿日元，支持先进研发、网络安全对策等，推动新兴产业发展。同时，以碳定价未来收入为支撑，发行"GX 经济转型债券"，促进官民 GX 投资。

第二，扶持中小企业应对经营挑战，促进相关产业转型升级。增加应对中小企业经营问题的预算，如价格转移对策、事业再生与继承支持等，经济产业省 2024 年相关预算为 1082 亿日元。

第三，重点投资新能源技术，推动低碳产业转型。强化储能电池制造供应链，支持电动汽车电池及材料的设备投资和技术开发，安排预算 2300 亿日元。构建下一代太阳能电池供应链，支持开发轻量、柔性的钙钛矿太阳能电池等，安排预算 548 亿日元。推动钢铁和化学制造业转型，支持创新电炉化或氢还原炼铁等低碳炼铁技术的设备投资，安排预算 327 亿日元。

第四，发展 6G 通信与卫星系统，提升网络安全能力。推进下一代移动通信系统 Beyond 5G（6G）的研发，以提升国际竞争力，确保网络安全，具体项目包括量子互联网研发、网络安全信息、光纤建设、5G 基站建设、解决无线电波传输过程中的遮挡或干扰问题、开发信息收集卫星和卫星系

---

① 本小节数据来源：财务省「令和 6 年度予算 各府省の概算要求书、要望一览及び政策评価调书公开ページへのリンク先一览（概要）」，https://www.mof.go.jp/policy/budget/budger_workflow/budget/fy2024/2024gaisangaiyo_link.html；经济产业省「令和 6 年度概算要求」，https://www.meti.go.jp/main/yosangaisan/fy2024/index.html。最后访问日期：2025 年 3 月 2 日。

统等。

第五，振兴酒类产业，强化国际竞争与出口布局。根据"农林水产品、食品出口扩大战略"，推动日本酒类出口，主要项目包括日本酒类竞争力强化与海外拓展推进事业费（14.6亿日元）、清酒制造业现代化事业费（6.2亿日元）、酒类综合研究所运营费交付金（9.7亿日元）。

第六，推进"数字田园都市"计划，完善地方数字基建。通过"数字田园都市国家构想推进交付金"（1000亿日元）等，促进地方的数字基础设施建设。

结　语

日本2024年财政政策在老龄化、少子化与债务高企的多重压力下，试图平衡经济增长与财政纪律约束。尽管通过补充预算和结构性改革推动工资和物价良性循环、强化少子化对策及产业升级，但政府债务的"以债养债"模式与社保支出膨胀仍威胁中长期稳定。未来需深化税收改革、控制特例公债规模，并加速绿色与数字转型以提升经济内生动力。如何在保障社会福利的同时实现财政可持续，将是日本打破"银发财政"困局的关键考验。

B.3

2024年的日本金融：复杂形势下金融政策的历史性转向

刘　瑞[*]

摘　要： 2024年日本金融政策迎来历史性转向，日本央行相继实施解除负利率政策、废除基于收益率曲线调控（YCC）的量化质化宽松政策、停止购买风险资产、结束零利率等调控举措，推动货币政策步入正常化轨道。2024年日本金融政策调整主要源于物价上涨、工资涨幅超预期以及长期超宽松政策副作用突出等，政策调整效果主要体现在债券市场、外汇市场、股票市场以及金融机构收益等方面。日本货币政策正常化面临央行缩表任务艰巨及财政负担加重等课题，未来日本央行仍将阶段性进行金融政策调整，年内或再次小幅加息。同时，伴随国内国际环境变化，日本央行的金融政策运营将在幅度和频率上继续保持谨慎。

关键词： 日本央行　金融政策　金融市场　货币政策正常化　QQE

2024年2月，日本银行（BOJ）植田和男总裁在国会指出，"日本经济不再是通缩，已处于通胀状态"。[①] 以工资与物价的良性循环为前提，解除负利率政策、实现货币政策正常化的预期增强。2024年3月，日本货币政

---

[*] 刘瑞，经济学博士，中国社会科学院日本研究所研究员、全国日本经济学会常务理事，主要研究领域为日本经济、日本金融、中日金融制度比较等。

[①] 「植田日銀総裁「インフレの状態にある」衆院予算案」、『日本経済新聞』、2024年2月22日、https://www.nikkei.com/article/DGXZQOUB2253U0S4A220C2000000/。最后访问日期：2025年1月5日。

策迎来重大转变，实施八年之久的负利率时代宣告结束，并时隔 17 年首次启动加息。7 月日本央行再次加息，自 2008 年以来首次告别零利率，表明日本货币政策已开始步入正常化。

一　2024 年日本货币政策重大调整

2024 年，日本央行共召开八次货币政策会议。在物价上涨、工资大幅增加的背景下，日本货币政策进行了多项重大调整。

（一）货币政策转向（2024 年 3 月）

为摆脱长期通缩困境，作为"安倍经济学"的先锋军，日本央行于 2013 年 4 月起开启量化质化宽松（QQE）货币政策实验，旨在通过多种非常规举措增加货币供给，提升国民预期。其主要支柱有三：负利率政策、YCC 政策和购买风险资产。2024 年 3 月 19 日，日本央行长期坚守的"异次元"超宽松货币政策迎来重大转变。①

一是解除负利率政策。日本于 2016 年 2 月设计了三层利率结构，即将金融机构在央行的准备金账户余额分为基础存款、宏观加算存款和政策利率存款三部分，分别适用于正利率、零利率和负利率，其中对政策利率余额加征 0.1% 的利息，即短期政策利率为 -0.1%。此次调整，一方面将准备金账户的三层存款结构回归至以往的双层结构，即法定准备金和超额准备金，同时仍对超额准备金支付 0.1% 的利息；另一方面，货币政策操作目标从政策利率变更为常规的无担保隔夜拆借利率，其诱导目标为 0~0.1%。

二是废除 YCC 政策。2016 年 9 月，日本央行推出新型政策框架，在实施以短期利率为操作目标的传统调控方式的同时，通过调控各期限国债利率，实现对收益率曲线的整体调节。其中，作为风向标的 10 年期国债利率

---

① 日本銀行「金融政策の枠組みの見直しについて」、2024 年 3 月 19 日、https：//www.boj.or.jp/mopo/mpmdeci/state_2024/k240319a.htm。最后访问日期：2025 年 1 月 5 日。

低至0。为控制长期利率水平，日本央行承诺每年增加购买80万亿日元长期国债。自2021年3月起，日本央行多次提高、扩大YCC的长期利率区间，2022年10月将1%的上限作为10年期国债利率水平的参考目标，通过模糊化方式，允许利率在一定程度上偏离或超过目标值。值得注意的是，此次日本央行虽然宣布取消10年期国债利率上限，但为了防止长期利率急速上升，仍将灵活机动购买国债，其规模约为每月6万亿日元，与现行购买规模相当。

三是停止购买风险资产。为了提振经济，为市场注入更多资金，2010年10月，日本央行开始在二级市场购买交易型开放式指数基金（ETF）、不动产投资信托基金（J-REIT）等风险资产，每年分别为4500亿日元和500亿日元。在全球央行货币政策实践中，日本银行是唯一一家通过ETF持有企业股票的央行。原本日本央行将其列为临时性举措，但经济长期低迷，这一非常规政策不仅无法按期结束，更是在2013年黑田东彦就任央行总裁后四次上调购买额度。为应对突如其来的新冠疫情，日本央行2020年3月将ETF、J-REIT大举调高至每年分别12万亿日元和1800亿日元的买入上限。近年来，随着日本股票和房地产市场景气回升，自2021年起日本央行持续减少ETF等风险资产的购买规模，J-REIT也在2022年6月之后再未产生交易。此次日本央行决定终止ETF、J-REIT的新增购买计划，同时阶段性减少商业票据（CP）、企业债等的购买规模，直至一年后正式停止。

四是废除"通胀超调承诺"（Inflation-overshooting Commitment）。2013年1月，日本银行与日本政府发表联合声明，提出2%的物价目标。同年4月，黑田总裁提出两年实现2%的物价目标的承诺，力图通过强力、明确的政策承诺，提升企业和居民等私人部门的通胀预期。2016年9月，日本银行进一步强化政策，提出不设定具体期限，将超宽松货币政策持续实施至物价稳定超过2%目标之时。

（二）决定缩减国债购买规模（2024年6月）

2024年6月14日，日本央行的货币政策委员会宣布决定减少国债购买

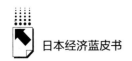
规模，具体缩减计划于 7 月会议出台。① 2013 年日本央行在推出量化宽松政策后，开始大量购买国债，并不断追加购债规模。2016 年 9 月，在 YCC 政策下，为控制利率上升幅度，日本央行的购债额度不断提升。2023 年末，日本央行持有国债规模从实施 QQE 之前 2012 年末的 94 万亿日元上涨至 581 万亿日元，市场份额从 11.5% 提升至 53.8%。② 值得注意的是，自 2023 年起，日本央行已经开始进行国债减持计划，购买规模从 2023 年初的每月 16 万亿日元降至 2024 年 6 月的约 6 万亿日元。但这一水准仍然远超欧美等国家的规模。

（三）再度加息告别零利率（2024年7月）

2024 年 7 月 31 日，日本央行再次调整货币政策调控工具，③ 一是将无担保隔夜拆借利率操作目标从 0~0.1% 上调至 0.25%，摆脱 2008 年以来的零利率状态；二是宣布缩减国债购买规模的具体方案，至 2026 年 3 月末，日本央行每个季度的购债规模将减少 4000 亿日元，国债购买量将从每月 6 万亿日元降至 2026 年第一季度的约 3 万亿日元。同时，为保持政策灵活性，日本央行将于 2025 年 6 月对长期国债缩减计划进行中间评价，以此制定未来的购债方针。若因缩减购债而导致长期利率急速上升，日本央行将机动增加国债购买规模，或实施以指定价格购买等应急操作方案。

综上所述，2024 年日本央行货币政策进行了一系列重大调整，结束负利率、废除 YCC、停止购买风险资产、缩减长期国债购买规模、摆脱零利率等历史性政策转向，标志着日本央行结束长期"异次元"非常规货币政策，向政策正常化迈进。

---

① 日本银行「当面の金融政策運営について」、2024 年 6 月 14 日、https：//www.boj.or.jp/mopo/mpmdeci/state_2024/k240614a.htm。最后访问日期：2025 年 1 月 5 日。
② 日本银行「参考図表 2024 年第 3 四半期の資金循環」、2024 年 12 月 18 日、https：//www.boj.or.jp/statistics/sj/sjexp.pdf。最后访问日期：2025 年 1 月 5 日。
③ 日本银行「金融市場調節方針の変更および長期国債買入れの減額計画の決定について」、2024 年 7 月 31 日、https：//www.boj.or.jp/mopo/mpmdeci/state_2024/k240731a.htm。最后访问日期：2025 年 1 月 5 日。

二　2024年日本货币政策调整背景

日本央行货币政策迎来重大转变，既受物价上涨、工资增加的因素影响，也有长期超宽松政策副作用及风险突出的原因。

（一）物价上涨，消费受阻

2013年4月，黑田总裁提出两年内尽快实现2%的物价目标，此后，消费者价格指数（CPI）稳定保持在2%以上成为解除负利率的前提。从2022年4月至2024年12月，日本剔除生鲜食品的核心CPI同比连续33个月涨幅超过2%。从年度来看，2024年日本平均核心CPI同比上涨2.5%，时隔30年再次出现连续三年涨幅超过2%的景象。[①] 食品及原材料价格上涨抑制了居民消费，2024年日本两人以上家庭消费支出约为平均每月30万日元，扣除通胀因素，实际同比减少1.1%，连续两年负增长，其中食品、食材等的消费增长连续五年为负值。2024年，反映食品支出在消费支出中占比的恩格尔系数攀升至28.3%，为43年以来最高水平。[②] 2024年日本企业服务价格指数上升2.9%，为1991年以来最高升幅，反映出价格上涨提升了劳动力成本，特别是酒店服务、运输、邮政等行业的劳动力成本增长明显。[③]

（二）工资涨幅超预期

2024年3月，日本最大工会组织日本劳动组合总联合会宣布2024年度春季劳资谈判达成初步结果，企业薪金（基本工资与奖金合计）平均涨幅

---

① 日本総務省統計局「2020年基準消費者物価指数」、2025年1月24日、https://www.stat.go.jp/data/cpi/sokuhou/nen/pdf/zen-n.pdf#page=4。最后访问日期：2025年2月12日。

② 「個人消費、食料高が重荷　エンゲル係数43年ぶり高水準」、『日本経済新聞』、2025年2月7日、https://www.nikkei.com/article/DGXZQOUA062LT0W5A200C2000000/。最后访问日期：2025年2月12日。

③ 日本銀行「企業向けサービス価格指数」、https://www.boj.or.jp/statistics/pi/sppi_2020/index.htm。最后访问日期：2025年2月12日。

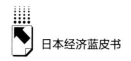

达 5.28%，创 1991 年以来时隔 33 年的最大涨幅。从企业规模来看，大企业
涨幅为 5.30%，同比增长 1.49%；中小企业同比上涨 0.97%，4.42% 的涨幅
为 32 年来最高水平。从雇佣形态来看，工资上涨不仅惠及正式员工，非正
式员工的工资也提升了 6.75%，同比增长 2%。① 日本央行将物价上涨推动
要素分为"第一种力量"（成本增加导致价格上涨，如输入型通胀）和"第
二种力量"（工资与物价的良性循环）。② 春季劳资谈判结果表明第二种力量
已经形成，这也是日本央行改变货币政策方向、解除负利率政策的重要因
素。2024 年 5 月，日本企业基本工资同比上涨 2.5%，为 1993 年 1 月以来
时隔 31 年 4 个月的最高涨幅，这为 2024 年 7 月再度小幅加息提供了有力的
支持。③

（三）长期超宽松政策副作用及风险突出

2023 年 4 月植田和男就任日本央行行长后，开启对非传统货币政策的
成效检验，以此为未来的政策运行提供参考。2024 年 12 月，日本央行公布
报告，分别对 1990 年末日本经济金融形势，21 世纪前十年金融政策运营，
2013 年大规模超宽松货币政策的影响、效果及副作用进行检验。④ 结果显
示，过去 25 年日本执行非传统货币政策，特别是 2013 年开启 QQE 政策实
践之后，虽然拉动名义利率下降，刺激经济暂时回升，总体对经济起到促进
作用，但也导致了国债市场功能低下、金融机构收益恶化等问题。2024 年
货币政策转向也反映出 QQE 政策长期作用下的风险，特别是 QQE、YCC 政

① 「中小賃上げ4.42%、32 年ぶり高水準　非正規にも広がる」、『日本経済新聞』、2024 年 3
月 15 日、https：//www.nikkei.com/article/DGXZQOUA1467U0U4A310C2000000/。最后访问
日期：2025 年 2 月 12 日。
② 日本銀行「総裁記者会見」、2023 年 10 月 31 日、https：//www.boj.or.jp/about/press/
kaiken_2023/kk231101a.pdf。最后访问日期：2025 年 2 月 12 日。
③ 2024 年 7 月 3 日，日本劳动组合总联合会公布春季劳资谈判最终结果，薪金平均上涨
5.1%。参见『日本経済新聞』、2024 年 7 月 3 日、https：//www.nikkei.com/article/DGX
ZQOUA038K80T00C24A7000000/。最后访问日期：2025 年 2 月 12 日。
④ 日本銀行「金融政策の多角的レビュー」、2024 年 12 月、https：//www.boj.or.jp/mopo/
mpmdeci/mpr_2024/k241219b.pdf。最后访问日期：2025 年 2 月 12 日。

策等的长期化致使日本央行持有的国债规模不断增加，甚至成为日本国债市场最大的投资者，而原本的市场主要参与主体即金融机构所占份额急剧下滑。其结果不仅使国债市场交易量减少，也导致国债利率曲线下行，金融市场间借贷利差缩小，国债市场流动性减弱。[①]

三　日本货币政策调整对金融市场的影响

2024年日本货币政策调整的效果及影响，主要体现在债券市场、外汇市场、股票市场以及金融机构收益等方面。

（一）债券市场

2024年日本利率市场进入重大转换期，日本央行推动货币政策逐步迈入正常化，进入"有利率"的政策空间。观察短期市场，无担保隔夜拆借利率诱导目标升至0.25%。金融机构之间融资的"有担保拆借利率"时隔八年再次成立，2024年11月26日，日本央行公布其利率为0.18%，而上一次即2016年最后一次公布的利率仅为0.001%。这标志着短期金融市场重新焕发活力。

2024年日本长期利率大幅上升。如图1所示，2024年3月日本央行取消收益率曲线调控后，作为长期利率的重要指标，10年期国债利率分别于2024年5月、6月、7月和12月四次升至1.1%，为2011年7月以来时隔13年的最高值。

利率上升一方面对企业融资成本形成一定压力，主要表现在：（1）企业发债成本上升。如东京电力电网公司2023年7月发行400亿日元15年期债券，利率仅为1.6%，而2024年7月利率升至2.477%。[②]（2）贷款成本

---

① 北村冨行、竹村啓太、福間則貴、前橋昂平、松田尚樹、渡辺康太「量的・質的金融緩和やイールドカーブコントロールが国債市場の機能度に及ぼした影響」、『日本銀行ワーキングペーパーシリーズ』、No. 24-J-12、2024年8月。

② 「長期金利、13年ぶり1.1%」、『日本経済新聞』、2024年12月26日、https://www.nikkei.com/article/DGXZQOUB167MP0W4A211C2000000/。最后访问日期：2025年2月22日。

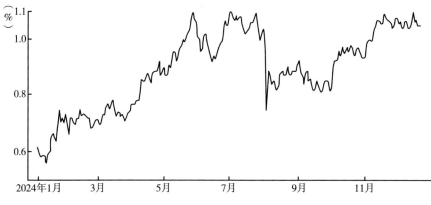

图 1　2024 年日本 10 年期国债利率变化情况

资料来源：日本相互証券「主要年限レート推移」、https：//www.bb.jbts.co.jp/ja/historical/marketdata01.html。最后访问日期：2025 年 2 月 20 日。

增加。东京商工研究所于 2024 年 10 月实施的调查显示，46.3% 的企业融资利率已经提高，而在 4 月调查时这一比例仅为 17.7%。[①]（3）影响企业收益。加息提升了企业设备投资、业务扩张所需的融资成本，对企业收益形成负面影响。据瑞穗研究所测算，长期利率每上升 1 个百分点，日本全产业的经常收益将减少 1.9%，特别是非制造业领域的租赁、电力、煤气、农林水产、餐饮住宿、不动产、石油煤炭制品等行业受加息影响较大。[②]

但另一方面，利率上升提升了居民的利息收入及金融机构运营能力。据大和总研的测算，政策利率从 0.25% 升至 0.5%，虽然房贷利息增加，但存款利息收入的增加更为显著，两者之差将使家庭增加 0.2 万亿日元收益。[③]从金融机构运行来看，2024 年 7 月末日本央行加息后，三菱 UFJ 银行将存

①　東京商工リサーチ「2024 年 10 月「金融政策に関するアンケート」調査、2024 年 10 月 16 日、https：//www.tsr-net.co.jp/data/detail/1198993_1527.html。最后访问日期：2025 年 2 月 22 日。

②　みずほリサーチ&テクノロジー「金利 1% 上昇の企業利益インパクト」、2024 年 4 月 5 日、https：//www.mizuho-rt.co.jp/publication/2024/research_0070.html。最后访问日期：2025 年 2 月 22 日。

③　「日銀追加利上げ、企業の利払い増加」、『日本経済新聞』、2025 年 1 月 25 日、https：//www.nikkei.com/article/DGXZQOUB233NY0T20C25A1000000/。最后访问日期：2025 年 2 月 22 日。

款利率从 0.02% 上调至 0.1%，索尼银行调息至 0.15%，为 16 年来最高值。虽然核心 CPI 涨幅持续超过 2%，但考虑物价因素，存款的实际价值仍呈现负增长。而作为政策信号，加息将引发存款竞争，激励金融机构调整经营战略，从而有助于其盈利状况的改善。

对于日本大型金融机构而言，随着央行加息，存贷利差加大，利润增加。但地方银行、信用合作社等区域性金融机构，还需优化业务结构和盈利模式，缩小与大型金融机构之间的差距。2024 年 4～12 月，73 家上市地方银行合并净收益约为 9900 亿日元，同比增长 19%。其中，贷款、有价证券等资金收益增加 9%，达 2.93 万亿日元。但伴随利率上升，国债价值降低，2024 年末，地方银行持有的日元计价的债券（包括国债和公司债）账面损失约为 1.96 万亿日元，[①] 连续三个季度呈增加趋势。

（二）外汇市场

日元贬值仍为 2024 年外汇市场的主要基调，日元汇率从 2023 年末的 1 美元兑 141 日元降至 2024 年末的 1 美元兑 156 日元，日元贬值幅度约为 11%，且贬值趋势持续了四年，创 1973 年实行浮动汇率制以来跨度最长的贬值期。[②] 具体来看，日元对美元汇率 2024 年出现了较大波动，既有 1 美元兑 160 日元的低点，也有 7 月日本央行加息后 1 美元兑 140 日元的高点（见图 2）。

日元贬值主要有三方面原因。一是日美利差仍处于高位。2024 年日美货币政策转向，步入日本央行加息、美联储降息通道。但在物价、经济增速等现实要素下，美联储降息预期放缓。虽然日美利差缩小，从 2024 年 3 月解除负利率之前的 5.6% 降至 2024 年末的 4%，但这一水平仍与 2006～2007 年日元套利交易活跃时期的利差相当。二是贸易收支变化。作为制造业出口

---

① 「地銀、国債などの含み損 2 兆円に拡大」、『日本経済新聞』、2025 年 2 月 14 日、https：// www. nikkei. com/article/DGXZQOUB137WC0T10C25A2000000/。最后访问日期：2025 年 2 月 22 日。

② 「円、まさかの 4 年連続安」、『日本経済新聞』、2024 年 12 月 31 日、https：//www. nikkei. com/article/DGXZQOUB301940Q4A231C2000000/。最后访问日期：2025 年 2 月 22 日。

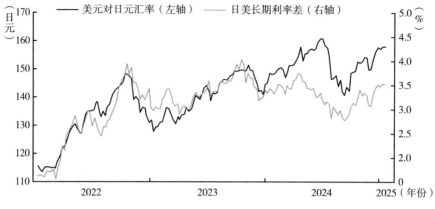

图 2　美元对日元汇率及日美长期利率差走势

资料来源：「経済指標ダッシュボード」、『日本経済新聞』、https://vdata.nikkei.com/economicdashboard/macro/#c-o。最后访问日期：2025 年 2 月 26 日。

大国，日本政府长期注重防范日元升值。但近年来，新冠疫情加之俄乌冲突导致进口商品价格上涨，日元过度贬值加剧了输入型通胀。至 2024 年日本连续四年出现贸易赤字，原因在于进口能源成本增加、数字贸易赤字扩大等，这意味着企业贸易资金从日元转向美元。三是投资变化。日本企业海外投资收益屡创新高，但并未回流到日本国内，而是以再投资方式滞留海外。在小额投资免税制度（NISA）下，日本个人投资者的海外投资增加，更多资金流向收益率更高的美元资产。2024 年，投资收益及访日游客消费增加，使日本贸易赤字规模同比减少 40%。与此同时，经常收支实现 29.3 万亿日元盈余，为 1985 年有统计数据以来的最高值。[①] 但企业海外生产、数字贸易赤字加大等，仍是日元贬值的影响因素。

日元贬值虽然提高了以大企业为代表的公司业绩，但也引发了物价高涨等问题。2024 年 4 月 29 日日元汇率降至 1 美元兑 160 日元，创 1990 年 4 月以来最低值。出于对日元过度贬值引发输入型通胀从而导致物价高企的担

---

① 「24 年の経常黒字、最高の 29 兆 2615 億円」、『日本経済新聞』、2025 年 2 月 10 日、https://www.nikkei.com/article/DGXZQOUA074IQ0X00C25A2000000/。最后访问日期：2025 年 2 月 26 日。

忧，日本政府与央行实施了外汇干预。据日本财务省的统计，从 2024 年 4 月 26 日至 5 月 29 日，日本买入日元卖出美元的外汇干预规模高达 9.7 万亿日元，创日元贬值干预最大规模。[①] 此次干预分为两次：第一次是 4 月 29 日，干预后日元汇率升高 6 日元至 1 美元兑 154 日元；第二次是 5 月 2 日，干预后日元汇率从 1 美元兑 157 日元升至 1 美元兑 153 日元。此后，2024 年 7 月日元再度贬值，其中 7 月 12 日外汇市场日元汇率从 1 美元兑 161.7 日元快速升至 1 美元兑 157 日元，这意味着日本政府再次入市干预。2024 年，日本买入日元卖出美元的外汇干预规模累计超过 15 万亿日元，突破年度历史纪录。与此同时，作为外汇干预的资金，日本外汇储备 2024 年 12 月末降至 1.23 亿美元，同比减少 5%，为 2022 年以来最低水准。[②] 但日本单独进行外汇干预的效果并不显著，仅暂时抑制了日元进一步贬值。为持续稳定汇率，应重点关注日美货币政策及国内外经济状况的变化。

（三）股票市场

2024 年全球 GDP 前 20 名国家中，美国、英国、德国、法国及巴西、印尼等 13 个国家的股市创历史新高。全球股票市值总额 13.6 万亿美元，其中美国约占九成。日本股票市场也刷新多项纪录。2024 年末，日经平均股价（简称"日经股价"）年度终值为 39894 日元，比年初上涨 19%，连续两年增长，突破 1989 年泡沫经济时期 38915 日元的高点，时隔 35 年创年度终值新纪录。其中 2024 年 7 月 4 日，东证股价指数（TOPIX）升至 2898.47，创 1989 年 12 月 18 日（2884.80）以来最高值。7 月 11 日，日经股价攀升至 42224 日元，创历史最高纪录。[③] 但与此同时，8 月 5 日，日经股价日下跌

---

① 「円買い介入 9.7 兆円、過去最大」、『日本経済新聞』、2024 年 5 月 31 日、https：// www. nikkei. com/article/DGXZQOUA310SA0R30C24A5000000/。最后访问日期：2025 年 2 月 26 日。

② 「24 年末の外貨準備高、5% 減」、『日本経済新聞』、2025 年 1 月 10 日、https：//www. nikkei. com/article/DGXZQOUA093M30Z00C25A1000000/。最后访问日期：2025 年 2 月 26 日。

③ 「東証大引き　日経平均が史上最高値」、『日本経済新聞』、2024 年 7 月 4 日、https：// www. nikkei. com/article/DGXZQOFL0448D0U4A700C2000000/。最后访问日期：2025 年 2 月 26 日。

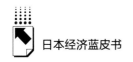

超过 4400 日元, 为 1987 年 "黑色星期一" 以来历史最大下跌纪录, 31458 日元也成为年度最低值。年度最高点与最低点相差 10766 日元, 差额仅次于泡沫经济崩溃后的 1990 年 (18491 日元) 和新冠疫情发生后的 2020 年 (11015 日元)。

从企业类别来看, 生成式人工智能 (AI) 相关企业成为 2024 年上半年推升股票市场的最大动力。下半年股价回落, 但市场对日本经济增长预期增强, 大企业开始回购股票, 股市保持坚挺。2024 年, 东京证券交易所 (简称 "东证") 主板市场 (Prime Market) 有 29 家企业股价倍增, 其中开发生成式 AI 的藤仓株式会社股价提升 5.04 倍, 占据涨幅榜首位。①

2024 年日本央行结束 QQE 政策, 特别是 7 月 31 日加息后股票市场剧烈波动。日经股价连续三天下跌, 其中 8 月 5 日下跌 12.4% 即 4451 日元, 创历史最大跌幅。而 8 月 6 日日经股价暴涨 3217 日元, 增加值为历史最高, 10.23% 的上涨率也居历史第四高位。但总体来看, 0.25% 的政策利率标志着日本仍然维持非常宽松的金融环境。同时, 加息预期有助于金融机构改善盈利状况, 银行股上涨空间拓宽。

2024 年日本股票市场上涨的主要因素有五个。一是企业收益改善。东证主板市场上市企业 2024 年 4~12 月的决算显示, 总计 36 个品类中, 有 27 个品类企业的净利润同比增长, 仅次于 2021 年 4~12 月的 29 个品类数。企业营业额同比增长 5%, 净利润同比增长 15%, 达到 42.7 万亿日元, 连续两年突破最高值。② 与此同时, 对于以内需型中坚企业为主体的东证标准市场 (Standard Market) 和成长型市场 (Growth Market), 上市企业净利润同比增长 14%。二是东证改革。2023 年, 针对上市企业市净率 (PBR) 低于 1 倍的现象, 东证要求企业调整经营方针, 重视资本成本和股票价格。2024

① 「「株価 2 倍超」29 社」、『日本経済新聞』、2024 年 12 月 30 日、https：//www.nikkei.com/article/DGXZQOUB279AV0X21C24A2000000/。最后访问日期：2025 年 2 月 26 日。
② 「上場企業 4~12 月、7 割の業種で増益」、『日本経済新聞』、2025 年 2 月 22 日、https：//www.nikkei.com/article/DGXZQOTG1742B0X10C25A2000000/。最后访问日期：2025 年 2 月 26 日。

年是东证改革的第二年，在岸田政府的"资产收入倍增计划"和"资产运用立国"战略下，为落实资本市场纪律要求，企业积极消除交叉持股，出售政策持有股票（简称"政策股票"）①，鼓励资本流入日本股市。日本上市企业拥有超过 60 万亿日元的政策股票，2024 年共有九家企业被减持的规模超过 500 亿日元，其中本田股份出售是年度最大交易。7 月，日本财产保险公司和银行等金融机构作为大股东，出售本田股票达 4974 亿日元，相当于最初发行股票数的 6%。本田与证券公司对投资者发出出售公告，促成交易得以实现。② 三是日本企业积极回购自有股票。2024 年，日本上市企业在消除交叉持股的同时，净买入股票超过 7 万亿日元，股票金额比此前最高峰时的 2022 年高出 50%。2024 年 7 月，日本人力资源公司 Recruit Holdings 宣布回购 6000 亿日元自有股票，2024 年其股价上涨 87%。③ 四是新 NISA 制度的实施。日本自 2024 年 1 月开始实施新 NISA 制度，将临时举措修改为长期性制度，并将终身免税投资额度增加至年度 1800 万日元，不设置免税投资期限等，鼓励资金从储蓄转化为投资。2024 年 1~11 月，个人投资者通过 NISA 账户向日本股市、投资信托等投资约 11.9 万亿日元。五是摆脱长期通缩的预期增强。实现价格转嫁、提高企业收益是 2024 年日本股票市场上涨的动力之一。如大林组株式会社成功将资源价格上涨转嫁至建筑成本，并提高利润率，2024 年其股价上涨 72%。④ 未来经济稳定增长、企业经营业绩持续改善等将成为日本股票市场保持上涨势头的关键。

---

① 政策持有股票指日本企业不以投资为目的，为维持或加强战略合作关系而持有的其他关联公司的股份，一般采取相互持股的形式。
② 「持ち合い解消「売られる側主導」急増」、『日本経済新聞』、2014 年 12 月 17 日、https：//www.nikkei.com/article/DGXZQOTG22BBF0S4A121C2000000/。最后访问日期：2025 年 3 月 12 日。
③ 「株高イヤーの日本、「脱デフレ・東証改革・新 NISA」が3 本柱」、『日本経済新聞』、2024 年 12 月 31 日、https：//www.nikkei.com/article/DGXZQOUB233BV0T21C24A2000000/。最后访问日期：2025 年 3 月 12 日。
④ 「株高イヤーの日本、「脱デフレ・東証改革・新 NISA」が3 本柱」、『日本経済新聞』、2024 年 12 月 31 日、https：//www.nikkei.com/article/DGXZQOUB233BV0T21C24A2000000/。最后访问日期：2025 年 3 月 12 日。

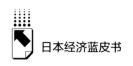

四　日本货币政策课题及展望

由于日本货币政策正常化面临央行缩表任务艰巨及财政负担加重等课题，未来日本央行将进行阶段性政策调整。同时，伴随国内国际环境变化，日本央行的金融政策运营将继续保持谨慎态势。

（一）日本央行缩表任务艰巨

截至 2024 年 9 月末，日本央行保有国债 582 万亿日元，占市场份额的一半以上。其持有的 ETF 账面价值约 37 万亿日元，市值约 70 万亿日元，占东证主板市场总市值的 7%。① 日本央行公布 2024 年度上半年（2023 年 4 月至 2024 年 9 月）决算结果，经常收益 1.79 万亿日元，同比减少 43.7%。从资产来看，加息导致保有的长期国债账面损失 13.75 万亿日元，但在股市上扬背景下，ETF 的账面盈余达 33.71 万亿日元。②

2024 年 3 月日本央行结束负利率政策，自 8 月起阶段性减少购买国债规模，收缩庞大的资产负债表。具体措施是，至 2026 年 1~3 月，国债每月购买额降至 3 万亿日元，截至 2026 年 3 月，持有国债余额减少 7%~8%。如果按照这一频率，580 万亿日元余额减半将需要七年以上。

2024 年 12 月，日本央行首次公布加息对央行收益影响的测算结果，在最严峻的情境下，即短期利率每年上涨 0.75%，最高达到 2% 的水平，2027~2028 年度将出现 2 万亿日元规模的最终赤字。虽然日本央行指出账面一时出现赤字或债务并不影响其政策运营能力，但加息依然是对日本央行的重大考验。回顾历史，2000 年 8 月解除零利率及 2006~2007 年加息，均遭

<hr />

① 「日銀、資産圧縮の市場への影響減軽に苦慮」、『日本経済新聞』、2025 年 1 月 29 日、https://www.nikkei.com/article/DGXZQOUB263O30W5A120C2000000/。最后访问日期：2025 年 3 月 12 日。
② 日本銀行「第 140 回事業年度（令和 6 年度）上半期財務諸表等について」、2024 年 11 月 27 日、https://www.boj.or.jp/about/account/zai2411a.htm。最后访问日期：2025 年 3 月 12 日。

遇全球经济形势恶化及日本经济疲软，两度加息均以失败告终，政策利率也未曾超过 0.5%。

目前，对于 2026 年 4 月之后的国债购买和持有计划，日本央行尚未出台明确方案。与其他主要国家相比，日本非常规货币政策在退出时面临巨大挑战，如超低利率持续时间长、资产负债表扩张规模大、存量效应显著等。在货币政策正常化的同时，如何避免金融市场混乱、应对经济下行风险是日本银行的政策课题。

处理 ETF 也成为日本央行面临的难题。为防止股价暴跌对金融市场造成巨大冲击，或只能采取少量、长期的处理方式。为保证金融体系稳定，日本央行曾于 2002~2004 年以及 2009~2010 年从二级市场购买金融机构持有的股票，采用以 2016~2025 年 10 年为期限、每年出售约 3000 亿日元股票的退出机制。如果此次也采用同样的规模，单纯计算则需要 200 年以上。在央行缩表的过程中，如何抑制长期利率攀升、防止股价暴跌，对于日本央行而言，既是战略重点，又是技术难点。

（二）财政负担加重

日本政府于 2002 年便设定了基础财政收支平衡（PB）目标，但至 2024 年度为止从未实现。2024 年 7 月末内阁府测算表明，2025 年度将时隔 34 年实现基础财政收支盈余（约 8000 亿日元），但在大型补充预算通过后，最终将会出现 4.5 万亿日元赤字。①

2024 年 12 月末，以国债、借款和政府短期证券为主的日本政府债务高达 1317.6 万亿日元，创历史新高，② 其规模约为当年 GDP 的 2.4 倍。这主要源于为弥补预算支出而新发国债的举措。而利率上升将导致用于偿还国债

---

① 「基礎財政収支、25 年度 4.5 兆円赤字」、『日本経済新聞』、2025 年 1 月 17 日、https：//www.nikkei.com/article/DGXZQOUA15B3P0V10C25A1000000/。最后访问日期：2025 年 3 月 12 日。

② 「国の借金、1317 兆円で過去最大」、『日本経済新聞』、2025 年 2 月 10 日、https：//www.nikkei.com/article/DGXZQOUA105MF0Q5A210C2000000/。最后访问日期：2025 年 3 月 12 日。

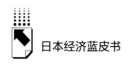

及利息支出的国债费用增加，从而加重财政负担。日本财务省的测算显示，如果名义经济增长率保持在 3%，物价目标维持在 2%，2027 年 10 年期国债利率将升至 2.4%，国债费用将达 15 万亿日元。与 2025 年度预算案相比，2028 年度国债费将增加 7.1 万亿日元，达 35.5 万亿日元，占年度财政支出的比重将从 24% 升至 28%，对社会保障、增长投资等支出形成挤压。

（三）政策展望

展望 2025 年，日本货币政策仍处于重要转换期。2025 年 1 月，日本央行再次加息，短期无担保隔夜拆借利率从 0.25% 升至 0.5%。这是自 2024 年 3 月解除负利率政策以来第三次加息，0.5% 的利率（2007 年 2 月至 2008 年 10 月）为时隔 16 年的最高水平。2025 年如果再度加息，则为 1995 年 9 月以来的最高利率水平。植田总裁在新闻发布会上指出，考虑物价因素，实际利率仍处于大幅负利率状态，与其他主要国家差距较大，今后仍将以分阶段及小幅调整的方式调整利率。

日本经济长期处于通缩困境，自 2022 年起日本核心 CPI 连续三年超过 2% 的目标值，植田总裁认为经济已不处于通缩状态，而应注重通胀风险。但日本首相石破茂对此持不同看法，他指出，"经济虽然不处于通缩，但仍未完全摆脱通缩，无法判定经济呈通胀状态"。[1] 2025 年 1 月，日本央行发布《经济与物价形势展望报告》，上调了通胀预期，2024 年度至 2026 年度核心 CPI 分别比 2024 年 10 月提升 0.2 个百分点、0.5 个百分点和 0.1 个百分点，达到 2.7%、2.4% 和 2.0%，[2] 均超过政府与央行制定的 2% 的物价目标。可以预见，在未来货币政策制定时，一方面，由于工资上涨预期加大，为抑制日元贬值及物价上涨态势，日本央行将持续实施

---

[1] 「日銀植田総裁、日本経済は「インフレ」、首相と認識に違い」、『日本経済新聞』、2025 年 2 月 4 日、https://www.nikkei.com/article/DGXZQOUB0429I0U5A200C2000000/。最后访问日期：2025 年 3 月 12 日。

[2] 日本銀行「経済・物価情勢の展望」、2025 年 1 月、https://www.boj.or.jp/mopo/outlook/gor2501b.pdf。最后访问日期：2025 年 3 月 12 日。

"小步慢走"的加息政策，进行阶段性政策调整。另一方面，国内国际环境变化，特别是特朗普第二任期内的相关政策对日本经济及全球经济影响的不确定性增大，未来日本央行的金融政策运营将在幅度和频率上继续保持谨慎。日本货币政策正常化进程及其对日本经济及全球金融市场的影响值得关注。

B.4
2024年的日本产业：喜忧并存[*]

田 正^{**}

摘 要： 2024年，受能登半岛地震以及暴雨、台风等自然灾害影响，日本制造业发展曲折波动，生产用机械、电子零部件、汽车产业发展再次面临供应链中断风险，原材料与消费品产业发展依旧低迷。但是，日本服务业整体呈现恢复态势，零售业、餐饮业等生活性服务业缓慢复苏，在全球数字化转型背景下，信息通信业、金融业等生产性服务业发展向好。同时，日元贬值、通货膨胀、数字化转型等问题依然困扰着日本产业发展。为此，日本政府采取强化经济安全保障政策、大力推动经济绿色转型相关政策、促进产业数字化转型等措施，加快日本产业发展。

关键词： 日本产业　日元贬值　通货膨胀　公司治理　数字化转型

　　2024年，日本产业发展面临内忧外患的双重困扰。一方面，自然灾害对日本产业发展造成了严重负面影响，能登半岛地震的发生不仅对日本经济造成了严重的直接损失，而且严重影响了日本汽车、电子零部件的生产和供应，造成日本制造业再次面临供应链中断风险。另一方面，受日美利差持续扩大影响，日元持续贬值，这导致原材料和燃料进口价格持续上升，日本产业生产成本提高，而日本国内通货膨胀趋势仍未减缓，造成消费者消费意愿下降，不利于日本产业发展。

---

　　* 本文为国家社科基金一般项目"战后日本经济内外循环关系的历史、理论与政策研究"（项目编号：21BGJ057）的阶段性研究成果。

　　** 田正，中国社会科学院日本研究所副研究员、中日经济研究中心秘书长，主要研究领域为日本产业、日本经济。

一　2024年的日本产业形势

人员往来的恢复以及生成式人工智能等信息技术的发展，为日本服务业发展注入新动力，而人口少子老龄化、自然灾害突发等因素则阻碍着日本制造业的发展。

（一）日本制造业形势

2024年，受能登半岛地震以及夏季暴雨、台风等自然灾害影响，生产用机械、电子零部件、汽车等产业发展受到冲击，原材料与消费品产业发展仍然难以摆脱低迷态势。

1. 制造业整体形势

2024年日本制造业整体运行依然跌宕起伏。2024年1月，日本能登半岛发生7.6级地震，不仅对城市基础设施、工厂、店铺、住宅等造成直接损失，而且严重影响了日本的制造业生产，不少工厂因此次地震而停工，日本制造业运行再次面临供应链中断的情况。[①] 受此影响，2024年第一季度，日本制造业的生产活动出现下滑，制造业营业收入呈现下降趋势。如表1所示，2024年第一季度，日本工矿业生产指数从2023年第四季度的104.4下降到99.0，环比下降5.2%；工矿业出货指数从103.6下降到97.6，环比下降5.8%。2024年第一季度，日本制造业营业收入环比增长率为-5.6%。2024年第二季度，日本制造业运行情况有所恢复。日本工矿业生产指数环比上升2.7%，工矿业出货指数环比上升3.5%，制造业经常利润环比增长37.4%。但是，2024年第三季度，受能登半岛发生洪水和山体滑坡等自然灾害影响，日本制造业的生产经营受到严重影响。日本工矿业生产指数环比下降0.3%，工矿业出货指数环比下降1.3%，制造业经常利润环比下降

[①] 「能登半島地震、在阪企業の1割被害や影響　大商調査」、『日本経済新聞』、2024年1月19日。

36.4%。为促进日本经济发展，日本政府推出规模达 39 万亿日元的经济刺激计划，用以进行能登半岛的灾后重建、促进地方经济发展、克服高通胀等。受此影响，2024 年第四季度，日本制造业发展呈现恢复态势。日本工矿业生产指数环比上升 1.1%，工矿业出货指数环比上升 1.0%，工矿业库存指数环比下降 1.7%，制造业投资环比增长 7.3%，制造业营业收入环比增长 4.7%，制造业经常利润环比增长 38.5%。

表 1　2023 年第一季度至 2024 年第四季度日本制造业运行概况

季度	工矿业生产指数	工矿业出货指数	工矿业库存指数	制造业投资环比增长率（%）	制造业营业收入环比增长率（%）	制造业经常利润环比增长率（%）
2023 年第一季度	103.5	102.7	103.6	27.4	-5.1	1.9
2023 年第二季度	104.8	103.9	105.5	-26.3	-0.5	49.6
2023 年第三季度	103.3	103.0	103.6	10.6	3.8	-15.3
2023 年第四季度	104.4	103.3	102.7	16.3	5.3	-7.2
2024 年第一季度	99.0	97.6	102.6	14.8	-5.6	4.6
2024 年第二季度	101.7	101.0	102.6	-31.3	-0.6	37.4
2024 年第三季度	101.4	99.7	102.3	19.1	4.1	-36.4
2024 年第四季度	102.5	100.7	100.6	7.3	4.7	38.5

资料来源：経済産業省「鉱工業指数」，https：//www.meti.go.jp/statistics/tyo/iip/b2020_result-2.html；财務省「法人企業統計」，https：//www.mof.go.jp/pri/reference/ssc/index.htm。最后访问日期：2025 年 3 月 10 日。

2. 生产用机械产业、电子零部件产业、汽车产业均呈现曲折波动特征

2024 年日本生产用机械产业并未延续 2023 年的增长态势，而是出现波动起伏的现象。如表 2 所示，日本生产用机械产业的生产指数从 2023 年第四季度的 118.1 下降到 2024 年第一季度的 115.8，虽然在 2024 年第二季度恢复至 118.7，但是在 2024 年第三季度再次下探至 112.1。在机床领域，受欧美等国家的需求下降影响，日本机床产业的订单额和生产额均呈现下滑趋势。据日本机床工业协会的统计，2024 年日本机床订单额为 1.46 万亿日元，同比下降1.0%；机床生产额为9000亿日元，同比下降14.4%。① 2024年，日本工业机器人生产额为6920亿日元，同比下降11.5%，连续两年出现下降。②

表2　2023年第一季度至2024年第四季度日本生产用机械、电子零部件、汽车产业生产指数变化

季度	生产用机械产业	电子零部件产业	汽车产业
2023年第一季度	122	93.1	107
2023年第二季度	124	95.1	114
2023年第三季度	117.7	93.3	114.7
2023年第四季度	118.1	97.7	117.6
2024年第一季度	115.8	97.7	97.3
2024年第二季度	118.7	101.9	108.7
2024年第三季度	112.1	109.8	104.2
2024年第四季度	125.6	100.5	107.9

注：表中数据为季节调整后的数值。

资料来源：经济产业省「鉱工業指数」、https：//www.meti.go.jp/statistics/tyo/iip/b2020_result-2.html。最后访问日期：2025年3月10日。

在电子零部件产业方面，虽然2024年日本电子零部件产业发展仍然面临智能手机、个人电脑等面向个人消费者的电子产品需求下滑的问题，但是随着生成式人工智能的快速发展，日本企业对计算能力的需求日益提高，对半导体等电子零部件的需求增加，为日本电子零部件产业的发展注入了新的活力。受此影响，2024年日本半导体制造设备的销售额达4.4万亿日元，同比上涨22.9%。③ 在汽车产业方面，2024年日本的汽车产业受到自然灾害的严

① 一般社团法人日本工作機械工業会「2024年12月分受注確報」、https：//www.jmtba.or.jp/wjmtbap/wp-content/uploads/2025/02/kakuhou2412.pdf。最后访问日期：2025年3月10日。

② 一般社团法人日本ロボット工業会「四半期統計2024年10~12月期」、https：//www.jara.jp/data/press/2025/250124.html。最后访问日期：2025年3月10日。

③ 一般社团法人日本半導体製造装置協会「プレスリリース統計資料」、https：//www.seaj.or.jp/statistics/。最后访问日期：2025年3月10日。

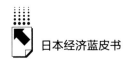

重影响。2024 年 1 月，受能登半岛地震影响，汽车零部件供应商的生产中断，丰田汽车的生产也一度中断。2024 年 8 月，受 2024 年第 10 号台风"珊珊"影响，丰田汽车位于日本国内的 14 家工厂共计 28 条生产线暂时停产。受此影响，2024 年日本汽车产业生产指数在第一季度和第三季度分别下降至 97.3 和 104.2。丰田、本田、日产等 8 家车企汇总发布的数据显示，2024 年 11 月全球产量为 208.9 万辆，同比下降 11%，已经连续 7 个月低于上年同期；本田汽车产量下滑 20%，降至 32.9 万辆，而日产汽车产量下降 14%，降至 27.2 万辆。[①]

3. 原材料与消费品产业发展持续低迷

2024 年日本原材料和消费品产业发展依然步履维艰。如表 3 所示，日本钢铁、化学、石油、塑料、造纸等产业的生产指数基本处于环比下降状态。2024 年第三季度，钢铁、石油、塑料产业的生产指数分别环比下降 1.0%、10.9%、3.2%。受通货膨胀高企导致的国内外钢铁需求减少影响，日本钢铁产业发展持续低迷。钢铁产业生产指数从 2024 年第一季度的 101.7 微弱下降至 2024 年第四季度的 101.2。2024 年，日本粗钢产量为 8400.9 万吨，同比下降 3.4%，已经连续 3 年出现下滑。[②] 在化学产业领域，受原材料成本提高以及产品销售价格竞争日趋激烈等因素影响，日本化学产业发展不畅，化学产业生产指数从 2024 年第三季度的 99.9 下降到 2024 年第四季度的 98.9。作为重要基础化学产品的乙烯的产量，在 2024 年下降到 498 万吨，为 37 年以来的最低值。与此同时，旭化成、住友化学、三井化学等日本主要化学厂商的化学业务在 2024 年也都处于亏损状态。[③] 2024 年，受国际原油价格小幅走弱以及日本国内石油需求下降的双重影响，日本石油产业发展也处于低迷状态，石油产业生产指数从 2024 年第一季度的 98.0 下降到 2024 年第四季度的 95.6。

---

① 《8 家日本车企产量连跌，日产本田在华苦战》，日经中文网，https：//cn.nikkei.com/industry/icar/57630-2024-12-26-09-01-42.html. 最后访问日期：2025 年 3 月 10 日。
② 「日本鉄鋼連盟、2024 年と 24 年 12 月の鉄鋼生産概況を発表」，『日本経済新聞』，2025 年 1 月 23 日。
③ 「エチレン生産、37 年ぶり大台割れ　内需減と中国増産響く」，『日本経済新聞』，2025 年 1 月 23 日。

表3　2023年第一季度至2024年第四季度日本原材料与消费品产业生产指数变化

季度	钢铁产业	化学产业	石油产业	塑料产业	造纸产业	食品产业	纺织产业
2023年第一季度	104.9	100.0	105.4	95.2	97.3	98.6	98.4
2023年第二季度	105.5	99.7	102.0	96.0	93.4	98.4	98.4
2023年第三季度	104.6	99.1	101.9	92.3	92.4	98.8	95.2
2023年第四季度	103.3	99.6	99.0	94.1	89.0	98.1	94.6
2024年第一季度	101.7	98.4	98.0	89.1	90.0	97.1	88.2
2024年第二季度	101.8	98.6	100.6	89.4	87.8	98.2	94.0
2024年第三季度	100.8	99.9	89.6	86.5	90.2	98.1	94.2
2024年第四季度	101.2	98.9	95.6	89.8	90	98.5	93.2

注：表中数据为季节调整后的数值。

资料来源：经济产业省「鉱工業指数」，https://www.meti.go.jp/statistics/tyo/iip/b2020_result-2.html。最后访问日期：2025年3月10日。

此外，在通货膨胀持续走高背景下，日本食品和纺织产业发展也未见起色。如表3所示，日本食品产业生产指数在2024年第一季度和第三季度分别环比下降1.0%和0.1%。2024年10月，日本总务省公布的消费价格指数显示，日本食品价格同比上涨3.8%，涨幅连续3个月扩大，其中大米价格更是同比上涨58.9%，创1971年以来新高。[①] 食品价格的上涨不仅为日本家庭消费支出带来压力，也影响日本食品产业的健康发展。受通货膨胀高企影响，日本消费者对纺织品的需求下滑，导致日本国内纺织品市场持续缩小，纺织产业发展受到负面影响。2024年第四季度纺织产业生产指数为93.2，环比下降1.1%。

（二）日本服务业形势

2024年日本服务业发展整体延续了2023年以来的恢复态势，虽然面临通货膨胀高企、人手不足等问题，但生活性服务业缓慢复苏，生产性服务业向好发展。

---

① 《日本食品价格上涨3.8%，家庭收支压力加大》，日经中文网，https://cn.nikkei.com/politicsaeconomy/epolitics/57336-2024-11-25-10-54-29.html。最后访问日期：2025年3月10日。

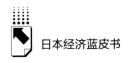

1. 服务业整体形势

2024 年，日本服务业呈现总体恢复的发展趋势。随着日本生产生活活动的逐渐恢复，与人民群众日常生活紧密相关的生活性服务业具有了的发展良好条件，与此同时，随着生成式人工智能的快速发展，用户的生活质量和工作效率得到了极大改善，从而使信息服务业等生产性服务业发展速度持续加快。受此影响，日本服务业的发展情况趋好，服务业的生产经营情况得到一定程度的改善。如表 4 所示，日本第三产业生产指数从 2023 年第四季度的 100.4 提高到 2024 年第三季度的 102.6。服务业投资、营业收入、经常利润等生产经营指标也表现出改善的情况。2024 年第二季度，日本服务业投资环比增长 25.9%，服务业营业收入环比增长 2.1%，服务业经常利润环比增长 10.6%。2024 年 9 月，日本银行"短观"调查结果显示，日本服务业大企业经营信心指数为 34，比上一期增加 1 个点，而日本服务业中小企业经营信心指数则为 14，比上一期增加 2 个点，这反映出日本服务业企业对未来经营业务发展情况持乐观态度。[①]

表 4　2023 年第一季度至 2024 年第四季度日本服务业运行概况

季度	第三产业生产指数	服务业投资环比增长率(%)	服务业营业收入环比增长率(%)	服务业经常利润环比增长率(%)
2023 年第一季度	100.4	−3.1	4.6	17.3
2023 年第二季度	101.0	35.9	4.7	8.7
2023 年第三季度	101.7	−36.2	−8.1	24.9
2023 年第四季度	100.4	12.6	2.9	−29.9
2024 年第一季度	100.8	17.0	5.7	15.2
2024 年第二季度	102.0	25.9	2.1	10.6
2024 年第三季度	102.6	−33.2	−6.4	26.9
2024 年第四季度	101.9	9.1	1.5	−35.3

资料来源：经济产业省「第 3 次产业（サービス产业）活动指数」、https：//www.meti.go.jp/statistics/tyo/sanzi/result-2.html#menu01；财务省「法人企业统计」、2025 年 3 月 4 日、https：//www.mof.go.jp/pri/reference/ssc/index.htm。最后访问日期：2025 年 3 月 10 日。

---

① 日本银行「短観（概要）」、https：//www.boj.or.jp/statistics/tk/gaiyo/2021/tka2409.pdf。最后访问日期：2025 年 3 月 10 日。

2.生活性服务业缓慢复苏

2024 年，日本生活性服务业呈现缓慢恢复的发展态势。如表 5 所示，日本生活性服务业生产指数从 2023 年第四季度的 89.7 增加到 2024 年第四季度的 90.7。在零售业方面，受访日游客增加的影响，日本国内零售业销售额在一定程度上获得了提升，但是受燃料、水电等能源资源价格上涨的持续影响，日本零售业的生产经营成本也不断提高，这不利于日本零售业发展。受此影响，日本零售业生产指数从 2023 年第四季度的 95.9 增加至 2024 年第三季度的 97.3。日本百货店协会公布的数据显示，受益于日元贬值，奢侈品牌的包袋、手表、珠宝首饰等高价商品销售额持续增长，2024 年 1 月至 7 月累计免税销售额达到 3978 亿日元，已经超过 2023 年全年销售额。[①]在日元贬值的影响下，新加坡、美国等海外资金涌入日本房地产市场，加仓购买东京、大阪等地房地产，助推日本房地产业发展，而 2024 年日本退出负利率政策，住宅贷款利率回升，也抑制了日本房地产业发展。受此影响，日本房地产业生产指数从 2024 年第二季度的 100.3 提高至 2024 年第四季度的 100.4。原材料价格高涨以及人手不足等问题影响了日本饮食服务业的发展。日本帝国数据库公司的调查显示，2024 年 1 月至 9 月日本餐饮店倒闭数量达 650 家，同比增长 16.5%。以此推算，2024 年日本全国餐饮店倒闭数量可能达 870 家，超过 2020 年时的 780 家。[②] 虽然 2024 年访日外国人数持续增加，在 2024 年 12 月时达到 349 万人次，创下单月历史新高，但是日本居民的出境旅游却依然低迷，恢复程度不足 2019 年同期的 70%，导致日本旅游业恢复受阻。日本旅游业生产指数从 2024 年第一季度的 65.9 下降到 2024 年第四季度的 50.5。

---

① 《1~7 月日本百货商场免税销售额超过 2023 年全年》，日经中文网，https：//cn.nikkei. com/industry/tradingretail/56513-2024-08-26-09-41-28.html。最后访问日期：2025 年 3 月 10 日。

② 帝国データバンク「飲食店倒産動向」、https：//www.tdb.co.jp/report/industry/ew4yeryyq/。最后访问日期：2025 年 3 月 10 日。

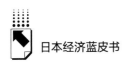

表5　2022年第一季度至2024年第四季度日本生活性服务业生产指数变化

季度	生活性服务业	零售业	房地产业	饮食服务业	旅游业
2022年第一季度	80.7	96.8	100.3	71.9	41.6
2022年第二季度	82.6	96.7	99.8	78.7	41.4
2022年第三季度	85.4	97.4	99.6	78.5	48.4
2022年第四季度	88.1	97.4	99.9	78.2	58.3
2023年第一季度	91.4	99.3	99.3	86.4	82.9
2023年第二季度	88.7	97.3	99.2	83.8	68.6
2023年第三季度	88.1	98.0	99.9	88.3	68.3
2023年第四季度	89.7	95.9	99.9	84.1	54.3
2024年第一季度	89.7	96.6	100.4	87.9	65.9
2024年第二季度	90.5	97.1	100.3	87.7	59.0
2024年第三季度	89.7	97.3	100.1	91.1	60.2
2024年第四季度	90.7	95.6	100.4	90.9	50.5

注：表中数据为季节调整后的数值。

资料来源：经济产业省「第3次产业（サービス产业）活动指数」、https：//www.meti.go.jp/statistics/tyo/sanzi/result-2.html#menu01。最后访问日期：2025年3月10日。

3.生产性服务业发展情况向好

2024年日本生产性服务业延续2023年的恢复态势，发展情况向好。如表6所示，日本生产性服务业生产指数从2023年第四季度的107.7进一步提高到2024年第四季度的109.1。在金融业方面，随着日本经济复苏进程的推进，日本企业设备投资持续增加，融资需求不断提高，为金融业发展带来良好契机。与此同时，2024年日本调整货币政策，在2024年3月解除负利率，并于2024年7月进一步将政策利率从0～0.1%上调至0.25%。随着基础利率的提升，日本金融业获利空间扩大，有助于日本金融业的恢复与发展。2024年4月至12月，三菱UFJ金融集团的净利润达1.75万亿日元，同比增长35%，创历史新高。[1] 受此影响，日本金融业生产指数从2023年

① 「大手行、純利益最高4.1兆円」、『日本経済新聞』、2025年2月5日。

第四季度的 118.9 增加到 2024 年第三季度的 122.3。2024 年，生成式人工智能迎来快速发展，预计全球生成式人工智能产业规模在 2027 年将达到 18 万亿日元的水平。与此同时，约有五成的日本企业认为，生成式人工智能的导入有助于日本企业经营业务的发展。[①] 受此影响，日本信息通信业生产指数从 2024 年第一季度的 120.0 提高到 2024 年第四季度的 128.8。在运输业方面，随着日本《工作方式改革关联法》的实施，卡车司机等工作人员的加班时间受到限制，这导致日本运输产业的人手不足问题更加突出。受此影响，日本运输业生产指数从 2024 年第二季度的 100.9 下降到 2024 年第四季度的 100.3。

表 6　2022 年第一季度至 2024 年第四季度日本生产性服务业生产指数变化

季度	生产性服务业	金融业	信息通信业	运输业	批发业
2022 年第一季度	103.9	107.1	109.2	94.0	89.7
2022 年第二季度	105.9	110.7	115.5	96.3	87.1
2022 年第三季度	104.5	111.7	115.9	97.1	85.9
2022 年第四季度	105.3	114.3	119.3	97.7	85.1
2023 年第一季度	105.0	112.1	115.1	96.1	84.5
2023 年第二季度	107.5	114.5	123.5	96.8	85.7
2023 年第三季度	106.9	116.7	121.2	100.6	85.9
2023 年第四季度	107.7	118.9	120.0	98.6	84.1
2024 年第一季度	108.6	119.1	120.0	96.1	82.6
2024 年第二季度	108.8	120.2	124.1	100.9	84.9
2024 年第三季度	108.2	122.3	125.7	100.2	86.0
2024 年第四季度	109.1	116.5	128.8	100.3	85.5

注：表中数据为季节调整后的数值。

资料来源：経済産業省「第 3 次産業（サービス産業）活動指数」、https：//www.meti.go.jp/statistics/tyo/sanzi/result-2.html#menu01。最后访问日期：2025 年 3 月 10 日。

---

① PwC Japanグループ「生成 AIに関する実態調査 2024 春」、https：//www.pwc.com/jp/ja/knowledge/thoughtleadership/generative-ai-survey2024.html。最后访问日期：2025 年 3 月 10 日。

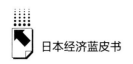

二　2024年日本产业发展面临的主要问题

2024年，日本产业发展面临的主要问题包括日元贬值、通货膨胀加剧、跨国企业治理改革压力增加、产业数字化转型领域有待扩展等。

（一）日元贬值与通货膨胀加剧

虽然2024年日本调整了货币政策，在2024年3月选择退出负利率政策，并在2024年7月进一步将政策利率增加至0.25%，但是美国在2024年并未如预期那样大幅度降息，截至2024年12月，美国联邦基金利率目标区间仍然维持在4.25%~4.50%，这使得日本和美国之间存在4%左右的巨大利差，导致日元在2024年面临巨大的贬值压力。2024年6月28日，日元对美元汇率一度跌至1美元兑161日元的水平，为37年半以来的最低水平。截至2024年12月，日元对美元汇率仍处于1美元兑156日元的低水平。① 受日元贬值影响，日本产业发展所需原材料价格持续上升，不利于日本产业发展。截至2024年9月，日经42种商品指数达到267.5，环比上涨0.5%，不仅作为基础化学原材料的聚氯乙烯树脂的价格时隔两年再次上升，作为食用油原材料的大豆的价格也呈现上涨趋势。② 此外，2024年日本的消费者价格指数（CPI）持续提升，同比上涨2.5%，从而拖累了日本居民消费，降低了商品购买需求，不利于日本产业发展。日本总务省的调查结果显示，2024年日本居民消费支出实际同比减少1.1%，阻碍日本企业进一步扩大产品销售市场。③

---

① 「円、まさかの4年連続安　縮まぬ金利差に円売り拡大の芽」、『日本経済新聞』、2024年12月31日。
② 「日経42種、9月末は4カ月ぶり上昇　化学で値上げ浸透」、『日本経済新聞』、2024年9月30日。
③ 総務省「家計調査報告」、https：//www.stat.go.jp/data/kakei/sokuhou/tsuki/pdf/fies_gaikyo2024.pdf. 最后访问日期：2025年3月10日。

（二）全球化背景下日本跨国企业面临公司治理改革压力

在全球化背景下，日本跨国企业积极在海外布局生产与销售基地，这使得日本制造业企业在海外市场开展的生产经营活动以及获得的收入持续增加。日本国际协力银行的调查结果显示，2024年日本制造业企业海外生产比例达到36.2%，比上年提高0.2个百分点，而海外销售比例则达到40%，与上一年度持平。[①] 受此影响，随着全球化背景下日本跨国企业对海外市场的积极开拓，日本跨国企业的生产经营模式发生转变，不再仅仅依靠向海外市场出口获利，而是依靠在全球市场中的生产与销售活动获利。但是，在公司治理模式上，日本跨国企业现存的治理模式存在缺陷，阻碍了日本跨国企业进一步提升盈利能力。日本跨国企业倾向于采用"联邦经营"的治理模式，即将组织设计、经营管理等各项职能均委托给海外子公司，让其自主运营，而位于日本本土的总公司仅通过临时借调人员对海外子公司施加影响。这种方式不仅使日本跨国企业子公司的职能部门设置重复，而且阻碍了公司内部规章制度的统一，进而导致生产经营效率低下。受此影响，日本跨国公司的净资产收益率低于欧美跨国公司5%~10%。[②]

（三）产业数字化转型领域仍有待扩展

近年来，日本政府采取诸多措施推动日本产业数字化转型进程，如完善数字化转型促进税制、设置数字转型认定制度等，并取得了一定的成果。日本产业数字化在推动生产制造工程效率提高方面发挥了一定作用。有66.5%的日本企业表示通过推动产业数字化转型进程提升了生产计划制订、零部件

---

① 国際協力銀行「わが国製造業企業の海外事業展開に関する調査報告」、https://www.jbic.go.jp/ja/information/press/press-2024/image/000009460.pdf.最后访问日期：2025年3月10日。
② 経済産業省「第1回グローバル競争力強化のためのCX研究会事務局提出資料」、https://www.meti.go.jp/shingikai/economy/global_cx/pdf/001_03_00.pdf.最后访问日期：2025年3月10日。

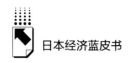

采购、库存管理等供应链的管理效率。① 但是，日本产业数字化转型领域仍有待扩展。一方面，日本产业数字化转型虽然实现了生产制造工程本身的效率提高，但是没有实现设计、研发、物流、销售等与生产制造密切相关领域的数字化转型。日本制造业企业不仅需要推动生产制造流程本身的数字化进程，还需要提升设计、研发、物流、销售等领域的数字化进程，如研发用于产品设计、物流管理的相关专业软件等。另一方面，日本企业在数据共享领域的合作较少，阻碍了日本产业数字化转型进程。统计数据显示，仅有约20%的日本企业正在与其他公司开展数据共享合作。② 与此同时，也仅有5.4%的日本企业认为需要开展产业部门内部的数据合作。由此可见，日本企业在数据共享领域的合作意识仍有待提升，企业间乃至产业间的数据共享合作仍存在巨大的发展空间。

三 2024年的日本主要产业政策

2024年，日本政府从强化经济安全保障政策实施、大力推动绿色转型相关政策、促进产业数字化转型进程等角度入手，推动日本产业发展。

（一）持续实施经济安全保障政策

在国际政治经济局势复杂变化的背景下，日本持续注重经济安全保障政策的实施。一方面，日本试图增强重要物资供应能力。例如，2024年11月日本政府为富士电机和电装公司提供705亿日元援助，用以强化其在碳化硅功率半导体、碳化硅晶片等半导体原材料领域的生产能力，预计到2027年时这两家公司的碳化硅功率半导体生产能力将提升到每年31万片。③ 日本

---

① 経済産業省「2024年版ものづくり白書」、https：//www.meti.go.jp/report/whitepaper/mono/2024/index.html。最后访问日期：2025年3月10日。
② 三菱UFJリサーチ&コンサルティング「令和5年度製造基盤技術実態等調査」、https：//www.meti.go.jp/meti_lib/report/2023FY/000198.pdf。最后访问日期：2025年3月10日。
③ 経済産業省「半導体の安定供給の確保に係る取組の認定について」、https：//www.meti.go.jp/policy/economy/economic_security/semicon/index.html。最后访问日期：2025年3月10日。

政府还为村田制作所提供54亿日元补助金，用以强化该公司在体声波信号滤波器领域的生产能力，预计到2028年时该公司的体声波信号滤波器生产能力将提高到每年4.8亿个。① 另一方面，日本还注重推动半导体等重要产业发展。日本政府不仅注重在日本国内强化半导体生产基地建设，而且着力推动先进半导体技术研发。受此影响，2024年12月台积电熊本第一工厂正式实现逻辑半导体量产。日本政府还为先进半导体制造商急速（Rapidus）提供535亿日元补助金，用以推动人工智能芯片生产后工序技术。②

（二）大力推动绿色转型相关政策

在全球经济发展绿色转型背景下，日本持续致力于推动经济绿色转型进程，试图为日本产业发展创造新增长点。一方面，日本政府在2024年继续推动"绿色转型战略"，加快日本经济绿色转型速度。例如，2024年2月，日本正式发行总额达1.6万亿日元的"绿色转型债券"，用以推动氢炼铁、下一代半导体、工业锅炉、下一代反应堆等脱碳技术开发。2024年4月，日本正式设立"绿色转型推进机构"，用以为日本民间企业推动绿色转型以及绿色转型相关技术研发提供资金支持。③ 另一方面，日本政府在2024年12月提出《第七次能源基本计划（草案）》，并于2025年2月正式通过该草案。日本《第七次能源基本计划》认为，经济绿色转型需要以确保能源安全为大前提，同时兼顾与环境的协调，并履行国际气候变化协议相关承诺。预计到2040年时，可再生能源将成为日本能源的主要来源，未来日本

① 经济产业省「先端電子部品の安定供給の確保に係る取組の認定について」、https：//www.meti.go.jp/policy/economy/economic_security/semicon/electronic_components.html。最后访问日期：2025年3月10日。
② 《巨额补贴之下，Rapidus将专注于AI芯片》，日经中文网，https：//cn.nikkei.com/industry/itelectric-appliance/55260-2024-04-03-10-46-32.html。最后访问日期：2025年3月10日。
③ 内閣府「我が国のグリーントランスフォーメーションの加速に向けて」、https：//www.cas.go.jp/jp/seisaku/gx_jikkou_kaigi/dai11/siryou1.pdf。最后访问日期：2025年3月10日。

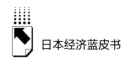

将着力发展太阳能、风能、地热能、生物能等可再生能源技术，提升可再生能源的供应能力。①

（三）促进产业数字化转型进程

2024 年，日本政府仍致力于推动日本产业数字化转型进程。一方面，为了提升生成式人工智能的开发能力，日本政府为从事基础模型开发的企事业单位提供补助金，以帮助其收集计算资源及开展相关设备投资。2024 年 2 月，日本政府将语言技术公司、富士通、东京大学等 10 家企事业单位认定为生成式人工智能重点扶植机构，为其搜集计算资源所需经费提供 1/2~2/3 的补助金，从而为日本国内的大型语言模型开发奠定基础。② 另一方面，日本政府还致力于强化产业数字化转型相关技术人才培养。例如，日本经济产业省建设"数字化人才培育学习平台"，为希望学习数字化技术的居民提供网上课程服务。日本政府还在职业介绍所中提供与数字化转型相关的培训服务，如信息技术、编程、网页设计、电子商务等。此外，日本政府还通过"生产率提升人才培育支援中心"，为中小企业制订数字化人才培养计划，从而推动日本中小企业的数字化转型进程。③

---

① 経済産業省「第 7 次エネルギー基本計画が閣議決定されました」、https：//www. meti. go. jp/press/2024/02/20250218001/20250218001. html。最后访问日期：2025 年 3 月 10 日。

② 経済産業省「GENIAC」、https：//www. meti. go. jp/policy/mono_info_service/geniac/index. html。最后访问日期：2025 年 3 月 10 日。

③ 内閣府「デジタル人材育成・確保関連施策のご紹介」、https：//www. cas. go. jp/jp/seisaku/digital_denen/pdf/digitalhumanresourcespolicy. pdf。最后访问日期：2025 年 3 月 10 日。

B.5

2024年日本对外经济关系的动向及展望

邓美薇*

摘　要： 2024年日本对外经济关系的表现相对亮眼，但也并非十分乐观。日本对外出口总额连续两年突破百万亿日元，贸易逆差大幅收窄，但是，增长主要由价格因素驱动，日元贬值效应显著。对外直接投资流量与收益均实现双位数增长，但是，投资区位出现结构性调整。企业海外生产经营分化加剧，盈利企业比例两年来首度回升，但在中国、泰国等重要市场的企业业绩恶化预期较高。中日韩领导人会议重启预示着三国合作迎来新阶段，但是，日本区域经济合作仍不断强化经济安全属性，并持续以支持乌克兰、拉拢太平洋岛国为其战略目标服务。未来，随着美国特朗普二次上台，国际形势与世界经济前景的不确定性加大，日本将继续保持积极主动的姿态推进区域经济合作，秉持战略性思维抢占合作先机，以应对外部环境冲击。

关键词： 日本　对外贸易　对外直接投资　区域经济合作

2024年是近年来国际格局紧张、地区形势动荡最剧烈的一年。俄乌冲突升级与巴以冲突外溢效应持续发酵，导致区域安全秩序重构与全球治理体系承压。单边主义、技术脱钩及"小院高墙"思维横行，加剧逆全球化浪潮。与此同时，全年内世界各地举行了超过70场选举，日本也迎来首相换届选举，随着政权更迭，内政外交政策也面临较大不确定性。在此背景

---

* 邓美薇，经济学博士，中国社会科学院日本研究所副研究员，中日经济研究中心研究员，主要研究领域为日本经济。

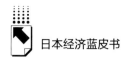

下，世界经济展现出超预期韧性。根据国际货币基金组织（IMF）2025 年
1 月发布的《世界经济展望报告》，2024 年全球实际 GDP 增长率为 3.2%。①
但是，世界经济环境仍不乐观，结构性矛盾突出，面临的风险挑战和不确
定性持续增大，增长的稳定性与可持续性备受挑战。在复杂多变的国际形
势下，2024 年日本对外贸易、对外投资、企业海外生产经营与区域经济
合作均出现新动向。

一 2024年日本对外贸易的动向

2024 年，日本对外贸易出口总额较 2023 年增长 6.2%，连续两年突破
100 万亿日元，创 1979 年以来历史最高纪录，进口总额较 2023 年增长
1.8%，贸易逆差为 5.3 万亿日元，连续四年出现逆差，但是逆差值继续减
少。日本对主要贸易对象如美国、欧盟、中国的贸易额有所波动。其中，对
华出口增长 6.2%，达到 18.9 万亿日元，进口增长 3.6%，达到 25.3 万亿日
元，对华贸易逆差降至 6.4 万亿日元，较上年下降 3.4%，为三年来首次减
少；对美国出口增长 5.1%至 21.3 万亿日元，进口增长 9.5%至 12.7 万亿日
元，对美贸易顺差为 8.6 万亿日元，较上年减少 0.7%；日本与欧盟的贸易
已持续 13 年处于赤字状态，贸易逆差高达 1.9 万亿日元，但是日本与包括
中国在内的亚洲其他国家的贸易顺差大幅增加，达到 3.0 万亿日元。

（一）日本对外贸易整体情况

如表 1 所示，2010~2024 年，日本对外贸易出口总额震荡增加，除
2010 年、2021 年和 2022 年之外，其余年份增幅均在 12%以下，部分年份出
现负增长。日本对外贸易出口 2021~2024 年连续四年保持正增长，2024 年
达到 107.1 万亿日元，相较于 2023 年增长 6.2%，是新冠疫情发生前的

---

① International Monetary Fund, "World Economic Outlook January 2025: Global Growth: Divergent and Uncertain", https://www.imf.org/en/Publications/WEO. 最后访问日期：2025 年 2 月 10 日。

2019 年的 1.4 倍，创 1979 年以来历史最高纪录。2010 年以来，日本对外贸易进口总额同样震荡增加，2021 年、2022 年增长率分别高达 24.8% 与39.6%，相较于 2023 年，2024 年增长 1.8%，为 112.4 万亿日元，达 2010年以来历史新高，为两年来的首次增长。受出口增加的拉动以及原油、天然气、煤炭等价格下跌抑制了进口影响，2024 年，日本对外贸易逆差较上年收窄 44.0%，降至 5.33 万亿日元。① 日本对外贸易出口创新高、贸易逆差大幅缩小，反映出其对外贸易复苏的韧性。这一方面是由于历史性日元贬值继续提高日企的出口竞争力，2024 年，日元兑美元汇率平均为 150.97，相较于上年贬值 7.7%；另一方面是由于 2024 年全球经济继续上行，世界各国生产与消费需求提升，以及大国博弈背景下国际产业链供应链重塑，日本对华半导体制造设备与对美混合动力汽车出口大幅增加，推动了日本对外贸易出口的超预期增长。

表 1　2010~2024 年日本对外贸易进出口情况

单位：亿日元

年份	出口		进口		贸易差额
	金额	增长率	金额	增长率	
2010	673996.3	24.4	607649.6	18.0	66346.7
2011	655464.8	-2.7	681111.9	12.1	-25647.1
2012	637475.7	-2.7	706886.3	3.8	-69410.6
2013	697741.9	9.5	812425.5	14.9	-114683.5
2014	730930.3	4.8	859091.1	5.7	-128160.9
2015	756139.3	3.4	784055.4	-8.7	-27916.1
2016	700357.7	-7.4	660419.7	-15.8	39938.0
2017	782864.6	11.8	753792.3	14.1	29072.3
2018	814787.5	4.1	827033.0	9.7	-12245.5
2019	769316.7	-5.6	785995.4	-5.0	-16678.5
2020	683991.2	-11.1	680108.3	-13.5	3882.9
2021	830914.2	21.5	848750.5	24.8	-17836.3

① 財務省「令和 6 年分貿易統計（速報）の概要」、2025 年 1 月 23 日、https://www.customs.go.jp/toukei/shinbun/trade-st/gaiyo2024.pdf。最后访问日期：2025 年 2 月 10 日。

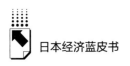
续表

年份	出口		进口		贸易差额
	金额	增长率	金额	增长率	
2022	981736.1	18.2	1185031.5	39.6	-203295.4
2023	1008730.5	2.7	1103951.2	-6.8	-95220.7
2024	1070908.5	6.2	1124260.7	1.8	-53352.2

注：贸易差额为出口金额减去进口金额，负数为逆差。因为保留小数点的缘故，计算结果可能略有差异。

资料来源：财务省「令和 6 年分贸易統計（速報）の概要」、2025 年 1 月 23 日、https://www.customs.go.jp/toukei/shinbun/trade-st/gaiyo2024.pdf。最后访问日期：2025 年 2 月 10 日。

从 2024 年 1~12 月的各月情况来看，与上年同期相比，日本对外贸易出口总额与进口总额基本上处于同比正增长状态，说明日本对外贸易全年呈持续复苏态势。其中，2024 年 1 月、5 月、7 月，日本对外贸易出口同比增长率均在 10% 以上，分别为 11.9%、13.5% 与 10.2%，全年仅有 9 月是同比负增长，为-1.7%；对外贸易进口仅在 7 月同比增长 10% 以上，为 16.5%，在 1 月、3 月、11 月是同比负增长，分别为-9.8%、-5.1% 与-3.8%。[1] 如果从价格的提高及数量的增长两方面对日本进出口贸易额增长进行分析，可以发现，无论是出口的增长还是进口的增长，大部分仍然是由于价格的提高而产生，即日元贬值对出口、进口的促进作用持续存在，世界范围内的通货膨胀也在一定程度上影响了日本的对外贸易。

（二）日本与主要贸易对象的贸易情况

2024 年，日本对各主要贸易对象国的进出口额大多数有不同程度的增长。如表 2 所示，相较于 2023 年，亚洲在日本对外贸易出口总额与进口总额中所占比重均有所增加，分别为 53.1% 与 47.9%，贸易顺差大幅增长 514.0%，达到 3.0 万亿日元。亚洲始终是日本对外贸易最重要的地区。其

---

① 财务省「令和 7 年 1 月分贸易統計（速報）の概要」、2025 年 2 月 19 日、https://www.customs.go.jp/toukei/shinbun/trade-st/gaiyo2025_01.pdf。最后访问日期：2025 年 3 月 10 日。

中，中国继续保持 2002 年以来的日本第一大进口来源国地位以及 2023 年以来的日本第二大出口对象国地位。2024 年，日本对华出口占日本出口总额的 17.6%，与 2023 年持平；对华进口占日本进口总额的 22.5%，略高于上年。但是，日本对中国香港的进出口额明显增加，出口增长 18.8%，进口增长 29.1%，贸易顺差增长 18.3%；受半导体等相关商品出口拉动，日本对中国台湾的出口增长 14.2%，进口减少 7.6%，贸易逆差增长 121.4%。日港贸易额的大幅增加凸显了在世界经济不确定性因素增多、贸易保护主义抬头的背景下，中国香港作为区域自由贸易的积极参与者与区域内的主要物流枢纽的重要作用。日本与东盟的贸易额稳步增加，2024 年，日本对东盟出口增长 4.3%，达到 15.3 万亿日元，占日本出口总额的 14.3%，低于上年0.3 个百分点；进口增长 4.1%，达到 17.6 万亿日元，占日本进口总额的15.7%，略高于上年。日本对印度的进出口额继续大幅增加，出口增长16.5% 至 2.6 万亿日元，进口增长 23.4% 至 1 万亿日元左右，但是，对印进出口额占日本贸易总额的比重依然不高，尽管日本高度重视拓展印度市场，但从占比来看，印度市场对日本对外贸易的贡献度仍然有限。

2024 年，日本对美国的出口额和进口额占日本对外贸易出口总额与进口总额的比重分别为 19.9% 和 11.2%，相较于 2023 年分别下降 0.2 个百分点与增加 0.7 个百分点。受日元贬值与新能源汽车销量增加等拉动，日本对美出口增长 5.1%，达到 21.3 万亿日元，美国继续保持日本第一大出口对象国地位，而日本对美进口增长 9.5%，达到 12.7 万亿日元，其中增幅较大的有计算机类电子产品与飞机发动机零部件等。日本对美贸易顺差为 8.6 万亿日元，仅次于中国，是美国第二大贸易逆差国。日本对欧盟的出口额和进口额占日本对外贸易出口总额与进口总额的比重分别为 9.3% 和 10.5%，较上年分别下降 1 个百分点与增加 0.2 个百分点。日本对欧盟的出口减少 3.9%，主要是由汽车及钢铁出口减少导致；对欧盟的进口则增长 3.8%，主要由医药品、航空机械类产品进口增加所拉动。中南美洲和非洲在日本对外贸易中所占份额仍比较低，日本在中南美洲的主要贸易对象是巴西、墨西哥和智利等，在非洲的主要贸易对象是南非等。日本对大洋洲、中东地区的出口在日本对外贸易出口总额中的占比较低，分别为 2.9% 和 3.9%，但是，日本对中东的出口大幅增长 18.0%，其中主要由汽车出口拉动，占日本对中东出口总额的 50% 以上，约占日本全球汽车出口额的 11.9%①。日本对大洋洲、中东地区的进口占日本对外贸易进口总额的比重在 10% 波动，2024 年分别为 7.9% 和 11.5%，相较于 2023 年分别下降 1.2 个百分点和 0.5 个百分点，仍以能源进口为主。

表 2 2024 年日本与主要贸易对象的进出口贸易情况

单位：亿日元，%

贸易对象	出口			进口			贸易差额
	金额	增长率	份额	金额	增长率	份额	
总额	1070908.5	6.2	100.0	1124260.7	1.8	100.0	-53352.2
亚洲	568704.9	8.3	53.1	538456.2	3.5	47.9	30248.7
中国	188649.5	6.2	17.6	253013.7	3.6	22.5	-64364.3
东盟	153495.3	4.3	14.3	176008.7	4.1	15.7	-22513.3
中国香港	54404.4	18.8	5.1	2758.9	29.1	0.2	51645.6
中国台湾	68688.7	14.2	6.4	46199.5	-7.6	4.1	22489.2
韩国	70278.1	6.8	6.6	47584.8	9.1	4.2	22693.3
印度	26047.4	16.5	2.4	9739.6	23.4	0.9	16307.8
大洋洲	30553.1	1.2	2.9	89031.1	-10.8	7.9	-58478.0
澳大利亚	24197.8	2.7	2.3	80003.2	-12.1	7.1	-55805.4
北美洲	229845.6	5.4	21.5	146338.4	7.6	13.0	83507.2
美国	212951.5	5.1	19.9	126534.7	9.5	11.2	86416.9
加拿大	16894.0	9.9	1.6	19687.5	-3.4	1.8	-2793.5
中南美洲	46782.5	7.5	4.4	49732.3	5.1	4.4	-2949.8
西欧	119357.5	-2.4	11.1	137459.2	4.4	12.2	-18101.7
欧盟	99659.6	-3.9	9.3	118608.5	3.8	10.5	-18948.9
英国	17017.2	0.7	1.6	12013.4	19.3	1.1	5003.8
中东	41923.7	18.0	3.9	129743.4	-2.7	11.5	-87819.7

---

① JETRO「2024 年の日本の中東向け輸出は前年比 18.0% 増の 4 兆 1924 億円、輸入は 2.7% 減の 12 兆 9739 億円」、2025 年 1 月 23 日、https://www.jetro.go.jp/biznews/2025/01/05e4c4b8075c3354.html。最后访问日期：2025 年 2 月 16 日。

贸易对象	出口			进口			贸易差额
	金额	增长率	份额	金额	增长率	份额	
阿拉伯联合酋长国	19262.3	31.4	1.8	55767.2	7.4	5.0	−36504.8
非洲	13198.0	−5.7	1.2	13737.7	−9.5	1.2	−539.7

注：份额为各贸易对象占日本对外贸易出口总额或进口总额的比重。贸易差额为出口金额减去进口金额，负数为逆差。因为保留小数点的缘故，各贸易对象的份额和贸易差额的计算结果可能略有差异。

资料来源：财务省「報道発表令和 6 年分（輸出確報；輸入速報（9 桁））」、2025 年 1 月 30 日、https：//www. customs. go. jp/toukei/shinbun/trade-st/2024/2024_115. pdf。最后访问日期：2025 年 2月 16 日。

（三）日本对外贸易行业结构

从行业构成来看，出口方面，2024 年，化学制品出口额为 11.8 万亿日元，较上年增长 7.5%，在日本对外贸易出口总额中所占比重为 10.2%；按原料分类的制成品出口额为 12.0 万亿日元，较上年增长 3.8%，在日本对外贸易出口总额中所占比重为 11.2%；一般机械出口额为 19.2 万亿日元，较上年增长 4.2%，在日本对外贸易出口总额中所占比重为 17.9%，其中半导体制造设备出口大幅增加，增长率高达 27.2%；电气设备出口额为 17.9 万亿日元，较上年增长 7.0%，在日本对外贸易出口总额中所占比重为16.7%；运输设备出口额为 24.5 万亿日元，较上年增长 3.6%，在日本对外贸易出口总额中所占比重为 22.9%。整体来看，在化学制品、按原料分类的制成品、一般机械、电气设备、运输设备等主要出口领域，日本的出口总额不断增加，但是增长率有所下滑，汽车产业在出口总额中的占比仍在 1/5左右，增长率也有所提升，继续保持日本的支柱产业地位。受中美博弈以及全球半导体产业链供应链重塑等影响，日本半导体相关原材料与制造设备等的出口明显增加，体现出其在半导体技术领域的重要国际地位。

进口方面，2024 年，日本原材料进口额为 7.9 万亿日元，较上年增长9.7%，在日本对外贸易进口总额中所占比重为 7.0%；矿物燃料进口额为

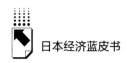

25.5 万亿日元，较上年减少 6.7%，在日本对外贸易进口总额中所占比重为 22.7%；化学制品进口额为 11.8 万亿日元，较上年增长 1.4%，在日本对外贸易进口总额中所占比重为 10.5%；按原料分类的制成品进口额为 9.3 万亿日元，较上年增长 2.3%，在日本对外贸易进口总额中所占比重为 8.3%；一般机械进口额为 10.9 万亿日元，较上年增长 13.3%，在日本对外贸易进口总额中所占比重为 9.7%；电气设备进口额为 17.7 万亿日元，较上年减少 0.6%，在日本对外贸易进口总额中所占比重为 15.8%。可以看出，对于主要的分类产品，日本的进口额大多较上年有所增加。其中，一般机械类产品进口增长相对较多，特别是计算机类（包括周边设备）产品进口大幅增长 31.7%，动力机械设备进口增长 17.2%。日本原材料进口也有相对明显的增长，特别是有色金属矿增长 14.7%，达到 2.7 万亿日元。

二 2024年日本对外投资的动向

2024 年一至三季度，日本对外直接投资流量相较于上年同期出现上升，而且投资收益有所增加，对外直接投资的主要目的地和投资收益来源仍然集中在亚洲、北美洲及欧洲。在复杂的国际局势下，2024 年日本企业海外生产经营活动也出现新动向。

（一）日本对外直接投资流量情况

2024 年一至三季度，日本对外直接投资流量合计 22.2 万亿日元，较上年同期增加 11.0%。如表 3 所示，2024 年第一、二、三季度的对外直接投资流量分别为 6.7 万亿日元、7.4 万亿日元、8.1 万亿日元，与 2023 年第一、二、三季度相比，第一、二季度同比上升，第一季度增幅最大，第三季度同比有所下降。整体而言，相较于 2023 年日本对外直接投资流量的大幅增加，2024 年一至三季度，日本的对外直接投资流量增长趋稳。这也说明，尽管地缘政治风险持续加剧，全球经济前景不确定性与不稳定性仍存，但是，在日本经济稳步增长的前提下，日本依然积极、有序进行国际产业链供应链布局，加快对外经济结构的调整与重塑，以更好地适应国际秩序与世界经济的结构性变化。

日本对外直接投资主要集中在亚洲、北美洲和欧洲。如表3所示，2024年一至三季度，日本对亚洲、北美洲和欧洲的投资流量分别为4.4万亿日元、10.4万亿日元和4.1万亿日元，对亚洲、北美洲的投资流量相较于上年同期有所增加，特别是对北美洲的投资流量增幅明显，高达37.1%，对亚洲的投资流量增长11.5%。但是，日本对欧洲的投资流量减少24.5%，降至4.1万亿日元。日本对亚洲、北美洲和欧洲的投资流量在日本对外直接投资总流量中分别占比19.7%、46.9%、18.4%，合计占比85.0%，在亚洲的投资流量占比较上年同期有略微增加，在北美洲的投资流量占比明显高于上年同期的37.9%，在欧洲的投资流量占比则明显低于上年同期的27.1%，三个地区合计占比高于上年0.4个百分点，但是仍低于2022年89%左右、2021年94%左右的水平，整体呈现震荡下滑趋势。日本对大洋洲、中南美洲、非洲、中东的投资流量占比较低，分别为8.9%、5.4%、0.4%与0.3%，对大洋洲、中南美洲的投资流量继续增加，同比增幅分别为26.4%与7.7%，但是，对中东、非洲的投资流量大幅减少，同比降幅分别为37.5%与68.6%。

具体而言，在亚洲地区，2024年一至三季度，日本对中国和东盟的投资流量分别为2978.8亿日元和3.3万亿日元，在日本对亚洲投资流量中占比分别为6.8%和75.5%，合计占比为82.3%，相较于上年同期增长10.3个百分点，但是，日本对华投资流量相较于上年同期大幅减少53.7%，在日本对亚洲投资流量中占比降低了9.4个百分点，而日本对东盟的投资流量持续增加，相较于上年同期大幅增长48.6%，在日本对亚洲投资流量中占比提升了18.6个百分点。日本对华新增投资流量的大幅减少反映出日本试图降低对中国产业链供应链的依赖，以及规避中美博弈带来的风险。与此同时，中国企业竞争力的增强及人工成本的提高也促使日本企业对中国市场的投资意向有所减弱。但是，不可否认的是，中国及东盟仍然是日本企业高度重视的市场，也是日本在亚洲投资的主要目的地。近年来，日本对美国的投资流量明显增加，2024 年一至三季度，日本对美国的投资流量为 10.2 万亿日元，在日本对北美洲投资流量中占比为 98.0%，美国是日本在北美洲投资的主要目的地，日本对美国的新增投资主要集中于非制造业的零售业、金融保险业以及制造业的化学、医药等领域。日本对英国的投资流量为 2.1 万亿日元，对欧盟的投资流量为 1.9 万亿日元，在日本对欧洲投资流量中占比分别为 51.2% 与 46.3%，英国和欧盟是日本在欧洲投资的主要目的地。

表 3　2023 年第一季度至 2024 年第三季度日本对外直接投资流量及地区构成

单位：亿日元

投资对象	2023 年				2024 年			2024 年一至三季度合计
	第一季度	第二季度	第三季度	第四季度	第一季度	第二季度	第三季度	
世界	50652	61702	87763	57075	67214	73771	81137	222122
亚洲	12513	13258	13460	7401	14791	13185	15753	43729
北美洲	7226	23249	45446	22797	45520	36749	21844	104113
中南美洲	4314	3581	3317	7026	1867	4473	5731	12071
大洋洲	4071	5907	5638	7358	1241	4383	14122	19746
欧洲	21290	14163	18830	11831	4053	14082	22839	40974
中东	167	428	310	99	510	10	46	566
非洲	1071	1115	762	562	−767	891	803	927

资料来源：日本銀行「業種別・地域別直接投資」、https：//www. boj. or. jp/statistics/br/bop_106/bpdata/index. htm/。最后访问日期：2025 年 2 月 20 日。

（二）日本对外直接投资收益情况

相较于 2023 年，2024 年第一、二、三季度的日本对外直接投资收益有所波动，前两个季度分别为 6.4 万亿日元与 8.0 万亿日元左右，相较于上年同期明显增加，分别同比增长 27.0% 与 29.3%，第三季度略微减少，为 8.6 万亿日元，同比降低 1.9%。2024 年一至三季度，日本对外直接投资收益合计 23.0 万亿日元，较上年同期增长 15.0%。

如表4所示，日本对外直接投资收益的主要来源仍然集中于亚洲、北美洲和欧洲。2024年一至三季度，日本对亚洲、北美洲和欧洲的投资收益分别为8.0万亿日元、6.4万亿日元与5.0万亿日元，在日本对外直接投资总收益中分别占比34.7%、28.0%与21.5%，合计占比84.2%，相较于上年同期降低0.5个百分点。日本在亚洲的投资收益占比下降，但是，在北美洲与欧洲的投资收益占比增加，这与近年来日本加强对北美洲、欧洲的投资相对应。日本对中南美洲和大洋洲的投资收益均在1.6万亿日元左右，对中南美洲的投资收益占比增加，但是对大洋洲的投资收益占比略微下降。日本对中东和非洲的投资收益相对较低，分别为0.2万亿日元与0.1万亿日元，相较于上年同期，对中东的投资收益大幅增长167.0%，但是对非洲的投资收益则大幅减少55.4%。

具体而言，2024年一至三季度，日本对中国和东盟的投资收益分别为2.4万亿日元与3.9万亿日元，对中国的投资收益有所减少，对东盟的投资收益则稳步增加，在日本对亚洲投资收益中占比分别为29.4%与48.9%，对中国的投资收益占比同比减少4个百分点，对东盟的投资收益占比同比提高4.5个百分点，两者合计从77.8%提高至78.3%，中国和东盟始终是日本在亚洲投资收益的主要来源地。日本对美国的投资收益为6.2万亿日元，在日本对北美洲投资收益中占比为96.3%，较上年同期提高0.2个百分点，美国是日本在北美洲投资收益的主要来源地。日本对欧盟与英国的投资收益分别为3.2万亿日元与1.2万亿日元，在日本对欧洲投资收益中占比分别为65.6%与24.3%，合计占比为89.9%，较上年同期减少0.5个百分点，欧盟和英国是日本在欧洲投资收益的主要来源地。如果结合投资流量进行分析，亚洲、北美洲和欧洲既是日本对外直接投资的主要目的地，又是日本对外直接投资收益的主要来源地，但是占比有所不同。例如，日本对亚洲的投资流量占日本对外直接投资总流量的比重略微增加至19.7%，低于北美洲27.2个百分点，高于欧洲1.3个百分点，但是日本对亚洲的投资收益占日本对外直接投资总收益的比重始终最高，为34.7%，分别高出北美洲、欧洲6.7个百分点、13.2个百分点。而且，在亚洲，日本对中国的投资流量及投资收益占比均有所下滑，但是相较于投资流量占比的大幅下滑，投资收益占比下滑的程度较小，即日企在中国的投资仍然获得较大利益；尽管日本加大了对北美洲等地区的新增投资，但是投资收益的增长相对有限，亚洲始终是日本获取投资利益最重要的地区。整体来看，日本对外直接投资分散化、多元化仍然取得了一定进展，日本持续推进降低对特定国家或地区的产业链供应链依赖的目标十分清晰。

表4 2023年第一季度至2024年第三季度日本对外直接投资收益及地区构成

单位：亿日元

投资对象	2023年				2024年			2024年一至三季度合计
	第一季度	第二季度	第三季度	第四季度	第一季度	第二季度	第三季度	
世界	50652	61702	87763	54381	64322	79754	86085	230161
亚洲	12513	13258	13460	16737	20416	28956	30589	79961
北美洲	7226	23249	45446	14677	19936	21781	22664	64381
中南美洲	4314	3581	3317	3943	4619	5212	6364	16195
大洋洲	4071	5907	5638	5773	4133	5659	6576	16368
欧洲	21290	14163	18830	12757	14445	17560	17523	49528
中东	167	428	310	206	362	212	1842	2416
非洲	1071	1115	762	289	411	375	528	1314

资料来源：日本银行「業種別・地域別直接投資」、https：//www.boj.or.jp/statistics/br/bop_06/bpdata/index.htm/。最后访问日期：2025年2月20日。

（三）日本企业海外生产经营动向

在复杂的国内外形势下，日本企业海外生产经营活动在2024年也出现了一些新动向。

第一，日本企业海外盈利水平整体有所改善，预计盈利的企业所占比例两年来首次上升，但是，日本企业在中国、泰国、德国、荷兰等主要集聚地的业绩恶化预期较高，特别是汽车相关产业企业。日本贸易振兴机构的海外日资企业调查数据显示，2024年，65.9%的日本企业预计海外经营盈利，相较于 2023 年增加了 2.5 个百分点，是两年来的首次增长，预计亏损的企业仅占 17.0%。印度、巴西、墨西哥、越南等全球南方国家的内需强劲，为进驻这些国家的日企业绩改善提供了有力的支持。分行业来看，银行、医药品、情报通信机器与事务机器、化学品与石油制品、输送用机械等行业的日本企业盈利的比例较高，而教育与研究机构等的亏损比例超过 50%。分地域来看，在中东、非洲等地区的日本企业盈利水平持续提升，盈利企业占比分别达到 69.1% 与 59.8%，均创历史新高。在南非、韩国、阿联酋、印度、巴西等国家的盈利企业占比均高达 80% 左右。另外，日本企业在中国的盈利状况不佳，在中国大陆的日本企业盈利的比例继续下降至 58.4%，42.2% 的在华日企认为盈利情况将恶化，主要原因是市场需求减少与企业竞争加剧。[1]

第二，对于未来海外业务发展，大部分日本企业仍表示将会扩张现有业务，但是对象国及地区会出现变化。日本国际协力银行的日本制造业企业海外经营情况调查数据显示，62.0% 的企业计划在中期强化或扩大海外业务，相较于上年下降 5.7 个百分点，特别是中坚、中小企业中计划强化或扩大海外业务的企业比例较上年大幅减少 12.7 个百分点，降至 46.2%。在全球需求增长放缓、地缘政治风险加剧以及日本与其他国家和本土企业竞争加剧的背景下，计划强化或扩大海外业务的日本企业比例从新冠疫情得到控制后的上升趋势转为下降。关于中期有可能开展业务的国家和地区，市场规模大、潜力佳的印度，其得票率增加 10.1 个百分点，连续三年位居榜首。越南凭借廉价劳动力等优势，得票率增加 1.2 个百分点，达到 31.3%，继续位居第二。受中美博弈长期化以及企业竞争加剧等影响，中国的得票率相较于 2023 年下降 11 个百分点，为 17.4%，创历史新低，并退居第六位。尽管美国市场规模较大，但是由于劳动力成本上升等因素，美国的得票率有所降低，但是排名上升至第三位。印度尼西亚和泰国的得票率分别为 25.4% 与

---

① 日本貿易振興機構（ジェトロ）「2024 年度 海外進出日系企業実態調査 I 全世界編」、2024 年 11 月、https://www.jetro.go.jp/ext_images/_News/releases/2024/3fd8ebc050295428/survey.pdf。最后访问日期：2025 年 3 月 10 日。

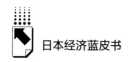

18.8%，分列第四、第五位。关于开展业务的理由和面临的问题，选择有可能在印度开展业务的日本企业中，84.7%的企业开展业务的理由依然是当地市场的未来成长性，其次是当地市场的现有规模与廉价的劳动力等；在面临的主要挑战方面，44.2%的企业认为是法规运用不透明，41.6%的企业认为是与其他企业竞争激烈。选择有可能在越南开展业务的日本企业中，63.0%的企业开展业务的理由是当地市场的未来成长性，46.3%的企业表示是受廉价的劳动力吸引；在面临的主要挑战方面，40.6%的企业认为是法规运用不透明，37.5%的企业认为是劳动力成本上升。选择有可能在美国开展业务的日本企业中，69.3%的企业看重的是当地市场的现有规模，68.2%的企业看重的是当地市场的未来成长性；在面临的主要挑战方面，69.5%的企业认为是劳动力成本上升，51.2%的企业认为是与其他企业竞争激烈。选择有可能在中国开展业务的日本企业中，与美国类似，更多企业看重的是当地市场的规模与未来成长性，企业占比分别为82.8%与58.6%；在面临的主要挑战方面，69.6%的企业认为是与其他企业竞争激烈，这在一定程度上说明了日本国内企业竞争力的提升及对国外品牌替代效应的增强，其次是劳动力成本上升，企业占比为57.1%。①

除此之外，调整海外供应链、推进脱碳化、重视人权问题等继续成为日本企业开展海外业务的重点。日本贸易振兴机构的海外日资企业调查数据和日本国际协力银行的日本制造业企业海外经营情况调查数据显示，受地缘政治风险、中美竞争、日元贬值等诸多因素影响，日本企业更为重视重新审视评估供应链，以杜绝供应风险，促进供应链的分散化、多元化。尽管日本试图降低对中国供应链的依赖，并基于经济合理性的考量与降低地缘政治风险的需求，将在华生产与销售网络外迁至东南亚等地区，但是中国市场依旧对日本企业具有较大吸引力，一些企业出于成本压缩和本地化生产适配的需

---

① 国際協力銀行（JBIC）「わが国製造業企業の海外事業展開に関する調査報告 2024 年度海外直接投資アンケート調査結果（第 36 回）」、2024 年 12 月 12 日、https://www.jbic.go.jp/ja/information/press/press-2024/image/000009460.pdf。最后访问日期：2025 年 3 月 10 日。

求，也反向将原位于日本的制造、销售据点及采购网络向中国迁移。另外，日本企业继续有序推进脱碳化进程，人权问题也继续成为日本企业海外供应链管理的重要关注点。

三　2024年日本区域经济合作的动向

2024年，日本继续保持积极主动的姿态推进区域经济合作，秉持战略性思维抢占区域经济合作先机，同时继续强化区域经济合作的经济安全属性。

（一）深化与重点国家或地区的合作，继续突出"安全"诉求

日本高度重视加强与欧美等重点地区及国家在关键产业领域的技术合作与经贸交往，以提升供应链韧性、强化经济安全。例如，2024年6月26日，日美韩三国在美国华盛顿召开首次工商部长与产业部长会议，明确强化重要矿物与半导体供应链的合作。9月21日至22日，日美印澳"四方安全对话"（QUAD）领导人峰会在美国特拉华州威尔明顿举行，会议明确四国将在基础设施建设、关键和新兴技术、气候变化和新能源、医疗等领域推进合作，并指出将更好地发挥互补优势，推动在半导体领域的合作，实现市场多元化和竞争性，增强四国半导体供应链的韧性等。11月18日，日本首相石破茂与英国首相斯塔默举行会谈，双方同意新设外交部长和经济部长出席的磋商框架"经济版2+2"，以推进包括贸易和经济安全保障在内的经济层面合作，双方就2025年召开"经济版2+2"框架下的首次会议达成一致。英国也是继美国之后与日本设立"经济版2+2"磋商框架的第二个国家。

除此之外，近年来，在美国的支持和默许下，日本持续与美国及在美国的军事盟友圈中选择合作伙伴，扩大国防技术合作、武器联合研制、武器装备出口等合作范围，提升其全球军事影响力，以保障国家安全为借口为突破"和平宪法"积蓄力量。2023年12月底，日本政府大幅修改"防卫装备转移三原则"及其实施方针，允许日本将其生产并组装的成品武器出口到给予日

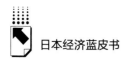
本"生产许可"的授权国，允许将战斗机的发动机或机翼等重要零部件出口至与日本有安保合作关系的国家，但是当时战斗机成品并不能直接出口到第三国。2024年3月5日，日本首相岸田文雄在参议院预算委员会会议上强调了日本与英国、意大利共同研发的下一代战斗机等出口至第三国的必要性。3月15日，日本执政联盟自民党和公明党高层举行会谈，就此事达成一致，并于26日在内阁会议上获得通过，日本武器出口管制进一步放松。这一决定标志着日本防卫政策的重大转变。当前，实现常态武器出口和技术转让、反哺和激活国内军工产业，已经上升为日本的国家战略，日本后续可能寻找更多借口，以寻求完全解除武器出口限制。5月16日，日美两国政府签署了新型拦截导弹研发分工协议，日本将负责研发导弹的火箭部分及分离后弹头的推进装置。日本政府为推进这一共同研发，在2024财年预算中列入了750亿日元。

（二）缓和与中国、韩国的经贸关系，中日韩领导人会议重启

受复杂国际局势与大国竞争等影响，日本与中国、韩国的经贸关系有所恶化，但是，三国在经济上深度融合，早已形成"你中有我，我中有你"的利益共同体。2024年，日本在与中国、韩国的经贸合作方面持相对积极的态度，特别是中日韩领导人会议重启标志着三国合作踏上新征程。5月26日至27日，第九次中日韩领导人会议在韩国首尔举行，这是三国领导人会议自2019年12月以来，时隔四年多的正式重启。中日韩领导人会议机制起源于1999年11月在菲律宾举行的东盟与中日韩（10+3）领导人会议。经过多年酝酿，2008年12月，首次"10+3"框架外的中日韩领导人会议在日本福冈举行，会议签署了《三国伙伴关系联合声明》，确定了三国合作的原则与方向。自此，三国领导人会议正式开启年度轮值举办的机制化进程。2019年12月，第八次中日韩领导人会议在中国成都举行，此后，因受新冠疫情等因素影响，该会议停摆四年半之久。此次，三国领导人会议得以重启，体现了三国对推进合作的共识与重视，具有重要的建设性意义。

当前，中日韩合作已构建起东亚地区层级最完善、覆盖领域最广的多边

协作体系，在促进区域经济融合与全球经济增长中发挥着重要作用。三国经贸关系十分紧密，中国连续多年成为日本、韩国的第一大贸易伙伴国。2023年，日本、韩国分别是中国的第二大、第三大贸易伙伴国，同时，日韩两国也是中国的重要外资来源国。尽管受新冠疫情、地缘政治因素以及美国对华战略竞争等影响，中日韩合作发展势头受到阻碍，但是，中日韩三国一衣带水、地缘相近，是搬不走的近邻与分不开的合作伙伴。通过此次中日韩领导人会议，三国取得了丰硕的合作成果，共同发表了《第九次中日韩领导人会议联合宣言》《中日韩知识产权合作十年愿景联合声明》《关于未来大流行病预防、准备和应对的联合声明》三份文件，一致同意落实《中日韩合作未来十年展望》，深化在经贸、科技、人文交流、数字化转型、环境保护等领域的务实合作，共同推动产业提质升级，释放新合作动能，并进一步推动中日韩三国合作机制化建设，在东盟与中日韩等多边框架内保持密切沟通合作，共同维护世界和平稳定与发展繁荣。

（三）重视与全球南方国家的合作，拉拢太平洋岛国以实现战略目标

全球南方国家覆盖世界人口的2/3以上，经济总量占比超过40%，已成为深刻改变国际权力结构的关键力量。近年来，日本高度重视强化与全球南方国家的合作。2023年5月，日本政府邀请印度、巴西等全球南方国家参加了七国集团广岛峰会扩大会议。10月，日本政府宣布成立"加强与全球南方国家合作推进会议"，由官房长官松野博一担任会议主席，外务省、经济产业省协助内阁官房承担具体事务。2024年4月，日本外务省发布2024年版《外交蓝皮书》，首次写入全球南方相关内容并强调与之加强合作。6月，日本政府召开"加强与全球南方国家合作推进会议"第二次会议，阐述了与之合作的重要性、基本方针与重点领域。日本政府认为强化与全球南方国家的合作十分重要，一是全球南方国家凭借丰富的自然资源、快速的人口增长以及不断提升的经济实力，在国际舞台上的存在感日益显著；二是全球南方国家的历史与文化背景具有多样性，其现实境况与面临的社会课题也

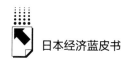

不尽相同；三是日本的粮食、矿产资源、能源等严重依赖进口，通过与全球南方国家合作有助于促进日本经济发展，增强经济韧性；四是将全球南方国家打造成共建伙伴，对实现包括经济增长和经济安全保障在内的国家利益至关重要。

近年来，随着太平洋岛国的地缘政治重要性日益凸显，日本愈加关注提升其在该地区的影响力并试图将其战略意图强加给太平洋岛国。2024年7月16~18日，日本政府在东京举行"太平洋岛国峰会"，来自"太平洋岛国论坛"的18个成员国和地区领导人应邀出席。会议期间，日本时任首相岸田文雄分别与帕劳、斐济、萨摩亚等7国首脑举行会晤。"太平洋岛国峰会"是日本主办的日本首相与太平洋岛国领导人之间的会议，自1997年以来每三年举行一次，是日本少有机会牵头的会议机制。此次峰会取得了一定成果，发布的联合声明重申了所谓的"自由开放的国际秩序的重要性"，并在围绕福岛核污染水排海问题上，支持日本强调的所谓"必须基于科学证据的重要性"。在发布的共同行动计划中，日本明确将在"和平与安保""气候变化与灾害""技术与互联互通"等领域加大对太平洋岛国的支持与合作力度。此次峰会暴露出日本通过许诺提供实质性支持将自己的战略意图强加给太平洋岛国的趋势。一是此次峰会的议题范围扩展至政治安全领域，尽管太平洋岛国的主要诉求集中在经济援助和应对气候变化等议题上，但是日本仍通过前期举行的部长级防务会议等渠道，成功将安全议题纳入会议议程，日本正系统性突破传统合作边界，企图将太平洋岛国拉入日美同盟阵营，以实现在该地区的常态化军事准入；二是通过经济援助置换太平洋岛国对核污染水排海的安全性"背书"，以对冲国际社会的批评与质疑。自2023年8月开始，日本政府无视国际社会的强烈质疑与反对，强行启动福岛核事故污染水排海，太平洋岛国因为生态脆弱且经济发展高度依赖海洋渔业，对日本核污染水排海尤为关注。此次峰会，日本不仅承诺在三年内向太平洋岛国提供逾600亿日元的官方发展援助，并表示将提供地区实时卫星气象数据，以协助太平洋岛国防灾救灾、帮助其完善土地和家庭登记制度等，试图通过经济援助换取太平洋岛国对核污染水排海的理解。除此之外，近年来，中国与太平洋岛国的友好关系迅速提升，日本对此充满警惕，力图进一步提升其在该地区的国际影响力，将太平洋岛国打造为支撑日本全球与区域战略的稳定地缘板块。

四　日本对外经济关系展望

2024年，日本对外经济关系的表现相对亮眼，但是并非十分乐观。在对外贸易方面，日本对外出口总额连续两年突破100万亿日元，贸易逆差也大幅缩小。但是，出口总额的增长主要由价格的提高引发，日元贬值的影响依旧较大。在对外投资方面，日本的对外直接投资流量及投资收益均有所增加，2024年一至三季度，日本对外直接投资流量合计22.2万亿日元，较上年同期增加11.0%，对外直接投资收益合计23.0万亿日元，同比增长15.0%，但是对外投资区位出现结构性调整，特别是在亚洲地区。与此同时，日本企业海外盈利水平整体有所提高，预计盈利的企业所占比例两年来首次上升，但是，日本企业在中国、泰国、德国、荷兰等主要集聚地的业绩恶化预期较高，特别是汽车相关产业企业。在区域经济合作方面，日本继续保持积极主动的姿态推进区域经济合作，秉持战略性思维抢占区域经济合作先机，积极拓展合作网络及搭建合作新机制，中日韩领导人会议重启预示着三国合作或迎来新阶段。但是，日本区域经济合作仍不断强化经济安全属性，在大国博弈背景下，日本始终积极向欧美靠拢，不仅联合他国对华竞争，而且持续降低对华产业链供应链的依赖。中国继续保持日本第一大进口来源国的地位，并再次被美国超越成为日本第二大出口对象国，2024年一至三季度，日本对华新增直接投资相较于上年同期大幅减少，日企对在华开展业务的预期有所恶化。但是，从基于累计投资额的投资收益来看，日本对华投资收益仍在增加，对于日企来说，中国市场的重要性仍不容忽视。

尽管世界经济复苏展现了较强的韧性，但是，美国特朗普二次上台加大了国际形势与世界经济前景的不确定性，地缘政治风险依旧存在，日本持续通过诸多努力降低国际环境带来的不稳定性与不确定性。在对外经济政策方

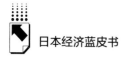
面，根据日本经济产业省的研究报告，日本政府未来政策有两个重要方向。一是坚持重视规则的姿态，致力于维护基于规则的国际经济秩序。日本将继续积极参与制定有利于自身的国际规则，如推进与全球南方国家的经济伙伴关系协定（EPA）和投资协定的谈判，参与 WTO 改革，利用 WTO 与 EPA 来纠正与预防不公平的贸易措施等。二是加强与"志同道合"国家的交流合作与政策协调，构建强韧且可信赖的供应链体系，推动重要物资采购与供应渠道的多元化。三是与包括全球南方国家在内的各国构筑产业共创双赢关系并开拓产业新市场，聚焦重点合作对象国家，明确政策对话的推进路径与重点合作领域等。整体来看，塑造稳定、安全、降低对华依赖的区域供应链，在全球南方等地区开拓多元化的市场与供应网络，联合欧美国家提升国际规则与国际秩序的主导权地位是日本对外经济合作的重点。

B.6
2024年中日经贸关系回顾与展望

常思纯*

摘　要：　2024 年，中日双边关系在高层互动的引领下呈现回稳改善态势。尽管中日贸易相互依赖的不对称性扩大，但贸易互补性依然显著。受内外因素影响，日本对华直接投资进一步下降，但中国市场对日本企业仍至关重要。在 RCEP 框架下，中日经贸合作也持续深化。2025 年，面对保护主义加剧、全球供应链分裂及经济增速放缓等挑战，中日经贸关系迎来深化合作的机遇。双方应深化亚太区域经济合作及"一带一路"框架下的第三方市场合作；通过结构性互补释放协同势能，在"银发经济"、"双碳"及数字经济领域拓展合作；并通过促进双向投资激发经济活力。尽管地缘政治风险依旧存在，但中日仍有机会携手应对贸易保护主义，维护区域供应链稳定，推动双边经贸关系发展。

关键词：　中日经贸合作　供应链安全　RCEP　银发经济　数字经济

　　2024 年，在高层互动的有力引领下，中日双边关系呈现回稳改善态势。11 月，中国国家主席习近平在利马出席亚太经合组织（APEC）领导人非正式会议期间会见日本首相石破茂，双方同意保持高层交往，用好经济、人文等领域高级别对话机制。① 此前，在 5 月和 10 月，中国国务院总理李强借助多边场合先后与岸田文雄和石破茂两任日本首相举行会晤。中日多个高级

---

　　*　常思纯，法学博士，中国社会科学院日本研究所副研究员、中日关系研究中心秘书长，全国日本经济学会理事，主要研究领域为经济外交、区域经济。
　　①　《习近平会见日本首相石破茂》，《人民日报》2024 年 11 月 17 日。

别对话机制得以重启，12 月 25 日，中日高级别人文交流磋商机制第二次会议在北京举行并达成十项共识。此外，中国自 11 月底恢复中断四年多的对日单方面免签政策，日方随后也放宽了对中国公民的签证限制。高层互动增多与民间交流回暖，为中日经贸关系的进一步深化注入了新动能，2024 年全年两国在贸易投资、科学技术、环境保护、文化交流等多个领域展开了积极互动。中日关系舆论调查结果也显示，经贸合作仍然是中日关系的压舱石和推进器，两国超半数受访者视对方为本国重要的经贸伙伴。[①] 在全球经济复苏乏力、地缘政治博弈加剧的背景下，中日探索政经良性互动的现实路径，推动双方经贸关系稳步、持续深化，显得尤为关键和迫切。

一　中日双边贸易发展态势

自 2020 年以来，在全球性公共卫生危机与地缘政治格局动荡交织的复杂背景下，中日两国的经贸关系展现出显著的韧性，在产业互补性与供应链协同性方面，中日贸易双向依存关系显示出长期的稳定性。与此同时，自 2007 年以来，中国一直稳居日本第一大贸易伙伴国的地位，而日本多年来持续成为中国重要的贸易伙伴国。

（一）中日贸易相互依赖的不对称性进一步扩大

2024 年，中国经济稳中有进，得益于"双循环"新发展格局的推动，全年进出口总值达到 43.85 万亿元人民币，同比增长 5.0%，创下历史新高。其中，出口额首次突破 25 万亿元大关，达到 25.45 万亿元，同比增长 7.1%，彰显出中国出口的韧性和活力；进口额同比增长 2.3%，达到 18.39 万亿元，仍具有较大增长空间。然而，从中国对日贸易来看，中国对日进出口总额在 2021 年达到 2.4 万亿元人民币，创下历史新高后，已连续三年呈现

---

① 《民调显示：经贸合作仍然是中日关系的压舱石和推进器》，2024 年 12 月 2 日，新华网，http://www.news.cn/20241202/f525c69c19d844d5b274958a030568fa/c.html。最后访问日期：2025 年 2 月 20 日。

下降趋势。2024 年中国对日贸易总额为 2.19 万亿元人民币，同比下降 2.0%。其中，对日本出口额为 1.08 万亿元，同比下降 2.3%；从日本进口额为 1.11 万亿元，同比下降 1.7%。日本再次被韩国超越，退居中国第五大贸易伙伴国，位列东盟、欧盟、美国和韩国之后。按国别排名，日本仍是中国第三大贸易伙伴国、出口对象国和进口来源国。继韩国连续保持中国第二大进口来源国地位之后，2024 年，越南首次赶超日本，成为中国第二大出口市场。①

2024 年日本经济复苏乏力，通货膨胀水平持续攀升，日元对美元汇率连续四年下跌，追平历史最长下跌时间纪录，全年跌幅达 10%，超过 2023 年的 7%。② 日元持续贬值，在助推日本出口大幅增长的同时，也导致进口成本不断上升。据日本财务省统计，2024 年日本对华出口额为 18.86 万亿日元，同比增长 6.2%；从中国进口额为 25.31 万亿日元，同比增长 3.6%。与中国对日贸易依赖程度持续下降的趋势不同，日本对华贸易依赖程度长期保持较高水平。2024 年，中国仍然是日本第一大贸易伙伴国和进口来源国，是仅次于美国的日本第二大出口市场。③

从中日经济的相互关系来看，日本在中国对外贸易中的地位持续下降，对日贸易占中国对外贸易总额的比重在 2005 年为 13%，2016 年（7.5%）以来连续八年下降，2023 年为 5.4%，2024 年则进一步降至 5.0%。其中，对日出口额占中国出口总额的 4.2%，从日本进口额占中国进口总额的 6.0%。与之相比，中国在日本对外贸易中的占比仍保持较高水平，对华贸易占日本对外贸易总额的比重在进入 21 世纪以来上升至 10%左右，2005 年上升至 17%，2009 年达到 20%左右。2024 年对华贸易在日本对外贸易总额中的比重仍达到 20.1%，其中，对华出口额占日本出口总额的 17.6%，从中国进口额占日本进口总额的 22.5%。

① 《统计月报》，中国海关总署网站，2025 年 2 月 14 日，http：//www.customs.gov.cn/customs/302249/zfxxgk/2799825/302274/302277/5668662/index.html。最后访问日期：2025 年 2 月 20 日。
② 「縮まぬ金利差、円売りの芽」、『日本経済新聞』、2025 年 1 月 1 日。
③ 財務省「令和 6 年分貿易統計（確々報）」、2025 年 3 月 13 日，https：//www.customs.go.jp/toukei/shinbun/trade-st/2024/2024_117.pdf。最后访问日期：2025 年 3 月 13 日。

（二）中日贸易的互补性依然显著

日本经济产业省发布的 2024 年版《通商白皮书》中的数据显示，在从某一特定国家进口的份额占比过半的品类数量上，日本有 1406 个品类（占总品类数的三成以上）的超一半进口额来自中国，显示出日本供应链对中国的高度依赖。[①] 例如，在日本国内的平板电视市场上，海信集团和 TCL 等中国企业的销量份额在 2024 年首次超过 50%。在品牌渗透的背景下，中国企业在高价位的大尺寸电视领域也在提高存在感。[②]

从日本财务省公布的贸易数据来看[③]，2024 年日本从中国进口的重要品类中，50%是通用机电产品、原料类产品、服装及家具等附加值较小的产品。具体来看，日本从中国进口的通用机电产品比 2023 年增长 8.7%，占日本该品类产品进口总额的 41.4%；纺织用纤维及其他纺织制成品的进口与2023 年持平，占同类产品进口总额 56.9%；家具进口比 2023 年增长 2.6%，在同类产品进口总额中占比高达 64.5%。与此同时，随着中国的出口结构优化升级，部分中高端制造业产品也开始打入日本市场。2024 年，日本从中国进口的电话机达到 2.40 万亿日元，同比增长 8.3%，占日本同类产品进口总额的 87.3%；从中国进口的视听设备（含零部件）达到 1.03 万亿日元，同比增长 4.5%，占日本同类产品进口总额的 57.1%。此外，在中国汽车出口连续两年位居全球第一的情况下，日本从中国进口的汽车数量也连续四年增长，2024 年全年达到 36970 辆，同比增长 47.2%，进口额达到 1508.80 亿日元，同比增长 48.0%。

中国方面，尽管中国在推动市场多元化战略方面取得一定成效，对日贸易依存度下降，但在半导体材料等关键领域仍依赖日本供应，同时，中国也

---

① 经済産業省『通商白書 2024』、2024 年 7 月 9 日、https：//www.meti.go.jp/report/tsuhaku2024/2024honbun/i2210000.html。最后访问日期：2025 年 2 月 20 日。

② 「中国メーカーのテレビ、日本でのシェアが初の5割」、『日本経済新聞』、2025 年 1 月25 日。

③ 財務省「令和 6 年分貿易統計（確々報）」、2025 年 3 月 13 日、https：//www.customs.go.jp/toukei/shinbun/trade-st/2024/2024_115.pdf。最后访问日期：2025 年 3 月 13 日。

仍保持着消化日本高附加值产品的重要市场地位。半导体等电子产品及其制造装备、化学制品等高附加值产品仍是日本对中国的主要出口商品。2024年，日本包括塑料、有机化合物等在内的化学制品对华出口额达到3.36万亿日元，同比增长6.7%，占日本对华出口总额的17.8%。日本半导体等制造装置对外出口总数中的一半以上都出口到中国市场，对华出口额达到2.18万亿日元，同比增长42.2%，占日本对华出口总额的11.6%。半导体等电子产品对华出口额达到1.31万亿日元，同比增长2.6%，占日本对华出口总额的7.0%。

二 日本对华直接投资发展态势

2024年，受全球供应链重组、日元大幅贬值、与中国本土企业竞争加剧以及中国劳动力成本上升等多重因素的综合影响，日本对华直接投资呈现进一步下降的趋势。

（一）日本对华直接投资动向

2024年，日本对华直接投资额（以国际收支统计为基础，净值、流入量、速报值）为4931亿日元，较2023年微增1.0%，占当年日本对外直接投资总额的1.6%，在国家和地区排名中仅位列第九。其中，对华直接投资的实际执行额为1.08万亿日元，回收额为5889亿日元。① 这是自有调查可比性的2014年以来②实际执行额的最低水平。

从日本对华直接投资的领域和行业③来看，2024年1~9月，日本对华

---

① 财务省「对外直接投资（地域别）」、2025年2月14日、https://www.mof.go.jp/policy/international_policy/reference/balance_of_payments/bp_trend/bpfdi/fdi/6d-2.csv。最后访问日期：2025年2月20日。

② 从2014年1月开始，日本财务省根据IMF的《国际收支和国际投资寸头手册（第6版）》（BPM 6）统计对外投资数据，因此，2014年以来的统计数据与此前没有连续性。

③ 2023年全年投资额来源于日本财务省发布的数据，不同领域和行业的投资额来源于日本银行发布的数据。由于统计标准存在差异，因此数据存在差异。

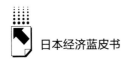

直接投资总额中，制造业投资达到 2206 亿日元，非制造业投资为 772 亿日元，分别占比 74.1% 和 25.9%，非制造业的占比显著下降（见表 1）。与 2023 年同期相比，在制造业领域，运输设备的对华直接投资大幅减少。这主要是由于中国本土汽车制造商迅速崛起，在中国汽车市场的激烈竞争中，日本厂商业绩表现不佳，日产、本田等日本车企计划关停部分在华工厂并削减在华工厂产能，而这种低迷态势甚至蔓延到零部件和材料等整个汽车供应链。与此同时，在非制造业领域，批发、零售业，金融、保险业，房地产业的对华直接投资持续大幅减少，进而导致日本对华直接投资水平整体下降。

从截至 2023 年末的存量来看，日本对华直接投资额在其对外直接投资总额中的占比为 6.5%，按国家和地区排名较 2022 年下滑一位，降至第四名，位列美国（34.9%）、荷兰（7.0%）和英国（7.0%）之后。其中，中国在制造业领域的占比为 11.0%，仅次于美国的 28.4%，稳居第二位；而在非制造业领域的占比仅为 3.8%，排名第六，位列美国（38.8%）、英国（8.0%）、新加坡（6.0%）、荷兰（5.8%）和澳大利亚（5.6%）之后。①

（二）在华日资企业动向

日本贸易振兴机构（JETRO）2024 年度以进驻中国的日资企业为对象进行的调查②显示，21.7% 的受访企业表示今后 1~2 年内在华发展事业的方向性为"扩大"，较 2023 年度的 27.7% 下降了 6 个百分点，创下有调查可比性的 2007 年度以来的最低值。与此同时，回答"维持现状"的受访企业占比为 65.6%，比 2023 年度的 62.3% 增加了 3.3 个百分点。在回答"扩大"

---

① 日本银行「对外直接投资残高（地域别·業種别）（2023 年末）」、2025 年 2 月 14 日、https：//www.boj.or.jp/statistics/br/bop_06/bpdata/dip2023.xlsx。最后访问日期：2025 年 2 月 20 日。

② 日本貿易振興機構（ジェトロ）「2024 年度海外進出日系企業実態調査（中国編）」、2025 年 2 月 10 日、https：//www.jetro.go.jp/ext_images/_Reports/01/89d4adaf76c3d498/20240040.pdf。最后访问日期：2025 年 2 月 20 日。

表 1 日本对华直接投资金额（按不同行业和领域）

单位：亿日元，%

行业	2021年 金额	占比	增长额	2022年 金额	占比	增长额	2023年 金额	占比	增长额	2024年1~9月 金额	占比	增长额
制造业(合计)	8026	61.0	120	4421	65.6	-3605	2005	51.0	-2416	2206	74.1	-1065
食品	634	4.8	426	27	0.4	-607	-184	-4.7	-211	-53	-1.8	41
纺织品	-33	-0.3	-75	13	0.2	46	158	4.0	145	313	10.5	196
木材,木浆	141	1.1	-147	253	3.8	112	132	3.4	-121	31	1.0	-63
化学,医药	1195	9.1	314	1473	21.8	278	-22	-0.5	-1495	441	14.8	124
石油	-15	-0.1	-23	3	0.0	18	-10	-0.3	-13	44	1.5	50
橡胶,皮革	-257	-2.0	-320	-23	-0.3	234	-272	-6.9	-249	-111	-3.7	-32
玻璃,土石	92	0.7	-448	-164	-2.4	-256	-250	-6.4	-86	-253	-8.5	-259
铁,有色金属,金属	546	4.2	-33	384	5.7	-162	209	5.3	-175	221	7.4	-76
一般设备	1230	9.4	137	1261	18.7	31	405	10.3	-856	612	20.5	-85
电气设备	1486	11.3	640	-1280	-19.0	-2766	516	13.1	1796	675	22.7	-25
运输设备	2689	20.5	-659	2179	32.3	-510	1443	36.7	-736	263	8.8	-1164
精密及医疗仪器	-17	-0.1	145	67	1.0	84	-231	-5.9	-298	145	4.9	490
非制造业(合计)	5121	39.0	2324	2324	34.4	-2797	1926	49.0	-398	772	25.9	-2301
农业,林业	15	0.1	/	/	/	/	2	0.1	/	4	0.1	/
渔业,水产业	/	/	/	/	/	/	/	/	/	/	/	/

续表

行业	2021年			2022年			2023年			2024年1~9月		
	金额	占比	增长额	金额	占比	增长额	金额	占比	增长额	金额	占比	增长额
采矿业	/	/	/	/	/	/	/	/	/	/	/	/
建筑业	23	0.2	13	-31	-0.5	-54	8	0.2	39	17	0.6	13
运输业	2	0.0	-98	115	1.7	113	37	0.9	-78	-65	-2.2	-97
通信业	8	0.1	48	-51	-0.8	-59	-60	-1.5	-9	-26	-0.9	-4
批发·零售业	2828	21.5	694	1263	18.7	-1565	830	21.1	-433	142	4.8	-1525
金融·保险业	1848	14.1	503	1116	16.5	-732	892	22.7	-224	403	13.5	-856
房地产业	11	0.1	811	-450	-6.7	-461	173	4.4	623	-148	-5.0	-268
服务业	223	1.7	237	234	3.5	11	-4	-0.1	-238	442	14.8	446
总　计	13146	100	2445	6745	100	-6401	3931	100	-2814	2979	100	-3366

注: 2024年1~9月的增长额为与上年同期相比的增长额。"/"表示当年没有投资或投资金额过少忽略不计。

资料来源: 笔者根据日本银行「直接投资(业种别·地域别、目的别)」制作而成, 2025年2月14日, https://www.boj.or.jp/statistics/br/bop_06/bpdata/index.htm。最后访问日期: 2025年2月20日。

在华业务的受访企业中，制造业领域的企业占22.6%，其中，食品（54.5%）、精密及医疗机器（33.3%）和化学、医药（33.3%）的占比位列前三；非制造业领域的企业占20.5%，其中，批发、零售业（50%），通信业（34.9%）和销售公司（31.0%）的占比居前三位。

不过，对于日本企业而言，中国市场仍然非常重要。JETRO 2024年度以对海外事业抱有较高关注的日本企业（母公司）为对象实施的问卷调查①显示，针对"今后计划在海外扩大事业规模的国家和地区（多选）"这一问题，选择"美国"的受访企业占比最高，达到38.6%。而中国在连续三年排名第三后，2024年度上升至第二位，达到24.9%，比2023年的22.6%增加了2.3个百分点。在面向中国开展出口、投资及业务技术合作的企业中，约半数表示计划扩大在华业务规模。而在尚未开展对华业务的企业中，约4%正考虑开拓新业务。关于核心产品及服务所需关键原材料与零部件的采购事宜，在开展海外采购的企业中，无论是制造业还是非制造业，最大的采购来源国均为中国，分别占比48.4%和48.6%。

此外，日本调查公司帝国数据银行的统计数据②显示，截至2024年6月，在华拥有当地法人或生产基地的日本企业数量为13034家，与2022年6月（上次调查）时的12706家相比，增长了2.6%（增加328家）。在这些日本企业中，制造业的企业数量最多，共计5139家，占总数的近四成，特别是汽车、家电等机械设备制造相关行业企业数量较多，模具制造、各种机床及半导体设备制造等行业尤为突出。批发业的企业数量达到4218家，占比32.4%，排名第二，其中，除了工业用电气机械器具批发行业企业数量较多外，女装、童装等服装批发和食品批发等行业企业数量也较多。排名第三位的是服务业，共计1803家企业，其中，包括游戏开

---

① 日本貿易振興機構（ジェトロ）「2024年度日本企業の海外事業展開に関するアンケート調査」、2025年3月4日、https：//www.jetro.go.jp/ext_images/_Reports/01/c45cf2de4d0ebf45/20240043.pdf。最后访问日期：2025年3月5日。

② 帝国データバンク「日本企業の「中国進出」動向調査（2024年）」、2024年8月1日、https：//www.tdb.co.jp/report/economic/vgnx1vn1er/。最后访问日期：2025年2月20日。

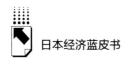
发等受托软件开发服务在内的 IT 行业的企业数量占服务业整体的约 30%，超过 500 家企业从事该行业。近年来，以中国互联网用户为目标从事网购、婚庆、保安等服务的企业大量进入中国市场。

三　中日在 RCEP 框架下的经贸合作持续深化

作为全球规模最大的自由贸易协定，《区域全面经济伙伴关系协定》（RCEP）自 2022 年 1 月 1 日正式生效，中国与日本首次建立双边关税减让机制。进入 2024 年，中日两国开启了新的关税调整周期：中国自 1 月 1 日起执行第三轮降税措施，日本则于 4 月 1 日启动第四轮税率调整。这种制度性的关税减免安排，结合贸易便利化措施，为两国企业带来了实质性的利好效应。

日本企业积极利用 RCEP 的相关优惠政策。根据日本海关在 2023 年 12 月 13 日至 2024 年 1 月 31 日开展的问卷调查①的结果，在日本的各种经济伙伴关系协定（EPA）中，在进口中利用 RCEP 的受访企业最多，占比达到 45.2%，在出口中利用 RCEP 的受访企业占比达到 18.6%，仅次于利用《日泰经济伙伴关系协定》的企业。此外，根据 JETRO 的问卷调查②结果，在华日资企业开展对外贸易时，有 60.3% 的受访企业利用 RCEP，比 2023 年增长了 24 个百分点。在大企业中有 63.9% 的受访企业、在中小企业中有 54.5% 的受访企业回答 "利用 RCEP"。从行业来看，制造业领域的化学及医药（75%）、橡胶及陶瓷等（75%）和电器及电子机械部件（70%）利用 RCEP 的企业比例较高；非制造业领域的运输业（77.8%），商社及批发（76.9%）和销售公司（75%）利用 RCEP 的企业比例较高。有 47.5% 的受访企业利用 RCEP 对日本出口产品，有 64.2% 的受访企业利用 RCEP 从日本进口

---

① 税関「『経済連携協定（EPA）利用に係るアンケート』の調査結果」、2024 年 6 月 14 日、https：//www.customs.go.jp/kyotsu/kokusai/epa_answer.pdf。最后访问日期：2025 年 2 月 20 日。

② 日本貿易振興機構（ジェトロ）「2024 年度海外進出日系企業実態調査（中国編）」、2025 年 2 月 10 日、https：//www.jetro.go.jp/ext_images/_Reports/01/89d4adaf76c3d498/20240040.pdf。最后访问日期：2025 年 2 月 20 日。

产品。

此外，从日本发放的"第一类特定原产地证明"来看，2024 年，利用 RCEP 发放原产地证明的数量已经达到 161691 件，占发放总数的 35.7%，在可利用协定中连续第二年排名首位，较 2023 年增加了 17.9%，比排名第二位的《日泰经济伙伴关系协定》高了 16.7 个百分点。[①]

2024 年，中国也在继续推动高质量实施 RCEP 方面取得了积极成效。据中国贸促会介绍，三年（2022~2024 年）来全国贸促系统 RCEP 原产地证书签证金额共计 219.63 亿美元，签证份数共计 64.74 万份。2024 年，签证金额与份数分别同比增长 10.35% 和 24.82%，呈现快速增长态势。[②] 商务部研究院联合新华社中国经济信息社发布的《RCEP 区域合作发展报告 2024》显示，超半数受访企业参与 RCEP 产业链供应链合作，其中与日本有贸易往来的企业对其促进作用感知得更加明显。在供应链布局中，日韩等发达经济体成为企业拓展或转移投资的主要目的地。约 2/3 的企业看好 RCEP 区域发展前景，尤其对日本业务增长预期最高。[③]

四　2025年中日经贸合作前景展望

2025 年 1 月，特朗普再次出任美国总统，随即宣布自 2 月 1 日起对从中国进口的商品加征 10% 的关税。同时，他还计划对进口的钢铝、汽车、药品、半导体等产品加征 25% 的关税，这一关税政策也同样适用于日本产品。国际货币基金组织（IMF）指出，"贸易政策的不确定性正在迅速扩大"，特朗普提出的关税政策可能会给全球经济带来下行风险。若贸易摩擦

---

① 经济产业省「第一種特定原産地証明書の発給状況」、2025 年 2 月 14 日、https：//www. meti. go. jp/policy/external_economy/trade_control/boekikanri/download/gensanchi/coissuance. pdf。最后访问日期：2025 年 2 月 20 日。

② 中国国际贸易促进委员会：《中国贸促会积极推动 RCEP 高质量实施》，2025 年 1 月 23 日，https：//www. ccpit. org/a/20250123/20250123w627. html。最后访问日期：2025 年 2 月 20 日。

③ 商务部国际贸易经济合作研究院、新华社中国经济信息社：《RCEP 区域合作发展报告 2024》，2024 年 6 月。

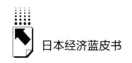

加剧，可能会进一步导致投资减少和供应链混乱。① 在对贸易保护主义加剧、全球供应链面临分裂以及经济增速放缓的共同担忧下，中日经贸关系也面临进一步深化合作的机遇和竞争性加强的挑战。

（一）中日加强战略协作以抵御外部风险

2025 年，特朗普政府基于"美国优先"原则推行贸易保护主义措施，可能会在商品流通、投资决策乃至汇率市场等多个领域引发连锁反应，给全球供应链带来进一步的结构性调整压力。作为亚洲最大的两个经济体，中国和日本加强合作，携手应对贸易保护主义的挑战，共同倡导自由贸易及维护多边贸易体系，不仅对两国的利益至关重要，同时也会对区域乃至全球产业链供应链格局产生深远影响。

一方面，中日两国迎来深化亚太区域经济合作的新机遇。首先，随着2025 年 RCEP 正式生效进入第四年，中日双方可充分利用 RCEP 带来的制度优势，积极促进 RCEP 深入有效实施，以提升区域经贸合作的质量和水平，同时增强 RCEP 的市场吸引力和规则影响力。其次，加速推进中日韩自由贸易协定（FTA）的谈判进程，通过相互开放市场，促进产业链和供应链深度合作，共同提升竞争力，推动三国经济深度融合。最后，加快中国加入《全面与进步跨太平洋伙伴关系协定》（CPTPP）的谈判进程，以实现高标准的经贸规则对接，进一步深化多边经贸合作，共同维护亚太区域供应链的稳定。另一方面，中日两国也面临在"一带一路"框架下加强第三方市场合作的新契机。在全球供应链重构的背景下，中日两国可以与东盟及其他共建"一带一路"经济体积极合作，发挥各自优势，深度开发合作项目，探索良性互动机制，通过多元化布局来防范风险，在促进多边供应链深度融合的同时，为维护区域供应链的稳定做出贡献。

---

① IMF，"World Economic Outlook：Global Growth：Divergent and Uncertain"，January 17, 2025，https：//www.imf.org/-/media/Files/Publications/WEO/2025/update/january/english/text.ashx. 最后访问日期：2025 年 2 月 20 日。

（二）中日深化结构性互补以释放协同势能

随着中国经济的高质量发展，国内消费市场不断升级，对高品质、高科技产品以及优质服务的需求日益增长，中国市场的巨大潜力正在不断释放。与此同时，中国政府坚持高水平对外开放，继续增强对外资的吸引力和支持。而日本经济深度嵌入国际生产网络，在能源资源高度依赖进口的同时，内需市场持续萎缩，这迫使日本更加依赖外部需求。在此背景下，依托中国完善的产业配套与供应链韧性，深化中日合作成为日本拓展市场的关键路径。

1. 中日在"银发经济"领域合作动能强劲

2025年初，根据国家统计局发布的数据，中国的老龄化趋势正以加速的步伐发展。截至2024年末，60岁及以上的人口首次突破3亿人，占全国总人口的22.0%，其中65岁及以上的人口比例已经达到15.6%。[①] 据测算，目前中国"银发经济"规模在7万亿元左右，约占GDP的6%，到2035年，"银发经济"规模有望达到30万亿元，占GDP的10%。[②] 日本早在20世纪70年代就迈入老龄化社会，经过半个世纪的探索，日本不仅建立了精细化的服务体系，还形成了较为成熟的"银发经济"产业链，在养老服务体系构建、老年产品研发生产、康养设施建设、老年金融与资产管理、银发人力资源开发等方面都拥有核心优势。中国的巨大市场有望成为日本企业的重要商机，中日可以共同挖掘"银发经济"的巨大潜力，在养老模式、技术应用、资本及人力等领域实现互补与合作，打造全新的产业增长点。

2. 中日在"双碳"领域合作潜力巨大

中国政府已承诺2030年实现碳达峰、2060年实现碳中和目标。日本政府则设定了2050年实现碳中和的目标。目前，日本在新能源技术研发、节

[①] 中华人民共和国国家统计局：《2024年经济运行稳中有进 主要发展目标顺利实现》，2025年1月17日，https://www.stats.gov.cn/sj/zxfb/202501/t20250117_1958332.html。最后访问日期：2025年2月20日。

[②] 徐建中主编《中国银发经济发展报告（2024）》，社会科学文献出版社，2024。

能技术应用、碳捕获与封存技术方面处于全球领先地位。与此同时，中国则拥有庞大的新能源市场和完备的制造业产业链。中日双方可以在绿色能源开发利用、低碳技术创新、碳交易市场建设等方面加强合作，通过优势互补，共同推进"双碳"经济的发展，助力全球应对气候变化挑战。2024年11月9日，在于日本东京举行的第十七届中日节能环保综合论坛上，中日两国的政界和经济界人士呼吁促进双方绿色转型合作，发掘更多的合作新增长点。双方还就27个合作示范项目举行了文本交换仪式，这些项目涉及工业园区脱碳、垃圾焚烧发电、绿色建筑等多个领域。

3. 中日在数字经济领域合作空间广阔

在全球数字经济版图加速重构的背景下，中日两国能够通过技术协同、产业互补来塑造竞争优势。据行业研究预测，随着数字融合制度不断完善和产业实践更加深入，预计到2030年，中国数字经济规模将超过80万亿元。[①]日本政府也在积极推进国内数字化转型，努力整合量子技术、人工智能、生物技术等多个技术领域，以形成协同效应，推动科技创新。目前，日本在精密传感器、数字产品关键部件及其制造设备等领域保持领先，而中国则拥有庞大的市场和快速发展的数字经济生态。双方不仅可以在云计算、大数据、5G通信等领域加强互补性研发合作，共同推动数字技术的创新和应用，还可以通过创新合作，发展数字贸易，促进数字经济繁荣发展。此外，中日两国都面临数字化人才的巨大缺口，双方可以通过合作培养数字化人才，进一步拓展合作的广度和深度，共同把握数字经济带来的新机遇。

（三）中日共促双向投资以激发经济活力

2025年2月19日，中国政府正式发布《2025年稳外资行动方案》，提出在电信、医疗、教育等领域扩大开放试点，旨在有序扩大自主开放、提高投资促进水平、增强开放平台效能及加大服务保障力度，向世界释放了中国进一步对外开放的积极信号。在日本方面，面对日益严峻的少子化问题，日

---

① 郭倩：《政策加码 未来5年数字经济规模或达80万亿元》，《经济参考报》2025年1月9日。

本政府正积极采取措施吸引海外的高端人才、先进技术和丰富资金，以增强其经济增长动力并激活地方经济。2023年6月，日本政府设定在2030年前吸引100万亿日元外国直接投资额的目标，并计划在半导体和数字化转型等重要领域推动海外企业的投资活动。① 2024年6月，日本政府宣布将东京都、北海道札幌市、大阪府大阪市和福冈县福冈市设立为"金融与资产运用特区"，旨在吸引国内外投资者，打造国际金融中心。鉴于中日两国产业结构的高度互补以及生产与供应体系的深度融合，中日双向投资增长前景显得尤为广阔。

得益于完善的供应链体系、强大的创新能力、丰富的人才资源以及巨大的市场潜力，中国继续成为日资及其他跨国企业的战略投资重点。中国商务部的数据显示，2025年1月，日本实际对华直接投资同比增长40.7%（含通过自由港投资数据）。② 中国日本商会2025年2月发布的最新调查报告也显示，58%的受访企业表示计划"增加或维持"对华投资，其中16%的受访企业明确表示将"大幅增加"或"增加"对华投资。对于2025年的中国景气状况，有15%的受访企业认为将比上年"改善"或"略微改善"，较上次调查上升了4个百分点。在项目环境满意度方面，认为"满意"或"非常满意"的受访企业占比达到64%，显示出满意度的上升趋势。就营业收入而言，34%的受访企业认为"上升"或"略微上升"，其中制造业中的电器、电子机械，汽车及其零部件、其他运输设备等行业，以及非制造业中的运输行业，改善迹象尤为明显。③ 2025年2月5日，日本丰田汽车公司宣布将在上海独资设立雷克萨斯纯电动汽车及电池的研发和生产公司，这一举措

① 内阁府「経済財政運営と改革の基本方針2023」、2023年6月16日、https：//www5.cao.go.jp/keizai-shimon/kaigi/cabinet/honebuto/2023/2023_basicpolicies_ja.pdf。最后访问日期：2025年2月20日。

② 《2025年1月全国吸收外资975.9亿元人民币》，中华人民共和国商务部网站，2025年2月28日，https：//www.mofcom.gov.cn/xwfb/rcxwfb/art/2025/art_9e9953406cf64360902e91a28f7967f9.html。最后访问日期：2025年2月20日。

③ 中国日本商会：《会员企业景气·营商环境认识问卷调查结果 第6回》，2025年2月12日，https：//www.cjcci.org/userfiles/20250212_anq_11_cn.pdf。最后访问日期：2025年2月20日。

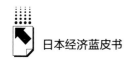
进一步证明了中国市场对日资企业的强大吸引力。

中国企业对日本的投资起步较晚，但近年来，投资领域不断拓宽，投资规模也有一定增长。据日本财务省统计，2024年中国对日直接投资额（以国际收支统计为基础，净值、流入量、速报值）为1863亿日元，较2023年增长3.8%，比2022年更是增长112.2%，占到2024年日本吸收直接投资总额的7.3%。[1] 安永中国海外投资业务部的研究显示，按交易金额计算，2024年，中国企业宣布的在日并购金额达到41亿美元，同比激增604%，日本十年来首次成为中企海外并购第一大目的地。[2] 展望未来，随着RCEP投资吸引效应的进一步提升，中日之间的双向投资有望进一步增长，为两国的经济发展注入新活力。

（四）地缘政治风险的冲击也不容忽视

随着中国不断深度融入全球供应链，中国在全球供应链上的中枢地位日益显著，日本对华焦虑与警惕情绪不断上升。在中美战略博弈加剧的背景下，日本追随美国的主动性增强，在经济安全相关制度建设方面主动对标美国，积极跟进美国的各种对华限制措施，致力于提升自身在美国战略布局中的地位。[3] 2023年7月，日本政府将尖端半导体制造设备等23个品类列入出口管制对象清单。日本还以保护经济安全为由，将越来越多的"特定重要物资"纳入外资审查范围。2025年2月21日，特朗普签署《美国优先投资政策》备忘录，限制中国资金在美国战略性领域的投资，同时限制美国企业投资中国关键科技。今后日本是否会在美国的压力下追随美国，加大对

---

① 财务省「对内直接投资（地域别）」、2025年2月14日、https：//www.mof.go.jp/policy/international_policy/reference/balance_of_payments/bp_trend/bpfdi/fdi/6d-3.csv。最后访问日期：2025年2月20日。

② 安永中国海外投资业务部：《2024年中国海外投资概览》，2025年2月13日，https：//www.ey.com/content/dam/ey-unified-site/ey-com/zh-cn/insights/china-overseas-investment-network/documents/ey-overview-of-china-outbound-investment-of-2024-zh.pdf。最后访问日期：2025年2月20日。

③ 常思纯、李清如：《试析美欧日对华"去风险"政策》，《当代美国评论》2023年第3期。

华出口管制和投资限制，将对中日经贸关系的正常发展造成影响。

总之，正如中国国家主席习近平在会见日本首相石破茂时指出的："中日经济利益和产业链供应链深度交融，双方要坚持合作共赢，维护全球自由贸易体系和产供链稳定畅通。加强国际和地区事务协作，践行真正的多边主义，弘扬开放的区域主义，共同应对全球性挑战。"① 2025 年，中日双边关系在面对诸多不确定性的同时，也有着携手应对贸易保护主义、共同维护区域供应链稳定和合作谋求双边经贸关系发展的广阔空间和机遇。

---

① 《习近平会见日本首相石破茂》，《人民日报》2024 年 11 月 17 日。

世界经济格局变化下的日本经济

B.7
日本经济转型的新特征与新趋势[*]

张玉来[**]

摘　要：　日本经济转型已经出现新特征和新趋势。2022年俄乌冲突导致日本出现严重的输入型通胀，而且，物价上涨形势已持续三年未见缓解。这种意想不到的走出通缩对日本经济产生了极大冲击，2024年3月，日本央行宣布解除负利率政策，退出了长达11年的"异次元宽松"。日元贬值、普遍加薪、企业收益扩大、投资替代贸易成为支撑日本经常收支盈余的新支柱，这些都成为日本经济的新特征。从趋势来看，"投资立国"正在被更多人接受，但逆全球化趋势也导致产业政策回归，不确定性仍然笼罩在日本经济之上。

关键词：　经济转型　输入型通胀　金融宽松　投资立国

---

* 本文为国家社科基金重大项目"日本近代化历史进程及其影响研究"（项目编号：24&ZD306）的阶段性研究成果。
** 张玉来，南开大学世界近现代史研究中心教授、日本研究院副院长，博士生导师，主要研究领域为日本经济、区域经济合作等。

一　日本走出长期通缩

"当前日本经济处于通胀而非通缩状态",① 2024 年 2 月 22 日在众议院预算委员会答辩时，日本央行行长植田和男首次在公开场合表达了这个观点。在三周之后的 3 月 19 日，日本央行宣布解除负利率政策、停止实施收益率曲线控制（YCC）和不再买入交易型开放式指数基金（ETF），这意味着日本正式结束了 2013 年以来的"异次元宽松"政策。然而，在央行认为日本经济已经走出长期通缩之际，日本政府却继续保持暧昧态度，甚至直到 2025 年 2 月，新首相石破茂依然表示"虽然日本经济不是通缩状况，但依然没有摆脱（通缩），现在还不能确定是通胀"。② 尽管日本政府明显处于金融宽松政策的路径依赖之中，但面对日趋严峻的通胀形势，其也不得不紧急采取大规模财政补贴以匆忙应对。

（一）输入型通胀突如其来

俄乌冲突成为日本物价上涨的导火索，它不仅来得突然，而且呈现雷霆万钧之势。日本银行发布的数据显示，2022 年 2 月的企业商品价格指数比上年同月上涨了 9.3%，涨幅创下石油危机影响的 1980 年 12 月（涨幅10.4%）以来的"41 年来最高水平"。③ 令日本政策当局没有想到的是，"安倍经济学"所制定的 2% 的物价上涨目标突然之间就实现了。

起初拉动物价上涨的动力来自资源价格走高。包括汽油在内的石油和煤炭产品价格上涨了 34.2%，钢铁价格上涨了 24.5%，电力和燃气以及自来

---

① 「植田日銀総裁「インフレの状態にある」衆院予算委」、『日本経済新聞』、2024 年 2 月22 日。

② 「日銀植田総裁、日本経済は「インフレ」首相と認識に違い」、『日本経済新聞』、2025年 2 月 4 日。

③ 《日本企业商品物价指数涨幅创约 41 年来最高》，日经中文网，2022 年 3 月 10 日，https：//cn.nikkei.com/politicsaeconomy/epolitics/47894-2022-03-10-14-08-19.html。最后访问日期：2025 年 3 月 23 日。

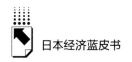

水的价格涨幅达到 27.5%。由于日本能源供给严重依赖进口，输入型通胀迅速传导到各个领域，一个月之内日本统计的 744 种商品中就有超过 500 种上涨，占比达到 67%。

措手不及的岸田政府 2024 年 4 月 26 日在内阁会议上匆匆宣布"政府拿出 6.2 万亿日元应对物价上涨"，主要是增加对石油批发商的补贴以及对生活贫困者给予现金支持，目的是"防止物价上涨阻碍社会经济活动恢复"。① 具体政策包括给石油批发商的补贴延长至 9 月，补贴额上限从每升 25 日元提升至 35 日元；通过补贴将标准汽油价格从每升 172 日元降至 168 日元；对低收入育儿家庭的每个孩子给予 5 万日元现金支持，对免征居民税家庭补贴 10 万日元。

但物价上涨趋势并未止步，从以 2020 年为 100 的综合消费者价格指数（CPI）来看，2022 年达到 102.3（上涨 2.3%），2023 年该指数为 105.6（上涨 3.3%），2024 年为 108.5（上涨 2.9%），连续三年涨幅都超过了 2%（见图 1）。

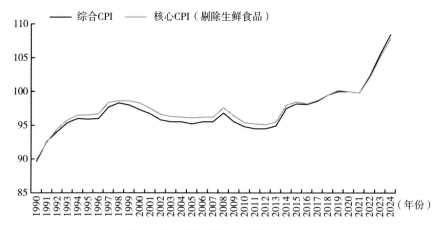

图 1　日本物价趋势（1990~2024 年）

注：以 2020 年为 100。

资料来源：総務省統計局『2020 年基準消費者物価指数全国』（2020 年 1 月）。

---

① 《日本政府决定拿出 6.2 万亿日元应对物价上涨》，日经中文网，2022 年 4 月 27 日，https://cn.nikkei.com/politicsaeconomy/politicsasociety/48399 - 2022 - 04 - 27 - 09 - 59 - 18.html。最后访问日期：2025 年 3 月 23 日。

（二）罕见的日元贬值现象

日元汇率与物价形势形成紧密联动，日元出现了骤然贬值现象。2022年2月，日元对美元汇率为1美元兑115日元，同年4月变成130日元，10月又突破148日元，不到一年就贬值33日元，贬值幅度超过28%。之后，日元在2024年6月甚至跌破了1美元兑160日元，日元对美元的汇率连续四年下跌，追平了历史下跌时间最长纪录。[①]

日本政策当局应对日元贬值的主要对策是汇率干预。日本财务省公布的数据显示，2022年9月29日~10月27日的汇率干预实际总金额超过6.3万亿日元，其操作方式是买入日元、抛售美元。有分析认为，9月22日日本就采取了时隔23年的首次汇率干预，而且，截至同年10月的干预总金额就超过9.1万亿日元，大幅超过了1991年4月有留存数据以来买入日元的汇率干预规模（4.9万亿日元）。有专业人士推算，10月21日的干预金额创下史上最大单日规模，达到5.5万亿日元。[②]

为了让汇率干预变得更加有效，日本将之变成了"覆面干预"方式，也就是干预之后并不立即公布。这种隐蔽干预的目的是让市场参与者难以判断汇率波动的原因，以此抑制因投机性交易而导致的汇率剧烈波动。2024年5月31日，日本财务省公布了此前4月的外汇干预情况，从4月26日至5月29日干预总金额超过9.7万亿日元。[③]

大规模汇率干预导致日本外汇储备迅速减少。日本财务省发布的数据显

① 《日元对美元4年连跌，25年160低点会重现?》，日经中文网，2025年1月2日，https：//cn. nikkei. com/politicsaeconomy/stockforex/57682-2025-01-02-10-57-24. html。最后访问日期：2025年3月23日。

② 《日本近期干预外汇花了9万亿日元》，日经中文网，2022年11月1日，https：//cn. nikkei. com/politicsaeconomy/stockforex/50351-2022-11-01-10-01-30. html。最后访问日期：2025年3月23日。

③ 《日本实施最大规模外汇干预，市场反应冷淡》，日经中文网，2024年6月3日，https：//cn. nikkei. com/politicsaeconomy/stockforex/55772-2024-06-03-09-55-23. html。最后访问日期：2025年3月23日。

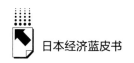

示，2022 年 9 月底日本外汇储备降至 12380 亿美元，比上月底减少了 4.2%。① 2024 年 6 月，日本财务省公布截至 5 月底的外汇储备额比上月底减少 474 亿美元，外汇储备降至 12315 亿美元。②

（三）加薪已成各界共识

2025 年 2 月 13 日，自民党召开首届"政党劳资会议"，日本经济团体联合会（以下简称"经团联"）会长十仓雅和、日本商工会议所会长小林健、日本工会总联合会会长芳野友子等劳资双方代表悉数出席，形成了政商工（会）协同会议。作为自民党"新资本主义实施本部"本部长的前首相岸田文雄宣布，"2024 年平均工资上涨超过 5%，时隔 33 年创下新高"，希望经济界 2025 年继续保持加薪状态。③

事实上，自泡沫经济崩溃以来，日本工资水平长期处于停滞不前的状态，直到"安倍经济学"实施之后，才开始出现上升趋势。决定日本工资趋势的关键是春季劳资谈判（"春斗"），也就是企业如何答复"春斗"中工会所提出的工资要求，泡沫经济时期劳资达成的加薪率保持在 5% 以上，但泡沫经济崩溃后加薪率便迅速下降，到 1999 年甚至跌破 2%，2000~2013年，主要企业的年均工资上涨率仅为 1.75%。④ 第二届安倍内阁成立之后，日本政府经常公开要求企业经营者为员工加薪，这种罕见现象被称为"官制春斗"，其加薪率目标是 2% 以上。

---

① 《日本外汇储备 1 个月减少 4.2%，创历史降幅》，日经中文网，2022 年 10 月 7 日，https：//cn. nikkei. com/politicsaeconomy/epolitics/50074-2022-10-07-15-46-58. html。最后访问日期：2025 年 3 月 23 日。
② 《日本外汇储备截至月底减少 474 亿美元》，日经中文网，2024 年 6 月 7 日，https：//cn. nikkei. com/politicsaeconomy/epolitics/55831-2024-06-07-14-55-37. html。最后访问日期：2025 年 3 月 23 日。
③ 「賃上げへ自民党で党労使会議　岸田氏『2024 年より勢いを』」、『日本経済新聞』、2025 年 2 月 13 日、https://www. nikkei. com/article/DGXZQOUA064LT0W5A200C2000000/。最后访问日期：2025 年 3 月 23 日。
④ 「賃上げ」、独立行政法人労働政策研究・研修機構（JIL）、2024 年 12 月 2 日、https：//www. jil. go. jp/kokunai/statistics/shuyo/0304. html。最后访问日期：2025 年 3 月 23 日。

　　然而，受物价因素影响，尽管日本名义工资近年增长速度较快，但实际工资增长却徘徊不前，甚至出现负增长。受世界经济增长减速以及国内经济周期因素影响，2019 年 10 月日本实施消费税增税政策，消费税税率从 8% 提升至 10% 之后，内需受到冲击，加之突如其来的新冠疫情，加薪趋势被打断。之后，突然爆发的俄乌冲突又导致能源价格上涨，进而导致全球呈现通胀趋势，在输入型通胀快速传导蔓延之际，日本实际工资与名义工资的差距再度加大。例如 2023 年加薪率虽然超过 3%，但实际工资仍处于负增长状态（见图 2）。

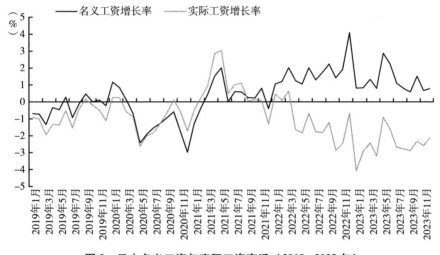

图 2　日本名义工资与实际工资变迁（2019~2023 年）

资料来源：厚生劳働省『労働経済の分析』（令和 6 年版）。

　　另外，从国际比较视角来看，日本的工资上涨状况也显著滞后于其他发达国家。以 1991 年为基数，到 2020 年美国人均实际工资增长了 46.7%；英国排在第二位，达到了 44.4%；同样以制造业为竞争力的德国为 33.7%；法国也达到了 29.6%；相比之下，日本却仅为 3.1%，30 年来实际工资几乎没有增长（见图 3）。

　　在这种背景下，加薪已经成为各界共识。正如石破首相在 2025 年初国会施政方针演讲中所强调的，"加薪才是日本经济增长的关键"，而且，面

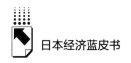

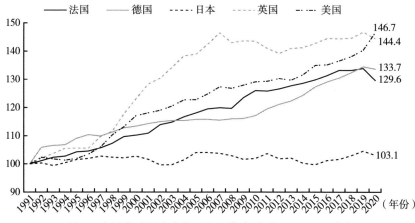

图3　主要发达国家人均实际工资变迁（1991～2020年）

注：各国均以1990年为100。
资料来源：内閣府『年次経済財政報告』（令和4年度）。

对今后20年日本生产年龄人口将减少两成的严峻现实，他提出要把稀缺人才作为重要财产来看待，即构建所谓的"人财尊重社会"。①

二　经济结构发生变化

从经济增长率来看，整个平成时代年均增速仅为1%左右，不仅与战后经济高速增长时期的年均9.2%（1956～1973年）相差甚远，与稳定增长时期的年均4.1%（1974～1990年）相比也有3倍之差，②从这一点来看似乎印证了"失去的30年"之说。但事实上，平成时代恰恰是日本企业向外发展的时代，如对外直接投资（OFDI）规模从1989年（平成元年）的441亿美元，一路上涨至2582亿美元，③增长了5倍。企业的大规模"出走"导

① 「石破茂首相の施政方針演説の全文」、『日本経済新聞』、2025年1月24日、https://www.nikkei.com/article/DGXZQOUA232B00T20C25A1000000/。最后访问日期：2025年3月23日。
② 「経済成長率の推移（暦年ベース）」、『社会実情データ図録』、2025年2月17日、https://honkawa2.sakura.ne.jp/4400.html。最后访问日期：2025年3月23日。
③ JETRO「日本の国・地域別対外直接投資（国際収支ベース、ネット、フロー）」、2025年3月20日、https://www.jetro.go.jp/world/japan/stats/fdi/。最后访问日期：2025年3月23日。

致日本经济发生结构性巨变，这也是衡量国内经济指标的国内生产总值（GDP）持续低迷的真正原因。

（一）企业转型成效显著

第一，日本企业吸取泡沫经济时期债务过剩的教训，普遍实施财务模式转型，企业自有资本比率大幅提升。1997 年亚洲金融危机爆发之前，日本全行业企业的自有资本比率一直在 20% 以下，服务业企业的自有资本比率更是低于 15%。但到了 2004 年，该数字便突破 30%，2014 年更是突破40%。[①] 当前，日本企业的自有资本比率平均为 41.8%，其中，制造业企业更是达到 50.8%，非制造业企业为 38.5%。[②] 从财务状况的角度来看，日本企业显然已经变得更加健康。

第二，从企业盈利能力来看，日本企业通过改革转型而呈现普遍向好趋势。日本银行调查显示，全行业企业的销售利润率在 2023 年度达到了 7.13%，其中，制造业企业更是达到 9.1%，大型制造业企业则攀升至 11.5%，创下新的历史纪录。[③] 1993 年泡沫经济崩溃之后，日本全行业企业的销售利润率仅为 2%，中小企业更低。长期以来，日本企业放弃过度追求占领市场的传统模式，而是通过"选择与集中"等改革举措，走上了更重视创造附加价值的经营理念道路。

第三，近年来，日本企业成功嵌入全球价值链体系，甚至在全球价值链某些环节形成了"唯一性"的竞争优势。全球化经营已经成为日本企业经营的重要特征之一，不仅其生产功能大规模转移到海外——2023 年日企的海外生产比例已达 36%，其市场销售更是严重依赖海外市场，比例为 39%。[④] 另据日

---

① 财务総合政策研究所「法人企業統計からみえる企業の財務指標」、2024 年 12 月 18 日、https：//www. mof. go. jp/pri/reference/ssc/zaimu/index. htm。最后访问日期：2025 年 3 月 23 日。

② 财務省「年次別法人企業統計調査（令和 5 年度）」、2024 年 9 月 2 日、https：//www. mof. go. jp/pri/reference/ssc/results/r5. pdf。最后访问日期：2025 年 3 月 23 日。

③ 日本銀行「短観」、2024 年 12 月 13 日、https：//www. boj. or. jp/statistics/tk/index. htm#p03。最后访问日期：2025 年 3 月 23 日。

④ 国際協力銀行（JBIC）「我が国製造業の海外事業展開に関する調査報告－2023 年度海外直接投資アンケート結果（第 35 回）」、2023 年 12 月 14 日、https：//www. jbic. go. jp/ja/information/press/press-2023/image/000005619. pdf。最后访问日期：2025 年 3 月 23 日。

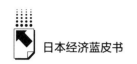

本经济产业省的调查,在全球占有60%以上市场份额的工业品类中,日本企业的品类数量为220个,该数字远远超过美国企业的99个、欧洲企业的50个以及中国企业的44个。但在规模上,日本企业却显示出相对劣势,日本拥有的销售额过万亿日元的工业品类个数为18个,而美国33个,欧洲25个,中国28个。①

第四,在企业创新能力上,虽然日本企业不像美国企业拥有"破坏性创新"能力,但在一些核心技术领域依然保持着强大竞争力。在科睿唯安(Clarivate)的"2025全球创新百强"(Top100 Global Innovators 2025)排行榜上,日本企业有33家入选,排在第二位的是美国企业,数量为18家。相比于2024年,日本企业的上榜数量虽有所减少(5家),但仍处于遥遥领先的状态。② 这也再次印证,在全球价值链体系中,日本企业正凭借其特有的"独门绝技"构筑了国际竞争力。

第五,从公司治理的视角来看,日本企业也取得了显著发展。2013年,安倍内阁在《日本复兴战略》中明确了公司治理改革的目标。2014年,日本金融厅正式发布《日本尽职管理守则》,倡导日本企业采用现代化的公司治理模式。与此同时,经济产业省也积极推动企业实施经营改革,其标志就是一桥大学伊藤邦雄教授提出了企业要把公司盈利作为重要评价指标。2015年,日本金融厅又与东京证券交易所共同出台《日本公司治理守则》,该守则成为指导上市企业改革的明确方针。2023年,日本政府重新修订可持续发展目标(SDGs)实施指针,号召企业要把联合国倡导的可持续发展理念融入经营理念中。帝国数据银行的调查显示,已积极采取SDGs相关举措的日本企业占比达54.5%,另有40.9%的企业表示虽未实施但也认同SDGs方向,仅有4.5%的企业表示不清楚SDGs方向。③

① 経済産業省「2023年版モノづくり白書」、2023年6月2日、第146~149頁。
② Clarivate:《2025年度全球百强创新机构》,https://clarivate.com.cn/top-100-innovators/the-top-100/.最后访问日期:2025年3月23日。
③ 帝国データバンク「SDGsに関する企業の意識調査(2024年)」、2024年7月25日、https://www.tdb-di.com/2024/07/sp20240725.pdf.最后访问日期:2025年3月23日。

总之，作为日本经济运行中最重要主体的日本企业，其改革转型已取得明显成效。2023 年日本企业的利润总盈余已经突破 600 万亿日元，2024 年的对外直接投资余额也达到 2.29 万亿美元，这种企业转型才是支撑日本股市大幅上扬的真正动力。有预测显示，2024 年度（2024 年 4 月至 2025 年 3 月）日本上市企业净利润有望再创新高，突破 50 万亿日元。[①]

（二）收支盈余从贸易转向投资

二战以后，日本长期以"贸易立国"为口号，积极推动对外贸易发展，贸易盈余也曾是其对外经常收支盈余的核心支柱。然而，在东日本大地震之后，由于核电站全部停运，日本电力供应全部回归传统火电模式，这导致其必须大量进口石油和天然气等燃料，贸易收支从黑字变成赤字。不过，日本经常收支却并未因此变为赤字，其黑字规模反而一直在不断扩大，2024 年竟然突破了 29 万亿日元（292615 亿日元），创下历史新高。[②] 究其原因，包括如下几点。

第一，日本的贸易收支出现长期赤字化的发展趋势。受世界能源资源价格上涨影响，2022 年日本贸易收支因输入型通胀而录得 15.7 万亿日元的巨额赤字。2023 年和 2024 年贸易赤字分别降为 6.6 万亿日元和 3.8 万亿日元，贸易赤字状态已经持续 4 年。而且，自 2011 年日本贸易收支转为赤字以来的 14 年，仅有 3 年实现盈余。[③] 这就意味着，日本的"贸易立国"已经成为历史。

第二，20 世纪 90 年代以来，随着日本对外投资不断扩大（见图 4），第

---

① 「純利益 1.8 兆円上振れ、訪日客・エンタメ好調、上場企業、今期 6% 増予想」、『日本経済新聞』、2025 年 2 月 20 日。最后访问日期：2025 年 3 月 23 日。

② 「24 年の経常黒字、最高の29 兆 2615 億円　2 年連続で拡大」、『日本経済新聞』、2025 年 2 月 10 日、https://www.nikkei.com/article/DGXZQOUA074IQ0X00C25A2000000/。最后访问日期：2025 年 3 月 23 日。

③ 「貿易赤字 4 年連続、24 年 5.3 兆円　円安で輸出額が過去最高」、『日本経済新聞』、2025 年 1 月 23 日、https://www.nikkei.com/article/DGXZQOUA22ASE0S5A120C2000000/。最后访问日期：2025 年 3 月 23 日。

一次所得收支盈余呈现持续扩大趋势。在日本经常收支项目中，"第一次所得收支"是指日本对外金融债券与债务所产生利息或分红等的收支，它主要包括对外直接投资收益、证券投资收益和其他投资收益。1996 年日本第一次所得收支盈余仅为 5 万亿日元，主要以证券投资收益为主，之后持续增长。到2015 年，该数字突破 20 万亿日元，且对外直接投资收益增长开始加速。2022年日本第一次所得收支盈余突破 30 万亿日元，其中，直接投资收益超过 20 万亿日元。① 也就是说，日本企业对外直接投资收益已经成为日本经常收支的核心支柱。

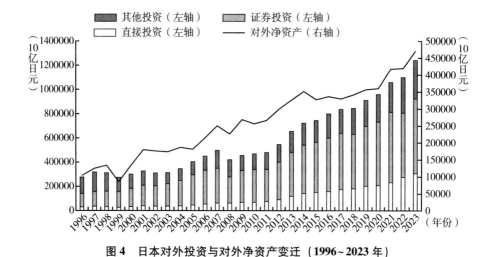

图 4 日本对外投资与对外净资产变迁（1996~2023 年）

资料来源：财務省ホームページ「国際収支の推移」。

第三，日本服务贸易收支状况近年来也得到了大幅改善。1996 年日本服务贸易收支赤字额约为 7 万亿日元，2009 年下降至 4 万亿日元以下，这主要得益于知识产权使用增加，且旅游收支赤字减少。到 2017 年，服务贸易收支赤字规模甚至降至万亿日元以下，② 其主要原因是第二届安倍内阁放宽签证政策，推动了大量外国游客入境游。但受新冠疫情影响，服务贸易收

---

① 経済産業省『通商白書 2024 年版』、2024 年 7 月 9 日、第 101 頁。
② 経済産業省『通商白書 2024 年版』、2024 年 7 月 9 日、第 99 頁。

支状况再次迅速恶化，直到 2023 年才有所恢复。2024 年，外国入境游客人数达到 3686 万人次，创下历史新高，其消费总额也首次突破 8 万亿日元,[①] 入境游已经成为日本经济新的产业支柱。

总之，日本已经深度融入全球经济体系之中，无论是供给侧的相关要素，还是需求侧的产品与服务，日本对外依赖的特征愈加显著。以日本对外直接投资收益为例，2010 年日企对外直接投资收益总额为 580 亿美元，收益率为 7.4%，到 2022 年收益总额达到 2100 亿美元，收益率为 10.8%。[②]

（三）改革主线仍以"效率优先"

在 2025 年 1 月的国会施政方针演讲中，石破首相提出"要让日本经济从成本削减型转向高附加值创造型"模式,[③] 强调要通过深化规制改革和扩大国内投资实现"投资立国"。很显然，石破首相在经济方针上已接受前首相岸田文雄所倡导的以"投资立国"为核心的新资本主义路线。

第一，平成时代以来，日本的改革主线呈现"效率优先"的特点。二战之后，受"倾斜生产方式"影响，日本逐步确立了"官主导"经济发展模式，政府对于资源配置发挥着重要影响力。为了获得选民的支持，相关政策更具有"公平优先"的特色，构建起"全民皆年金""全民皆保险"（1961 年）的福利体系。但在泡沫经济崩溃之后，"一亿总中流"社会导致经济效率下降，特别是在信息技术（IT）革命以及经济全球化的冲击下，日本国际竞争力迅速下降。1997 年桥本内阁实施了行政改革等六大改革，开始把"效率优先"作为改革主线。之后，小泉内阁的"无圣域的结构改革"、安倍内阁的"安倍经济学"等都是如此。

---

① 「増え続ける訪日客、金森氏「集客力で格差」」、『日本経済新聞』、2025 年 2 月 22 日、https://www.nikkei.com/article/DGKKZO86895960R20C25A2K10900/。最后访问日期：2025 年 3 月 23 日。

② JETRO『ジェトロ世界貿易投資報告 2024 年版』、2024 年 7 月 26 日、第 78 頁。

③ 「石破茂首相の施政方針演説の全文」、『日本経済新聞』、2025 年 1 月 24 日、https://www.nikkei.com/article/DGXZQOUA232B00T20C25A1000000/。最后访问日期：2025 年 3 月 23 日。

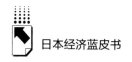

第二，在"效率优先"改革路线之下，日本的政府效率以及整个社会效率都得到了大幅提升。桥本内阁期间，中央政府部门从"1府22省厅"压缩为"1府12省厅"。之后的小泉内阁期间，又通过邮政民营化、法人化等改革大幅缩减了国家公务员人数。2000年，日本的国家公务员人数为113.4万人，地方公务员人数为322.4万人（合计435.8万人）。到2024年，国家公务员人数降至59.3万人，地方公务员人数也降至280.6万人（合计339.9万人）。从国际比较来看，每千人的公职人员数量日本为37.9人，而美国为62.2人，德国为64.1人，英国为71.3人。[①] 除行政改革之外，日本还推动了财政、社保、金融、教育等领域的改革，社会运行效率得到提升。

第三，"效率优先"改革也带来了社会公平问题，最具代表性的问题就是非正式就业的扩大。终身雇佣、年功序列以及企业内工会等所谓日本式经营的"三大神器"，都与劳动相关，劳资关系协调曾是日本资本主义的典型特征，也是20世纪70年代"一亿总中流"社会形成的根基所在。然而，"效率优先"就是以打破终身雇佣制为目标的。1984年，在全部3936万就业者中，非正式就业人数仅有604万人，占比近15.3%。经过平成时代以"流动化"为目标的一系列劳动改革之后，到2019年全部5688万就业者中，非正式就业人数已经达到2173万人，占比超过了38%。受此影响，日本的贫富分化问题逐步加剧，2021年相对贫困率已经攀升至15.4%，甚至超过了美国（15.1%）。[②]

总之，泡沫经济崩溃以来的日本经济不仅发展模式发生了重大转变，从"官主导"资源配置转向"市场主导"，经济构造也发生了极大变化，企业盈利能力大幅增加，利润来源从贸易转向投资，而且，相对平均化的社会财富结构也逐步走向瓦解，虽然经济效率得到了提升，但贫富分化却导致社会走向不稳定状态。

---

① 人事院「国家公務員の数と種類」、2024年6月6日、https://www.jinji.go.jp/content/000002920.pdf。最后访问日期：2025年3月23日。
② 「相対的貧困率とは　日本15.4%、米英より格差大きく」、『日本経済新聞』、2023年11月19日、https://www.nikkei.com/article/DGXZQOCA1776Q0X11C23A1000000/。最后访问日期：2025年3月23日。

三 复杂变数带来诸多不确定性

最近，以股市的强劲反弹为代表，日本经济复苏终于迎来了新阶段。2024年3月，日本央行宣布解除负利率政策，同时还宣布停止YCC和不再购买ETF，这就意味着其2013年以来的"异次元宽松"政策正式落下帷幕。然而，由于国际国内日益复杂多变的新局势，日本经济发展仍然充满诸多不确定性。

（一）日本"牛市"成因及其波动

2024年2月22日，日经平均指数以39098点刷新了历史最高纪录，首次超过了1989年12月29日泡沫经济时期的最高值（38915点）（见图5）。企业盈利能力恢复、走出通缩以及海外资金流入等，这些都被视为日本"牛市"的重要支撑，从阶段性来看主要包括以下因素。

第一，"安倍经济学"是激发日本股市的重要"引水"。2013年4月，日本央行不仅推出"异次元宽松"政策，还亲自"下场"大规模购入ETF以及不动产投资信托基金（REITs）。当前，日本央行仍然持有37万亿日元的ETF，市值规模约71万亿日元，相当于东证主板市场总市值的7%。[①] 央行是1446家上市企业的前十大股东，还是东京巨蛋、札幌控股、尤尼吉可、日本板硝子和永旺等5家公司的最大股东。

第二，"巴菲特效应"即大量海外资金涌入也是日本股市的重要推力。以前，海外投资者会以短期获利为目标进入日本资本市场，但在"安倍经济学"实施之后，外国资本开始大举购入日本股票，2013~2014年的净买入量高达16万亿日元，日经平均指数被推高7000多点。其间，也曾出现外国资金在获利之后大规模退出现象，如2015~2021年的日本股票净卖出额高达12万亿日

---

① 日本银行「営業毎旬報告（令和7年3月10日現在）」、2025年3月12日、https：//www.boj.or.jp/statistics/boj/other/acmai/release/2025/ac250310.htm。最后访问日期：2025年3月23日。

元。转折点是巴菲特投资日本商社之后，外国投资者从短期获利转向长期持有。之后，巴菲特又不断增持日本股票，对商社持股平均超过 8.5%。

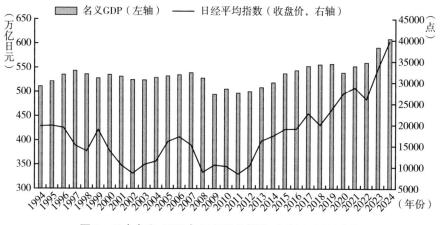

图 5　日本名义 GDP 与日经平均指数（1994~2024 年）

资料来源：内閣府「国民経済計算」、日本経済新聞「国内株式」。

第三，日本公司治理改革与东京证券交易所改革也发挥了重要作用。2013 年日本政府就倡导企业将资本效率和股东利益纳入经营战略，以净资产收益率（ROE）为考核指标。2014 年日本金融厅发布《日本尽职管理守则》，倡导推进股东与公司对话。2015 年东京证券交易所颁布《日本公司治理守则》，强化董事会职责，导入可持续发展议题及环境、社会和公司治理（ESG）要素等。2022 年东京证券交易所又大规模改组交易市场板块，并规定从 2024 年开始要求上市企业的市净率（PBR）要高于 1 倍。[1] 这些改革措施都对提振股市发挥了重要作用。

第四，日本政府推动的"投资立国"也成为持续牛市的支撑。2014 年，日本政府推出 NISA 制度（小额投资免税制度），鼓励个人资本进入股市。2024 年，日本政府又推出更为激进的"统合 NISA"制度，目的是让更多的

---

① 「東証改革 10 年、企業も投資家も「次の一手」待たず行動を」、『日本経済新聞』、2025 年 3 月 9 日、https://www.nikkei.com/article/DGXZQODK020UP0S5A300C2000000/。最后访问日期：2025 年 3 月 23 日。

家庭金融资产进入股市。当前，日本家庭金融资产构成中股票仅占 12%，若以美国家庭金融资产中的 39% 为股票来推算，预计"统合 NISA"制度发挥作用后将有 572 万亿日元资金进入股市。

虽然有上述四大利好因素的推动，但 2024 年的日本股市却陷入了波动之中。3 月 4 日日经平均指数首次突破 4 万点，但很快下跌，直到 7 月 2 日才再度突破。一年多来，波动成为日本股市的显著特征，2025 年 3 月 21 日，日经平均指数甚至再次降至 37677 点，股市趋势充满了不确定性。

（二）国际变局下产业政策回归

近年来逆全球化趋势显然已对日本经济形成冲击，而且，中美对立趋势也在迫使日本必须在其严重依赖的两大市场之间"选边站"。面对美国对华经济战略从全面"脱钩断链"转向"去风险化"，以七国集团广岛峰会为标志，日本开始"迈向"美国，在芯片等高科技领域与盟友搭建"小院高墙"，并与此前其自身构建的"经济安保"体系实现合流，这等同于在中日经济之间竖起一道新的屏障。

推动本国企业对国内进行大规模投资，一直是日本政府的政策目标。"安倍经济学"的"第三支箭"就是要"唤起民间投资"，但由于国内需求萎缩以及东日本大地震后的所谓"产业六重苦"问题，日本企业的投资重点一直是海外市场，截至 2023 年底日本对外直接投资累计余额已达 21357 亿美元，相对于 2012 年底的 10404 亿美元，已经实现倍增。不过，最近日本经济界似乎正在积极响应政府的号召，2023 年国内设备投资规模突破 100 万亿日元，而且，在 2025 年 1 月 27 日于首相官邸召开的"扩大国内投资官民合作论坛"上，经团联会长十仓雅和宣布"到 2040 年设备投资将扩大到 200 万亿日元"。[①]

日本政府不仅在政策上给予对内投资全力支持，甚至动用财政资金直接

---

① 「賃上げへ国内投資加速　経団連、200 兆円目標表明」、『日本経済新聞』、2025 年 1 月 27 日、https://www.nikkei.com/article/DGXZQOUA2717X0X20C25A1000000/。最后访问日期：2025 年 3 月 23 日。

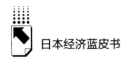

参与投资。减税和提供财政补贴是日本政府支持企业对内投资的重要手段，2014 年之前，日本法人税率为 25.5%，到 2018 年已经降至 23.2%，中小企业的法人税率更是低至 15% 左右。加上地方税在内的实际税率也仅为 29.74%，低于德国的水平。中央及地方政府还会对相关项目进行税收减免或补贴，而且，国家还会通过政府系的金融机构或独立行政法人、官民基金等机构对企业进行出资支持，也就是日本特色的财政投融资体系。近年来，随着"经济安全"概念的普及，日本政府甚至直接动用财政预算支持产业投资。例如，日本政府于 2021 年 6 月推出《半导体和数字产业战略》之后，便制定了三年内为支援半导体投资 3.9 万亿日元的预算。① 2024 年 11 月，日本内阁会议又通过了到 2030 年将为加强人工智能（AI）和半导体产业基础提供 10 万亿日元以上支持的财政支援框架。②

（三）发展前景充满不确定性

第一，能否形成工资与物价的良性循环体系仍不确定。尽管加薪已经成为日本各界的共识，企业长期积累的利润盈余也成为工资上涨的"弹药库"，但依然严峻的通胀形势却使问题变得更加复杂，最关键的是加薪赶不上通胀的速度。如前文图 2 所示，近几年，实际工资与名义工资形成了较大缺口，对于能源资源严重依赖进口的日本而言，汇率稳定已经是件很急迫的事。在央行宣布废除负利率政策的一年多来，日美之间的利率差已经缩小了约 1.5 个百分点——美联储在 2024 年 9 月将政策利率从 5.25%~5.5% 降至 4.25%~4.5%，日本在 2025 年 1 月将政策利率提升至 0.5%，但日元汇率仍然维持在 1 美元兑 149 日元的水平，日本通胀形势甚至超过美欧国家。高通胀使大量日本中小企业陷入困境，给持续加薪画上了问号。

---

① 《岸田要"重点支援"Rapidus 量产 2 纳米半导体》，日经中文网，2024 年 7 月 26 日，https://cn. nikkei. com/industry/itelectric-appliance/56242-2024-07-26-05-01-00. html。最后访问日期：2025 年 3 月 23 日。

② 《石破提出投 10 万亿日元支援 AI 和半导体》，日经中文网，2024 年 11 月 12 日，https://cn. nikkei. com/politicsaeconomy/economic-policy/57219-2024-11-12-08-50-15. html。最后访问日期：2025 年 3 月 23 日。

第二，能否有序退出大规模宽松政策也是考验日本经济的难题。当前，日本央行资产负债表仍然维持在 745 万亿日元，其规模是日本名义 GDP 的 122.28%，[①] 这远远超过了其他国家的水平，如美联储为 23%，欧洲央行为 41.4%，英国为 27.8%。[②] 面对依然严峻的通胀形势，日本央行正在紧锣密鼓地部署相关应对措施，央行政策企划局局长正木一博、大阪分行行长神山一成等一批实战经验丰富的骨干被任命为新的理事。在金融正常化过程中，政策利率应该提高到何种水平、利率提升的影响、如何处置 ETF 等都是日本央行必须谨慎对待的中长期课题。[③]

第三，欠缺企业家精神的日本企业能否从改善型创新转向破坏型创新，更是决定日本经济韧性的关键。已故一桥大学名誉教授野中郁次郎曾指出，日本企业已经失去了抓住本质、坚持到底的"野性"，这是日本不再诞生划时代技术以及像美国"GAFA"那样的创新性组织的根本原因。日本并不缺少企业创新的技术基础以及相关储备，而是缺少能够组织并利用这些资源进行颠覆性创新的企业家精神。

---

① 日本銀行「営業毎旬報告（令和 7 年 3 月 10 日現在）」、2025 年 3 月 12 日、https：//www. boj. or. jp/statistics/boj/other/acmai/release/2025/ac250310. htm。最后访问日期：2025 年 3 月 23 日。

② 《全球-央行资产负债表规模/GDP》，财经 M 平方，2025 年 3 月，https：//sc. macromicro. me/collections/6005/global-central-bank/55993/cbs-total-assets-gdp-ratio。最后访问日期：2025 年 3 月 23 日。

③ 「日銀、利上げ継続へ「企画」人脈登用　理事に正木氏」、『日本経済新聞』、2025 年 3 月 3 日、https：//www. nikkei. com/article/DGXZQOUB032BS0T00C25A3000000/。最后访问日期：2025 年 3 月 23 日。

B.8
新冠疫情以来日本与东亚经贸
结构变化分析

富晨　崔岩*

摘　要： 东亚作为世界经济的重要地区，有着较高的经济活跃度，日本作为东亚区域内的传统发达国家，与东亚其他经济体经济联系密切，对东亚的发展发挥着重要作用。近年来，世界经历了新冠疫情的冲击，同时国际政治经济格局和地缘政治都发生了重大的变化，东亚经济关系也因此出现重大变化。以新冠疫情为大背景，日本与东亚经贸关系在双边贸易方面的变化比较明显，货物贸易总量和贸易产品结构都发生了重要变化。贸易数量和产品结构变化的背后是分工结构即价值链和产业链供应链结构的变化。日本与东亚经贸结构既存在着相对的稳定性，同时也正在渐进地发生重大变化，其"脱中国化"趋势值得关注。

关键词： 东亚国际分工　产业链—价值链　日本—东亚经贸关系

一　序言

自20世纪60年代开始，日本不断加强与东亚发展中国家的经济合作，通过国际直接投资等经济合作方式向东亚后发国家转移产业，推进后者的工业化进程。而随着东亚发展中国家新工业体系的建立和对外贸易的发展，东

---

* 富晨，鲁东大学区域国别学院讲师，经济学博士，主要研究领域为区域国别学与世界经济；崔岩，辽宁大学日本研究所教授，博士生导师，全国日本经济学会副会长，主要研究领域为日本经济、东亚区域经济等。

亚区域内部及外部都形成了紧密的经济贸易联系，形成了新的区域国际分工体系。东亚各个国家和地区的发展呈现陆续起飞和继起赶超的模式，被称为"雁阵发展模式"，其主要结构是日本作为发达国家领头，其后是东亚新兴工业经济体，再后是东亚后发国家，形成了相继进入高增长阶段且垂直型产业分工的发展形态。这一模式下的发展特征表现在两个方面：一是相继进入经济起飞阶段即实现高速经济增长；二是在长期高速经济增长的过程中，经济规模和人均经济水平实现了后发国家（地区）对先发国家的赶超。

20世纪80年代后期到90年代，东亚地区大规模持续接受外国直接投资。外国直接投资促进了东亚主要国家和地区的经济高速增长，并开始了从产业间分工到产品生产工序内部分工的转型，形成了新形态的东亚国际分工体系。90年代，中国深化体制改革和扩大对外开放，大力吸收外国直接投资，开始逐步融入东亚的区域价值链分工体系。中国融入东亚区域价值链分工体系，使得东亚生产分工空前扩大和深化。特别是21世纪中国加入WTO，为中国融入国际分工体系提供了制度基础，而中国经济的持续高速增长及其在劳动密集型产业具有的比较优势，使得中国的世界工厂和世界市场地位不断提升。日本和中国两大经济体合作和竞争并存式的发展，共同促进了东亚区域的技术进步，使东亚区域价值链分工体系进一步得到深化。

从二战后世界外国直接投资的流向看，发达国家是外国直接投资的主要接受国，而发展中国家和地区外国直接投资的金额和占比都比较低，但是在20世纪90年代之后，外国直接投资流向发展中国家的金额快速增长，其中亚洲的地位尤为突出。从20世纪80年代开始，面向发展中国家的外国直接投资中，有六至七成都流向了亚洲，包括中国、韩国和东盟国家在内的东亚国家和地区是外国直接投资的主要投向地。东亚的外国直接投资还包括域内国家及地区的直接投资，日本对东亚后发国家的投资对东亚区域价值链的形成发挥了主要作用。

外国直接投资带动了产业转移和东道国产业结构的变化，因而改变了国际分工结构和贸易结构。通过20世纪90年代中期和末期东亚贸易地区结构的变化，可以大致看出分工结构的变化。这一阶段，亚洲贸易的地区结构发

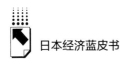

生了很大的变化。第一，面向世界的进出口贸易总额有了明显的提高，贸易顺差额增大，说明外国直接投资增强了亚洲的出口竞争力。第二，作为出口对象国和进口来源国，美国在东亚贸易中占据重要的地位，其向亚洲地区的出口也有所增长。作为进口来源国，日本的占比提高，而美国的占比下降。亚洲各国家和地区从日本进口资本品和中间品，向日本出口制成品。第三，在整体贸易额增大的同时，区域内贸易大幅度提高，中间产品贸易增加。这表明东亚区域的国际分工已经深入产品内部。

进入21世纪之后，中国快速地融入国际经济循环和国际分工体系之中，越南也成为东亚向欧美出口制成品的"桥头堡"。东亚国际分工不仅范围扩大了，而且更加深化，典型地表现在电子产业和汽车产业生产网络的扩大上面。由于东盟贸易一体化极大地降低了关税，所以东亚地区被日本企业视为最佳生产集聚地。

二 新冠疫情前后①日本与东亚经济体贸易的变化

本小节对新冠疫情前后即2019年和2023年、2024年日本与东亚经济体进出口贸易情况进行比较，分析两者在贸易数量和结构方面发生的变化。

（一）日本对东亚的出口总额与地区结构变化

作为全球价值链中重要的制造基地，东亚区域的经贸表现活跃度极高，日本对东亚的整体贸易状况在新冠疫情前后表现出了一定程度的变化。如表1所示，从总体趋势来看，2019~2024年，日本对东亚经济体的出口出现波动。2019年日本对东亚经济体的出口总额为3638.1亿美元，疫情冲击发生后的2020年降至3541.6亿美元（同比下降2.65%）。2024年，日本对东亚经济体的出口总额小幅回升至3544.9亿美元，与2023年基本持平，较疫情前的2019年下降了2.56%，略低于疫情前水平。

---

① 本文的"疫情前"是指"新冠疫情发生前"，"疫情后"是指"新冠疫情得到控制后"。

表1 2019~2024年日本对东亚经济体的货物出口

国家/地区	2019年		2020年		2021年		2022年		2023年		2024年	
	亿美元	同比变化(%)	亿美元	同比变化(%)	亿美元	同比变化(%)	亿美元	同比变化(%)	亿美元	同比变化(%)	亿美元	同比变化(%)
世界	7056.8	-4.4	6399.5	-9.3	7585.7	18.5	7515.4	-0.9	7190.9	-4.3	7089.8	-1.4
亚洲	3791.2	-6.4	3670.3	-3.2	4395.6	19.8	4245.9	-3.4	3744.8	-11.8	3764.7	0.5
东亚	3638.1	-4.1	3541.6	-2.7	4207.1	18.8	4051.6	-3.7	3542.2	-12.6	3544.9	0.1
东盟	1062.2	-7.1	920.5	-13.3	1137.5	23.6	1189.6	4.6	1051.0	-11.7	1016.2	-3.3
"亚洲四小龙"	1430.6	-6.5	1385.0	-3.2	1629.3	17.6	1630.9	0.1	1415.0	-13.2	1478.7	4.5
中国	1347.0	-6.4	1412.5	4.9	1641.2	16.2	1455.8	-11.3	1264.7	-13.1	1248.4	-1.3
中国香港	336.3	-3.0	319.5	-5.0	355.2	11.2	334.5	-5.8	326.0	-2.5	360.3	10.5
中国台湾	430.2	1.5	443.3	3.0	546.4	23.3	526.0	-3.7	430.1	-18.2	454.4	5.6
韩国	462.5	-11.9	445.9	-3.6	526.7	18.1	545.8	3.6	470.3	-13.8	465.6	-1.0
新加坡	201.6	-13.9	176.4	-12.5	201.0	13.9	224.7	11.8	188.6	-16.1	198.4	5.2
泰国	301.9	-6.4	254.7	-15.6	331.1	30.0	327.0	-1.3	294.1	-10.1	266.5	-9.4
马来西亚	132.9	-4.7	125.7	-5.4	156.6	24.6	165.9	6.0	139.8	-15.8	139.6	-0.1
印尼	139.9	-11.4	91.5	-34.6	133.6	45.9	151.2	13.2	144.6	-4.4	130.1	-10.0
菲律宾	106.6	-5.4	87.9	-17.5	111.2	26.6	122.3	9.9	101.5	-17.0	100.0	-1.5
文莱	1.3	33.2	1.0	-22.0	2.3	121.2	0.6	-73.7	0.6	-6.1	0.6	1.5
越南	165.0	0.5	170.9	3.6	191.3	11.9	187.3	-2.1	171.9	-8.2	171.2	-0.4
老挝	1.0	-28.2	1.5	53.5	1.3	-12.0	1.0	-20.6	1.2	12.4	1.0	-15.4
缅甸	6.5	-6.1	6.0	-7.7	3.4	-43.7	4.5	32.6	3.8	-14.9	3.1	-18.7
柬埔寨	5.6	33.4	4.8	-13.8	5.8	19.7	5.2	-11.2	5.0	-2.3	5.8	14.8

注：本表同比变化率以美元为单位计算，而表中的出口额以百万美元为单位，故根据表中的出口额计算得到的同比变化率与表中的数据可能存在差异。下同。

资料来源：日本贸易振兴机构（JETRO），https：//www.jetro.go.jp/en/reports/statistics/。最后访问日期：2025年3月23日。表中数据经笔者计算整理而得。

中国、韩国和东盟国家等是日本在东亚地区的主要贸易伙伴，日本对其贸易进出口表现出不同的特征。

中国是日本的主要贸易伙伴，长期为日本最大的出口市场，但近年来日本对中国出口的依赖度下降。2019年日本对中国出口1347亿美元，2021年因中国国内制造业需求激增升至1641.2亿美元（同比上升16.2%），但2023年受中国内需放缓影响而降至1264.7亿美元（同比下降13.1%），日本对中国出口依赖度出现下降，多元化进展缓慢。2019~2024年，中国一直是日本在东亚区域的最大出口贸易伙伴国，2024年，日本对中国出口占日本对东亚区域出口总额的35.22%。疫情前的2019年日本对中国出口在日本对东亚的出口中占比较2024年稍高，达37.02%，2020年和2021年疫情严重的两年占比均高于39%，而随着疫情得到控制，2022年和2023年均下降至36%以下。日本对华贸易逆差持续存在，2023年达到贸易逆差顶点，至477.5万亿美元，2024年达到429.5万亿美元，主要原因在于疫情后日本对中国的能源、电子产品和消费品进口增加；同时，2023年之后，《区域全面经济伙伴关系协定》（RCEP）的生效进一步推动了中日双边的关税减免，而作为日本优势产业的汽车零部件、半导体设备出口增长情况较为显著。

随着RCEP的生效和施行，东盟国家的重要性不断提升。由于中国劳动力成本上升，在传统制造业的价值链加工组装上对外企的成本控制产生一定影响，所以近年来特别是在疫情之后，日本企业加速将部分制造业供应链从中国转移到东盟国家，包括越南、泰国。如表1所示，截至2024年，日本对东盟国家的出口额达1016.2亿美元，比2020年增长10.4%，在日本对东亚区域出口总额中占比28.7%；同年，日本对越南出口171.2亿美元，对新加坡出口198.4亿美元，成为日本出口贸易的新兴增长点。但从总量来看，2024年日本对东盟出口额与疫情前的2019年和疫情后的2023年相差不大，均在1000亿美元以上。同时，可以看到，虽然疫情对日本与东盟国家的贸易出口产生了短暂的负向影响，但相较于欧美区域而言，东亚较快实现了复工复产，内需增加，这也使得2021年和2022年日本对东盟国家的出口额达到历史高点，均在 1100 亿美元以上，一度接近 1200 亿美元。作为日本传统优势产业的汽车、电子零部件成为日本对东盟国家出口的主要产品。

从疫情发生后日本对东亚经济体的出口贸易变化来看，日本对东亚出口还面临较大的挑战。由于日本的半导体、机械等主力商品出口受到全球供应链调整的冲击，疫情发生之后即使日元大幅度贬值，也未能显著提升其出口竞争力。

（二）日本从东亚的进口总额与地区结构变化

据日本有关统计，2019~2024 年日本从东亚的货物进口额大于出口额，且贸易逆差呈现持续扩大的趋势。如表 2 所示，2019 年日本从东亚经济体的进口额为 3355.9 亿美元，2020 年受疫情冲击降至 3177.8 亿美元（同比下降 5.3%），2022 年随着能源价格上涨反弹至 3991.4 亿美元（同比上升 8.8%），而 2024 年因日本内需疲软和日元贬值回落至 3484.4 亿美元（同比下降 4.1%）。

从东亚各经济体的表现来看，2019~2021 年，日本从中国的进口在从东亚的进口中占比均超过 50%，但占比有所下滑。2019 年日本从中国进口约 1692.6 亿美元，2022 年达到峰值 1899.5 亿美元（同比上升 2.0%），2024 年下降至 1677.8 亿美元（同比下降 3.7%），反映出日本供应链的多元化策略初见成效。日本与中国台湾地区的产业关联性较高，由于半导体电子产业的高度依赖性，促使日本从中国台湾地区进口占比稳定在 8% 以上，虽然疫情对东亚区域供应链产生了严重冲击，但并未对日本从中国台湾的进口产生严重影响。而韩国的表现基本与其他东亚经济体相似，受疫情影响，日本从韩国进口也出现波动。而作为东盟重要的能源与资源国的印尼，经过疫情冲击后，2022 年日本从其进口额达到双边贸易的顶点，为 287.4 亿美元（同比上升 46.1%），逐渐放缓后降至 2024 年的 232.4 亿美元；同为资源国的马来西亚，则从疫情前 2019 年的 176.6 亿美元经过短暂下降后升至 2022 年的 261.5 亿美元，同比上升约 32.2%。日本从东盟进口的能源和电子元件激增，成为日本贸易逆差的主要来源之一。

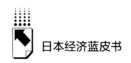
表2 2019~2024年日本从东亚经济体的货物进口

国家/地区	2019年		2020年		2021年		2022年		2023年		2024年	
	亿美元	同比变化(%)	亿美元	同比变化(%)	亿美元	同比变化(%)	亿美元	同比变化(%)	亿美元	同比变化(%)	亿美元	同比变化(%)
世界	7207.6	-3.7	6357.1	-11.8	7744.2	21.8	9053.8	16.9	7875.0	-13.0	7451.2	-5.6
亚洲	3431.3	-3.3	3243.3	-5.5	3752.7	15.7	4081.9	8.8	3712.1	-9.1	3569.9	-3.9
东亚	3355.9	-3.3	3177.8	-5.3	3669.7	15.5	3991.4	8.8	3634.0	-9.0	3484.4	-4.1
东盟	1078.2	-3.9	998.1	-7.4	1140.2	14.2	1353.6	18.7	1208.8	-10.7	1167.0	-3.5
"亚洲四小龙"	663.1	-6.8	626.7	-5.5	756.7	20.7	837.7	10.7	769.1	-8.2	716.0	-7.0
中国	1692.6	-2.5	1638.4	-3.2	1861.8	13.6	1899.5	2.0	1742.3	-8.3	1677.8	-3.7
中国香港	20.6	-3.1	8.0	-61.0	11.0	36.6	10.4	-5.2	15.3	46.7	18.4	20.3
中国台湾	268.6	-1.0	267.6	-0.4	335.4	25.3	389.7	16.2	357.0	-8.4	305.9	-14.4
韩国	295.9	-7.9	265.6	-10.2	321.4	21.0	338.2	5.2	310.6	-8.1	315.3	1.5
新加坡	78.0	-19.9	85.5	9.6	88.9	4.0	99.3	11.8	86.2	-13.2	76.4	-11.3
泰国	253.6	1.2	237.5	-6.3	264.4	11.3	268.5	1.6	257.7	-4.0	247.9	-3.8
马来西亚	176.6	-6.7	159.0	-10.0	197.8	24.4	261.5	32.2	202.3	-22.7	191.3	-5.5
印尼	181.8	-15.6	154.8	-14.9	196.7	27.1	287.4	46.1	244.7	-14.8	232.4	-5.1
菲律宾	106.0	1.7	93.6	-11.7	109.3	16.7	109.6	0.3	104.0	-5.1	95.0	-8.4
文莱	24.2	3.7	16.9	-30.1	23.7	40.0	26.2	10.4	19.1	-27.0	18.6	-4.1
越南	224.9	6.6	220.3	-2.1	230.9	4.8	265.3	14.9	258.5	-2.6	268.3	3.8
老挝	1.6	2.0	1.3	-19.1	1.3	1.7	1.9	45.6	1.7	-13.3	1.6	-3.4
缅甸	14.2	10.8	13.0	-8.2	9.7	-25.8	14.3	47.7	15.5	8.3	14.0	-9.1
柬埔寨	17.3	7.8	16.2	-6.6	17.5	8.5	19.4	10.7	19.2	-1.1	21.3	11.0

资料来源：日本贸易振兴机构（JETRO），https：//www.jetro.go.jp/en/reports/statistics/。最后访问日期：2025年3月23日。表中数据经笔者计算整理而得。

日本在东亚地区依旧面临诸多挑战，如能源和原材料价格的波动导致日本进口成本高企；日本对来自中国大陆、中国台湾及韩国的半导体、电子元件等关键零部件的进口集中度较高，可能存在潜在的供应链风险。此外，日元贬值加剧输入型通货膨胀，进口成本上升不可避免。

三 新冠疫情以来日本与东亚价值链、产供链的结构变化

（一）新冠疫情发生后日本与东亚价值链的结构变化

本小节主要依据日本制造业对东亚主要经济体的出口数据，从日本对全球价值链（GVC）的前向、后向参与度角度分析新冠疫情期间日本与东亚价值链发生的结构变化。表3是 UIBE GVC 数据库公布的最新数据，是依据 Borin 和 Mancini（2015）对双边出口增加值的测算方法，基于日本与中国、韩国、东盟国家等东亚经济体的出口数据，所得到的日本对 GVC 前向和后向参与度。从表3中的数据可以看出，从疫情前的 2018 年到疫情期间的 2021 年，日本在东亚区域制造业双边出口中的价值链前向、后向参与度出现了不同程度的结构变化；对不同的经济体而言，其变化程度也呈现差异性。

表3 日本与东亚经济体制造业价值链前向、后向参与度

单位：%

指标		前向参与度				后向参与度			
出口国	目的国及地区	2018 年	2019 年	2020 年	2021 年	2018 年	2019 年	2020 年	2021 年
日本	中国	15.57	15.02	17.12	17.47	19.29	18.90	17.03	20.66
	韩国	28.03	28.53	28.57	28.90	21.49	21.88	18.67	22.61
	东盟国家	22.93	23.39	25.30	23.80	20.74	21.04	19.36	23.45
	中国台湾	40.93	40.86	41.94	41.31	19.95	19.18	17.08	20.82
	中国香港	14.98	19.36	19.10	19.52	16.40	16.77	14.56	17.97
	东亚	24.49	25.43	26.41	26.20	19.58	19.56	17.34	21.10

资料来源：基于 UIBE GVC 数据库最新数据，经笔者计算整理而得，http：//gvcdb. uibe. edu. cn/。最后访问日期：2025 年 3 月 23 日。参考 Alessandro Borin and Michele Mancini，"Follow the Value Added：Bilateral Gross Exports Accounting"，No. 1026，Working Paper of Banca D'Italia，July 2015。

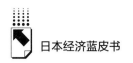

2018~2021年，日本在东亚区域制造业双边出口中的价值链前向参与度均高于24%，而后向参与度则均低于22%，从宏观上反映出日本对东亚双边出口中的价值链前向、后向参与度较高，且前向参与程度比后向参与程度更高。这说明日本在东亚区域制造业价值链中的地位较高，得益于日本在制造业领域的技术优势，其为东亚区域提供了大量的技术和中间品零部件，处于东亚区域价值链的上游。

从日本对东亚制造业双边出口的前向参与度来看，2018~2021年，日本对中国、东盟国家的水平均明显低于对东亚的整体水平，但东盟国家整体水平均在22%以上，更接近东亚的整体水平，中国的水平在15%~18%之间浮动，比东亚整体水平略低，说明虽然日本与中国的贸易量较大，但中国主要作为其制造业下游加工组装中心；而在日本对韩国和中国台湾地区的双边出口中，前向参与度显著高于东亚整体水平，其中中国台湾地区最高，2018~2021年均高于40%，韩国也均高于28%，这与两个经济体是日本重要的半导体产业中间品零部件合作者有关，说明日本对韩国和中国台湾地区在制造业领域存在高度依赖性。

从日本对东亚制造业双边出口的后向参与度来看，东盟国家整体水平最高，韩国次之，均高于东亚整体水平，中国接近东亚整体水平但略低。这说明日本已将东盟国家作为重要的新兴市场，与该地区制造业低成本的诉求和产业转移有关。因为日本与东盟国家的经贸合作由来已久，且随着东亚区域价值链的深度融合，低成本制造和广阔市场成为日本对东盟国家制造业双边出口后向参与度较高的原因之一。而韩国和中国台湾地区在半导体电子产业与日本的高度关联，使其对日本的技术及中间品零部件较为依赖，诸如台积电、三星这样的半导体生产企业是日本重要的合作对象。

1.日本—中国双边价值链参与情况

首先，从中国层面来看，疫情发生后的2020年，日本对中国出口的价值链前向参与度为17.12%，明显高于疫情前2019年的15.02%，随着疫情管控及制造企业的复工复产，2021年前向参与度同比增长2.04%，说明中国市场对日本中间品零部件的依赖度较高。中国依旧处于东亚区域价值链的中下游加工组装制造环节，受疫情冲击，在诸如汽车、半导体电子等中、高附加值产业方面对上游中间品的需求旺盛。因为这些附加值较高的产业中供应链的链条是最为复杂且较长的。但这也为疫情之后中日双边经贸合作带来了巨大的机遇。

与此同时，可以看出日本对中国制造业出口的价值链后向参与度整体高于前向参与度。受疫情冲击影响，2020 年日中后向参与度从 2019 年的 18.9%降至 17.03%，负向影响明显。因为日本跨国企业在中国进行外国直接投资活动较多且制造业企业工厂较多，尤其在汽车产业，而疫情下的生产停滞使其无法对日本本土反向出口供应链条下的诸多零部件。在价值链中，链条越长，供应链风险相对就越高，如果供应链韧性难以抵御外部冲击，则整个链条生产将处于"瘫痪"状态，这也表明日本对中国制造业市场存在高度依赖性。根据《日本通商白皮书》（2024 年版）① 报告结论，中国在疫情后日益成为日本制造业高度依赖的经济合作伙伴。

对于中国台湾地区来说，由于其在半导体电子芯片行业的制造优势，与日本之间的依附关联性较高。疫情发生后的 2020 年，虽然疫情对东亚区域制造业产生了较大的负面冲击，但日本对中国台湾地区出口的价值链前向参与度却逆向上升至 41.94%，即使受疫情影响出现一定幅度的下降，2021 年也达到了 41.31%，明显高于疫情前的水平，在整个东亚地区居第一位。

2. 日本—东盟双边价值链参与情况

在东亚区域，虽然日本与中国、韩国经贸联系紧密，但彼此之间的竞争也较为明显。中国作为日本在东亚区域最大的贸易伙伴，由于近年来劳动力成本上升，制造成本也相应提升，在价值链下游环节主要体现在双边出口的后向参与度上。同时，日本作为东亚区域价值链的上游参与者，对东亚较为重要，由于目标市场呈现多元化，日本对中韩之外的其他东亚经济体同样充当重要的上游中间品供给者角色。尤其在疫情发生后，日本将部分制造业产

---

① 资料来源：日本经济产业省，https://www.meti.go.jp/report/tsuhaku2024/index.html。最后访问日期：2025 年 3 月 23 日。

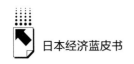

业链转移至劳动力成本更低、充满市场潜力的东南亚国家。从日本对东盟国家出口的价值链前向、后向参与度来看，各国之间的情况差异较大。

如表4所示，2018~2021年，日本对越南、新加坡、泰国、马来西亚的前向参与度较高，均高于28%，其中越南的前向参与度均在40%以上。疫情发生后的2020年和2021年的前向参与度，较疫情前整体呈现小幅度提升，说明疫情冲击下东盟国家对日本零部件中间品的依赖程度有所提高，但菲律宾、泰国、越南、文莱、柬埔寨、新加坡等国在疫情得到一定程度的控制后，日本对其前向参与度在2021年比2020年出现了明显的下降，说明这些国家在遭受供应链冲击后实现了一定的恢复；而印尼、马来西亚则在2021年依旧保持小幅度提升，说明其作为价值链下游参与者对日本的依赖性依旧较强；经济发展水平较低的老挝则在东亚区域价值链中的参与度较低，遭受疫情冲击的负面影响较大，疫情发生后的前向参与度降幅达55.7%，且在2021年其前向参与度依旧保持在低位。

表4　日本与东盟国家制造业价值链前向、后向参与度

单位：%

指　　标		前向参与度				后向参与度			
出口国	目的国	2018年	2019年	2020年	2021年	2018年	2019年	2020年	2021年
日本	印尼	12.09	12.51	12.93	14.21	19.89	19.66	18.07	21.72
	马来西亚	33.49	36.13	40.19	40.35	20.09	20.58	18.39	22.43
	菲律宾	17.04	17.35	19.78	19.17	20.36	20.44	17.97	23.51
	泰国	34.99	30.22	31.16	28.12	24.22	23.12	21.29	25.33
	越南	41.47	43.95	45.39	41.44	21.19	20.69	19.89	24.13
	老挝	6.68	2.87	1.27	1.30	22.42	24.95	22.83	27.40
	文莱	10.15	17.79	20.47	19.31	19.58	20.54	19.51	23.33
	柬埔寨	12.53	11.96	14.19	11.71	18.02	17.52	15.75	18.89
	新加坡	37.96	37.73	42.33	38.62	20.93	21.87	20.55	24.32

资料来源：基于 UIBE GVC 数据库最新数据，经笔者计算整理而得，http://gvcdb.uibe.edu.cn/最后访问日期：2025年3月23日。参考 Alessandro Borin and Michele Mancini，"Follow the value Added：Bilateral Gross Exports Accounting"，No. 1026，Working Paper of Banca D'Italia，July 2015。

从后向参与度来看，2018~2021 年东盟各国的水平在 20% 左右，彼此之间的差异较小。遭受疫情冲击后，每个东盟国家后向参与度均出现小幅度下降，但在疫情得到一定程度的控制后的 2021 年均出现较大幅度回升且高于疫情前 2018 年和 2019 年的水平。这说明东盟国家在东亚区域价值链中的脆弱性显现，供应链韧性不强，对处于价值链上游环节的日本中间品及零部件的依赖性较强，出现明显的"链条依附"特征。在后疫情时代，东盟国家在 RCEP 下与日本及中国、韩国之间的经贸联系将更加紧密，对来自中日韩的外国直接投资也将更有吸引力。虽然日本在高端技术领域具有产业优势，可维持其在东亚区域价值链中的高前向参与度，而在中低端制造领域可能会在东盟国家形成供应链分流，降低对中国、韩国在制造业领域的高度依赖性，但依旧存在一定的不确定性。

（二）新冠疫情前后东亚日资企业供应链的结构变化

由于增加值贸易数据公布滞后，所以本文分析的日本与东亚经济体之间的价值链结构变化只能到疫情期间的 2021 年，从中可以看出，疫情在短期内对价值链形成一定的冲击，随着疫情稳定和经济复苏，价值链逐渐恢复到原来状态。但是，疫情后一些微观信息表明，日本与东亚主要经济体之间的价值链结构正在发生变化。下面从东亚地区日资企业的经营活动变化、供应链角度分析日本与东亚经贸关系发生的结构变化，从微观角度弥补宏观分析的不足。

日本经济产业省进行的日资企业（日本海外子公司）经营活动调查[①]，其包含的企业营销数据在一定程度上反映了日资企业在疫情前后资产配置与供应链的大致变化。下面以日资企业在东盟国家和中国的资产配置和销售额分析其供应链在疫情前后的变化情况。其中，海外子公司供应链总销售额可分为海外本地销售、海外向日本销售以及向日本以外的第三国销售。

---

① 本小节分析数据来源于日本经济产业省开展的海外子公司经营活动调查，https：//www. meti. go. jp/english/statistics/tyo/genntihou/index. html。最后访问日期：2025 年 3 月 23 日。

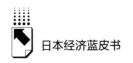

1. 东盟国家日资企业资产配置与供应链变化

在东盟十国的日资企业销售额，从疫情前的2018年到疫情后的2023年期间呈现波动恢复的趋势，市场表现相对稳定。其中，日资企业的总销售额在2020年疫情初期出现大幅下降，同比下降约15.5%，而2021年出现强劲反弹，上升了21.3%，为2729亿美元，高于疫情前2019年的水平，且2022年更是上升至2838亿美元的高点，如表5所示。截至2023年9月即2023年前三个季度，日资企业的销售出现了小幅度的下降，但全年仍然维持在较高水平。这说明东盟国家日资企业的经营活动业绩良好。

东盟国家日资企业在本地的销售额整体接近总销售额的一半，在2020年同比骤降19.1%，达到1234亿美元的低点。经过疫情管控及复工复产后，2022年本地销售恢复缓慢增速，达到1585亿美元的高点，但2023年同比下降约6.8%。

东盟国家日资企业对日本的销售额整体略低于向日本之外的第三国销售额，疫情初期出现较小降幅，2020年下降4.2%至452亿美元，2021年则逆势上涨达12.1%，超过500亿美元，体现出对日本市场的依赖性和稳定性。2022年增速又放缓至2.9%，2023年甚至出现小幅下降，但都高于疫情前的水平。而日资企业对日本之外第三国的销售则表现出与日本供应链相似的走向，疫情前的2019年为656亿美元，经过疫情冲击后降至562亿美元，降幅达14.3%。但由于日资企业是价值链上游的主要参与者，东亚市场对其依赖性较强，故2021年出现26.7%的大幅上涨，达711亿美元，并稳增至2022年726亿美元的高点，之后2023年又出现13.1%的降幅，说明东亚区域的供应链体系在外部冲击下表现出一定的脆弱性。

从投资与人力层面来看，东盟国家日资企业的有形固定资产购置在疫情前的2018年和2019年均为83亿美元，受疫情冲击的2020年锐减26.8%，说明疫情影响较大。随着疫情管控生效和经济恢复，有形固定资产购置经过2021年小幅上涨后，2022年出现大幅回升，增长17.5%，但2023年再次收缩下降7.5%至71亿美元，反映出日资企业的投资信心不稳，这主要受国际环境与市场的不确定性及东亚区域内供应链韧性面临一定考验的直接影响。

表5 东亚地区日资企业资产配置与营销数据

国家/地区	指标	2018年 实际值(亿美元)	2019年 实际值(亿美元)	2020年 实际值(亿美元)	2021年 实际值(亿美元)	2022年 实际值(亿美元)	2023年 实际值(亿美元)	2018年 同比变化(%)	2019年 同比变化(%)	2020年 同比变化(%)	2021年 同比变化(%)	2022年 同比变化(%)	2023年 同比变化(%)
东盟十国	总销售额	2741	2624	2248	2729	2838	2623	5.4	-4.2	-15.5	21.3	3.5	-7.2
东盟十国	本地销售	1558	1496	1234	1511	1585	1470	7.7	-4.4	-19.1	22.0	4.9	-6.8
东盟十国	向日本销售	491	472	452	508	527	520	2.1	-3.6	-4.2	12.1	2.9	-0.4
东盟十国	向日本以外的第三国销售	692	656	562	711	726	633	2.5	-4.2	-14.6	26.7	0.9	-13.1
东盟十国	有形固定资产购置(不含土地)	83	83	63	67	79	71	15.8	-3.1	-26.8	3.6	17.5	-7.5
东盟十国	员工人数(期末)(人)	163	162	156	158	156	152	2.6	-2.0	-3.5	1.5	-1.7	-2.9
中国(含香港)	总销售额	2539	2376	2865	3027	2653	2262	-0.2	-7.6	19.6	3.5	-12.6	-14.6
中国(含香港)	本地销售	1900	1778	2249	2363	2054	1752	2.0	-7.7	25.7	2.0	-13.5	-14.6
中国(含香港)	向日本销售	405	378	391	422	376	315	-4.3	-7.3	0.1	9.4	-10.4	-16.6
中国(含香港)	向日本以外的第三国销售	234	220	225	242	223	195	-10.5	-7.1	-1.1	9.4	-8.0	-12.4
中国(含香港)	有形固定资产购置(不含土地)	66	65	58	64	56	44	32.4	-4.8	-7.8	9.2	-13.2	-21.0
中国(含香港)	员工人数(期末)(人)	105	101	98	96	90	83	-3.9	-5.2	-3.6	-1.9	-6.4	-7.8
其他亚洲国家	总销售额	746	697	674	814	844	894	-1.4	-7.4	-3.0	19.4	4.4	6.4
其他亚洲国家	本地销售	573	530	514	623	658	707	-1.0	-8.0	-2.6	18.8	6.4	8.4
其他亚洲国家	向日本销售	44	48	46	49	44	42	0.5	7.7	-2.7	12.9	-9.1	-4.6
其他亚洲国家	向日本以外的第三国销售	129	118	113	142	142	144	-3.7	-8.5	-5.2	24.1	0.3	0.5
其他亚洲国家	有形固定资产购置(不含土地)	35	35	24	29	32	33	12.9	-3.9	-38.7	9.6	14.2	1.4
其他亚洲国家	员工人数(期末)(人)	30	30	30	31	32	33	3.4	-1.6	0.9	2.0	1.0	4.3

资料来源：笔者根据日本经济产业省"日本海外子公司经营活动调查"公布的数据整理，https://www.meti.go.jp/english/statistics/tyo/genmitihou/index.html。最后访问日期：2025年3月23日。

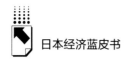

2. 在华（含香港）日资企业资产配置与营销活动

从疫情前后在华日资企业对中国的销售额可以看出，疫情初期韧性较强，但后期显著收缩。整体来看，中国的日资企业总销售额在疫情前的2018年和2019年均在2300亿美元以上，低于东盟的水平；但疫情发生后，2020年中国的日资企业总销售额达2865亿美元，增幅达19.6%。其主要原因是中国实施了严控疫情的措施，疫情初期传播范围有限，对经济和生产都没有产生太大影响。2021年小幅上升达3027亿美元。2022年、2023年中国的日资企业总销售额分别出现12.6%和14.6%的连续下降，2023年降至2262亿美元，明显低于疫情前的水平。

2020年在华日资企业在中国本地销售出现25.7%的大幅增长，2021年小幅上升达2363亿美元，2022年和2023年分别出现13.5%和14.6%的下降。后两年的变化趋势与日资企业的总销售额是一致的，说明中国经济与市场环境对日资企业有较大影响。截至2024年9月即该年的前三个季度，中国的日本海外子公司销售数据均出现不同幅度的下降，该趋势与日本在东盟国家海外子公司的表现相似。

从在华日资企业对日本的销售额来看，整体明显比东盟国家低，疫情发生后的2020年和2021年均为稳定上升，但随着疫情得到一定控制及供应链恢复，2023年日本在中国的海外子公司对日本的销售额降至315亿美元，远低于疫情前的水平。这说明经过疫情的冲击之后，日本在东亚有意重新布局供应链体系，一方面对所在地市场的依赖度提高，另一方面逐渐将低附加值制造环节的产业转移至东盟国家。《日本通商白皮书》（2024年版）的分析显示，日本对中国供应链依旧存在较强的依赖性。①

从投资与人力层面来看，疫情后日资企业在中国的有形固定资产购置长期萎缩，2023年同比降幅达21.0%，表明企业开始逐渐减少长期投入，以此降低可能面临的外部不确定性带来的供应链及经营风险。同时，日本海外

---

① 日本经济产业省，https：//www.meti.go.jp/report/tsuhaku2024/index.html。最后访问日期：2025年3月23日。

子公司在中国的员工人数已出现连续六年下降的情况,2023年更是达到疫情前后最大降幅的7.8%,显示出日本海外子公司在中国的业务规模有所缩减,这也与日本在东亚的海外子公司有意重构其供应链布局有关。此外,从其他亚洲国家的表现来看,日本海外子公司的销售额增长显著,员工人数稳步上升,说明日资企业在逐渐扩大其在亚洲的布局,供应链多元化的调整初见成效。

结 语

本文以新冠疫情的冲击为背景,分析了疫情前后日本与除日本之外的东亚经济体及其与东亚区域经贸关系的变化。日本作为东亚区域的传统发达国家,在50年来的东亚经济快速发展中占据着重要地位,对推动东亚经济发展发挥了积极的作用。但是,受日本和其他东亚经济体经济发展与地缘政治格局变化的影响,东亚地区的经济格局发生了重大变化,日本也在不断调整与东亚的经贸关系。

日本与东亚经贸关系首先表现在双边贸易与投资关系上。前文对疫情前后日本与东亚经济体的贸易关系进行了分析,结果表明这一关系受到新冠疫情的冲击比较严重,特别是在疫情初期,但是疫情冲击总体表现为短期冲击,由于分析期间较短或仅限于宏观数据,还没有表现出变化的长期趋势。双边经贸关系的数量或结构变化,是由其背后的东亚区域国际分工格局的变化决定的,为此,前文还分析了东亚区域价值链、供应链等东亚生产网络的结构变化。在价值链方面,由于缺乏最新数据,还不能说明疫情结束后的变化情况,但从趋势上看,价值链结构相对稳定,而供应链的变化较为明显。

从日本在东盟和中国的海外子公司的表现来看,经历2020年疫情冲击后,普遍出现销售额下降、投资收缩的情况。在疫情后的恢复阶段,东盟国家日资企业对日本依赖性较强,但制造业供应链恢复乏力;中国的日资企业从短期的供应链韧性较强转变为长期的收缩情况,这可能受日资企业供应链转移和多元化布局影响,以及国际地缘变化和高技术制造业领域的不确定性

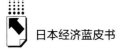
影响。因为日资企业有意将投资风险和供应链风险分散，如果未来日企加速向其他东亚经济体进行产业转移、供应链重组及价值链重构，那么其对中国市场及供应链的依赖度将下降。随着后疫情时代东亚供应链、产业链和价值链的调整及重构，东亚经济体之间的经贸投资合作需要进一步加强，供应链体系需要进一步优化，以此实现多边国家之间的互利共赢，共同推进东亚区域经济一体化发展。值得注意的是，日本与东亚经贸关系发生的结构变化，不仅仅是疫情冲击带来的，双方经济发展和中美贸易摩擦等地缘政治经济因素的影响也是非常大的。

B.9

瓶颈与破局：日本蓄电池矿产
供应链安全问题透析*

徐 博 张君达**

摘 要： 蓄电池矿产供应链安全问题正成为日本支柱产业发展战略中的核心议题。作为矿产资源禀赋匮乏的工业大国，日本长期依赖进口锂、钴、镍、锰、石墨等蓄电池矿产，其产业发展面临进口来源集中、冶炼能力受限和能源供给不足等结构性瓶颈。随着国际政治经济格局的持续变化，资源国与消费国之间的博弈加剧，日本在蓄电池矿产供应链保障方面的脆弱性进一步凸显。近年来，日本政府在保障供应链稳定方面做出了积极探索：在上游通过资源外交和海洋矿产开发实现供应多元化；在中游通过技术创新和国内外冶炼协同布局提升产能；在下游则通过矿产替代技术与回收利用体系降低资源对外依赖。然而，日本仍然面临海洋矿产开采技术瓶颈、核电重启过程中的安全成本与经济效益平衡问题，以及矿产替代技术商业化进展缓慢等现实挑战。

关键词： 日本 蓄电池矿产 供应链安全 资源保障

国际政治经济格局变动为日本蓄电池矿产供应链保障带来了机遇与挑战。日本蓄电池矿产供应链在国际上长期处于被动地位，这一结构性劣势在

---

* 本文为国家社会科学基金重点项目"增长与平衡视角下收缩型城市融入双循环路径研究"（项目编号：21AJL006）的阶段性研究成果。

** 徐博，经济学博士，吉林大学东北亚研究中心教授、博士生导师，主要研究领域为日本经济与安全；张君达，吉林大学东北亚学院博士研究生。

全球能源转型与资源竞争加剧的背景下愈发显著。供应链短链化激化资源国与消费国之间的博弈，发达经济体通过构建资源联盟与政策干预挤压日本的议价空间，导致日本获取蓄电池矿产的成本持续攀升，保供难度不断加大，新能源产业的可持续发展受到挑战。蓄电池矿产的稳定供应不仅关乎日本新能源产业的未来，亦牵动日本在全球制造业与技术创新领域的影响力。在此背景下，日本政府采取了多维保障措施。在上游通过资源外交及供应链多元化降低对单一来源的依赖；在中游提升本土冶炼能力并扩展海外产能；在下游构建回收利用体系。据此，本文围绕日本蓄电池矿产供应链的结构特征、风险机理，对日本开展蓄电池矿产供应链保障的演进轨迹、保障机制和保障效果进行系统性的梳理与分析。

一 日本蓄电池矿产供应链的界定与基本形态

蓄电池矿产供应链涵盖矿产勘探至回收的全部环节，其稳定性关乎蓄电池产业的可持续发展。近年来，日本通过纵向一体化战略，拓展海外合作、提升中游产能与回收技术以增强供应链韧性，技术创新与资源循环体系的强化逐渐成为日本蓄电池矿产供应链保障措施的突破路径。

（一）日本蓄电池矿产供应链的界定

日本于2022年发布的《蓄电池产业战略》，将蓄电池矿产的开采、冶炼、贸易、回收环节归纳为蓄电池矿产供应链，并指出保障和强化供应链整体稳定的必要性。其中，上游聚焦资源勘查开发，中游负责冶炼提纯与初级品加工，下游保障产品流通与矿产资源回收（见图1）。[①] 基于供应链视角，蓄电池矿产供应链连接了产业链的价值节点并保障了资源的流通效率，形成

---

① 《日本发布〈蓄电池产业战略〉》，中国科学院科技战略咨询研究院网站，http：//www.casisd. cn/zkcg/ydkb/kjzcyzxkb/2022/zczxkb202210/202301/t20230109_6597764.html。最后访问日期：2025年1月23日。

了与价值链的动态耦合。① 从产业链的视角看，蓄电池矿产的供应安全是实现蓄电池产业链安全稳定发展的前提条件。② 蓄电池矿产的稳定供应是其经济价值得以实现的基础，而蓄电池矿产供应链的稳定性则是支撑蓄电池产业可持续发展的根本保障。在 2024 年日本经济产业省发布的《重要矿物稳定供应确保措施方针（修订版）》中，日本政府从供应链上—中—下游的视角出发，结合国际政治经济形势阐明锂、钴、镍、锰等蓄电池矿产稳定供给的必要性，并提出多元化采购、战略储备、回收再利用以及金融与外交协同等强力举措以保障供给。③ 这表明，日本将蓄电池矿产的稳定供给上升为经济安全议题，意味着日本的关键矿产保障政策从单一资源保障转向系统性供应链治理。

（二）日本蓄电池矿产供应链的基本形态

日本蓄电池矿产供应链的形态已从"两头在外"的加工模式升级为依托上游多元化供给、中游技术输出及下游循环技术创新的纵向一体化体系，打造了更加系统和全面的蓄电池矿产供应链。④

然而，当前日本蓄电池矿产供应链仍然面临不安全、不稳定和不可持续的风险。蓄电池矿产供应高度依赖进口、本土冶炼产能扩张面临能源缺口、蓄电池矿产回收利用率较低等问题将深刻影响日本蓄电池矿产供应链的未来发展。基于现实问题，日本逐步制定了体系化的蓄电池矿产供应链保障措施。

---

① 张树良：《国外矿产资源综合利用模式解读：基于价值链与运营链的分析》，《科技管理研究》2013 年第 18 期，第 225~232 页。

② 王安建、袁小晶：《大国竞争背景下的中国战略性关键矿产资源安全思考》，《中国科学院院刊》2022 年第 11 期，第 1550~1559 页。

③ 経済産業省「重要鉱物に係る安定供給確保を図るための取組方針」、https：//www.meti.go.jp/policy/economy/economic_security/metal/torikumihoshin.pdf。最后访问日期：2025 年 2 月 2 日。

④ 徐大兴、代涛、刘立涛等：《2000—2020 年日本钴物质流演变特征》，《资源科学》2023 年第 11 期，第 2264~2275 页。

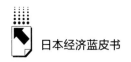

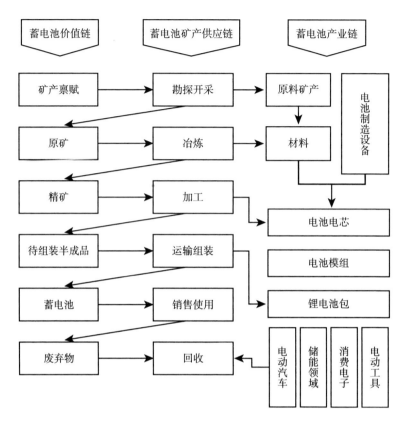

图1 蓄电池价值链、蓄电池矿产供应链和蓄电池产业链

注：蓄电池矿产供应链的下游环节包括蓄电池产品的销售使用和回收两部分，这两部分在蓄电池价值链和蓄电池产业链中同样有所体现。

资料来源：笔者自制。

二 日本蓄电池矿产供应链保障措施的历史演进

日本对蓄电池矿产供应链的保障措施经历了意识确立、能力升级和体系建设三个主要阶段。其演进不仅体现了日本蓄电池产业规模与国际市场占有率的同步变化，也折射出全球清洁能源转型与全球关键矿产供应链调整对日本资源保障理念的深层影响。

（一）蓄电池矿产保障基础建设阶段（1983~2010年）

日本蓄电池矿产保障意识的确立是对经济发展和技术创新所产生的现实需求的回应。1983年，日本将镍、铬、钼、锰、钨、钴、钒共7种稀有金属作为国家储备矿种。[①] 2004年，日本设立金属矿物资源机构（JOGMEC），该机构通过投资、并购和长期贷款等手段保障日本关键矿产的稳定供应。进入21世纪后，日本蓄电池产业加快发展，直接提升了日本的蓄电池矿产消费量。以2004年为例，日本的镍消费量占全球镍消费总量的15%，锰消费量占5.7%，铬消费量占3.7%。[②] 2010年钓鱼岛撞船事件后，中国对日本实行稀土禁运。同年，在恢复对日出口稀土后，稀土出口税的提高以及出口量的限制导致稀土价格暴涨。稀土禁运事件对日本日后制定的矿产保障措施产生了较大影响。[③] 为确保蓄电池矿产的稳定供应，支撑本国蓄电池产业的持续发展，日本政府开始在多项政策和法律中体现蓄电池矿产对产业发展的决定性作用：日本在2010年第三次修订的《能源基本计划》中明确强调了锂、稀土等蓄电池矿产的稳定供应对电动汽车等工业制造业发展的重要意义；同年，JOGMEC开始对进行关键矿产开发的日本企业提供更多投资支持[④]；在2009年发布的《稀有金属保障战略》中，日本首次将包括锂、钴、镍、锰、石墨、稀土等蓄电池矿产在内的稀有矿产确定为"关键矿产"，体现了日本蓄电池矿产保障意识与国家发展战略的进一步融合。[⑤]

2011年前，日本蓄电池矿产的保障措施依附于传统的能源矿产保障体

---

① 李晓峰、徐净、朱艺婷等：《关键矿产资源铟：主要成矿类型及关键科学问题》，《岩石学报》2019年第11期，第3292~3302页。

② 徐衍坤：《日本全球矿产资源战略及储备制度简介（上）》，《金属世界》2008年第3期，第2~4+19页。

③ 魏龙、潘安：《日本稀土政策演变及其对我国的启示》，《现代日本经济》2014年第2期，第40~47页。

④ JOGMEC「組織について—沿革」，https：//www.jogmec.go.jp/about/development_001.html。最后访问日期：2025年2月4日。

⑤ 経済産業省「レアメタル確保戦略」，https：//warp.da.ndl.go.jp/info：ndljp/pid/6086248/www.meti.go.jp/press/20090728004/20090728004-3.pdf。最后访问日期：2025年2月4日。

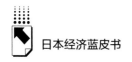

系，没有形成具体的蓄电池矿产供应链保障体系。2011年后，资源约束、产能不足与环境规制叠加冲击倒逼日本启动供应链结构性治理，以应对全球清洁能源转型与全球关键矿产供应链调整。

（二）蓄电池矿产保障措施升级阶段（2011~2019年）

2011年，日本锂离子电池企业的全球市场份额首次被韩国超过，位居全球第二。[①] 与此同时，在消费电子产品需求爆发的背景下，中国锂离子电池产业充分发挥成本优势，全球市场份额跃升至33%，全球锂离子电池市场的中日韩"三国鼎立"局面逐渐形成。[②] 同年，受东日本大地震影响，日本核电产业发展遭遇重大打击，既有能源结构因此受到根本性动摇，能源转型的进程与路径被迫调整。在能源安全与低碳转型的双重压力下，氢燃料电池因制造过程中所需矿产种类较锂离子电池更少、对矿产稳定供应的依赖程度较低，被视为重要的替代能源技术。2014年，日本发布"氢能与燃料电池战略路线图"，掀起了氢燃料电池汽车开发和应用的高潮。[③] 然而，在技术体系不完备、国际认可度不足等因素的影响下，日本氢燃料电池汽车难以开拓海外市场。而对氢燃料电池汽车的过度资金投入，不仅限制了日本蓄电池产业的发展，也使日本企业在蓄电池技术层面积累的发明专利陷入"专利丛林"劣势。[④]

在这一阶段，全球消费电子与新能源汽车产业持续以锂离子电池为主要动力，日本"由电转氢"战略并未解决供应链核心问题，这迫使日本出台针对性蓄电池战略，通过强化供应链稳定性维护产业竞争力。

---

① 《2011年全球锂电池市场占有率韩国产品首超日本》，新浪财经，https://finance.sina.com.cn/roll/20120306/100111523922.shtml。最后访问日期：2025年2月11日。
② 《新能源车系列深度之三——动力电池》，广发证券，http://pdf.dfcfw.com/pdf/H3_AP2018 03121102171446_1.pdf。最后访问日期：2025年2月11日。
③ 张杰：《中日氢燃料电池汽车产业发展分析与展望》，《现代日本经济》2023年第5期，第81~94页。
④ 张伟君、单晓光：《滥用专利权与滥用专利制度之辨析——从日本"专利滥用"的理论与实践谈起》，《知识产权》2006年第6期，第67~70页。

东日本大地震发生后，为降低对核电和传统化石燃料的依赖，日本能源结构的重点转向可再生能源和储能系统领域，蓄电池矿产供应链的稳定性成为决定日本能源结构转型的核心因素。2012年，日本发布《蓄电池战略》，强调蓄电池在电动汽车制造和可再生能源获取方面的关键作用。① 日本通过保障电力供应强化中游冶炼产能，风能、地热、太阳能等清洁能源的开发，逐渐改善了化石能源主导的能源结构。② 下游矿产回收利用方面，日本为蓄电池产业绿色发展和矿产回收利用提供了政策支持。在政策层面，2018年，日本政府发布《第四次循环型社会形成推进基本计划》，希望通过资源循环利用率的提升获取更多经济效益。③ 在立法层面，日本先后制定《促进建立循环型社会基本法》、《资源有效利用促进法》和《汽车回收再生利用法》等法律，使锂离子电池回收立法在基础层面、综合层面和专项层面实现了全面覆盖。④

在这一时期，日本逐渐意识到蓄电池矿产供应链所面临的结构性挑战，并通过立法、政策与投资应对，提升供应链安全保障能力，并在2012年后着力培育氢能源产业。然而，氢燃料电池汽车对铂族金属、镍及稀土等原材料的需求不断攀升，与蓄电池所依赖的核心矿产在种类上高度重叠，增加了矿产供应紧张与潜在短缺的风险。

此外，该时期日本强化蓄电池矿产供应链稳定性的举措仍主要依赖上游供应的"开源"，对外资源依存度高与供应链不完整问题持续存在。资源民族主义"复兴"、资源供应国高价值化转型等问题也加大了日本资源安全压力。2020年后，日本逐步构建蓄电池矿产供应链保障体系以建立更加安全稳定的供应链格局。

---

① 经济产业省「蓄電池戦略」、https：//www. cas. go. jp/jp/seisaku/npu/policy04/pdf/20120705/ sanko_shiryo1. pdf. 最后访问日期：2025年2月12日。
② 经济产业省「エネルギー基本計画」、https：//www. enecho. meti. go. jp/category/others/basic_ plan/pdf/140225_1. pdf. 最后访问日期：2025年2月12日。
③ 田正、刘云：《日本构建绿色产业体系述略》，《东北亚学刊》2023年第2期，第120~134+ 150页。
④ 韩帅帅、邓毅、侯贵光等：《废旧动力锂电池回收利用的国际经验及借鉴意义》，《环境保护》2023年第Z3期，第83~86页。

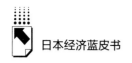
（三）蓄电池矿产供应链保障体系建设阶段（2020年至今）

在国际卖方市场趋势下，日本矿产定价权缺失、供应链脆弱性加剧、进口不足与出口需求之间的结构性错位等限制性因素对日本蓄电池产业的未来发展构成严峻挑战。[①] 日本亟待制定与时俱进的蓄电池矿产供应链保障体系。

2020年，日本将蓄电池产业视为绿色产业发展的核心，[②] 其于2022年发布的《蓄电池产业战略》强调了把握蓄电池矿产供应链中游冶炼产能的重要性。[③] 日本于2021年成立"电池供应链协议会"，以可持续的方式保障电池供应链安全。[④] 在蓄电池矿产供应链上游矿产保供方面，日本于2023年发布《面向绿色转型的资源外交指南》（以下简称"指南"），将日本未来可能的矿产来源国进行分类，推动与不同类型国家在供应链领域的深度合作。[⑤] 在中游冶炼产能提升方面，日本积极发挥JOGMEC的作用，在技术开发层面主持攻关先进冶炼技术，在人才培养层面定期开展研讨交流讲座，促进先进冶炼技术与人才培养的有机结合。[⑥] 在下游矿产循环利用方面，日本积极推进蓄电池矿产回收利用体系的建设，鼓励开发蓄电池矿产替代技术，进而中和矿产供应风险。

2020年后，日本基于清洁能源转型与产业需求加速构建系统性蓄电池

---

① IEA，"Annual Report 2021"，https：//evtcp. org/wp-content/uploads/2024/09/2021_annual_report-1. pdf. 最后访问日期：2025年2月13日。

② 刘红、郑晨笛：《日本重振蓄电池产业竞争力的路径探析——基于对新版〈蓄电池产业战略〉的解读》，《现代日本经济》2023年第5期，第65~80页。

③ 蓄電池産業戦略検討官民協議会「蓄電池産業戦略」，https：//www. meti. go. jp/policy/mono_info_service/joho/conference/battery_strategy/battery_saisyu_torimatome. pdf. 最后访问日期：2025年2月13日。

④ 電池サプライチェーン協議会「概要」、https：//www. basc-j. com/about/. 最后访问日期：2025年2月13日。

⑤ 徐博、张君达：《全球关键矿产供应链调整下日本资源外交新动向》，《日本学刊》2025年第1期，第42~74+150页。

⑥ JOGMEC「選鉱・製錬・リサイクル技術開発」、https：//www. jogmec. go. jp/metal/technology_006. html。最后访问日期：2025年2月11日。

矿产供应链保障体系，强化蓄电池产业链上下游协同。2024 年，日本修订《蓄电池产业战略》，并设定三大目标：深化"同志国"间产业合作、降低对单一国家的冶炼产能依赖、提升国内环境治理水平。[①] 在与美加等国的资源外交中实现国际地位提升，日本蓄电池矿产供应链保障措施进一步演化为整合资源合作渠道、提升全球产业话语权的政策工具。

三　当前日本蓄电池矿产供应链的主要风险探析

在全球清洁能源转型加速推进的背景下，日本蓄电池矿产供应链正面临供应链全链条的结构性风险挑战。从上游矿产供给集中化、中游冶炼产能受限到下游供需结构失衡，日本蓄电池矿产供应链的脆弱性日益凸显，这不仅威胁其产业安全，更折射出资源匮乏型工业国在全球产业链供应链重构浪潮中的深层困境。

（一）集中化是日本蓄电池矿产供应链上游的首要风险

蓄电池矿产资源在全球的分布极为不均，资源供给国利用本国的资源禀赋，通过兴建国内加工厂、限制初级原料出口、鼓励本土供应链下游投资等手段强化对蓄电池产业链的控制。[②] 南美"锂三角"拟建"锂佩克"以增强锂矿定价权[③]；刚果（金）于 2018 年修订《矿业法》，引导外资流向矿产加工环节[④]；印尼于 2022 年推动"镍矿欧佩克"构建，以增强其在全球镍

---

① 経済産業省「蓄電池産業戦略の関連施策の進捗状況及び蓄電池を取り巻く主な環境変化について」，https://www.meti.go.jp/policy/mono_info_service/joho/conference/battery_strategy2/shiryo2-3.pdf。最后访问日期：2025 年 2 月 11 日。
② 张建新：《资源民族主义的全球化及其影响》，《社会科学》2014 年第 2 期，第 19~27 页。
③ 许敬华：《南美"锂三角"资源供应形势分析——"锂佩克"格局对全球及中国的影响》，《中国国土资源经济》2023 年第 9 期，第 14~23 页。
④ 《对外投资合作国别（地区）指南（刚果民主共和国）（2024 年版）》，中华人民共和国商务部网站，https://opendata.mofcom.gov.cn/front/data/detail?id=C5E1C2CA614F1C512980B497A98BE71C。最后访问日期：2025 年 2 月 13 日。

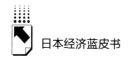

供应链中的优势地位和话语权。[①] 日本矿产资源供给来源高度集中，2023年从智利、印尼和澳大利亚三国进口的非铁金属就占到了非铁金属进口总量的59.1%。[②] 蓄电池矿产进口来源的高度集中化使日本容易受到国际市场供给波动的影响。

（二）冶炼能力不足是日本蓄电池矿产供应链中游的核心风险

冶炼环节是蓄电池矿产供应链的核心增值环节。日本具有先进冶炼技术，本土产能的扩张却面临多重因素制约，不仅削弱了日本在供应链中游环节的竞争优势，也抑制了蓄电池供应链上游及下游产业部门的发展空间。日本若意在扩充本土冶炼产能，则必然面临电力需求的显著增长。目前，石油、煤炭与天然气等火力发电仍占日本总发电量的约60%，[③] 日本若选择进一步提升火力发电比重，环境污染加剧将不可避免；若通过扩大核能规模平衡环境保护与能源安全，则不仅需要正视潜在的核能安全隐患，还可能引发国内对核电产业发展的反思和质疑。对高能耗冶炼能力的诉求与国内对核能安全信任的缺失之间的矛盾，凸显出日本在扩大冶炼产能进程中所面临的双重挑战。

（三）供需结构失衡是日本蓄电池矿产供应链下游面临的现实问题

由于国内资源禀赋极为有限，日本主要依赖海外进口来满足其蓄电池产业的矿产需求。2022年，日本对30种关键矿产的进口依赖度超过95%，高度依赖外部供应的结构性供需失衡在供应链下游环节表现得尤为突出。[④] 地

① 《印尼欲建"镍矿欧佩克"，前景如何?》，环球杂志，https://www.news.cn/globe/2023-03/17/c_1310703156.htm。最后访问日期：2025年2月13日。
② 一般社团法人日本贸易会「日本贸易の现状2024」、https://www.jftc.or.jp/publications/assets/pdf/bd9a427374c42d3ef7fe2d5b4b939a6e.pdf。最后访问日期：2025年2月14日。
③ 资源エネルギー庁「电気事业者の発电所数、出力」、https://www.enecho.meti.go.jp/statistics/electric_power/ep002/results.html#headline2。最后访问日期：2025年2月14日。
④ 国际贸易投资研究所米国研究会「2023年度バイデン政権の通商产业政策と日本企业への影响に关する调查研究」、https://iti.or.jp/report_152.pdf。最后访问日期：2025年2月15日。

缘风险与价格波动导致矿产供应不稳，企业承受成本攀升与交付周期混乱压力，制约了企业的技术迭代与商业创新。

此外，为了确保企业国际竞争力，日本下游厂商选择研发"去矿产化"的电池生产技术。对于以"精益生产""高端制造"见长的日本企业而言，这既是对产业链重构的巨大考验，也可能成为进一步强化供应链韧性与可持续性的动力来源。

四 日本蓄电池矿产供应链上、中、下游的保障重点

针对矿产资源匮乏困境，日本构建了蓄电池矿产供应链协同体系。上游开展资源外交及海洋矿产开发试图突破供给瓶颈；中游通过冶炼技术升级与产能优化构建技术壁垒，建立海外合作网络分散风险；下游通过发展循环经济与替代技术降低资源对外依赖程度。蓄电池矿产供应链保障措施间彼此啮合，形成了"上游开源—中游增效—下游节流"的协同机制，产生了跨环节的战略协同效应。

（一）日本蓄电池矿产供应链的上游环节：保障资源多元供应

在蓄电池矿产供应链上游保障中，日本采取了"开源"策略，将资源外交作为支点，通过国际合作、政策协调与海洋矿产开发，应对蓄电池矿产供应链面对的挑战。"指南"将蓄电池相关矿产的资源外交战略划分为早期、中期和后期三个阶段，分别聚焦扶持探矿企业、深化与资源国的双边合作和通过股权合作深化产业融合等方面，以确保关键矿产的长期稳定供应，实现资源获取的系统性布局。[①]

---

① 经済産業省「GXを見据えた資源外交の指針」，https：//www. meti. go. jp/shingikai/enecho/shigen_nenryo/pdf/20230626_1. pdf。最后访问日期：2025 年 2 月 16 日。

　　与此同时，海洋矿产开发正逐步成为日本实现蓄电池矿产供应来源多元化的重要支柱。日本周边海域海床富集钴、镍、锰等矿产，构成了独特的矿产禀赋（见表1）。自20世纪70年代开展试采测试以来，日本不断推进对海底热液矿床、富钴结壳、锰结核及稀土泥等海洋矿产的可行性研究，积累了系统的科学数据与技术经验，为大规模商业化采矿提供了坚实的理论与实践支撑。① 在政策推动方面，2024年1月，日本经济产业省资源能源厅启动了《海洋基本计划》修订程序，重点优化勘探技术标准、完善法律监管机制以及推进深海采矿装备产业化，系统性地重构海洋矿产开发体系。JOGMEC于2014年与国际海底管理局（ISA）签订了全球首份海洋矿产开采协议，并计划于2029年实现富钴结壳商业化开采。日本协同推进资源外交与海洋矿产开发，在蓄电池矿产供应链上游形成了双重供给保障。② 通过资源外交与海洋矿产开发，日本正致力于在2030年前实现锂（10万吨/年）、镍（9万吨/年）、钴（2万吨/年）、石墨（15万吨/年）及锰（2万吨/年）等关键蓄电池矿产的稳定供应，为新能源产业链上游提供双重供给保障。

表1　日本海洋矿产资源的储藏和开采条件

矿产类型	海底热液矿床	富钴结壳	锰结核	稀土泥
特征	是由深海热液活动形成的矿床，通常出现在洋中脊等构造活跃区域	是在海山、海台或岛屿水下斜坡表面形成的金属富集层，多分布于海平面以下800~3000米	是分布于海平面以下4000~6000米处的圆形矿物结核	是富含稀土元素的海底沉积物
藏海域	冲绳、伊豆、小笠原群岛	南鸟岛等	太平洋	南鸟岛海域

---

① 加藤泰浩「日本近海の海底鉱物資源とその開発に向けた展望」、『マリンエンジニアリング』2021年56巻第2号、第215~221頁。

② JOGMEC「コバルトリッチクラスト」、https：//www.jogmec.go.jp/metal/metal_10_000006.html。最后访问日期：2025年2月20日。

续表

矿产类型	海底热液矿床	富钴结壳	锰结核	稀土泥
储储藏金属	铜、铅、锌（少量金、银）	钴、镍、铜、白金、锰等	铜、镍、钴、锰等	稀土元素（包括重稀土）
开发水深	水下 500~2000 米	水下 800~2400 米	水下 4000~6000 米	水下 5000~6000 米
负责部门	经济产业省（资源能源厅）负责			内阁和 SIP[①] 负责

注：① SIP（战略性创新创造计划，Strategic Innovation Promotion Program，戦略的イノベーション創造プログラム）是由日本内閣府综合科学技术创新会议（CSTI）主导的国家项目。该计划自2014 年起分阶段实施，聚焦关键领域的技术研发。SIP 设立了多个专项科研攻关课题（如能源、农业、自动驾驶等），联合官产学力量，确保成果的实现。截至 2025 年，SIP 已进入第三期，持续助力实现"社会 5.0"愿景。参见内閣府科学技術・イノベーション推進事務局「戦略的イノベーション創造プログラム（SIP）概要」，https：//www8. cao. go. jp/cstp/gaiyo/sip/sipgaiyou. pdf。最后访问日期：2025 年 2 月 20 日。

本文重点关注蓄电池矿产，其他海洋矿产并未详列。

资料来源：笔者根据 2024 年 1 月资源能源厅相关文件制表，参见资源エネルギー庁「海洋エネルギー・鉱物資源開発計画改定について」，https：//www. meti. go. jp/shingikai/enecho/shigen_nenryo/kogyo/pdf/012_04_00. pdf。最后访问日期：2025 年 2 月 20 日。

（二）日本蓄电池矿产供应链的中游环节：提升冶炼加工能力

为提升冶炼加工能力，日本构建了内外联动的多维战略体系。对内利用政企协同机制强化技术攻关与产业升级，为鼓励企业技术创新，通过设立规模达 2.7 万亿日元的"绿色创新基金"，重点支持新能源企业的技术突破。[①] 对外通过供应链重塑以掌控价值链高端环节，通过修订《外汇及外国贸易法》，将锂、钴等 34 种关键矿产纳入外资准入负面清单，构筑供应链"防火墙"[②]，同时鼓励企业在印尼、澳大利亚等国投资初级冶炼产能，[③]

① NEDO「グリーンイノベーション基金とは」，https：//green-innovation. nedo. go. jp/article/to-business/。最后访问日期：2025 年 2 月 20 日。

② 财务省「『本邦上場会社の外為法における対内直接投資等事前届出該当性リスト』の改訂について」，https：//www. mof. go. jp/policy/international_policy/gaitame_kawase/press_release/20211102. html。最后访问日期：2025 年 2 月 20 日。

③ 周亚敏：《全球能源转型中的关键矿物供应链：格局、趋势与展望》，《财经智库》2023 年第 4 期，第 125~138+148 页。

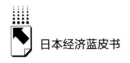

形成了"资源国开采—友国冶炼—本土精加工"的梯度分工，既缓解资源民族主义风险，又确保高附加值环节国内集聚，契合全球供应链区域化重构趋势。①

为保障冶炼产能扩张，日本必须确保电力供应的稳定。2012年核电站全面停运后，日本能源自给率骤降至6%，化石能源依赖度显著上升。② 为响应国际碳中和发展趋势，日本政府重启核电，提升其在能源结构中的比例，借此降低对化石能源的依赖，并释放现代化升级的清洁能源潜力。经济产业省于2025年2月发布的第七版《能源基本计划》指出，电力供给是数字化与绿色转型的前提，而传统高炉冶炼向电炉冶炼的转变是"脱碳化社会"的必要路径。为确保核电的未来发展，日本正开发次世代原子炉，并通过参与国际原子能机构安全标准制定及借助七国集团、经济合作与发展组织等多边机制，推动核能技术协同创新，构建安全、可持续的能源体系。③ 在蓄电池矿产供应链中游保障环节，日本通过技术赋能的垂直整合和地缘适配的横向布局，形成了以技术支撑、产能分散、制度壁垒和能源转型为核心的多重保障机制，为资源匮乏型经济体参与清洁能源转型提供了系统性解决方案。

（三）日本蓄电池矿产供应链的下游环节：强化矿产循环利用

在蓄电池矿产供应链下游环节，日本构建了以技术创新与制度设计为核心的保障体系，展现出系统化和供应链整合效应。在矿产替代技术方面，日本首先通过政企协同推动无钴磷酸铁锂（LFP）电池的开发，利用铁和磷酸

① Saleem H. Ali et al. , "Closing the Infrastructure Gap for Decarbonization: The Case for An Integratedmineral Supply Agreement", *Environmental Science & Technology*, 2022（22），pp. 15280-15289.

② 文阡箫、康学真：《范式转换视域下日本核能发展态势研究》，《现代日本经济》2024年第2期，第12~25页。

③ 经济产业省「エネルギー基本計画」、https://www.enecho.meti.go.jp/category/others/basic_plan/pdf/20250218_01.pdf. 最后访问日期：2025年2月20日。

盐替代钴，能降低30%以上的原材料成本。[①] 其次，探索生物质碳基阳极材料取代传统石墨材料的可能性。[②] 最后，探索颠覆性电池技术，京都大学与丰田公司研制的全固态氟离子电池，能够部分替代锂基材料，具有一定的商用价值。[③]

在制度设计方面，日本构建了以国内外多举措支撑的电池矿产回收利用体系。在立法上，2000年发布的《资源有效利用促进法》要求电池生产企业回收小型废弃电池，《蓄电池产业战略》进一步将废弃电池的回收和再利用列为重点。[④] 在外交上，日本推动关键矿产节约与回收利用技术的国际合作，主张建立多边合作网络，通过部长级会议和联合研究强化政策对话。[⑤]受此推动，2022年日本小型镍氢电池的回收率达到76.6%（286吨），小型锂电池达到59.6%（534吨）。[⑥] 下游回收利用体系不仅为中游冶炼企业提供稳定的二次原料供应，还借助矿产替代技术降低对外依赖，从而缓解上游保供压力，全面提升供应链的安全性与竞争力。

五 对日本蓄电池矿产供应链保障措施的评价

日本构筑了系统化的蓄电池矿产供应链保障措施，通过上、中、下游保

① 経済産業省「日産のLFPバッテリー開発および量産を『蓄電池に係る供給確保計画』として認定」、https：//news. mynavi. jp/article/20240911－3021355/。最后访问日期：2025年2月20日。

② PJP Eye，"Cotton Batteries：A Sustainable Alternative to Lithium-Ion"，https：//comparecommander. com/cotton-batteries-a-sustainable-alternative-to-lithium-ion/. 最后访问日期：2025年2月20日。

③ Fraunhofer，"Bench marking International Battery Policies"，https：//publica－rest. fraunhofer. de/server/api/core/bitstreams/75cff61b－7d2c－463c－bbf0－ffc28a5a4d82/content. 最后访问日期：2025年2月20日。

④ 経済産業省「資源有効利用促進法」、https：//www. meti. go. jp/policy/recycle/main/admin_info/law/02/pdf/sigenyukoriyoho. pdf. 最后访问日期：2025年2月20日。

⑤ 経済産業省「西村経済産業大臣がIEA重要鉱物・クリーンエネルギーサミットに出席しました」、https：//www. meti. go. jp/press/2023/09/20230929008/20230929008. html。最后访问日期：2025年2月20日。

⑥ 環境省「環境・循環型社会・生物多様性白書」、https：//www. env. go. jp/policy/hakusyo/r06/pdf/2_3. pdf。最后访问日期：2025年2月20日。

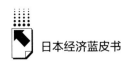

障措施的联动试图突破资源匮乏局限。在上游依托资源外交和海洋矿产开发；在中游则以技术创新和国内外生产协同提升冶炼产能，并通过重启核电确保清洁能源供应；在下游则借助矿产替代技术与废旧电池回收利用技术，增强了供应链的整体韧性。然而，在取得阶段性成果的同时，日本仍面临海洋矿产开发技术储备不足、核电安全成本与经济效益平衡以及下游矿产替代技术商业化验证和产业惯性等挑战。

（一）日本蓄电池矿产供应链保障措施取得的成效

日本在蓄电池矿产供应链保障措施中构建了"开源—增效—节流"三位一体模式，通过上、中、下游联动突破资源匮乏的先天性约束，形成显著的阶段性成果。

1. 多元化供应强化矿产供应链上游保障

日本通过纵向整合全球矿产资源网络，在蓄电池矿产供应链上游构建了"买矿"与"找矿"并存的多元保障体系。在资源外交中，日本不仅利用对外投资获取矿产资源，还将技术输出和发展援助纳入谈判筹码，以此获得国际话语权、与矿产供给国的良好关系以及在全球产业链治理中的地位等产业和政治资源。

日本周边海域海底矿产品位高、资源储量大且多位于专属经济区①，具备良好的开采条件。日本海洋矿产开发实验时间早，具备先发技术优势；作为 ISA 成员国，日本在国际规则制定中拥有较强话语权；同时，政府层面频繁发布相关报告，内阁主导的 SIP 项目也涵盖海洋矿产开发。多重优势叠加使日本逐步成为海洋矿产开发的"标准制定者"，从而提升"找矿"层面的蓄电池矿产供应稳定性。

2. 技术创新与生产协同提升中游冶炼产能

日本蓄电池矿产供应链中游保障的核心在于冶炼产能提升。在应对国内

---

① 专属经济区（Exclusive Economic Zone）是《联合国海洋法公约》（UNCLOS）确立的一种海洋区域制度，赋予沿海国在该区域内对自然资源和经济活动的主权权利。在专属经济区中，沿海国拥有海洋资源开发和进行经济活动的权利。

冶炼产能受限和能源供给不足问题时，日本优化冶炼工艺，改善能源消耗与污染控制，提高产品质量与效率。同时，通过低端产能向外迁移、高端产能国内聚集，从结构上优化了蓄电池价值链结构。针对冶炼扩产与核电安全隐患的矛盾，日本以确保核电安全为前提推动核电重启，保障充足且清洁的能源供应。总体而言，日本通过一系列保障措施，试图构建高效、低碳的中游冶炼环节，并通过全球布局实现产能优化与生产协同，以提升供应链的灵活性和抗风险能力。

3. 下游矿产回收与替代技术提高供应链整体韧性

在下游，日本通过技术创新与制度设计，提升供应链的整体韧性。日本希望通过对矿产替代技术的研发与应用，以及以回收与再利用为核心的制度构建，为上、中游提供稳定的二次原料供应，以此降低矿产的进口依赖度。同时，日本积极推动国际合作，倡导建立关键矿产节约与回收利用的多边合作网络，强化国际对话与经验交流，从而为其在蓄电池矿产供应链中构筑竞争优势提供坚实支撑。

（二）日本蓄电池矿产供应链保障措施未能解决的问题

日本虽然构建了系统化的供应链保障体系，但在战略实施中仍面临多重未解挑战，部分关键环节的系统性风险未能得到化解。

1. 海洋矿产开发面临技术储备和利润前景问题

相较于陆地矿产资源，海洋矿产对基础设施要求较低，但对提矿和勘探技术要求更高。以提矿管道为例，日本 1981 年至 1997 年的海底锰结核采矿研究表明，普通钢制提矿管道在水下最长仅 2000 米，耐用年限仅 2~5 年。缺乏先进提矿技术将导致企业频繁更换管道，进而影响利润率。同时，若海底矿产的品位和市场价格难以大幅提升，企业可能面临严重亏损。[①] 在政府支持不足、矿产价格持续波动的情况下，海洋矿产开发或将陷入"望洋兴

---

① 山崎哲生「海底鉱物資源利用の現状と将来展望」、『日本 LCA 学会誌』2022 年第 18 号、第 220~229 頁。

叹"的困境。

2.核电重启将面临安全成本与经济效益的平衡问题

面对能源结构转型与中游冶炼产能扩张的双重压力，重启核电成为日本政府不得不选择的路径。核电因其清洁、高效的特性，适合用于能源供给有限的国家进行能源结构转型，但一旦发生安全事故，将对人民福祉、经济发展和国际声誉产生巨大的负面影响。因此，确保核电运行安全至关重要。然而，从经济角度看，过度安全投入与安全投入不足同样不可取，前者会浪费社会资源，后者则会带来过高事故风险和巨额损失。[1] 对于曾经历严重核泄漏事故的日本而言，如何平衡核电的安全成本与经济效益，是核电重启过程中不得不加以深思的问题。

3.下游矿产替代技术面临商业化验证与供应链冲突的阻力

开发矿产替代技术是日本蓄电池矿产供应链下游保障的关键措施，但目前多停留在实验阶段，商业化进程遥遥无期。其投资回收周期长，可能削弱企业技术创新的积极性，政府补贴效果亦有限。此外，以矿产替代技术生产的电池亦需要磷、氟等材料。[2] 对这些材料的需求会催生新的电池材料供应链，进而加大日本供应链保障难度。

结　语

根据上述分析，本文得出如下结论。

其一，矿产资源禀赋严重不足和刚性需求难以缓解是日本蓄电池矿产供应链面临的核心问题。作为资源匮乏国，蓄电池矿产的价格变动将对日本蓄电池产业的原料供应和成本控制产生直接影响。蓄电池产业对蓄电池矿产的需求具有刚性，即使矿产替代技术和材料研发取得进展，也难以迅速摆脱对

---

① 王俊豪、胡飞：《核电的经济特性及其安全性管制的有效性分析》，《经济理论与经济管理》2021年第5期，第100~112页。

② 大竹久夫「わが国の脆弱なリンサプライチェーン—その実態と求められる根本的な強靭化策」、『表面技術』2023年第74卷第9号、第435~440页。

传统矿产的依赖。矿产短缺不仅引发了价格波动，还加剧了国际竞争，使日本企业在技术创新和产品交付上面临更大风险。

其二，日本蓄电池矿产供应链的稳定性将直接决定本国产业的国际竞争力。全球矿产资源分布极不均衡和复杂的产业链条，使蓄电池矿产供应链的任何波动都可能影响产品成本、交付和技术创新能力。作为矿产净进口国，供应链风险不仅延缓了日本企业技术升级，还削弱了市场差异化优势。与此同时，供应链的断裂风险还可能引发更深层次的产业失衡。为保持在全球新能源产业中的领先地位，日本必须通过技术突破建立能够适应地缘风险、市场波动及技术变革的弹性供应链保障机制，这既是破解资源约束的必然选择，也是在全球产业链重构进程中重塑竞争优势的核心要求。

其三，国际政治经济格局变动为日本蓄电池矿产供应链保障带来了机遇与挑战并存的复杂局面。随着"逆全球化"与"泛安全化"趋势的显现，日本蓄电池矿产供应链面临安全性、稳定性和可持续性风险的加剧。近期，美国以军事援助交换乌克兰稀土资源、刚果（金）暂停钴矿出口等因素将在多维度影响日本矿产获取的稳定性。一方面，国际市场矿产价格波动可能提高日本的矿产获取成本；另一方面，日本若选择继续参与由美国主导的矿产联盟，可能会降低其蓄电池矿产的获取难度。然而，蓄电池矿产供应链脆弱、产业国际竞争力发展受限等被动因素，使日本只能在既有的全球关键矿产供应链调整和国际分工格局中维系现有地位，难以真正在全球清洁能源转型中占据有利地位。如何通过多元化供应来源、技术创新和国际合作等保障措施提升蓄电池矿产供应链的稳定性，已成为日本及世界各国蓄电池产业发展的战略焦点。

B.10
日本发展生物经济的战略动向
与实现路径[*]

平力群[**]

摘　要：　生物经济作为 21 世纪的新兴经济形态，正逐步在全球范围内展现出
其巨大的潜力和影响力。《生物战略 2019》的制定标志着日本从生物技术战略向
生物经济战略的转变。日本为进一步利用自身优势扩大生物经济市场，实现解
决其所面临的课题与可持续经济增长的双赢，将《生物战略》修订为《生物经
济战略》。日本政府在生物战略的框架下通过建设生物共同体，使其成为能够连
接国内外数据、人才、投资和研究的媒介与枢纽的生物创新生态系统，推动生
物经济市场的扩大，实现 2030 年将日本建设成为世界领先的生物经济社会的目
标，确立其在生物经济领域的领导地位和国家竞争优势。

关键词：　生物经济战略　生物共同体　区域创新生态系统

生物经济（Bioeconomy）是由经济合作与发展组织（OECD）在 2009 年发
布的报告《2030 年生物经济：制定政策议程》中提出的概念，指通过有效利用
生物质（生物资源）与生物技术，构建不依赖化石资源的可持续型社会系统，
并同时实现经济增长的经济活动总称。随着基因编辑、合成生物学等革命性技
术的发展，生物技术将与数字技术一样，对广泛的产业产生深远影响。生物经

---

　*　本文为天津市哲学社会科学规划项目"打造天津生物医药产业集聚区实践研究"（项目编号：
　　　TJGL23-022）的阶段性成果。
　**　平力群，经济学博士，天津社会科学院亚太合作与发展研究所研究员，主要研究领域为日本
　　　经济、区域经济等。

济作为 21 世纪的新兴经济形态，正逐步在全球范围内展现出其巨大的潜力和影响力。到 2030 年，生物经济的全球市场规模预期达到 200 万亿日元至 500 万亿日元，应用领域将从健康医疗扩展至工业制造、能源、农林水产等产业，[①] 为解决环境、资源、粮食、健康、医疗等各种社会课题，实现可持续的经济发展做出贡献。生物经济被视为继数字革命后的新一波产业浪潮。

自日本于 2008 年制定《梦想 BT 日本》后的十年间，科学技术的发展超出了预想。如，可以自由改变基因的基因编辑技术的登场；新一代测序仪的出现使快速且廉价地读取 DNA 和 RNA 的碱基序列成为可能。在生物经济发展速度加快、国际竞争更加激烈的背景下，日本政府产生了对日本生物技术产业化落后的危机感。在这一危机感下，日本政府在新的技术经济社会约束条件下，总结过去政策实施的经验和教训，着手制定生物战略，以实现生物发展战略从过去的"利用生物技术"模式，转向聚焦如何实现可持续的、新型社会经济系统不可或缺的核心要素——"生物经济"模式。[②] 为此，日本政府于 2019 年 6 月发布了以"到 2030 年将日本建设成为世界领先的生物经济社会"为目标的《生物战略 2019——建设国内外共鸣的生物共同体》（以下简称《生物战略 2019》）。[③] 为细化实现目标的政策措施，依据《生物战略 2019》提出的整体目标和规划，日本政府进而制定了由《生物战略 2020（基础政策）》[④] 和《生物战略 2020（市场领域政策

---

① 日本政策投資銀行関西支店産業調査部「我が国におけるバイオものづくりの産業化に向けて~関西の「次の産業の核」とするために~」、2023 年 3 月、https：//www.dbj.jp/upload/investigate/docs/0a50c7c869c2bb6be490300804a3d5fe.pdf。最后访问日期：2025 年 3 月 16 日。

② 統合イノベーション戦略推進会議決定「バイオ戦略 2019~国内外から共感されるバイオコミュニティの形成に向けて~」、2019 年 6 月 11 日、https：//www8.cao.go.jp/cstp/bio/bio2019_honbun.pdf。最后访问日期：2025 年 3 月 16 日。

③ 統合イノベーション戦略推進会議決定「バイオ戦略 2019~国内外から共感されるバイオコミュニティの形成に向けて~」、2019 年 6 月 11 日、https：//www8.cao.go.jp/cstp/bio/bio2019_honbun.pdf。最后访问日期：2025 年 3 月 16 日。

④ 統合イノベーション戦略推進会議決定「バイオ戦略 2020（基盤的施策）」、2020 年 6 月 26 日、https：//www8.cao.go.jp/cstp/tougosenryaku/bio2020_kiban.pdf。最后访问日期：2025 年 3 月 16 日。

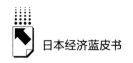

确定版）》①　两部分构成的《生物战略2020》。②　在全球生物经济快速扩张和国际竞争加剧的背景下，日本政府2024年对生物战略进行了大幅度修改，并为明确进一步扩大生物经济市场的战略宗旨，将《生物战略》更名为《生物经济战略》。③

《生物战略2019》的制定标志着日本从生物技术战略向生物经济战略的转变。④　而"生物战略2019——建设国内外共鸣的生物共同体"这一题目，也体现出日本政府将建设生物共同体作为实现整体目标路径的政策意图。生物共同体（Biocommunity）指通过整合产学研金资源，构建以生物技术为核心的跨领域协作网络，旨在加速技术创新、推动产业转化并培育生物经济生态。生物共同体作为创新生态系统，是对发展生物经济的参与主体的虚拟一体化，是吸引生物人才和投资向市场提供生物产品和服务的体制。⑤　日本政府试图通过建设生物共同体，推动生物经济市场的扩大，实现2030年将日本建设成为世界领先的生物经济社会的目标，确立起其在生物经济领域的领导地位和国家竞争优势。为此，本文在梳理和分析日本生物战略演化的基础上，介绍生物共同体的认定、政策支持和发展现状，阐释日本政府通过建设生物共同体推动日本生物经济发展的实现路径。

①　統合イノベーション戦略推進会議決定「バイオ戦略2020（市場領域施策確定版）」、2021年1月19日、https：//www8. cao. go. jp/cstp/tougosenryaku/bio2020_sijo. pdf。最后访问日期：2025年3月16日。

②　統合イノベーション戦略推進会議決定「バイオ戦略フォローアップ」、2021年6月11日、https：//www8. cao. go. jp/cstp/tougosenryaku/biosenryaku_fu. pdf。最后访问日期：2025年3月16日。

③　統合イノベーション戦略推進会議決定「バイオエコノミー戦略」、2024年6月3日、https：//www8. cao. go. jp/cstp/bio/bio_economy. pdf。最后访问日期：2025年3月16日。

④　経済産業省「バイオエコノミー社会の実現に向けて」、2020年10月15日、https：//www. nite. go. jp/data/000123443. pdf。最后访问日期：2025年3月16日。

⑤　経済産業省生物化学産業課「バイオ政策の進展と今後の課題について」、2023年5月12日、https：//www. meti. go. jp/shingikai/sankoshin/shomu_ryutsu/bio/pdf/016_04_00. pdf。最后访问日期：2025年3月16日。

一 生物战略2019/2020：整体目标、规划与政策措施

《生物战略 2019》作为日本生物战略的开篇，基于战略的基本方针，将日本生物战略从以往的分散型模式转向资源整合发挥协同效应的集约型模式，并重点从以下四个方面推进战略：一是指明市场领域并据此进行逆向规划；二是构建促进生物与数字融合的数据基础；三是形成国际生物共同体圈；四是强化战略指挥中枢功能。日本今后还将逐步充实生物战略。[①]《生物战略 2019》对生物战略进行了总体规划，由背景、基本思路、社会愿景与市场领域、具体措施以及战略指挥中枢功能五部分构成。

此后，为支持《生物战略 2019》提出的总体目标的实现，在《生物战略 2019》总体设计的框架上，日本政府又分别于 2020 年和 2021 年制定了《生物战略 2020（基础政策）》和《生物战略 2020（市场领域政策确定版）》。这样就形成了在《生物战略 2019》制定的生物战略整体框架下采取政策与实施措施分项列示的编排方式的、由"基础性政策措施"与"确定版市场领域"两部分内容构成的《生物战略 2020》。《生物战略 2019》和《生物战略 2020》共同构成了日本生物战略。

（一）《生物战略2019》的总体目标和基本方针

在《生物战略 2019》的基本思路部分，提出了到 2030 年将日本建设成为世界领先的生物经济社会的总体目标，确定了在讨论制定、实施、跟踪评估和更新生物战略时作为依据的五大基本方针。

1. 由三大要素构成的总体目标

《生物战略 2019》提出到 2030 年将日本建设成为世界领先的生物经济社会的总体目标。而所谓世界领先的生物经济社会应包括以下三大要素，并

---

① 統合イノベーション戦略推進会議決定「バイオ戦略 2019~国内外から共感されるバイオコミュニティの形成に向けて~」、2019 年 6 月 11 日、https：//www8. cao. go. jp/cstp/bio/bio2019_honbun. pdf。最后访问日期：2025 年 3 月 16 日。

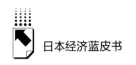

通过是否包含这三大要素来评价日本是否实现了成为世界领先的生物经济社会的目标。①

第一，生物优先思维。为实现基于可持续生产与循环的"社会5.0"（超智能社会），在能够讨论生物伦理、法律和社会问题的环境中，推动社会形成优先考虑生物技术解决方案的思维方式和行动模式。第二，生物共同体建设。从企业管理者到普通市民全面普及生物优先理念，以国际合作、跨领域融合、开放式创新为基本原则，打造汇聚全球数据、人才、投资和科研资源的国际化创新共同体。以国际生物共同体为枢纽，构建区域协作网络，促进人才、物资、资金的良性循环，形成各具特色的可持续生物循环社区和健康生活社区。将这种共同体集群作为日本生物经济社会的示范模式，并将该模式向全球推广，以提升"生物共同体"范式的国际影响力。第三，生物数据驱动。通过生物技术与数字技术的深度融合，建立包含生物活动数据化在内的新型数据基础设施，推动产业与科研的跨越式发展。将国际标准化的测量方法和设备整合到生产系统，打造全球领先的生物活动数据化国家。②

可见，建设生物共同体既是日本生物经济社会先进性的表现，更是实现世界领先的生物经济社会的载体和路径。

2. 基本方针

《生物战略2019》为制定、实施及更新生物战略确立了五项基础方针，以系统性解决过往战略中存在的以下七大核心问题，即过度侧重基础研发导向、对应用领域关注不足、投资方向与应对措施分散模糊、产业界—政府—学术界协同不足、数据管理战略缺失、国际战略薄弱，以及伦理、法律和社会影响（ELSI）应对机制不完善。

---

① イノベーション政策強化推進のための有識者会議「バイオ戦略」「バイオ戦略の全体目標の評価に関する基本的考え方」、2022年4月、https：//www8. cao. go. jp/cstp/bio/bio_hyoka. pdf。最后访问日期：2025年3月16日。
② 統合イノベーション戦略推進会議決定「バイオ戦略2019~国内外から共感されるバイオコミュニティの形成に向けて~」、2019年6月11日、https：//www8. cao. go. jp/cstp/bio/bio2019_honbun. pdf。最后访问日期：2025年3月16日。

第一，市场定位、逆向规划、持续投入。以终为始设定目标市场领域，构建从未来需求倒推技术路径的逆向规划机制，确保资源持续聚焦投入。第二，生物技术与数字技术融合创新。加速生物技术与人工智能、大数据等数字技术的深度交叉融合，构建新型技术生态体系。第三，全球基地化、区域网络化、促进投资。打造具有国际影响力的生物技术枢纽，建立跨区域协作网络，吸引全球资本形成创新投资高地。第四，强化国际战略。制定生物经济全球化发展路线图，通过标准输出、技术合作、人才流动提升国际话语权。第五，应对伦理、法律和社会的问题。建立生物技术应用的伦理审查框架，完善法律规制体系，构建社会共识形成机制。①

（二）社会愿景与市场领域

在社会愿景与市场领域部分，立足总体目标描绘出四大社会愿景，并以实现愿景为导向，在结合日本优势与世界发展趋势，充分考虑市场增长潜力的基础上，设定应重点开拓的九大市场领域。

基于"可持续性""循环型社会""健康"这三个解决社会课题的关键词，提出以下四大社会愿景：所有产业协同联动的循环型社会；满足多样化需求的可持续的一次（初级）生产社会；依托可持续制造方式实现材料和物资生物化的社会；医疗与健康管理相协同，能够终身参与社会活动的社会。为实现设定的四个社会愿景（需具备必要条件），结合日本特色（优势）与世界发展趋势，同时充分考虑市场增长潜力，选定九个有望吸引国内外大规模投资的市场领域（见表1）。这九大市场领域也将成为政府集中支持的领域，以发挥政府资金对民间投资的引导和撬动作用。

---

① 統合イノベーション戦略推進会議決定「バイオ戦略 2019～国内外から共感されるバイオコミュニティの形成に向けて～」、2019 年 6 月 11 日、https：//www8.cao.go.jp/cstp/bio/bio2019_honbun.pdf。最后访问日期：2025 年 3 月 16 日。

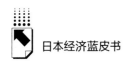
表1 九大市场领域

九大市场领域	说明	负责部门
①高性能生物材料	轻、耐久性的优质新材料	科技、文、农、经、环
②生物塑料	通用塑料的替代、推进塑料垃圾的3R（减少使用、重复使用、循环使用）	科技、文、经、环
③可持续的一次生产系统	提升亚洲、非洲的农业生产效率	科技、农
④废弃物、排水的有机处理	利用微生物等的循环型环境净化	科技、经、国、环
⑤生活方式改善型健康管理、功能性食品、数字健康	不依赖医疗的健康生活	IT、健康医疗、内、科技、消费、总、文、厚、农、经、环
⑥生物医药、再生医疗、细胞治疗、基因治疗相关产业	应用发酵产业的技术、品质管理	健康医疗、文、厚、农、经、环
⑦生物制造系统	利用微生物、细胞的物质生产	农、经
⑧生物相关的分析、测定、试验系统	对传感器、机器人等技术的灵活应用	健康医疗、文、厚、农、经
⑨利用木材的大型建筑、智能林业	推进木造大楼等，减少温室气体的排放	农、国

注：表中"科技"是指科学技术创新推进事务局，"文"是指文部科学省，"农"是指农林水产省，"经"是指经济产业省，"环"是指环境省，"国"是指国土交通省，"IT"是指信息通信技术（IT）综合战略室，"健康医疗"是指健康医疗战略推进事务局，"内"是指内阁官房，"消费"是指消费者厅，"总"是指总务省，"厚"是指厚生劳动省。

资料来源：統合イノベーション戦略推進会議決定「バイオ戦略2019～国内外から共感されるバイオコミュニティの形成に向けて～」、2019年6月11日、https://www8.cao.go.jp/cstp/bio/bio2019_honbun.pdf；統合イノベーション戦略推進会議決定「バイオ戦略フォローアップ」、2021年6月11日、https://www8.cao.go.jp/cstp/tougosenryaku/biosenryaku_fu.pdf。最后访问日期：2025年3月16日。

（三）具体措施

在《生物战略2019》的具体措施部分，基于基本方针，首先提出向集约化、网络化转型的具体举措，包括构建促进生物与数字融合的数据基础、打造吸引全球人才与投资的国际枢纽等；其次提出强化创业与投资环境等基础性措施。在战略指挥中枢功能部分，为确保"持续承诺"，提出强化战略指挥中枢功能的方案。①

在发布《生物战略 2019》后，日本政府在推动由众多行业协会、企业等参与的市场领域路线图的讨论的同时，推进数据协同的实证研究与探讨，以及面向生物制造实证的技术开发等工作。在此基础上，为推进《生物战略 2019》的落实与实施，日本政府于 2020 年 6 月制定了《生物战略 2020（基础政策）》，于 2021 年 1 月制定了《生物战略 2020（市场领域政策确定版）》，这两份文件共同构成了《生物战略 2020》的整体框架。

在《生物战略 2020（基础政策）》中，按照《生物战略 2019》的要求细化了推进包括数据基础设施建设、生物共同体建设、制度完善等在内的基础政策。② 在《生物战略 2020（市场领域政策确定版）》中，依据重点发展的九个市场领域，将到 2030 年把市场规模扩大至总计约 92 万亿日元的总体规模目标分解到每个市场领域。具体为：高性能生物材料、生物塑料等（见表 1①、②、④、⑦、⑧）的市场规模目标为 53.3 万亿日元；可持续的一次生产系统（③）的市场规模目标为 1.7 万亿日元；利用木材的大型建筑（⑨）的市场规模目标为 1 万亿日元；生活方式改善型健康管理等（⑤）的市场规模目标为 33 万亿日元（2025 年的市场规模）；生物医药、再生医疗、细胞治疗、基因治疗相关产业（⑥）的市场规模目标为 3.3 万亿日元。③ 依据市场规模目标在各领域分别制定和实施相关举措。制定市场领域及市场领域路线图，并不局限于各个领域本身，还应考虑跨领域的情况以及

① 統合イノベーション戦略推進会議決定「バイオ戦略 2019~国内外から共感されるバイオコミュニティの形成に向けて~」、2019 年 6 月 11 日、https：//www8.cao.go.jp/cstp/bio/bio2019_honbun.pdf。最后访问日期：2025 年 3 月 16 日。
② 統合イノベーション戦略推進会議決定「バイオ戦略 2020（基盤的施策）」、2020 年 6 月 26 日、https：//www8.cao.go.jp/cstp/tougosenryaku/bio2020_kiban.pdf。最后访问日期：2025 年 3 月 16 日。
③ 統合イノベーション戦略推進会議決定「バイオ戦略 2020（市場領域施策確定版）」、2021 年 1 月 19 日、https：//www8.cao.go.jp/cstp/tougosenryaku/bio2020_sijo.pdf。最后访问日期：2025 年 3 月 16 日。

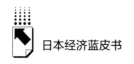

日本经济蓝皮书

路线图之间的协同合作，并结合建设生物共同体过程中具体举措的实际情况。

二　生物经济战略2024：创造和扩大市场

基于在利用生物技术和生物质的生物经济解决环境、粮食、健康等诸多问题，并实现循环经济和可持续经济增长方面寄予厚望，全球在生物经济领域的投资和规则制定等政策与市场方面的竞争正在加速。同时，随着日本生物共同体建设的推进，生物经济优先理念进一步渗透到日本的经济社会中，生物经济市场领域得到进一步扩大。因此，有必要制定应对市场领域扩大的政策措施。[1] 为利用自身优势扩大生物经济市场，实现解决所面临的问题与可持续经济增长的双赢，2024 年 6 月 3 日，日本政府在内阁府设立的统合创新战略推进会议上通过了以推进政府与民间的合作、扩大生物经济市场为宗旨的《生物经济战略》。该战略是在 2019 年制定的《生物战略》的基础上制定的，并更名为《生物经济战略》。该战略基于最新的国内外动态，梳理总结了未来面向 2030 年的科学技术创新政策的方向。[2]《生物经济战略》不仅是一项创新战略，还明确了通过创造和扩大新市场实现经济增长，以及进行经济安全保障的必要性。该战略着眼于技术与创新从实用化到普及的各个阶段。

自 2019 年提出《生物战略 2019》以来，日本政府多次修改生物战略。2024 年的修改不仅增加了新的视角和内容，还对名称进行了变更。以下将从三个方面介绍《生物战略》与《生物经济战略》之间的主要变化。

---

① 統合イノベーション戦略推進会議決定「バイオ戦略フォローアップ」、2021 年 6 月 11 日、https：//www8.cao.go.jp/cstp/tougosenryaku/biosenryaku_fu.pdf。最后访问日期：2025 年 3 月 16 日。
② 統合イノベーション戦略推進会議決定「バイオエコノミー戦略」、2024 年 6 月 3 日、https：//www8.cao.go.jp/cstp/bio/bio_economy.pdf。最后访问日期：2025 年 3 月 16 日。

180

（一）将市场领域划分为三大领域和五大市场

《生物经济战略》将此前划分的九个生物经济市场领域整合为五个市场，并划分为三大领域（见表2）。

表2　生物经济领域与市场的划分与目标

三大领域	五大市场	2030年市场规模目标	目标状态
生物制造、生物基产品	生物制造、生物基产品	53.3万亿日元	*日本企业在高附加值领域获得市场 *提升国内供应链的韧性
一次（初级）生产等（农林水产业）	可持续的一次生产系统	14.9万亿日元（其中国内1.7万亿日元，海外13.2万亿日元）	*在人口减少的情况下，仍维持一定的生产水平 *建立与环境相协调的粮食系统 *促进出口
	利用木材建造的建筑物、智能林业	1万亿日元（利用木材建造的大型建筑）	*通过建筑物为固定二氧化碳做贡献 *将林业建设为具有可持续性的成长产业
生物医药、再生医疗、健康管理	生物医药品、再生医疗、细胞治疗、基因治疗相关产业	58.6万亿日元（其中国内3.3万亿日元，海外55.3万亿日元）	*源自日本的生物医药品、再生医疗和细胞医疗、基因治疗产品的全球推广 *承担供应链的新参与者的出现与集聚
	生活方式改善型健康管理、数字健康管理	39.1万亿日元	*促进对医疗健康领域的投资以及其他领域的企业进入该领域 *通过生物技术与数字技术的融合，建立起将预防、早期发现和治疗无缝衔接的体系

资料来源：宫森映理子「バイオエコノミー戦略に見る産業界への期待「食」の領域を中心に」、2024年6月19日、https://www.marubeni.com/jp/research/report/data/Bioeconomy20240621.pdf. 最后访问日期：2025年3月16日。

（二）更加重视采取市场创造和扩大的政策措施

自《生物战略2019》制定之初，日本就已意识到创造市场的必要性，而在此次修订中，创造和扩大市场的相关举措更是被置于战略核心位置。2030年生物经济市场规模目标从92万亿日元提升至100万亿日元。《生物

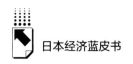

经济战略》设定了重点扩大的生物经济市场，并针对每个细分市场描绘出2030年的目标状态，通过逆向规划明确实现目标所需的政策方向，包括加速技术开发、完善市场环境和商业环境等，强化从基础研究到实用化再到普及的路径，推进产学研金协同合作。[1]

1. 生物制造与生物基产品领域

《生物经济战略》明确了生物制造与生物基产品领域发展的目标状态为推进各产业向生物生产过程的转换，通过利用未被充分利用的资源降低环境负荷，并提升供应链的韧性。为支持这一目标实现，《生物经济战略》从加速技术开发、完善市场环境和完善商业环境三个方面明确了制定、实施政策的方针。

加速技术开发方面的政策方针包括：一是通过推动生物技术与人工智能等数字技术的融合，培育微生物和细胞设计平台、完善建造生物铸造厂的基础；二是聚焦有望成为优势的氢氧化细菌，以及其培养和发酵工艺等方面；三是为消除原料制约，致力于未利用生物质和二氧化碳的直接利用、降低生产与收集成本、研发预处理技术等。完善市场环境方面的政策方针为：一是为实现生物基产品的市场化，首先重点推进高附加值产品的市场化，研究针对降低成本和实现量产等方面的监管措施和市场模式，分阶段实现通用产品的市场化，将官民投资规模扩大至每年 3 万亿日元；二是推动包括生命周期评估（LCA）等在内的评价标准、产品标识、国际标准化等规则的形成，并参考绿色采购法等，研究激发市场需求的策略。完善商业环境方面的政策方针为：一是建设生物铸造厂基地；二是培养和确保符合价值链需求的人才，构建涵盖周边产业的供应链；三是通过推动政府部门间的协作，调整监管规定和规则，应对国际舆论，依据《生物质利用推进基本计划》推动生物质的利用。[2]

2. 一次（初级）生产等（农林水产业）领域

《生物经济战略》明确了一次生产等农林水产业领域发展的目标状态为

① 統合イノベーション戦略推進会議決定「バイオエコノミー戦略」、2024 年 6 月 3 日、https：//www8. cao. go. jp/cstp/bio/bio_economy. pdf。最后访问日期：2025 年 3 月 16 日。
② 統合イノベーション戦略推進会議決定「バイオエコノミー戦略」、2024 年 6 月 3 日、https：//www8. cao. go. jp/cstp/bio/bio_economy. pdf。最后访问日期：2025 年 3 月 16 日。

激活可持续的粮食供应产业，通过推广使用木材的大型建筑减少二氧化碳排放，并为应对花粉症做出贡献。为支持这一目标实现，《生物经济战略》从加速技术开发、完善市场环境和完善商业环境三个方面明确了制定、实施政策的方针。

加速技术开发的政策方针包括：一是开发适合智能农业的品种并转换栽培体系，开发用于辅助农民开展农业生产的生成式人工智能等，开展利用基因组信息开发新品种等的兼顾生产力提升与可持续性的研发；二是开展建筑用木材〔如正交胶合木（CLT）等〕和林业机械的技术研发与实证，利用基因编辑技术开发无花粉雪松等。完善市场环境的政策方针为：一是推进基于绿色食品系统战略的降低环境负荷等相关举措；二是促进国民对食品科技等尖端技术的理解等，推动先进技术向海外市场拓展，参与制定国际标准等；三是普及和宣传木材利用的意义和效果。完善商业环境的政策方针为：一是充实和强化农业研究机构等可供产学研官共同使用的基础设施，支持育种者权利管理机构采取防止品种外流的举措；二是通过大规模技术实证项目等，培育农林水产业和食品领域的初创企业；三是培养利用木材建造大型建筑的设计师和施工人员。[①]

3. 生物医药、再生医疗、健康管理领域

《生物经济战略》明确了生物医药、再生医疗、健康管理领域发展的目标为推动日本研发的生物医药品等在全球市场的拓展，通过医疗与医疗健康产业的合作延长健康寿命（健康状态下的寿命）。为支持这一目标实现，《生物经济战略》从加速技术开发、完善市场环境和完善商业环境三个方面明确了制定、实施政策的方针。

加速技术开发的政策方针为：加强基础研究和转化功能，以培育面对新一代医疗技术和药物研发的创新技术种子。完善市场环境的政策方针为：一是为推进创新药品和医疗仪器等的开发，探讨药品定价制度对创新

---

① 統合イノベーション戦略推進会議決定「バイオエコノミー戦略」、2024 年 6 月 3 日、https：//www8.cao.go.jp/cstp/bio/bio_economy.pdf。最后访问日期：2025 年 3 月 16 日。

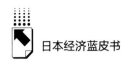

药物和医疗设备开发的适当性评价;二是为确保医疗健康服务的可靠性,支持医学界和产业界合作建立授权机制;三是从安全保障的角度出发,完善国内 CDMO(合同研发与生产组织)等生产基地的建设,确保现场生产人才。完善商业环境的政策方针为:一是通过加强日本与其他国家生态系统的连接,支持药物研发初创企业;二是考虑医疗健康产业市场的特殊性,支持初创企业。①

(三)基于经济安全保障的举措

2022 年 5 月 18 日,日本内阁府公布了 11 日国会通过的《关于通过采取经济政策一体化推进确保安全保障的法律》(2022 年法律第 43 号)(以下简称《经济安全保障推进法》)。② 该法律对《生物经济战略》的内容产生了影响。

1. 加强生物技术应用过程中的生物风险管理

随着生物技术的不断进步,在全球范围内,人们对生物技术促进生物经济发展寄予厚望,同时,对生物技术被不当利用的担忧也日益加剧。建立恰当的生物风险管理体系的重要性不断提升。这不仅关乎确保国民在生物技术应用过程中的安全与安心,更是通过产品和服务的社会化应用推动生物经济发展、构建海外合作关系的重要前提。

另外,生物相关产业的涵盖范围广泛,存在多种多样的监管框架,并且各个框架都在为切实保障生物安全而努力。然而,随着生物技术的进步和生物经济的扩张,有可能出现现有监管框架无法充分应对的新技术、产品和服务。因此,在顺应技术发展趋势的同时,政府和民间需共同推进对监管机制的改革,更新现有监管规定,加强生物技术、产品和服务风险管理,以适应

---

① 統合イノベーション戦略推進会議決定「バイオエコノミー戦略」、2024 年 6 月 3 日、https://www8.cao.go.jp/cstp/bio/bio_economy.pdf. 最后访问日期:2025 年 3 月 16 日。
② 「経済施策を一体的に講ずることによる安全保障の確保の推進に関する法律(経済安全保障推進法)(令和 4 年法律第 43 号)経済安全保障推進法の制定経緯・趣旨」、https://www.cao.go.jp/keizai_anzen_hosho/. 最后访问日期:2025 年 3 月 16 日。

支持新技术、产品和服务的发展。

2. 加强技术研发，推动国际合作

技术优势是保障国家经济安全的基础。为了从长远角度确保日本在国际社会中拥有坚实的技术优势，基于科学技术的多面性，在推进"经济安全保障重要技术培育计划（K 计划）"时，不仅要着眼于民用研究开发，还关注那些能与公共利用相关联的研究开发。2023 年 8 月，日本内阁府制定了符合日本经济安全保障需求的研究开发愿景（第二次），并着重加强了生物领域的相关举措。日本将继续按照该研究开发愿景推进研究开发工作，并促进企业间在技术研发与实用化方面的合作；探索与友好国家在技术研发及实用化方面的合作领域，并支持关键技术及其参与主体、供应链的可视化建设；积极探索与"志同道合"的国家之间的合作领域，促进企业间的合作，同时致力于实现关键技术及其相关参与主体、供应链的可视化。[1]

三 生物共同体建设：推动生物经济发展的实现路径

区域创新生态系统包括公共、私营大学及国家实验室、初创公司、小型企业和附属基础设施等。区域创新生态系统具有将基础研究发现转化为经济和社会价值的功能。[2] 在《生物战略 2019》中提出的 2030 年将日本建设成为世界领先的生物经济社会的重要实现路径之一是创立国际生物共同体圈。[3] 在生物领域，为了加强从国内外吸引人才和投资、完善向市场供应产品和服务的体制（创新生态系统），内阁府通过公开招募方式，将满足一定条件（具备全球通用的优势，包括科学基础和产业基础；产学官金等主要

---

① 統合イノベーション戦略推進会議決定「バイオエコノミー戦略」、2024 年 6 月 3 日、https：//www8.cao.go.jp/cstp/bio/bio_economy.pdf。最后访问日期：2025 年 3 月 16 日。

② 美国国家科学院、美国国家工程院、美国国家医学院编《护航生物经济》，科学出版社，郑涛等译，2022，第 167 页。

③ 経済産業省 商務・サービスG 生物化学産業課田中 哲也「バイオエコノミー社会の実現に向けて」、2020 年 10 月 15 日、https：//www.nite.go.jp/data/000123443.pdf。最后访问日期：2025 年 3 月 16 日。

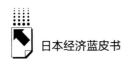
主体及关键人物的参与；承担共同体协调和调整功能的网络机构的能力；具体的实施计划等）的区域认定为"生物共同体"。日本政府通过构建从研发到商业化的战略性价值链、涵盖涉及多元主体参与的战略性价值链，打造引领世界的"国际生物共同体"和根据地区特点开展特色活动的"地方生物共同体"。不仅要推动共同体建设，还要推进构建共同体间相辅相成的合作机制，以及提高国内知名度。① 日本政府通过区域内生物共同体建设，构筑从研究开发到商业化过程中由多元主体参与的战略性价值链；在日本全国形成多样的具有特色的生物共同体群，并通过对其持续成长的政策支持，将战略性价值链构筑扩展到各市场领域。②

日本政府通过对国际生物共同体和地方生物共同体的认定，强化生物创新生态系统中大学、研究机构、生物大企业、生物风险企业、风险投资公司、金融机构与金融市场、政府机构及服务组织间的连接，吸引国内外的投资和人才，提升生物企业的实力，为市场提供更多、更好的生物产品和服务，形成生物共同体建设与生物经济市场扩大的良性循环。2021 年是生物共同体认证元年，标志着日本生物经济战略进入制度化实施阶段。③ 迄今为止，已经认定了两个国际生物共同体〔2022 年 4 月：东京圈的大东京生物共同体（Greater Tokyo Biocommunity，GTB）、关西圈的生物共同体关西（BioCK）〕和六个地方生物共同体（2021 年 6 月：北海道、长冈、鹤冈、福冈；2022年 12 月：广岛、冲绳）。

（一）国际生物共同体的认定和建设

构筑区域性国际生物共同体是通过向基地化、集聚化和网络化转型的生

---

① 内閣府「JAPAN Biocommunityバイオコミュニティ」、2024 年 10 月 8 日、https：//www8. cao. go. jp/cstp/bio/community_pamphlet_j. pdf。最后访问日期：2025 年 3 月 16 日。

② 経済産業省生物化学産業課「バイオ政策の進展と今後の課題について」、2023 年 5 月 12 日、https：//www. meti. go. jp/shingikai/sankoshin/shomu_ryutsu/bio/pdf/016_04_00. pdf。最后访问日期：2025 年 3 月 16 日。

③ 統合イノベーション戦略推進会議決定「バイオ戦略フォローアップ」、2021 年 6 月 11 日、https：//www8. cao. go. jp/cstp/tougosenryaku/biosenryaku_fu. pdf。最后访问日期：2025 年 3 月 16 日。

物生态系统建设吸引全球人才和投资的国际枢纽。日本认定、建设两个国际生物共同体，旨在吸引国际人才和国际投资，扩大生物经济市场规模，提升日本在全球生物经济中的地位。

国际生物共同体以世界最前沿的研究开发机构为核心，通过与拥有生物生产系统等开发功能的机构和企业等的协作，推动科学技术成果的商业化，并使该地区作为全球生物创新枢纽之一获得国际认可。建设国际生物共同体的关键是促进各参与方的协作，同时提高国内外的认知度，吸引投资。因此，认定内容主要包括，对生物共同体的未来规划、网络机构体制、企业等必要参与者的集聚情况及业绩（包括基础设施建设和人才培养）进行评估（分三个阶段）。政府主要针对不足提供政策支持，促进参与主体间合作。文部科学省负责促进产学研合作基地的形成（支持共创空间的建设），经济产业省负责完善生物制造实证机构的建设，农林水产省负责构建农业生物基地。① 在综合考虑地方生物社区的公开招募和认定情况的基础上，日本对东京圈和关西圈的国际生物共同体进行公开招募和认定。通过这一举措，旨在描绘出日本最理想的生物共同体整体蓝图，同时促进生物数据的联动和有效利用，并加速市场领域的扩大。②

1. 大东京生物共同体（GTB）

GTB 以将东京圈打造成世界顶尖的创新中心为目标，助力实现 2030 年将日本建设成为世界领先的生物经济社会，并于 2021 年作为民间团体成立。GTB 于 2022 年 4 月被认定为国际生物共同体。

GTB 以八个基地为中心，在广泛的市场领域中最大化产业潜力，致力于打造世界顶尖的创新中心。具体包括：第一，筑波地区。以筑波大学为代表，汇聚众多研究机构和企业的世界级科学城市。第二，柏之叶地区。

---

① 内閣府政策統括官（科学技術・イノベーション担当）「バイオ戦略におけるバイオコミュニティ形成関連施策」、2020 年 10 月、https：//www.meti.go.jp/shingikai/sankoshin/shomu_ryutsu/bio/pdf/010_02_00.pdf。最后访问日期：2025 年 3 月 16 日。

② 統合イノベーション戦略推進会議決定「バイオ戦略フォローアップ」、2021 年 6 月 11 日、https：//www8.cao.go.jp/cstp/tougosenryaku/biosenryaku_fu.pdf。最后访问日期：2025 年 3 月 16 日。

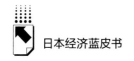

以东京大学（柏）、国立癌症研究中心、千叶大学（柏之叶）等为核心，以新产业创造、健康长寿、环境共生为轴心的创新大学城。第三，本乡、御茶之水和东京站地区。以东京大学（本乡）、东京医科齿科大学等为代表，是东京圈最大的学术集聚地。第四，日本桥地区。由生物医药产业与研究、临床、信息、开发的协作功能集聚而成的生命科学商业区。第五，川崎地区。以羽田机场直通的 King Sky Front 为中心，是从研发到新产业创出的开放创新城市。第六，横滨地区。以东京工业大学（铃悬台校区）、横滨市立大学先端医学研究中心等为核心，是通过产学研资合作推动健康和医疗领域创新的城市。第七，湘南地区。以世界最大规模的生命科学研究设施——湘南健康创新园为核心，形成与周边医院和区域协作的产学研医开放创新基地。第八，千叶、Kazusa 地区。以 Kazusa DNA 研究所、千叶大学等为核心，是通过前沿基因组研究推动植物和免疫医疗等领域发展的基地。

国际生物共同体的认定和建设，促进了日本政府对东京圈生物领域的投资。截至 2023 年 8 月，GTB 生物创新推进基地的投资情况如下。在研究开发方面，21 个国家项目，十年（2021~2030 年）间投资总额大约为 1800 亿日元；在支持风险企业方面，七年（2023~2030 年）间国家支援预算约为 1750 亿；在生产设备方面，国家为具有总部功能的 12 个制造基地提供了约 2000 亿日元的补贴；在民间投资方面，两年（2021~2023 年）间投资总额大于 5000 亿日元。[①]

2. 生物共同体关西（BioCK）

尽管关西地区聚集了众多生物技术相关机构，但长期以来该地区一直存在一个突出问题，即地方政府、学术界和企业之间缺乏跨领域的合作，未能形成超越各自框架的协同效应。基于这一问题，2021 年成立生物共同体关西。该共同体以生物战略为指导，以致力于统一关西地区的整体意识为使

---

① 内閣府 科学技術・イノベーション推進事務局「参考資料」、2024 年 7 月、https://www8.cao.go.jp/cstp/bio/bio_sanko.pdf。最后访问日期：2025 年 3 月 16 日。

命，推动国际生物共同体和生态系统的形成，助力实现可持续社会。① 2022年4月，生物共同体关西被认定为国际生物共同体。

生物共同体关西旨在利用大阪、京都、神户地区在医药、医疗器械、发酵等生物相关产业和研究力量方面的集聚，以及该地区在国际上的高知名度，通过广泛涵盖多个市场领域，致力于形成以解决社会问题为目标的生物生态系统。在经济界的主导下，以关西地区为基地，推动从事生物战略相关工作的行政机构、企业、团体以及大学、研究机构展开合作。在各重点领域，通过整合关西地区的内外机构，构建解决社会问题的最佳网络，形成跨部门合作的联盟（分科会）。以会员的知识和技术为基础，通过相互交流和合作，组建产学研联合的项目团队，致力于通过生物战略的实施解决社会问题。②

（二）地方生物共同体的认定和建设

地方生物共同体是通过包括地方政府在内的产学研官合作，致力于解决如地方资源的利用和资源循环等地方课题。通过地方企业、农户等与地方大学等研究机构的合作，推动生物战略所指定的市场领域规模的扩大，实现开拓国际市场、创造就业，从而推动地区经济的发展。地方政府重点支持政策是利用地区特色制定相关举措，扩大市场领域，提升实效。中央政府重点支持政策包括，由农林水产省负责的建设生物质产业城市、打造知识集聚与应用场景、构建农业生物基地，以及由环境省负责的支持地区循环共生圈形成等。③ 日本在全国范围内认定了六个地方生物共同体（Regional Bio-Community），这些社区集中了生物技术公司、大学和研究机

---

① 日本政策投資銀行関西支店産業調査部「我が国におけるバイオものづくりの産業化に向けて~ 関西の「次の産業の核」とするために~」、2023 年 3 月、https：//www.dbj.jp/upload/investigate/docs/0a50c7c869c2bb6be490300804a3d5fe.pdf。最后访问日期：2025 年 3 月 16 日。
② 日本政策投資銀行関西支店産業調査部「我が国におけるバイオものづくりの産業化に向けて~ 関西の「次の産業の核」とするために~」、2023 年 3 月、https：//www.dbj.jp/upload/investigate/docs/0a50c7c869c2bb6be490300804a3d5fe.pdf。最后访问日期：2025 年 3 月 16 日。
③ 内閣府政策統括官（科学技術・イノベーション担当）「バイオ戦略におけるバイオコミュニティ形成関連施策」、2020 年 10 月、https：//www.meti.go.jp/shingikai/sankoshin/shomu_ryutsu/bio/pdf/010_02_00.pdf。最后访问日期：2025 年 3 月 16 日。

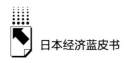

构，形成了独特的生物产业生态系统。

1. 北海道 Prime 生物共同体

北海道 Prime 生物共同体（2021 年 6 月认定）通过推动第一产业的智能化，确立北海道生物品牌，致力于将北海道打造为一个让每个人都愿意从事农林渔业的地区。北海道 Prime 生物共同体致力于推动道内第一产业从业者、企业、教育研究机构、金融机构和地方政府的合作，开展与北海道优势领域——第一产业相关的研究开发。此外，通过推动农林渔业的高端化和智能化，努力实现产业的可持续发展与产业活力的提升，并扩大市场份额。①

2. 长冈生物共同体

长冈生物共同体（2021 年 6 月认定）构建大米和未利用生物资源的价值链，旨在应对医疗、环境等社会课题，并扩大地区就业。长冈生物共同体以产学研官组成的"长冈生物经济联盟"（会长：长冈市市长）为平台，创造新的项目，推动长冈生物共同体的实现。②

3. 鹤冈生物共同体

鹤冈生物共同体（2021 年 6 月认定）以鹤冈科学园为中心，致力于应对医疗、环境等领域课题，并扩大地区就业。鹤冈生物共同体以山形县、鹤冈市和庆应义塾大学三方合作体制为基础，依托 20 多年来积累的研究、教育和商业成果，以庆应义塾大学先端生命科学研究所为核心的学术群体将成为研究、技术开发和人才培养的基石。通过促进具有吸引力和多样性的生物初创企业的成长，吸引投资，推动研究、社会应用和人才培养形成螺旋式提升的循环模式。推进癌症治疗新药和新疗法、功能性食品、肠道微生物相关药品、新型抗生素、生物燃料、下一代高蛋白食品等领域的研究，以创出新产业。鹤冈科学园将发挥有效连接社区内外、促进多样化合作的作用。③

---

① 内閣府「JAPAN Biocommunityバイオコミュニティ」、2024 年 10 月 8 日、https：//www8. cao. go. jp/cstp/bio/community_pamphlet_j. pdf。最后访问日期：2025 年 3 月 16 日。

② 内閣府「JAPAN Biocommunityバイオコミュニティ」、2024 年 10 月 8 日、https：//www8. cao. go. jp/cstp/bio/community_pamphlet_j. pdf。最后访问日期：2025 年 3 月 16 日。

③ 内閣府「JAPAN Biocommunityバイオコミュニティ」、2024 年 10 月 8 日、https：//www8. cao. go. jp/cstp/bio/community_pamphlet_j. pdf。最后访问日期：2025 年 3 月 16 日。

4. 福冈生物共同体

福冈生物共同体（2021年6月认定）在以久留米市为中心推进生物产业集聚的过程中，利用药物研发、医疗、食品、智能细胞等领域的优势，打造生物共同体。福冈生物共同体通过长期以来的努力，已经在生物企业的集聚、具有特色的领军企业的创立以及独创的功能性食品开发等方面取得了一定的成果。今后，日本将充分利用这些成果，吸引多样化的参与者，通过构建能够实现人才、物资和资金良性循环的生物经济生态系统，致力于形成与九州各县以及国内外生物基地有机联动的、国内一流的生物共同体。[1]

5. 广岛生物DX共同体

广岛生物DX共同体（2022年12月认定）以整合基因编辑和生物信息学的生物DX技术为核心，形成产学研共创基地，通过这一平台激活生物经济市场。广岛生物DX共同体围绕以下三点推进相关活动：第一，利用广岛在基因组相关技术方面的优势，解决地区和全球性的社会课题，为实现可持续发展目标（SDGs）做出贡献；第二，从研发和商业两个层面制定战略，打造高附加值产品成功进入市场的案例；第三，建立将从成功案例中获得的利润所吸引到的新投资投入下一个增长领域的机制。[2]

6. 冲绳生物共同体

冲绳生物共同体（2022年12月认定）以亚热带特有的生物资源和备受世界关注的冲绳科学技术大学院大学的研究能力为核心，打造以功能性食品和再生医疗领域为中心的本地化生物共同体。以创新成果的创出以及振兴肩负着未来发展的可持续性产业为目标，通过灵活运用科学技术，发挥产学研官与金融机构之间有机协作所产生的协同效应，实现向能够创造新附加值的创新型经济增长模式的转变。[3]

---

[1] 内閣府「JAPAN Biocommunityバイオコミュニティ」、2024年10月8日、https：//www8.cao.go.jp/cstp/bio/community_pamphlet_j.pdf。最后访问日期：2025年3月16日。

[2] 内閣府「JAPAN Biocommunityバイオコミュニティ」、2024年10月8日、https：//www8.cao.go.jp/cstp/bio/community_pamphlet_j.pdf。最后访问日期：2025年3月16日。

[3] 内閣府「JAPAN Biocommunityバイオコミュニティ」、2024年10月8日、https：//www8.cao.go.jp/cstp/bio/community_pamphlet_j.pdf。最后访问日期：2025年3月16日。

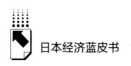

结　语

　　"愿景展望行政"是日本引导、支持产业发展的传统政策方式和手段。日本政府通过制定和修改生物战略，向全社会提出了一个具有激励性的发展生物经济的共同愿景。共同愿景的提出不仅可以使个人依据愿景而努力，同时有利于将愿景内化于心的个人努力寻求与愿景一致的改变，从而为高度动态和复杂系统中的变革工程提供有效的协调机制。[1] 另外，相关机构可以依据"愿景展望"为生物经济发展提供无缝连接的全方位支持，引导市场资金、资源向愿景领域集聚，推动愿景目标的实现。而基于生物经济不是包含在一组独立的经济领域中，而是跨越多个领域的特征，[2] 以及生物经济发展趋势的基地化、集聚化和网络化规律，日本政府选择了通过打造有利于技术、人员、资金、信息形成可持续良性循环的生物共同体支持日本生物经济发展的路径。通过建设生物共同体，使其成为能够连接国内外数据、人才、投资和研究的媒介与枢纽的生物创新生态系统，支持日本生物经济市场的扩大，确立日本在国际生物领域的领导地位和国家竞争优势。但生物技术的高度不确定性、生物技术发展过程中的伦理争议导致的监管滞后、社会对生物产品的接受度，以及日本生物经济发展过程中日本产业结构能否从垂直分工向水平分工转变都是日本发展生物经济过程中必须直面的课题。

---

① 蒂莫·J. 海迈莱伊宁、里斯托·海斯卡拉编著《社会创新、制度变迁与经济绩效——产业、区域和社会的结构调整过程探索》，清华大学启迪创新研究院组织编译，知识产权出版社，2011，第 102 页。

② 美国国家科学院、美国国家工程院、美国国家医学院编《护航生物经济》，科学出版社，郑涛等译，2022，第 41 页。

B.11
碳中和背景下日本绿色金融的
发展与问题

丁红卫　武钰茜*

摘　要： 　随着国际社会碳中和进程的推进，日本于 2020 年宣布了至
2050 年实现碳中和的目标。为实现该目标，日本政府通过建立健全的绿色
金融体制为绿色发展筹措更多资金。日本绿色金融主要指绿色投融资，
2014 年日本政策投资银行首次发行日本国内绿色债券后，包括绿色债券、
绿色信贷、可持续债券、可持续发展挂钩债券、可持续发展挂钩贷款和转
型融资等金融工具在内的绿色金融体系不断发展，"脱碳增长型经济结构
转型债券"等绿色金融制度机制不断创新。日本政府通过"导向"、"帮
助"和"加压"三种手段，促进市场形成，推进信息披露，完善绿色金融
市场。本文在梳理日本绿色金融发展历程与问题的基础上，探讨了日本政
府在推动绿色金融市场发展进程中的作用，从中寻求对中国发展绿色金融
的启示与经验教训。

关键词： 　绿色金融　绿色投融资　碳中和　脱碳增长型经济结构转型债券

全球气候变化已成为 21 世纪人类面临的最严峻挑战之一。《联合国气
候变化框架公约》《京都议定书》《巴黎协定》等国际性公约及文件陆续出
台，为在保证经济发展的同时实现国际性公约减碳目标指明了方向，深入推

---

* 丁红卫，北京外国语大学日语学院、日本学研究中心教授，主要研究领域为日本经济、中日
经贸关系与环保合作等；武钰茜，北京外国语大学日语学院、日本学研究中心研究生，主要
研究领域为日本经济、日本可再生能源。

进绿色发展、调整能源构成、优化产业结构、推动科技创新势在必行。诸如此类在绿色领域的行动与举措均需充分的资金保障。日本在绿色金融领域起步较早，初步建立起了以绿色债券、绿色信贷、可持续债券、可持续发展挂钩债券、可持续发展挂钩贷款和转型融资为主要工具的绿色投融资体系，创造性地提出"脱碳增长型经济结构转型债券"（以下简称"GX 经济转型债"）概念，成为全球首个发行绿色转型债券的主权国家。日本政府在建立健全的日本绿色金融市场方面亦通过"导向"、"帮助"和"加压"三种手段发挥了重要作用。然而，日本绿色金融发展也面临诸多挑战，亟待进一步探索和完善。

碳中和是近些年学界的热门话题，不同学者从不同角度剖析了日本碳达峰、碳中和的实现路径与其经验教训。张季风等对日本实现碳达峰的历程进行阶段划分与各利益相关方博弈分析，并指出森林固碳与国际碳交易市场的灵活利用是其完成《京都议定书》中日本承诺的巨大助力。[1] 张季风等从能源需求与供需两端入手分析日本碳中和的达成路径，提出传统能源发电过程减排与新能源的产业化和消纳能力提升等经验对中国减排之路有一定的借鉴意义。[2] 陈慕薇针对日本"渐进式退煤"政策探讨碳中和背景下日本煤炭行业的新动向。[3] 丁红卫和李泽庭在研究中已关注到了"GX 基本方针"中碳定价机制与新金融工具的导入，但并未进行系统探讨。[4] 可以发现，系统探讨金融手段助力碳中和实现的研究目前较少。

早期关于日本绿色金融的研究，大多将"绿色金融"的概念定义为金融部门的投融资操作。常杪等通过梳理日本政策投资银行 2004 年推出的旨在推

① 张季风、蔡桂全、李浩东：《日本实现碳达峰的路径、经验》，《日本经济与中日经贸关系研究报告（2023）》，社会科学文献出版社，2023，第 134~160 页。
② 张季风、蔡桂全、李浩东：《日本实现碳中和目标的路径与展望》，《日本经济与中日经贸关系研究报告（2023）》，社会科学文献出版社，2023，第 161~179 页。
③ 陈慕薇：《"双碳"背景下的日本煤炭利用：现状与未来》，《日本经济与中日经贸关系研究报告（2023）》，社会科学文献出版社，2023，第 275~292 页。
④ 丁红卫、李泽庭：《"GX 基本方针"与日本核电政策的转变》，《日本经济与中日经贸关系研究报告（2023）》，社会科学文献出版社，2023，第 180~201 页。

动企业环保工作发展的"促进环境友好经营融资业务"的形成背景、具体内容及流程等，阐明了日本国内绿色金融萌芽阶段时的发展情况。① 张振敏则对比了中、日、韩绿色金融制度，整理了日本在绿色金融方面领跑的数个金融机构及其具体举措，指出在推进绿色金融发展方面，日本民间金融机构占据主导地位。② 刘冰欣将绿色金融的内涵定义为"金融部门将环境保护作为基本原则，在投融资决策过程中充分考虑潜在的环境影响，从环保角度调整经营理念与重组业务流程，支持环保产业发展，实现经济可持续发展和生态的协调发展"。③

近年来，日本绿色金融相关研究的研究范围逐渐扩大，研究内涵不断丰富。张晓燕等聚焦环境、社会和公司治理（ESG）相关信息披露对绿色金融高质量发展起到的助推作用并展开探讨。④ 杜江、秦雨桐在探讨日本迈向碳中和的困境及其实现路径时提及了作为碳中和实现路径之一的绿色金融，并认为碳金融的核心是"碳排放权的交易"。⑤ 李清如、王冰雪则着眼于日本政府近些年提出的绿色转型战略中"增长导向型"碳定价构想，跟踪日本政府在绿色金融领域的新动向。⑥ 张岳、周应恒聚焦日本绿色金融中的"漂绿"现象，探讨其成因及日本政府的防范对策。⑦

然而，聚焦 2014 年日本首次发行绿色债券后的日本绿色金融市场发展新动向并对市场进行较为全面探讨的研究者仍然较少，故本文将在梳理

---

① 常抄、杨亮、王世汶：《日本政策投资银行的最新绿色金融实践——促进环境友好经营融资业务》，《环境保护》2008 年第 10 期，第 67~70 页。
② 张振敏：《中、日、韩绿色金融制度比较研究》，《黑龙江社会科学》2013 年第 6 期，第 75~79 页。
③ 刘冰欣：《日本绿色金融实践与启示》，《河北金融》2016 年第 10 期，第 28~32 页。
④ 张晓燕、殷子涵、王艺熹：《全球 ESG 相关信息披露对中国绿色金融发展的启示》，《清华金融评论》2021 年第 12 期，第 44~47 页。
⑤ 杜江、秦雨桐：《日本迈向"碳中和"的困境及其实现路径》，《现代日本经济》2022 年第 3 期，第 66~80 页。
⑥ 李清如、王冰雪：《日本碳定价机制的发展趋势及对中国的启示——基于日本"增长导向型"碳定价构想的分析》，《中国物价》2023 年第 9 期，第 20~23 页。
⑦ 张岳、周应恒：《绿色金融"漂绿"现象的成因与防范：来自日本的经验启示》，《现代日本经济》2021 年第 5 期，第 79~94 页。

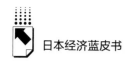

2014 年后日本绿色金融发展历程与问题的基础上，探讨日本政府在推动绿色金融市场建立及发展的过程中发挥的作用，从中寻求对中国发展绿色金融的启示与经验教训。

一 日本国内绿色金融的发展与相关举措

日本绿色金融主要指绿色投融资，主要包括绿色债券、绿色信贷、可持续债券、可持续发展挂钩债券、可持续发展挂钩贷款和转型融资。

2014 年日本政策投资银行首次发行日本国内绿色债券，拉开了绿色投融资的序幕。此后，绿色债券的发行规模逐渐增加。2015 年，都市银行发行了绿色债券。2017 年，东京都作为地方政府首次发行了绿色债券。同时期，日本环境省参考国际资本市场协会（ICMA）发布的《绿色债券原则》，于 2017 年制定了《绿色债券指南》。此外，日本政府通过实施诸如"创建绿色金融示范案例项目"及"绿色债券等筹资相关追加成本补贴制度"等政策，不断推动日本国内绿色债券发行规模进一步扩大。

日本环境省 2018 年设立"促进绿色债券发行平台"，2019 年设立"绿色融资网站"，2020 年制定了《绿色债券指南 2020 年版》和《绿色信贷及可持续发展挂钩贷款指南 2020 年版》。2021 年，日本金融厅、经济产业省和环境省共同制定了《气候转型融资基本方针》，金融厅发布了《社会债券指南》。2022 年，日本环境省发布《绿色债券及可持续发展挂钩债券指南 2022 年版》和《绿色信贷及可持续发展挂钩贷款指南 2022 年版》。2023 年，日本环境省设立了"绿色金融支持者制度"，以取代"促进绿色债券发行平台"，并于 2024 年 11 月再次修订了《绿色债券指南》等，该指南除明确了资金筹集相关的程序外，还具体列举了对项目绿色性的判断标准、资金用途、评价指标及可能的负面环境影响等方面的示例，为推进日本的绿色金融提供了明确目标和政策保障。

在上述政策的支持保障下，日本国内绿色金融市场取得迅速发展，各类债券发行额度均呈增加趋势。截至 2024 年 11 月 29 日，2024 年单年日本国内绿色债券发行额为 17199 亿日元，绿色信贷筹资额为 6842 亿日元；2024 年单年可持续发展挂钩贷款筹措额为 4397 亿日元，可持续发展挂钩债券发行额为 3931 亿日元。[①] 短短十年间，日本各类绿色金融产品的规模迅速扩大，同时，放眼国际绿色金融市场，日本市场中绿色金融商品的成长亦呈现独有的特征。下面将聚焦绿色债券、绿色信贷与转型融资三类，细观日本绿色金融市场的独特之处。

关于绿色债券，不同行业绿色债券的发行情况不同，地方政府部门的发行额位列第四，低于全球平均水平，而房地产和建筑行业的发行额位列第二，高于全球平均水平。日本的总发行额在 2022 年达到顶峰，随后回落。从债券资金用途来看，可再生能源和节能部分合计占总额的一半以上。

关于绿色信贷，全球不同行业借款人贷款金额排名前三的依次是能源行业、房地产和建筑行业与金融行业。从市场规模来看，全球贷款总金额和件数从 2017 年初开始迅速增长，2022 年达到顶峰。而日本国内绿色信贷发放额度最高的行业为金融业，绿色信贷总额增长趋势与全球趋势一致，在 2022 年达到顶峰后开始下降。

关于转型融资，首先需明确其与绿色融资的区别。绿色融资主要为低碳或者零碳的绿色企业或项目筹措资金，而转型融资则针对钢铁和水泥等高碳排放行业，旨在通过使用减碳技术实现其生产工艺的转型升级。与绿色融资相同，转型融资也主要有债券（转型债券）和贷款（转型贷款）两种形式。需要注意的是，与国家发行的 GX 经济转型债不同，转型融资的主体为股份公司和金融机构等私营部门。近年来，转型融资成为实现社会向低碳过渡的重要金融工具，且其发行规模巨大，2022 年在日本的累计融资额达到 1000 亿日元。

日本在 2023 年通过的"促进向低碳化增长型经济结构转型的战略"（以下简称"GX 促进战略"）中，提出今后预计向绿色转型领域投入 20 万

---

① 环境省「グリーンファイナンスポータル」、https：//greenfinanceportal.env.go.jp/。最后访问日期：2025 年 3 月 5 日。

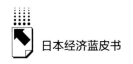

亿日元的政府先期投资，以激发更广泛的私营部门资本流入绿色投资领域。在此背景下，混合型融资手段探索亦成为降低项目风险、吸引更充分的民间资本中的重要一环。以绿色债券、绿色信贷等金融工具为主要内容的日本绿色金融市场自2014年后蓬勃发展，在十余年成长历程中，最引人注目的突破性制度创新莫过于2024年首次发行的"GX经济转型债"。

二 GX经济转型债——全球首个由主权国家 发行的绿色转型债券

为筹措政府先期投资资金，日本提出了"脱碳增长型经济结构转型债券"，即"GX经济转型债"的概念。GX经济转型债基本符合受益者负担原则，将通过碳定价制度对非绿色转型（GX）产品的管控取得的资金（如化石燃料附加费和特定行业负担金）用于GX经济转型债的偿还。日本政府作为发行主体，根据ICMA的国际标准制定了包含资金用途等内容的"框架"，该"框架"在2023年11月分别获得两家评价机构——海外的挪威船级社（DNV）和日本国内的日本格付研究所（JCR）的评价意见。2024年2月，日本首次发行"气候转型付息国债（CT债）"，CT债为GX经济转型债的主要构成部分，这也是全球首个由主权国家发行的绿色转型债券。CT债期限为5年、10年，在2024年2月的两次招标中，总计约1.6万亿日元被金融资本市场消化。日本政府表示，将于2050财年之前偿还所有GX经济转型债。截至2024年2月，日本CT债的发行额约为157亿美元，在全球绿色转型债券发行总额（约为244亿美元）中的占比超过60%，在日本绿色转型债券中占比近70%。此后，5月28日和7月18日本又进行2024年度的债券招标，日本财务省公布的数据显示，2024财年最终通过CT债筹措资金近3万亿日元。今后日本金融市场如何消化这一大规模债券值得高度关注。①

---

① 财务省「クライメート・トランジション利付国債」、https：//www.mof.go.jp/jgbs/topics/index.html.最后访问日期：2025年3月5日。

通过 GX 经济转型债筹措的资金将应用于能源效率提升、可再生能源发展、产业结构转型等领域，具体分类如表 1 所示。

表 1　GX 经济转型债的资金使用规范与分类

大分类(绿色领域)	中分类(适用标准)	代表性用途(适用业务领域)
能源效率	推进贯彻节能	·普及节能机器
	住宅、建筑物	·支持节能住宅和建筑物的新建和改造
	以脱碳为目的的数字化投资	·促进高性能节能半导体光电融合等技术、投资
	蓄电池产业	·促进对蓄电池及其零部件、原材料制造工厂的投资
可再生能源	可再生能源的主电源化	·浮体海上发电 ·新一代太阳能电池(钙钛矿太阳能电池)
	基础设施	·推进有助于脱碳的城市与地区建设
低碳、脱碳能源	核能的利用	·内嵌新安全机制的新一代反应炉
	为实现碳中和完善电力与燃气市场	·推进零碳火力发电 ·完善海底直流送电等
绿色运输	运输领域的绿色转型	·支持引入新一代汽车 ·2030 年前完成新一代航空试验飞机的研发、普及零碳轮船等
	基础设施	·推进有助于脱碳的城市与地区建设
环境友好型商品、环境友好型生产技术与工艺	制造业结构转型(燃料、原料转型)	·开发导入氢还原造铁先进技术 ·向碳循环型生产体制转型
	促进氢、氨的使用	·在日本国内外构建供应链 ·支持利用剩余可再生能源制造和利用氢的相关研发与实际应用
	碳的循环利用/CCS(碳捕获与封存)	·支持碳循环燃料相关研发
生物自然资源与土地利用相关可持续管理、循环经济	粮食、农林水产业	·农林渔业的脱碳化
	资源循环	·投资以加快塑料、金属、可持续航空燃料(SAF)等资料的循环

资料来源：经济产业省「我が国のグリーントランスフォーメーション政策」、https：//www. meti. go. jp/policy/energy_environment/global_warming/transition/pathways_to_green_transformation. pdf。最后访问日期：2025 年 3 月 5 日。

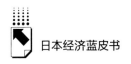

三 日本政府在构建绿色金融市场中发挥的作用

自 2014 年日本国内首次发行绿色债券以来，以绿色债券、绿色信贷等金融工具为主的日本绿色金融市场迅速成长起来，其内容不断丰富，形式不断创新。在建立健全的日本国内绿色金融市场的过程中，以环境省为主的日本政府相关部门在促进市场形成、推进信息披露、促进 ESG 地方金融、构建覆盖日本国内利益相关方的广泛网络等领域持续发力，引导更多资金注入绿色金融市场、扩大市场规模，丰富了金融市场的内容，保证了金融市场的平稳运行（见图 1）。

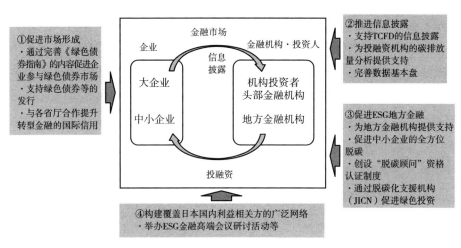

图 1 日本环境省在构建绿色金融市场中的作用

资料来源：笔者根据环境省公布资料制作。

（一）日本政府构建绿色金融市场的相关举措

为推动包括绿色债券在内的绿色金融市场发展，以环境省为主的日本政府相关部门在多个资产类别中提供了全面支持和人才保障等。主要措施如下。

1. 市场建设与标签金融的质量保障

2017年3月，日本环境省依据国际原则制定了《绿色债券指南》，2018年启动促进构建绿色债券发行机制的支持措施等。此类政策指南的出台，为绿色金融市场的发展提供了制度保障。为明确资金需求，日本政府亦不断充实绿色项目的投资融资案例并及时公开。同时，为保证投融资质量，环境省对可持续发展挂钩产品的指标设定方法等也进行了详细说明。此外，日本政府还对先进示范性案例给予支持，通过设立"ESG金融奖"表彰优秀实践案例、组织召开研讨会等形式推动优秀案例的推广与横向扩展。

2. 大力支持绿色相关资金筹措

在通过绿色金融进行资金筹集时，对相较于普通资金筹集额外产生的外部评估费用、框架制定所需的咨询费用等成本，日本环境省将提供补助金支持以帮助企业或地方政府等筹资，但必须满足以下条件：①补助对象为日本国内的法人、地方政府等；②经外部评估机构确认符合《绿色债券指南》的要求；③绿色债券和绿色信贷等筹集资金的100%、可持续发展挂钩债券筹集资金的50%以上须用于绿色项目；④发行时已公开绿色金融框架。补助金只能由事先在"绿色金融支持者制度"备案的评级机构等筹资支持者申请，以确保制度实施的可靠性。

3. 促进企业信息披露

继东京证券交易所要求主板上市企业义务履行气候相关财务信息披露工作组（TCFD）的要求并将供应链碳排放（Scope3）列为推荐披露项目后，日本政府也要求企业自2023年3月的财务决算起，在证券报告中履行披露可持续发展相关信息的义务。此外，日本政府还通过举办TCFD披露的实务研讨会以及提供场景分析和碳排放分析等支持项目，强化金融机构在信息披露与分析方面的能力，全方位助推企业的信息披露举措，为绿色金融市场的健全发展保驾护航。

4. 创建"脱碳顾问"资格认证制度，加大人才培养力度

日本环境省创建了初级、高级、资深三级"脱碳顾问"资格认证制度。初级顾问能够向企业说明应对气候变化的必要性，能准确理解企业在脱碳经

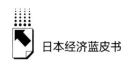

营和减排方面的咨询内容；高级顾问能够向企业说明脱碳在经营中的重要性（包括风险与机遇），能解释温室气体（GHG）排放量的测算方法及企业通用的减排方法；资深顾问能够为企业的脱碳经营提供全面建议，包括 GHG 排放量的测算方法、减排方法的示例、减排带来的排放成本降低等。"脱碳顾问"资格认证制度的建设进一步提高了日本绿色金融市场的规范性与专业性。

（二）其他制度建设

为进一步促进高排放行业的 GX 经济转型，日本政府建立了化石燃料附加费、碳交易市场等碳定价制度体系，向碳排放定价收费。碳交易市场计划自 2026 年起全面运行，化石燃料附加费制度则计划于 2028 年开始实施。通过碳定价制度征收的费用将用于偿还 20 万亿日元的 GX 经济转型债。GX 碳定价制度中碳价的设定则秉承"满足 GX 经济转型债需求"的同时"不额外增加私营部门能源成本负担"的原则。日本政府计划在引入化石燃料附加费制度之初设置较低的征收额度，随后逐步调高征收金额。对化石燃料征税将提高化石燃料的价格，从而进一步抑制化石燃料消费者的购买活动。

日本国内在东京都、埼玉县等地已建立起地方碳交易市场，并取得了一定成效。而由"GX 促进战略"建立的碳交易市场（以下简称"GX-ETS"）与既存碳交易市场（以下简称"既存市场"）的区别主要体现在：既存市场的对象为办公大楼、工厂等电力消费部门，而 GX-ETS 的对象则为发电部门；在配额分配方法上，既存市场规定了制度对象的义务减排率，而 GX-ETS 则从 2033 财年起以有偿拍卖的形式向发电行业分配配额；在碳定价方面，GX-ETS 由日本政府预先确定交易价格范围，设置价格上下限，以提高碳价可预测性，促进商业投资。

四　日本的经验与存在的问题

（一）日本的经验

上述分析表明，日本政府在日本绿色金融市场的构建与健康发展中发挥了重要作用，具体表现在制度法规保障、对传统金融手段赋予环保绿色功能的监管保障、在 GX 经济转型债等领域发挥的引导作用、与相关国家机构（金融厅、国土交通省、总务省等）的政策协调机制较为顺畅、人才培养机制创新等方面。日本政府特别是环境省在其中发挥的作用可概括为"导向"、"帮助"和"加压"。

"导向"是指日本政府通过先期投资，引导更多的私营部门资金流入 GX 建设领域，绿色创新基金项目和"GX 促进战略"正是其中一环。而"GX 促进战略"中提出设立的由国家发行的 GX 经济转型债形式新颖，日本也是全球第一家由国家发行"转型债"的国家。在目前尚无全球统一的转型金融定义的情况下，日本率先发行"转型债"对于促进全球转型金融的发展具有一定意义。"帮助"是指支持通过补贴贷款利息等形式帮助金融部门为支持 GX 投资进行的融资活动，通过"帮助"行为，或可进一步扩大民间 GX 投融资总量。"加压"是指 GX-ETS 和化石燃料附加费等碳定价制度，该制度向碳排定价收费，在未来 GX-ETS 碳交易价格等碳价提高的预期下，企业可能将加快 GX 相关举措的步伐，或可期待私营部门的 GX 资金以更快速度流动。

在日本政府"导向"、"帮助"和"加压"三种手段的共同作用下，日本的绿色金融市场不断扩大，且融资形式不断创新。绿色融资用资本助力清洁能源等绿色行业发展，转型融资则针对高碳排行业，通过为高碳排设备更新换代提供融资等形式支持零碳社会的实现。同时，在"GX 促进战略"中提出建设的混合型融资等新型融资手段，将为日本社会绿色转型的实现从融资层面提供更优解。

日本环境省的推动对政府的工作安排产生了重要影响。根据日本政府发布的 2023 年及 2024 年 GX 相关预算可知，为支持新一代核电站的研发、储能电池等的生产，日本 GX 相关领域的预算打破了"单财年制"的限制，决定在多个财年内将预算总额提升至 2 万亿日元以上。这是基于 GX 领域需要中长期的支出做出的跨年度预算安排。在超过 2 万亿日元的总预算中，2024 财年的预算为 1.2 万亿日元，目标包括支持 GX 领域的初创企业发展以及为现有住宅引入高隔热窗户等项目。

（二）存在的问题

日本绿色金融市场自 2014 年来发展迅速，但在高速发展的背后也存在诸多问题。首先，日本的 GX 经济转型债债券收益率高于市场利率，表面上出现了负"绿溢价"（Greenium），导致发行成本偏高，这可能反映了市场对流动性风险等因素的担忧。虽然降低筹资成本（"绿溢价"）并非优先目标，但如果未来高成本的发行状况持续，可能会加深市场对 GX 经济转型债发行意义的疑虑。

2021 年 1 月至 2024 年 11 月，日本国内转型债券筹资额约 4.8 万亿日元，其中 CT 债为 2.65 万亿日元，约占 55.2%。[①] 已发行的 GX 债券中，大约有一半由日本央行和年金公积金管理运用独立行政法人（GPIF）持有，从目前的投标倍率等指标来看，GX 经济转型债尚未成功吸引积极的投资。除了对二级市场流动性风险的担忧外，海外投资者对日本 GX 战略和转型金融的信任不足也是原因之一。

尽管日本在 TCFD 的支持机构数量上居于全球首位且许多机构积极参与披露工作，但披露内容仍有进一步完善的空间。此外，目前日本约七成金融机构尚未就国际财务报告可持续披露准则（IFRS）的披露标准采取应对措施。随着信息披露义务化的推进，金融机构不仅需加强自身的应对能力，还可能需要支持其交易伙伴共同应对新标准的要求。

五　日本绿色金融对中国的启示

中国实现"双碳"目标的关键在于能源结构调整、产业结构优化和技术进步创新，这些变革需要大量资金支持。日本绿色金融对中国的启示有以下几点。

---

① 笔者根据内阁官房「GX 经济移行债发行に关する关係府省連絡会議（第 6 回）资料」中数据计算。https：//www.cas.go.jp/jp/seisaku/gx_jikkou_kaigi/ikousai/dai6/siryou1.pdf。最后访问日期：2025 年 3 月 5 日。

第一，中国应进一步健全法律法规体系与监管机制，制定支持绿色金融可持续的系统性宏观财政整体战略，保持政策的连贯性与统一性，加大对绿色转型的支持力度。

诸多研究与实践证明，减缓气候变化的经济活动需要较高的前期成本，而环境变化、技术创新、经济转型路径等的不确定性又加大了投资的风险。私人投资者面临更高的资金成本和信息不对称，且往往注重短期经济收益，这就可能导致绿色领域的投资不足。因此，政府需要重点关注气候政策不确定性相关风险，保持国内政策的连贯性和统一性，加强政策出台前的信息沟通、执行过程中的信息披露，减少政策带来的不确定性。应针对性地出台相应的政策激励企业进行绿色低碳创新，在完善政策标准体系的同时，夯实以企业非财务信息平台建设为代表的绿色金融基础设施。未来实现碳中和的过程中，资金不充足、不平衡的矛盾会始终存在，国家层面需要对"双碳"目标等绿色发展目标做出系统性响应，增强财政、金融、产业政策的一致性，形成政策合力。

第二，在"风险可控、商业可持续"的原则下，加大金融工具开发和模式创新力度，丰富支持绿色转型政策和金融工具，将更多资金投入"双碳"领域。

中国已逐步建立绿色财税政策体系和多层次绿色金融产品体系。健全绿色转型财税政策、丰富绿色转型金融工具、优化绿色转型投资机制等，将从不同角度引导政府与社会资源更快流向绿色领域。从转型金融产品规模来看，当前中国的转型金融产品主要依托绿色中长期贷款和可持续发展类债券等债务融资工具，金融创新及支持力度距离转型金融的实际市场需求还存在较大的增长空间。针对清洁能源的供给侧、新兴产业的投资、新技术的研发等，在提供公共政策支持的同时，调动社会资本积极参与。财政绿色预算拨款、绿色专项投资、绿色债券税收优惠、绿色贷款财政贴息或担保等都可以成为支持绿色金融的主要工具。可创新运用预算、税收、贴息等多元财政工具，引导资金流向绿色低碳转型，充分发挥财政资金的杠杆和降风险作用。

第三，强化以信息披露为基础的约束机制，不断提高环境信息披露和评

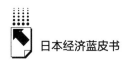

估质量，构建绿色金融披露标准，减少"漂绿"，完善绿色金融风险监管机制。

完善的信息披露制度既可以帮助金融市场的投资者更好地识别"绿色"，又能为金融监管机构加强披露监管创造有利条件。面对复杂多样的绿色投融资环境，只有联合借款人、金融机构和社会公众的力量，发挥各方优势，才能将庞大的项目评估与管理工作落到实处，真正地发挥绿色金融促进生态环境保护的重要作用。应兼顾项目的内部进展和外部影响，在发现风险和潜在影响时迅速反馈报告，及时有效化解风险。可运用区块链、物联网等数字化技术，在绿色债券、绿色信贷、绿色保险等领域逐步建立实时、自动、准确的企业信息披露数据库，构建覆盖范围全面、评价标准明确、指标可量化的绿色金融披露标准，实施披露数据共享，打通绿色金融数据流和信息流，加强企业绿色认证、数据分析及评估追踪，建设长效低碳管理机制，推动跨部门、多维度、高价值绿色数据对接，强化风险监管机制。

第四，推动绿色金融模式的多样化，提高绿色金融的盈利能力。进一步提升金融机构与相关实体企业的环保意识，将绿色理念融入企业的运营和管理当中，推动企业绿色转型。

作为金融行业的一部分，绿色金融与其他金融板块相比带有较强的公益性质，盈利能力较其他金融板块明显不足，其盈利模式主要为通过政府赋能和绿色金融基本产品实现利润获取，盈利模式仍然较为单一，盈利能力的不足使其在国内金融领域中的影响力很难得到迅速稳固和扩大。提高金融机构与相关实体企业的环保意识，有力推进绿色金融体系上中下游主体间的对接，为绿色金融发展营造良好的社会环境。作为绿色金融体系中的中游主体，银行及证券公司等金融机构应加强与上游政策制定者的沟通与合作，深入理解绿色金融政策的核心要义，深入了解企业的绿色转型需求，为企业提供绿色金融咨询、融资方案设计等服务，满足企业不同阶段的资金需求。同时，努力实现绿色金融与"互联网+"、大数据甚至人工智能行业的创新相结合，推动绿色金融的跨行业间合作。

随着国际社会对环境保护和可持续发展的共识不断加深，绿色金融的国际合作将更加紧密和广泛。通过分享经验、交流技术、共同开发绿色项目等方式，加强各国在绿色金融领域的合作与交流势在必行。同时，绿色金融的发展也需要与能源、交通、建筑等传统行业深度融合，共同推动绿色产业的发展和低碳经济的转型。

B.12
日本生成式人工智能产业的
现状与趋势研究

周生升*

摘　要：　自 ChatGPT 发布以来，生成式 AI 的不断发展正在快速推动全球产业变革，进一步加剧国际竞争力格局的变化。在此背景下，日本为维护自身利益和国际影响，积极聚焦生成式 AI 发展，加紧在基础硬件、AI 模型、应用和用户等生成式 AI 产业结构中的战略布局。尽管在半导体等部分硬件领域具备优势，但日本在云服务能力、本土模型竞争力、AI 人才储备、AI 普及率等方面短板明显。未来，日本需要在国产替代与国际合作之间找到平衡，特别是在与中国的技术合作中寻求机遇，以实现其提升国际竞争力的目标。

关键词：　生成式 AI　AI 产业结构　日本经济

生成式人工智能（以下简称"生成式 AI"）是人工智能（AI）发展的里程碑式突破，以 ChatGPT、DeepSeek 等为代表的生成式 AI 颠覆性地改变了信息和知识的生产方式，重塑了人类与技术的交互模式，也在重新定义企业运营、教育模式、创意产业和科研领域等人类社会各方面的工作流程，形成了全新的生产和创新方式。

在上述背景下，日本在推动既有 AI 战略的基础上，进一步聚焦生成式

　＊　周生升，法学博士，上海国际问题研究院外交政策研究所助理研究员，主要研究领域为中日关系、经济安全、新兴技术与大国关系等。

AI 发展。自 2023 年 5 月以来，日本内阁已汇总发布《关于 AI 的暂定议题整理》（2023 年 5 月）、《关于 AI 制度的思考》（2024 年 5 月）、《AI 战略会议·AI 制度研究会中期汇总》（2025 年 2 月），进行了生成式 AI 相关议题讨论。同时，民间企业界也大力加强对生成式 AI 的发展投入。对此，本文以生成式 AI 产业的层级构造为切入点，对日本生成式 AI 产业进行前瞻性研究。

一　生成式 AI 产业的层级构造

目前，生成式 AI 产业正处于快速发展阶段，行业讨论愈发热烈，并且已深入各个细分领域。尽管对于生成式 AI 产业的整体构造尚无统一的权威定义，但行业专家和学者普遍认为，生成式 AI 产业可以大致分为四个层次。

首先，基础硬件层是生成式 AI 产业的基础，涵盖了半导体、显卡、云服务等关键技术组件。该层为 AI 模型的训练和运行提供了必要的计算能力和存储支持。例如，高性能显卡（GPU）是训练深度学习模型时不可或缺的硬件工具，而云服务则提供了计算资源。

其次，模型层是生成式 AI 的核心技术之一，承载着大多数智能生成任务的基础能力，其最核心的内容就是大语言模型。大语言模型是旨在通过大规模数据训练，获得强大的推理和生成能力，其可以进一步分为两类。第一类是通用人工智能模型，例如 ChatGPT、DeepSeek 等，能够处理广泛的任务和问题，并且可以在多种不同的应用领域中被使用。第二类是专精模型，这类模型通常是在通用人工智能模型的基础上，针对特定领域的语言特点、术语和需求进行训练和调优，从而提高在该领域的应用效果和精度。

再次，第三层是应用层，即各类基于生成式 AI 模型的应用软件（App）或产品。这些应用依托大语言模型和其他 AI 技术，提供从文本自动生成到智能客服、代码编程等多种服务。

最后，用户层是整个产业链的最终受益者，包括个人用户、企业客户以及各类机构。用户利用生成式 AI 提供的产品和服务，解决实际问题、提高

工作效率或创造新的商业模式等。

生成式 AI 产业的四层架构形成逐级支撑、双向反馈的产业循环：基础硬件层为模型层提供算力底座，模型层通过算法创新驱动应用层开发，应用层将技术价值传导至用户层，与此同时，用户层的需求变化反向牵引应用场景迭代，进而促进模型优化与硬件升级。

二　日本政府在生成式 AI 产业层级构造中的战略布局

2024 年 5 月，日本内阁府经济财政咨询会议提出"AI·半导体生态体系"，首次提出生成式 AI 产业的发展路径。其核心目标是增强日本国际竞争力，通过优化"AI 高端化"与"降低功耗"，强化半导体产业基础，并提升 AI 软件研发能力，构建 AI 供给与应用协同发展的生态系统。日本计划在 2030 财年前设立投入资金超 10 万亿日元的"AI·半导体产业基础强化框架"，吸引未来十年 50 万亿日元投资，预计带来 160 万亿日元的经济效益。[①] 该框架旨在夯实基础硬件层与模型层，为应用层提供支撑，确保日本在 AI 市场竞争中的地位。

（一）生成式 AI 基础硬件层：寻求补短板、锻长板

在基础硬件层方面，日本采取"补短板"与"锻长板"并行的战略，以提升其在全球 AI 产业链中的竞争力。短板主要体现在云计算方面，而长板则是其传统优势领域——半导体产业。

日本在云计算领域的短板主要表现为计算资源的不足。全球生成式 AI 的发展依赖于强大的计算能力，而日本本土企业，如日本电报电话公司、富士通和日本电气公司的云计算能力，难以与亚马逊 AWS、微软 Azure、谷歌云（Google Cloud）等国际巨头的云平台竞争。日本经济产业省（以下简称

---

① 内閣府「国民の安心・安全と持続的な成長に向けた総合経済対策~全ての世代の現在・将来の賃金・所得を増やす~」、2024 年 11 月 22 日、https：//www5.cao.go.jp/keizai1/keizaitaisaku/2024/1122_taisaku.pdf。最后访问日期：2025 年 3 月 2 日。

"经产省") 提出，日本的云服务高度依赖海外供应商，这不仅会导致国内重要信息的处理依赖外国云服务，还可能影响日本在材料开发、医疗与健康等具有国际竞争力的产业方面的信息安全。① 因此，经产省基于《经济安全保障推进法》推出了"云服务稳定供给保障方针"，目标是在 2027 年度之前，建立一个使国内具备业务基础的企业能够持续提供自主云服务的体系。自 2023 年以来，已有 8 家国内企业共 11 个项目被指定为该方针的支持对象。而且从指定情况来看，11 个项目中有 9 个项目是旨在提供 AI 计算资源的 GPU 云服务。上述举措表明，日本政府高度重视在 AI 开发和大规模云计算处理方面具备高速处理能力的云计算平台。② 同时，日本还在积极吸引海外投资，以弥补短期内无法独立建设大规模云计算中心的劣势，同时为本土企业提供高质量的计算资源。例如，微软在 2024 年宣布对日投资 39 亿美元以支持后者的 AI 和云计算能力。③

相较于云计算领域的短板，日本在半导体产业拥有显著的长板。半导体是 AI 硬件的核心，包括 AI 芯片、GPU 等高性能计算芯片，而日本在半导体材料、制造设备等方面处于领先地位。日本在 2021 年发布的《半导体和数字产业战略》中就将半导体定义为直接涉及经济安全"生死"的重要战略物资。④ 该战略提出，要将日本半导体相关企业的国内生产总销售额从 2020 年的约 5 万亿日元提升至 2030 年超过 15 万亿日元。为实现这一目标，该战略规划了以下三个关键步骤：强化半导体生产的基础能力，包括建设半导体生产基地、维护半导体供应链稳定等；通过日美合作掌握并在国内确立

---

① 経済産業省「インターネットその他の高度情報通信ネットワークを通じて電子計算機(入出力装置を含む。) を他人の情報処理の用に供するシステムに用いるプログラムに係る安定供給確保を図るための取組方針」、2024 年 2 月 5 日、https：//www. meti. go. jp/policy/economy/economic_security/cloud/cloud. pdf。最后访问日期：2025 年 3 月 2 日。

② 経済産業省「クラウドプログラムの安定供給の確保」、https：//www. meti. go. jp/policy/economy/economic_security/cloud/index. html。最后访问日期：2025 年 3 月 2 日。

③ JETRO「米マイクロソフト、日本のAI・クラウド基盤強化に29 億ドル投資、AI 分野での日米協力進む」、2024 年 4 月 16 日、https：//www. jetro. go. jp/biznews/2024/04/34ae6386dcb01c5b. html。最后访问日期：2025 年 3 月 2 日。

④ 経済産業省『半導体・デジタル産業戦略』、2021 年 6 月、https：//www. meti. go. jp/press/2021/06/20210604008/20210603008-1. pdf。最后访问日期：2025 年 3 月 2 日。

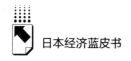

下一代半导体技术，提升技术竞争力；推动未来半导体技术的研发，增强长期创新能力。根据日本贸易振兴机构（JETRO）的不完全统计，从 2019 年到 2024 年，日本政府已经对半导体产业实施了 6 万亿日元的资金补贴。①

（二）生成式 AI 模型层：以自主研发推动区域渗透

从生成式 AI 模型的产业格局来看，其仍然高度集中于少数科技巨头，主流语言（如英语、中文）的技术优势愈发明显，而小语种则面临边缘化风险。为此，日本政府加大对本土 AI 技术的支持力度，并推动区域合作，以强化自身的数字主权，同时试图通过与其他小语种合作来拓宽自身发展空间。

一方面，随着以大语言模型为代表的生成式 AI 模型的开发和应用，数字主权问题愈发突出，各国都在推动本土 AI 技术发展，以减少对外国产品的依赖。日本经产省与新能源·产业技术综合开发机构（NEDO）于 2023 年底联合启动"生成式 AI 加速挑战计划"（GENIAC）招标项目，旨在提升国内 AI 模型开发能力。

目前，该计划已完成三次招标，公开 32 家中标企业，并于 2024 年 12 月发布首批项目的性能评估。评估标准包括日语能力测试（Jaster - GENIAC-v0.1）和对话能力测试（JMT-Bench-GENIAC-v0.1）。截至 2024 年 8 月，ELYZA、辉瑞（PFE）、Turing 三家企业的模型性能超越 GPT-3.5 Turbo，接近 GPT-4 Turbo（2024-04-09 版本）和 GPT-4o（2024-05-13 版本）。这些企业聚焦日语模型优化，例如 ELYZA 开发了"日语特化模型"测试基准，Kotoba Technologies 则推出 KOTOBA-SPEECH-SPK4，在日语语音生成和翻译上超越 Google 和 OpenAI。

另一方面，日本政府以"技术外交"推动与地区国家合作，共同应对全球 AI 产业由微软、亚马逊、OpenAI 等少数科技巨头主导的局面。2024 年 5 月，时任日本首相岸田文雄宣布支持东南亚 AI 基础建设，协助东盟发展

---

① JETRO「安定供給のため、公的支援で後押し復活目指す日本の半導体（前編）」、2025 年 2 月 19 日、https：//www.jetro.go.jp/biz/areareports/special/2024/0501/eaff5a40be998a78.html。最后访问日期：2025 年 3 月 2 日。

适应其语言与文化的 AI 技术，并在未来五年内培养 10 万名高级数字人才。2025 年 1 月，日本和东盟在《日本东盟数字工作计划 2025》中承诺推动多语言大语言模型合作。GENIAC 的资助对象之一、东京大学教授松尾丰指出，日本若能参与东南亚大语言模型开发，将增强日本语与东南亚语种的兼容性，构建稳健的生成式 AI 生态，促进日本企业在东南亚市场的业务拓展。①

（三）生成式 AI 应用层：灵活监管与创新驱动

生成式 AI 实际应用落地是国际竞争力具象化的表现。日本政府一方面通过灵活监管，为日本企业研发和应用生成式 AI 技术提供相对宽松的法制环境；另一方面则通过强化人才、资源投入驱动企业创新，并推动其高效地将成果转化为具体产品并投入市场。

在监管方面，日本通过"软法"体系构建灵活的治理模式。一是构建基础伦理框架，采用"自主应对"机制，鼓励企业根据业务特点制定实施方案，在确保伦理标准的同时保持创新活力。最具代表性的就是日本经产省与总务省于 2024 年联合发布的《AI 企业指引（1.0 版）》，明确 AI 开发者、提供者、使用者的责任，并提出以人为中心、安全性、公平性等十项基本原则。二是深化行业标准建设。比如日本公益财团法人金融行业信息系统中心（FISC）在 2024 年发布的《金融机构系统审计标准》中增设 AI 审计模块，提出数据质量、算法透明度等量化指标，并嵌入动态风险评估机制。② 三是强化数据治理与网络安全。比如内阁网络安全中心（NISC）在《网络安全 2024》中提出，通过技术标准对接，将 AI 系统安全纳入国家网络安全整体架构，确保技术发展与法律治理同步推进。③ 四是积极推动生成

---

① 内閣府「生成 AIの産業における可能性」、2024 年 5 月 22 日、https：//www8.cao.go.jp/cstp/ai/ai_senryaku/9kai/shiryo1-4.pdf.最后访问日期：2025 年 3 月 2 日。
② FISC「金融機関等のシステム監査基準（第 2 版）」、https：//www.fisc.or.jp/publication/book/006458.php.最后访问日期：2025 年 3 月 2 日。
③ サイバーセキュリティ戦略本部「サイバーセキュリティ 2024（2023 年度年次報告・2024 年度年次計画）」、2024 年 7 月 10 日、https：//www.nisc.go.jp/pdf/policy/kihon-s/cs2024.pdf.最后访问日期：2025 年 3 月 2 日。

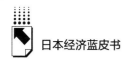
式 AI 国际治理合作。日本以"广岛 AI 进程"为核心，确立全生命周期监管、透明度与问责机制、国际标准制定等原则。同时，日本响应美国、英国等国的做法，设立"人工智能安全研究所（AISI）"，提升国际治理框架的兼容性和互操作性。

在创新驱动方面，日本政府以《经济安全保障推进法》为依托，着手整备和扩充高质量的日语数据、推进数据中心建设和确保能源供应等，从而强化与生成式 AI 相关的数据基础设施建设。同时，政府实施"次世代 AI 人才培养计划"等人才培养项目，加大对社会输送 AI 人才的力度。此外，日本还积极推动国际研发合作，吸收先进技术。比如 2024 年 4 月，日本和美国借首脑会谈之际宣布在人工智能领域建立共同研究伙伴关系，并公开了一系列旨在加强双边人工智能的合作项目。① 同年 9 月，日本文部科学省宣布，日本 10 所大学将获得总额 1.3 亿日元的年度拨款，用于与欧洲大学合作培养人工智能等领域的人才。②

（四）生成式 AI 用户层：推动 AI 普及工作

随着生成式 AI 性能的提升，相关应用软件和产品不断涌现，推动了用户市场的快速增长。日本电子信息技术产业协会（JEITA）预测，全球生成式 AI 市场规模将从 2023 年的 106 亿美元扩大至 2030 年的 2110 亿美元，约增长 19 倍，而日本市场也将扩大约 15 倍，达到约 1.8 万亿日元。③ 而实现这一增长前景的条件就是要激活用户市场，即在日本社会普及 AI 的使用。对此，日本政府主要从三方面着手推动 AI 普及工作。

第一，通过法制建设营造让用户安心使用生成式 AI 的外部环境。目前，日本国内各项舆论调查普遍显示，无论是日本个人，还是日本企业，都对

---

① 外務省「ファクトシート：岸田総理大臣の国賓待遇での米国公式訪問」、2024 年 4 月 10 日、https：//www.mofa.go.jp/mofaj/files/100652148.pdf。最后访问日期：2025 年 3 月 2 日。
② 《日欧大学合作培养半导体 AI 人才》，《联合早报》2024 年 9 月 17 日，https：//www.zaobao.com.sg/news/world/story20240917-4758643。
③ JEITA「JEITA、生成 AI 市場の世界需要額見通しを発表」、2023 年 12 月 21 日、https：//www.jeita.or.jp/japanese/topics/2023/1221-2.pdf。最后访问日期：2025 年 3 月 2 日。

AI 潜在的风险具有忧虑。比如《读卖新闻》2024 年的一份民调显示，近九成民众呼吁对生成式 AI 制造的虚假信息进行法律监管。[①] 又如三菱综合研究所针对日本企业的一项调查显示，规则及法律不完善是使用生成式 AI 最大的风险。[②] 对此，前文已述，日本政府正在着手推动一系列有关生成式 AI 使用的制度建设，从国内、国际两个方面推动有利于日本生成式 AI 发展的规则制定。

第二，积极推动行政部门使用生成式 AI。2023 年 4 月 10 日，在时任日本首相岸田文雄会见美国 OpenAI 的 CEO 奥特曼之后，时任官房长官松野博一就对外宣布，在确保机密情报不会外泄等涉及信息安全的前提下，日本将积极推动国家公务员使用生成式 AI。[③] 之后，国家行政部门和地方政府陆续宣布会使用生成式 AI。根据日本总务省的数据，截至 2023 年 12 月 31 日，已引入生成式 AI 的机构比例为：都道府县 51.1%，指定城市 40.0%，其他市区町村 9.4%。此外，如果将正在进行试用或考虑引入的地方政府计算在内，生成式 AI 的使用比例在都道府县达到 100%，指定城市达到 95%，其他市区町村达到 63.3%。这表明，大多数的日本地方政府对生成式 AI 的引入和使用持积极态度。[④]

第三，设立各类资助项目以帮助中小企业采用生成式 AI 技术进行经营、生产及研发活动。资助形式总体分为两种。一种是优惠贷款。比较有代表性的是日本政策金融公库的 AI 活用贷款，为中小企业引进 AI 技术提供最高

---

① 「生成 AIの普及に国民の半数が『不安』…安全性確保が急務」、『読売新聞』、2024 年 8 月 29 日、https：//www. yomiuri. co. jp/column/opinionpoll/20240827－OYT8T50008/。最后访问日期：2025 年 3 月 2 日。

② 三菱総合研究所「信頼ある生成 AI の利活用に向けて」、2024 年 8 月 28 日、https：//www. mri. co. jp/knowledge/insight/policy/i5inlu000000nr2f-att/nr20240828pec－2. pdf。最后访问日期：2025 年 3 月 2 日。

③ 「岸田文雄首相、『ChatGPT』の企業 CEOと面会」、『日本経済新聞』、2023 年 4 月 10 日、https：//www. nikkei. com/article/DGXZQOUA101XV0Q3A410C2000000/。最后访问日期：2025 年 3 月 2 日。

④ 総務省「自治体における生成 AI 導入状況」、2024 年 7 月 5 日、https：//www. soumu. go. jp/main_content/000956953. pdf。最后访问日期：2025 年 3 月 2 日。

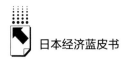
7.2亿日元的贷款和最高0.65%的利率优惠。[1] 另一种是资金补贴。比如经产省下设的"中小企业新事业进出补助金"项目，对AI创业提供最高9000万日元的补贴。[2]

三 日本生成式AI产业的国际横向比较

日本近年来在国内快速铺开生成式AI战略布局，体现了其对于依托生成式AI技术强化国际竞争力、确保日本经济发展空间的高度意愿。而从国际横向比较看，日本在生成式AI产业层级构造中仍面临较多挑战。

（一）生成式AI基础硬件层：局部优势与基础短板

在生成式AI产业基础硬件的国际竞争格局中，日本呈现"局部优势与基础短板"并存的特征。

首先，日本在半导体设备与材料领域保持领先。日本企业在半导体制造设备市场占约30%的份额，仅次于美国；在主要半导体材料领域占一半份额，具有重要影响力。例如，东京电子在光刻胶涂布机/显影领域占近90%的市场份额，积层介质薄膜和半导体切磨抛设备材料也由日本企业主导。这种优势确保日本在AI芯片等硬件层面难以被替代。[3]

其次，日本亟待扭转半导体制造业的整体颓势，以追赶尖端半导体生产为目标。20世纪80年代，日本占全球半导体市场50%以上的份额，但2022

---

① 中小企业厅「商業・サービス競争力強化連携支援事業（新連携支援事業）」、https://www.chusho.meti.go.jp/pamflet/leaflet/l-2020/200508AI_pamflet.pdf。最后访问日期：2025年3月2日。
② 中小企业厅「中小企业新事業進出補助金」、https://www.chusho.meti.go.jp/koukai/yosan/r7/shinjigyo_shinsyutsu.pdf。最后访问日期：2025年3月2日。
③ 経済産業省「第1回次世代半導体等小委員会」、2024年12月23日、https://www.meti.go.jp/shingikai/sankoshin/shomu_ryutsu/next_generation_semiconductor/pdf/001_03_00.pdf。最后访问日期：2025年3月2日。

年降至 10%，无企业跻身全球前十。① 为此，日本引入台积电熊本工厂发展成熟制程，并成立 Rapidus 竞逐 2 纳米（nm）以下尖端制程。2025 年全球半导体月产能预计达 3370 万片（8 英寸当量），中国占约 1/3（1010 万片），日本位列第四（470 万片）。② 根据美国半导体行业协会（SIA）发布的数据，在 10nm 以下的尖端半导体生产能力方面，截至 2022 年，中国台湾地区占据约 70% 份额，剩下约 30% 由韩国生产，而日本预计要到 2032 年才可以占到 5% 的份额。③

最后，日本数据基础设施发展滞后，对外依赖显著。在云服务市场，日本 MM 综合研究所针对已经导入或正在考虑导入 PaaS（平台即服务）或 IaaS（基础设施即服务）的 1042 家企业进行的调查显示，日本企业主要使用亚马逊 AWS（PaaS 占 60%，IaaS 占 54.7%）、微软 Azure（PaaS 48.2%，IaaS 44.0%）和谷歌云平台（GCP）（PaaS 28.8%，PaaS 26.2%）。④ 日本总务省在 2024 年版《情报通信白皮书》中亦承认，在日本的 PaaS 和 IaaS 市场中，主要云服务提供商 AWS、Azure、GCP 的使用率尤为突出，特别是 AWS，其用户占 PaaS/IaaS 使用企业的一半以上，比上一年增长了 10 个百分点以上。⑤ 相比较而言，中国的云服务市场中，阿里巴巴、华为、中国电信、中国移动、腾讯五家企业在 PaaS 和 IaaS 市场中就分别占据了 70.1% 和 64.7% 的份额。⑥

---

① Omdia, "Omdia: 2022, a Record Year for Semiconductors that Feels Anything But", 2 March, 2023, https://omdia.tech.informa.com/pr/2023/mar/omdia‐2022‐a‐record‐year‐for‐semiconductors‐that‐feels‐anything‐but. 最后访问日期：2025 年 3 月 2 日。
② 「半導体工場の生産能力、2025 年に月産 3370 万枚へ」、EE Times Japan、2024 年 6 月 25 日、https://eetimes.itmedia.co.jp/ee/articles/2406/25/news059.html. 最后访问日期：2025 年 3 月 2 日。
③ 「米中分断で崩れる「台湾独占」、シェア 7 割の最先端半導体が 32 年に 47%」、『日経 xTECH』、2024 年 7 月 19 日、https://xtech.nikkei.com/atcl/nxt/mag/ne/18/00001/00448/。最后访问日期：2025 年 3 月 2 日。
④ 「国内クラウドサービスの市場規模は 3.5 兆円に拡大」、MM 総研、2022 年 8 月 24 日、https://www.m2ri.jp/release/detail.html?id=549. 最后访问日期：2025 年 3 月 2 日。
⑤ 総務省「第 8 節 データセンター市場及びクラウドサービス市場の動向」、『令和 6 年情報通信白書』、https://www.soumu.go.jp/johotsusintokei/whitepaper/ja/r06/pdf/n2180000.pdf。最后访问日期：2025 年 3 月 2 日。
⑥ 《IDC 报告：华为排名中国公有云市场第二》，C114 通信网，2024 年 10 月 30 日，https://www.c114.com.cn/market/39/a1276657.html. 最后访问日期：2025 年 3 月 2 日。

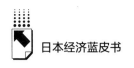

（二）生成式 AI 模型层：后发或难以先至

在生成式 AI 模型，特别是大语言模型的全球竞争版图中，日本实际上面临技术滞后带来的"母语优势边际化"困境。

加州大学伯克利分校发布的大语言模型基准测试平台"Chatbot Arena"①显示，截至 2025 年 3 月 2 日，该榜单目前尚未有一家日本企业开发的大语言模型入围。这意味着，尽管在 GENIAC 项目的支持下，日本已经出现一批国产的大语言模型，但是其内部评估的检测结果是否能够在更为公开的基准测试中得到认可，并没有得到证实。

从模型的研发参数量来看，截至 2025 年 3 月，在接受 GENIAC 项目资助的日本企业中，参数量最大的是 ELYZA 公司开发的"Llama－3－120B"，即参数量为 1200 亿，日本软银则宣布其开发的大模型"Sarashina2－8x70B"的参数量达到了 4600 亿。相较而言，中国的 DeepSeek－V3 为 6700 亿参数量，OpenAI 的 GPT－4 和马斯克旗下 xAI 的 Grok3 均突破了 1 万亿参数量。

尽管日本方面一直强调要利用母语和母国文化的先天优势推动所谓"日语优化"的大语言模型，但即使从日本本国推出的日语能力测试结果看，国际模型的快速研发和本地化调教也完全无视了所谓的"先天优势"。比如，GENIAC 项目合作方 Weights & Biases 推出的日语能力评估排名 Nejumi LLM Leaderboard 显示（截至 2025 年 3 月 2 日），前 20 名的模型中，只有 1 家来自日本，而且为第 17 名。② 又如，日本东京科学大学（原日本东京工业大学和原东京医科齿科大学合并）和隶属于日本经产省的产业技术综合研究所共同开发的评估基准"日语 LLM 评价"显示（截至 2025 年 3

---

① Chatbot Arena 是一个基于人类偏好评估大语言模型的开放平台。它由加州大学伯克利分校的 LMSYS 组织开发，旨在通过众包方式收集数据，采用 Elo 评分系统对大语言模型进行排名。自 2023 年 5 月推出以来，已经积累了超过 24 万张选票，成为人们最爱引用的大语言模型排行榜之一。

② 「Nejumi LLM リーダーボード 3」、Weights & Biases、https://wandb.ai/wandb-japan/llm-leaderboard3/reports/Nejumi-LLM-3--Vmlldzo3OTg2NjM2。最后访问日期：2025 年 3 月 2 日。

月 2 日），OpenAI 的 GPT-4o 与阿里巴巴的 Qwen2.5 和 Qwen2 位列前三。

可以看出，OpenAI 等龙头企业同样具备日语优化的能力，这对试图通过日语特化来实现差异化的日本国内生成式 AI 开发构成了挑战，而且，目前拥有领先的大语言模型企业在同时处理文本、图像、语音等多种信息的多模态生成式 AI 方面也拥有完备的技术和落地产品，日本国内企业以及入选 GENIAC 的企业在开发脚步上已经落后于海外。

（三）生成式 AI 应用层：竞争力不足与人才短缺

如前所述，日本政府为营造有利于生成式 AI 应用落地的外部环境，从国内、国际两方面推动了治理架构建设。然而，就现实情况而言，日本在生成式 AI 应用层面临两大挑战。

最直观的挑战在于，目前日本市场主流的生成式 AI 应用几乎都是来自美国企业的产品。日本帝国数据银行 2024 年 9 月公布的对 4705 家日本不同规模企业的调查显示，在使用生成式 AI 方面，有 81% 的企业表示在使用 OpenAI 的 ChatGPT，22% 在使用微软的 Copliot，17% 在使用谷歌的 Gemini。① 而在中国，中国互联网络信息中心发布的《生成式人工智能应用发展报告（2024）》显示，截至 2024 年 6 月，中国使用最多的生成式 AI 主流产品是百度的文心一言，之后是 ChatGPT、Gemini、360 智脑、星火大模型。② 该榜单公布时，DeepSeek 尚未问世。尽管日本企业并不缺乏自行研发的各类大语言模型，但大多是内部使用，至少就目前而言，日本尚未诞生一款普及全球市场的生成式 AI 产品。

进一步来说，上述情况源自更为基本面的挑战，即日本的 AI 人才储备不足，不仅大幅度落后于中美两国，也不及其他主要国家。从人才数量上

---

① 「生成 AIの活用に関する日本企業の最新トレンド分析」、帝国データバンク、2024 年 9 月 11 日、https：//www.tdb.co.jp/report/biz-knowledge/at9goybq_28/。最后访问日期：2025 年 3 月 2 日。

② 《生成式人工智能应用发展报告（2024）》，中国互联网络信息中心，2024 年 11 月，https：//pdf.dfcfw.com/pdf/H3_AP202412081641219285_1.pdf？1733669948000.pdf。最后访问日期：2025 年 3 月 2 日。

看，日本经产省预测，到 2030 年，日本的 AI 人才可能短缺 12.4 万人。[①] 从人才质量上看，美国智库 Macro Polo 发布的 "全球 AI 人才追踪" 显示：截至 2022 年，全球前 20% 的 AI 顶尖人才[②] 中，中国培养的人才占到 47%，美国为 18%，之后是欧洲，为 12%，而在这些人才中，有 42% 选择在美国工作，28% 选择在中国工作，之后是欧洲，为 12%；在全球 25 家顶尖 AI 研究机构中，美国拥有 15 家，中国拥有 6 家，之后是欧洲、英国、加拿大、新加坡各 1 家。[③] 日本并没有进入这些榜单，这在相当程度上说明了其在 AI 人才水平以及相应研发能力上的滞后。

（四）生成式 AI 用户层："数字保守主义"

2024 年版《情报通信白皮书》中的数据显示，截至 2024 年，仅 9.1% 的日本个人用户使用生成式 AI，而中国达 56.3%，美国为 46.3%，英国为 39.8%，德国为 34.6%。企业层面，日本企业采用率为 46.8%，远低于中美超过 80% 的水平。[④] 上述结果凸显出日本在 AI 应用上严重滞后，并呈现某种 "数字保守主义" 特征。

一是低使用率之下的技术认知和文化因素。2024 年版《情报通信白皮书》显示，超过 40% 的受访者表示 "不知道如何使用" 生成式 AI，反映出日本 AI 教育普及不足。此外，约 40% 的受访者认为 "生活中没有必要使用" 生成式 AI，展现出日本社会对新兴技术持谨慎态度。相比于鼓励技术创新的美国，日本消费者更倾向于维持现有生活方式，导致市场需求不足，进一步加剧应用层滞后。同时，超过 70% 的受访者认为 AI 能 "带来创新和

---

① 経済産業省「IT 人材需給に関する調査（概要）」、2019 年 4 月、https：//www. meti. go. jp/policy/it_policy/jinzai/gaiyou. pdf. 最后访问日期：2025 年 3 月 2 日。

② 这里的 "顶尖人才" 指的是被全球机器学习领域的顶级会议——神经信息处理系统大会（NIPS）录用论文的作者。

③ Macro Polo，"The Global AI Talent Tracker 2.0"，https：//archivemacropolo. org/interactive/ digital-projects/the-global-ai-talent-tracker/. 最后访问日期：2025 年 3 月 2 日。

④ 総務省「第 5 章　デジタルテクノロジーの浸透」、『令和 6 年情報通信白書』、https：// www. nikkei. com/article/DGXZQOUA036VW0T00C24A7000000/. 最后访问日期：2025 年 3 月 2 日。

新想法"并"提升业务效率、缓解人手不足",但同样有 70% 的受访者担忧
AI 会带来负面影响,主要涉及"信息泄露"和"侵犯版权"风险。公众对
个人隐私的过度重视在一定程度上强化了"数字保守主义",影响了 AI 使
用率的普及。

二是企业使用的保守策略。尽管 46.8% 的企业已使用 AI,但仅有
15.7%"积极使用",远低于中国(71.2%)、美国(46.3%)和德国
(30.1%)。中国企业的 AI 高采纳率主要得益于政府政策、市场竞争及数字
化转型的推动,而日本企业则倾向于从会议记录等辅助流程入手,而非核心
生产或客户服务。这一保守策略与日本企业文化有关,日本企业通常采取
"渐进式"技术变革,而非"颠覆式"创新。

尽管"数字保守主义"并不意味着日本拒绝新技术,或亦可认为其是
倾向于稳健推进,但是,过度依赖传统技术手段可能成为技术普及的障碍。
例如,日本在电子个人编号卡推广过程中出现登录信息错乱、用户不愿使用
等问题,反映出用户层面对新技术不适应,可能进一步迟滞 AI 等新兴技术
的发展。

四 日本生成式 AI 产业的前景刍议

生成式 AI 的影响力如今已渗透到社会的各个角落,正在重新定义各行
各业的运作方式。在此背景下,从产业层级构造的视角看,日本在基础硬件
层、模型层、应用层和用户层均展现出积极布局的态势。然而,在全球竞争
格局下,日本生成式 AI 产业的发展取决于其能否有效整合既有优势、弥补
短板,并顺应国际合作与技术演进的趋势。

首先,由于中国和美国在生成式 AI 产业的主导地位,日本很难改变其
"跟跑者"的地位,这也是其他主要国家所面临的共同挑战。中美凭借经济
规模、数据资源和市场体量,为 AI 模型训练优化奠定基础;长期技术积累
和生态系统建设,使其在算法、计算架构和应用场景方面形成良性循环;领
先的研究机构、良好的创业环境及政府支持,确保了人才聚集。日本虽有技

术积累，但在数据资源、实践经验和人才储备上难以匹敌中美，且受资源禀赋限制，突破壁垒不易。

其次，正因为处于"跟跑者"地位，日本生成式 AI 产业发展或将在"国产替代"与"国际竞争"间寻求平衡。开发国产大语言模型虽具吸引力，但欲替代 ChatGPT、Grok 等主流模型，则是低估了龙头企业的技术迭代能力与资源优势。本土化 AI 在特定领域有价值，但市场局限性大。日本政府可以要求行政部门或涉密领域强制使用国产 AI，但市场更重性能而非产地。因此，日本的 AI 竞争力或在应用层和用户层，通过与主流平台结合开拓空间。例如，丰田利用微软 Azure 和 GPT-4o 开发内部 AI 平台"O-Beya"，助力车辆研发。①

最后，从中日经济关系看，日本生成式 AI 前景呈现两种趋势。一方面，在安全考量下，日本将基础硬件层（如半导体、云计算）和模型层技术列为保护重点，仅与美西方合作，对中国技术崛起保持警惕，甚至"脱钩"。比如丰田、三菱重工、软银以安全为由禁用 DeepSeek。② 另一方面，中国在生成式 AI 及消费驱动经济中的发展，使日本离不开中国市场。日本需将产品落地中国并依赖中国技术，从"在中国制造"转向"与中国创造"。比如阿里云与日本企业合作推广利用生成式 AI 基础模型的商业提案。③ 未来，日本在生成式 AI 领域的涉华政策取向无疑将继续在安全与经济之间摇摆。长远来看，"脱钩"将使日本在技术创新和市场拓展上受限，而合作则可为日本带来更多机遇，积极探索与中国在生成式 AI 领域的合作是确保日本全球 AI 竞争力的必由之路。

---

① 「トヨタやマツダ、AIで車両開発　実車使わず期間短縮」、『日本経済新聞』、2025 年 3 月 10 日、https://www.nikkei.com/article/DGXZQOUC217X00R20C25A2000000/。最后访问日期：2025 年 3 月 2 日。

② 「トヨタや三菱重工が中国 AIディープシークの利用禁止　情報漏洩を懸念の動き広がる」、『産経新聞』、2025 年 2 月 12 日、https://www.sankei.com/article/20250212 - A6B2IDTBG5OCFN7H5FFV2FOW5I/。最后访问日期：2025 年 3 月 2 日。

③ 《阿里将向日本企业提供生成式 AI 基础模型方案》，日经中文网，2025 年 3 月 6 日，https://cn.nikkei.com/china/ccompany/58207-2025-03-06-10-16-54.html。最后访问日期：2025 年 3 月 2 日。

B.13

新形势下日本预算绩效管理改革的
动向与特点*

马蔡琛 唐卓越 朱雯瑛 白 铂**

摘　要：　预算绩效管理是财税政策推动经济发展的重要抓手。本文从日本经济与财政的新形势出发，对预算绩效管理的制度、模式、评估方法、发展历程等方面的新动向进行了全面考察，并以此为基础，分析归纳了日本预算绩效管理改革所呈现的最新进展：预算绩效管理模式向结果导向型发展，评估方法更加科学化和高效化，预算绩效管理体系中政策评估系统与审查系统相协作。其主要特点在于，推动预算绩效管理从"资源配置"转向"结果导向"，注重基于绩效结果的循证决策，关注绩效目标与绩效结果的质量。

关键词：　日本预算　预算绩效管理　现代预算制度

在全球经济整体下行的背景下，日本经济在沉寂多年后逐渐呈现复苏的迹象。政府预算的目标在于对有限的资源进行战略性分配，并维持财政纪律，而绩效管理通过绩效目标设置、绩效运行监控、评估结果反馈和应用，贯穿了政府预算的编制、执行、监督全过程。日本社会目前面临严峻的人口

---

　*　本文系研究阐释党的二十届三中全会精神国家社科基金重大专项"健全预算制度加强财政资源和预算统筹研究"（项目编号：24ZDA038）的阶段性研究成果。

　**　马蔡琛，博士，南开大学经济学院教授，主要研究领域为公共预算与财税管理；唐卓越，南开大学经济学院硕士研究生，主要研究领域为公共预算与财税管理；朱雯瑛，南开大学经济学院博士研究生，主要研究领域为公共预算与财税管理；白铂，南开大学经济学院博士研究生，主要研究领域为公共预算与财税管理。

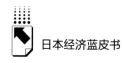

老龄化、出生率下降、经济高速增长时期集中建设的公共设施老化等问题，同时还背负巨额的财政赤字，面临较大的财政压力。如何通过预算绩效管理改革提高财政效率，改善财政平衡情况，保证可持续的社会保障体系，推动经济发展，成为值得讨论的主题，而这也是日本政府在预算绩效管理改革进入制度化与全面实施阶段后积极努力的方向。日本在预算绩效管理改革的探索方面并非十分成熟，在吸收和引进欧美管理方式和经验的过程中也存在一定的不适应情况，但其在传统文化、经济发展逻辑以及财政体制架构等方面均存在某些可供参照之处，有助于中国进一步向纵深推进预算绩效管理改革。

一 日本预算绩效管理改革的发展梳理

日本的预算绩效管理体系历经漫长的发展与变革，在不同的历史时期有着鲜明的时代特征与发展诉求。从明治维新政府时期开启预算雏形，到依据新宪法确立现代财政制度，再到 20 世纪末以来推进的一系列改革，日本预算绩效管理在这一过程中应运而生并全面推开。其发展轨迹不仅反映了日本国内经济、政治、社会等多方面的变化，更体现了日本为适应时代发展、解决现实困境所做出的努力与探索。

（一）日本预算绩效管理的发展历程

日本的预算起源于明治维新时期，1874 年大藏省事务总裁（现财务省事务次官）公布了年度"财政收支预计统计表"，这是日本最早的预算。第二次世界大战结束后，日本颁布的新宪法自 1947 年开始实施，根据新宪法颁布的《会计法》是作为规定会计和会计核算程序的法律，加上同年颁布《公共财政法》（昭和 22 年 3 月 31 日法律第 34 号），这些法律共同确定了日本现代意义的财政制度和预算管理体制，并延续至今（其间经过某些改革和调整）。

20 世纪 80~90 年代，泡沫经济破灭后的日本经济增长乏力，面临老龄化、国内产业空心化、资源过度集中等一系列社会经济问题，日本式中央集权体制的"制度性疲劳"凸显①，原有预算体制下中央政府赤字膨胀，地方行政僵化，政府面临信用危机和财政危机。面对诸多挑战，日本推进地方分权改革，以求促进地方政府自主自立，减轻中央政府负担，并寻求通过行政评估开展战略性行政经营，提高行政效率，以适应社会环境的变化，日本政府预算的绩效管理也由此发轫。

1. 探索阶段

早在 20 世纪 80 年代的行政改革时期，日本就出现过开展行政评估的做法②，以及关于政府绩效评估的讨论高潮，例如对零基预算（ZBB）、计划—规划—预算制度（PPBS）和目标管理（MBO）的分析与比较③。但由于日元走强导致货币宽松和"泡沫景气"，行政评估显得没有那么紧迫和必要④，因此未能长期坚持下去。

进入 20 世纪 90 年代，泡沫经济破灭，日本的社会经济环境发生重大变化，为了压缩预算、进行有效的资源分配、提高财政运营效率、突出重点工作以提高行政效率，日本各级政府纷纷踏上了对预算绩效管理的探索之路。

一般认为，1995 年，由三重县地方政府率先引入的"事务事业评估制度"，是后来政府预算绩效评估改革得以强力推进的重要契机⑤，1996 年北海道地方政府引入"即时评估"，神户市地方政府引入"事务事业评估"，静冈县、岐阜县和岩手县也开始推进行政评估的试点。1997 年，作为行政改革的一环，中央政府层级的省厅开始实施"再评估制度"，中央层面的预算绩效管理改革也就此萌发。

---

① 杨华：《日本政府预算制度》，经济科学出版社，2016，第 3 页。
② 袁娟：《日本政府绩效评估模式研究》，知识产权出版社，2010，第 8 页。
③ 堀井愃暢、ホリイヒロノブ「予算管理手法としてのゼロベース・バジェティング—目標管理（MBO）と PPBS との比較を中心にして—」、『香川大学経済論叢』1993 年第 2 号、第 197~221 頁。
④ 山本栄一「財政制度改革と予算：改革の原則と日本における適応」、『経済学論究』2005 年第 4 号、第 23~44 頁。
⑤ 白智立、南島和久：《试论日本政府绩效评估中的公众参与》，《日本学刊》2014 年第 3 期，第 54~68 页。

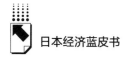

2. 发展阶段

1998 年，日本内阁会议通过"地方分权推进计划"，1999 年，出台《关于推动地方分权相关法律建设的法律》（2000 年 4 月起实行，简称《地方分权总括法》），中央逐步放松对地方政府权限和资源的管制，地方政府的行政评估制度进入实质发展阶段。2000 年，以都道府县为核心，正式开始讨论引入"事务事业评估"：滋贺县启动滋贺评价标准；福冈市启动 DNA 运动；尼崎市启动 YAA 运动；宫城县、秋田县、滋贺县、高知县、东京都、大阪府、青森县、千叶县、福井县、奈良县、和歌山县和福冈县等都道府县都参与了行政评估。①

随着 2001 年 1 月（平成 13 年 1 月）② 的中央机构改革，原总务厅行政监察局改为总务省行政评价局，行使包括政策评估职能在内的各项监察职能，并为政策评估体制构建一个基础框架，通过系统地收集相关信息和研究评价的技能、技巧、方法，促进政策评估质量和水平的提高，标志着预算绩效管理改革开始向中央政府层面深入。

3. 全面实施阶段

2001 年，日本政府政策评估各府省联络会议先后通过了《关于政策评价的标准指针》和《政策评价基本方针》，对政策评估的主体、对象、方式做出了明确规定。同年 6 月，日本政府制定了《关于行政机关实施政策评价的法律（评价法）》（以下简称《政策评价法》），自 2002 年 4 月开始正式实施。《政策评价法》为有序开展政策评估构建了基本的制度框架，使得政策评估工作有章可循，保障了政策评估的可操作性和实效性。

《政策评价法》《关于政策评价的标准指针》《政策评价基本方针》三者构成了日本政策评估法律制度体系，规范了政策评估制度的主体、程序、

---

① 石原俊彦 INPM 编著．『自治体行政評価ケーススタディ』、東洋経済新報社、2005、第 48 頁。

② 注：关于行政评价局成立时间，一说为 2000 年 1 月，本文参考官方文件：総務省行政評価局(総務省)「行政評価年報」（平成 25 年度），记为 2001 年 1 月。

目的、原则、对象、方法等内容，使政府政策评估制度具有较高的规范性和权威性。① 自此，日本预算绩效管理改革正式进入全面实施阶段。

（二）日本预算绩效管理改革的最新进展

历经多年的演进，日本预算绩效管理不断完善和优化。由内阁批准实施后，《政策评价基本方针》于 2005 年 12 月、2007 年 3 月、2010 年 5 月、2015 年 3 月、2017 年 7 月、2023 年 3 月先后六次修订②；地方层面进行了诸如"人日管理"③（将项目工作量转化为以人为单位的工作时间）、结果导向的预算绩效管理④、加强中期财政计划与年度预算衔接⑤等预算绩效管理改革；社会层面出现了"超越预算管理"（Beyond Budgeting）⑥ 等关于预算控制管理改革的讨论；等等。

总结而言，若从近 20 年的时间跨度来考察日本预算绩效管理改革的最新进展，可以归纳出以下特征：从预算绩效管理的模式而言，转向结果导向的预算绩效管理；从预算绩效管理的方法而言，突出评估方法的科学化和高效化；从预算绩效管理的体系而言，强调政策评估系统与审查系统相协作。

1.结果导向的预算绩效管理

日本结果导向的预算绩效管理改革，体现在评估模式的变化上。日本预算绩效评估最典型的特征，是将企业管理中的管理循环周期（Plan-Do-See，PDS）应用到行政管理中，即与新公共管理理论（NPM）相结合，管理周期

---

① 周实、褚楚：《日本政策评价法的特征及启示》，《法学》2015 年第 1 期，第 7~14 页。
② 総務省「政策評価制度に関する経緯」，https：//www.soumu.go.jp/main_sosiki/hyouka/seisaku.htm#/。最后访问日期：2024 年 10 月 7 日。
③ 大西淳也、梅田宙「予算管理論についての論点の整理」、財務省財務総合政策研究所総務研究、2020、第 23 頁。
④ 稲沢克祐「わが国自治体における予算編成改革に関する考察」、『商学論究』2019 年第 4 号、第 233~249 頁。
⑤ 柴健次、松尾貴巳「行財政改革のための「予算企画」」、『会計検査研究』2012 年第 46 号、第 45~62 頁。
⑥ 清水孝、町田遼太、上田巧「わが国における予算管理の改善に関する研究の動向－脱予算経営の観点から」、Waseda University、2019。

被定义为三个阶段：计划（Plan）、执行（Do）和查看（See）。而 2023 年修订的《政策评价基本方针》定义了四个阶段：计划（Plan）、执行（Do）、评估（Check）和改进与创新（Action）（PDCA）（见图 1），可以说，新引入的"改进与创新（Action）"阶段强调了管理周期或评估结果的反馈循环。

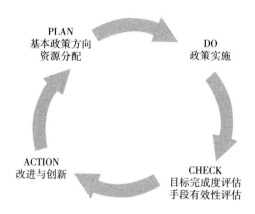

图 1　结果导向的预算绩效管理的管理周期

资料来源：笔者根据相关资料制作。

实际上，在日本，关于成果导向的预算绩效管理模式探索由来已久，早在 2007 年就有研究者提出，将人事绩效评估系统与行政绩效评估系统相联系，统一升级为"以结果为导向的管理体系"，而且通过对地方政府的调查问卷，实证分析论证了其可能性。[①] 新的 PDCA 循环也早已在经济与财政政策委员会或地方行政文件中使用。例如，北海道总务部行政改革局行政改革科 2016 年的行政报告《关于政策评价制度的审查方向》中就提到，在 2010 年修订的《北海道政策评估条例》序言中，由"作为省级行政管理、规划、实施和评估的基本制度"修改为"作为省级行政管理、规划、实施、评估和改进的基本制度"，从而明确"基于 PDCA 循环的以结果为导向的行

---

① 高崎正有「地方自治体における『成果重視型マネジメントシステム』の構築－行政評価制度・人事評価制度の連携」、『季刊政策・経営研究』2007 年第 2 号、第 7~39 頁。

政和财务管理制度"成为省级的行政管理基本制度，并总结在过去五年中对于 100 多项施策、3000 多项事务事业进行的评估结果，PDCA 循环已经牢固地嵌入各实施机构的管理周期中，为政策推动做出了贡献。① 2023 年的修订正式将 PDCA 循环纳入《政策评价基本方针》中，可以说是对结果导向的预算绩效管理的进一步重视与肯定。

2. 科学、高效的预算绩效管理

日本预算绩效管理的科学化、高效化改革主要体现在，对于绩效评估方法的补充优化、对于需要评估的政策的重点评估以及对于优先顺序的确认。同时，对于政策再评估制度的讨论也有一定意义。

（1）绩效衡量中循证决策的应用

对于日本全国地方政府（1103 个）、市区町的综合规划管理人员（940 人）问卷调查的实证研究表明，定量评估的技术因素会影响使用权责发生制对会计信息进行预算编制的预期。② 即在结果导向的预算绩效管理中，能够进行科学的、量化的评估，对于后续进行高质量的改进与创新至关重要。

循证决策（Evidence-Based Policy Making，EBPM）的意思是，根据确凿的证据（数据和其他证据）来制定政策、实施政策并验证其有效性，即以实证为基础的政策制定。其目的是在分析完统计数据之后，再理性地思考政策，而不是依赖于基础模糊的预感或经验。③ 自 2017 年日本政府讨论制定了实施循证决策的基本方针后，循证决策就开始在全国大力推进，目前无论是中央政府还是地方政府，采用循证决策已成为主流。循证决策的应用，

---

① 北海道総務部行政改革局行政改革課「政策評価制度の見直しの方向性について」、https：//www.pref.hokkaido.lg.jp/fs/4/9/8/4/8/6/1/_/dai1kaikihonhyoukatousenmoniinkaisankou1.pdf。最后访问日期：2024 年 10 月 7 日。

② 佐藤亨、松尾貴巳「地方自治体の新公会計（統一的な基準）が予算編成に与える影響に関する分析−実態調査結果に基づいて」、『会計検査研究』2019 年第 9 号、第 13～27 頁。

③ 南島和久「EBPM から政策評価は何を学びうるのか：総務省「実証的共同研究」をめぐる考察」、『季刊行政管理研究』2024 年第 186 号、第 49～60 頁。

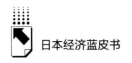

是对于适应时代变化的更为科学的绩效评估方法的重要探索。①

与传统的绩效评估方法相比，循证决策主要有"数据驱动""基于证据"两大特征，可以更加灵活、科学、准确地根据政策传导渠道分析政策的瓶颈、评估政策的有效性，并对评估结果进行审查。

（2）政策评估的重点化与高效化

《政策评价基本方针》于 2005 年的修订，将"实现政策评估的重点化和高效化"纳入了"实施政策评估的基本办法"部分。自此，各政府机构努力确定评估目标的优先顺序，实施评估的数量从每年约 10000 件大幅减少至 2006 财年的约 4000 件。

2013 年，在经济财政政策会议上，一位私营部门负责人表示，"政策评估只有实际应用于政策调整才有意义，因此我们不应该为了评估而评估，这是一种自我目的"，由此引出"评估疲劳"的问题。② 日本的"评估疲劳"现象并非孤立存在，其本质是政策评估体系过度形式化与资源错配的产物，即因过度形式化、低效重复的评估活动导致行政资源浪费与执行者倦怠，最终削弱政策评估的实际意义。日本内阁于同年 6 月通过的《经济财政运营与改革基本方针》中也指出，"应采取有力措施，确保政策评估不流于形式，并有效开展"，由此继续推动政策评估的重点化与高效化改革。例如，建立统一评估框架（目标超额完成→未达标），并要求所有部门采用相同量尺，破除评估标准碎片化，压缩年度评估对象数量，以轮替形式对项目进行评估。

未来，随着行政项目审查的引入和合作的加强，政策评估将逐渐从事后评估的行政项目转向政策（狭义）和措施，目标管理型评估也将更加突出重点③，聚焦关键政策节点开展深入评估，包括验证政策工具的有效性、追

① 南島和久「政策評価制度の転換点：何が変わろうとしているのか」、『日本評価研究』2023 年第 2 号、第 5~16 頁。
② 内閣府「会議情報一覧 平成 25 年－経済財政諮問会議」、https：//www5. cao. go. jp/keizai-shimon/kaigi/minutes/2013/index. html。最后访问日期：2025 年 2 月 15 日。
③ 畠基晃「政策評価制度の現状と課題：見直し決議から10 年、その検証を踏まえて」、『立法と調査』2015 年第 360 号、第 153~167 頁。

溯未达标的系统性原因等，形成"少而精"的评估循环。

（3）对于政策再评估制度的讨论

确保政策评估的客观与公正，是预算绩效评估结果有效的前提。在中央政府层面，对重大政策的通过、有效性、修改和废止进行讨论时，总务省采用综合评估方法进行的政策评估结果是重要参考；政府部门进行自我评估后，总务省进行的跨部门业务的绩效评估，对于保证评估的全面性和统一性也有重要意义。

由此可见，总务省评估的客观性是十分重要的。有研究者提出可以参考财务审查制度，通过"立法授权+定向复核"，构建国会与总务省的评估制衡框架。例如，国会可以依法要求审计委员会对特定事项进行检查，并对国会感兴趣的政策的评估结果与行政部门进行复核，要求总务省对特定事项进行"确保统一性和全面性的评估"或"确保客观性的评估"并报告评估结果。这将建立对总务省、政府各部门进行联合评估、自我评估时的约束，促进引导基于客观性的评估发展，从而提升预算绩效管理的有效性。

3.政策评估系统与审查系统的协作

日本预算绩效管理体系的改革反映在政策评估系统与审查系统的协作上。具体表现为加强政策评估同预算和决算之间的联系，经过财政制度审议会和经济财政咨问会议的讨论决定，从2008年开始，预算和决算中的项目单位（项、事项）应与政策评估单位（对策措施）相对应，以便通过将每项政策的预算和决算联系起来，对预算和结果进行评估。事务事业项目是落实对策措施的最小执行单元，在很多情况下，单个事务事业项目的目标与对策措施的目标是分不开的，事务事业需严格"对齐"施策目标（如"采购设备"服务于"推广数字化教学"），导致两者在评估维度上高度重叠。

由此可见，政策评估系统与审查系统的协作，能够加强政策评估与预算、决算之间的联系，通过将政策的预算编制与实际执行结果紧密结合，确保政策目标与资源配置的匹配性，从而提高财政资金的使用效率。政策评估系统与审查系统的协作使得预算编制不再仅依赖历史数据或部门需求，而是基于对政策执行效果的全面评估，有助于推动结果导向的预算绩效管理改

革。此外，通过整合评估报告与审查表，减少了重复的评估工作，使得资源配置更加精简和科学。协作机制有助于实现财政资源的有效分配与政策目标的协同，推动公共财政管理更加透明、合理和可持续。

二 日本预算绩效管理改革的特点

从现实进展来看，日本预算绩效管理的重心已从"资源配置"转向"结果导向"，通过政策评估与预算、决算的结合，强调评估结果的应用。在这一过程中，尤其注重"基于证据的决策"（即"循证"），确保政策制定和预算编制的有效性。同时，严格审查绩效目标和结果的质量，验证绩效数据的可靠性，从而提升财政资源使用的透明度和效率。

（一）预算绩效管理从"资源配置"转向"结果导向"

在预算绩效管理改革方面，日本积极探索并实践了结果导向的管理模式，将政策评估与预算、决算深度融合，形成了相对完备的管理体系。

传统的预算绩效管理流程主要涵盖计划、执行、查看三个阶段。计划阶段设定预算目标与分配方案，执行阶段各部门按计划开展工作，查看阶段对执行情况进行初步检查。但随着管理需求的提升，日本逐渐引入改进与创新阶段，构建起基于 PDCA 循环的管理周期，实现了面向结果导向的重大转变。

这一转变使日本预算绩效管理不再局限于资源分配流程，而是更加注重成果评估与应用。基于结果导向，在预算编制环节，要求各部门依据明确、可量化的成果目标申报预算。例如，在基础设施建设项目中，不仅要说明资金需求，还要设定项目完成后的具体成果指标，如道路的使用寿命、交通流量承载提升量等。在执行过程中，通过实时监控与定期评估，确保项目朝着预定成果推进。若实际执行与成果目标出现偏差，便及时分析原因并调整策略。在成果评估完成后，注重将结果充分应用于后续预算决策与政策调整。对于达到或超额完成成果目标的项目，在后续预算分配中给予适当倾斜；对于未达标的项目减少或暂停预算拨款，并要求责任部门深入分析原因，提出改进措施。同时，借助大数据和信息化手段，全面收集和分析项目执行数据，为成果评估提供客观、准确的数据支持，增强对政策的实时评估与灵活调整能力，进一步提升财政资源配置的精准性和高效性。

以北海道为例，2010 年修订的《北海道政策评估条例》将行政管理基本制度拓展为"规划、实施、评估和改进"，明确了基于 PDCA 循环的以结果为导向的行政和财务管理制度。[①] 此后五年间，众多政策和事务事业的评估结果都切实融入各实施机构的管理流程，通过结果反馈来优化资源配置，推动政策有效实施。

（二）注重基于绩效结果的循证决策

近年来，日本的预算绩效管理改革逐渐走向政策评估，其中，循证决策成为政策评估体系的重要制度安排。2017 年，日本经济与财政政策委员会首次对政府经济政策中的循证决策进行了描述，指出："经济与财政政策委员会将基于循证决策的视角，进一步着手收集更多证据，考虑将讨论和审查后的绩效结果纳入预算编制。"[②] 循证决策主要包括明确的政策目标设定、有效的行政方案选择以及逻辑与证据的紧密结合[③]，旨在高效地使用公共支出并实现政策目标的公共治理机制。

从实施策略来看，循证决策重视政策目标的设定与逻辑模型的应用，确保资源投入与产出结果之间的关系清晰且可验证，以此提升公共问责制。在政策目标设定上，日本强调了目标的清晰性与逻辑模型的重要性。逻辑模型

---

① 北海道総合政策部計画局計画推進課「北海道の政策評価」、https：//www. pref. hokkaido. lg. jp/ss/sks/assess/hyoukaindex. html。最后访问日期：2025 年 2 月 15 日。

② 内閣府「経済財政運営と改革の基本方針 2017 について」、https：//www5. cao. go. jp/ keizai-shimon/kaigi/cabinet/honebuto/2017/2017_basicpolicies_ja. pdf。最后访问日期：2025 年 1 月 21 日。

③ 小林庸平「日本におけるエビデンスに基づく政策形成（EBPM）の現状と課題－Evidence-Based が先行する分野から何を学び何を乗り越える必要があるのか」、『日本評価研究』2020 年第 2 号、第 33~48 頁。

用于简明扼要地表达资源投入、活动开展、产出及最终政策效果之间的关系链,确保每一步都有数据支撑。例如,《经济和财政振兴计划》作为一项重要的财政整顿计划,自 2015 年起就引入了循证决策,并在 2017 年又对具体政策(如多样化教育政策和福利领取者的就业支持政策)进行了绩效分析。① 为了使基于绩效结果的循证决策更加理性,2018 年,经济与财政政策委员会进一步完善了预算编制流程,优先考虑有绩效结果支持的财政政策,并加强多年期政策与预算编制过程的联系。

就循证决策的结构设计而言,主要从政策、方案与项目三个层面展开。在政策层面,关键成果指标用于量化政策效果。在方案层面上,根据《政策评价法》,每三到五年制订基本计划,并每年更新实施计划,进行量化评估并向国会报告。在项目层面上,"行政项目审查"由各职能部门负责,具体执行时,主要按"四步法"展开:首先,查明所有行政项目(每年约5000 个项目)预算支出的实际情况;其次,公布这些项目的绩效结果;再次,检查项目的内容和效果;最后,将结果反映在预算申请和执行中。循证决策的三个层面和实施策略如表 1 所示。

表 1　日本政府进行循证决策的三个层面和实施策略

层面	具体含义	实施策略
政策	一项基本的经济社会发展政策,或者为解决民生问题的具体扶持政策	根据《政策评价法》进行评估
方案	以上述基本政策为基础,旨在实现具体政策的行政活动组合,可视为实现"政策"的具体措施和对策	方案的关键成果指标
项目	实现上述具体措施和对策的公共支出项目,项目是公共支出活动的基本单位	行政项目审查

资料来源:N. Akai,"Evidence-based Policy Making in Japan's Public Expenditure:Compatibility of Fiscal Health and Investing for the Future", *Asia Pacific Business Review*, 2024(3), pp. 514-527。

---

① 　内閣官房行政改革推進本部事務局「EBPMガイドブック」、https://www.gyoukaku.go.jp/ebpm/img/guidebook1. 2_230403. pdf。最后访问日期:2025 年 1 月 22 日。

对比来看，这三个层面的绩效评估还是存在差异的。其一，最高层次的政策评估依据的是《政策评价法》，但行政项目审查并没有特定的法律作为其实施依据。其二，行政项目审查的对象是公共支出行为（公共支出活动的基本单位），而方案评估的对象则是旨在实现具体政策目标的行政活动。这种分层次的循证决策模型，既能够确保在宏观层面各项公共支出活动与高层次的政策目标保持一致，又有助于提升各项公共支出活动的有效性，从而提升预算资源配置的微观效率，这对于中国的事前功能评估也具有一定的启示意义。

（三）关注绩效目标与绩效结果的质量

无论是项目绩效评估，还是政策绩效评估，都较为关注绩效目标与绩效结果的质量。在每年的秋季评审（又称"秋季检阅"）中，日本财务省会对各支出部门的预算申请及其预期绩效进行再审查，重点评估绩效信息的科学性和有效性。例如，2023 年 11 月开展的秋季评审发现，政府为应对新型冠状病毒而下拨的公共卫生资金的管理效率低下，截至2022 财年末，该笔资金的 200 个项目中约有 30% 未设定量化的绩效目标。[①] 为进一步提升有限资金的配置效率，日本政府已修订 2023 财年的预算编制规范[②]，要求各支出部门提交的预算申请表必须包含短期、中期和长期的绩效目标。

除了绩效目标的合理性，秋季评审还审查逻辑模型的有效性以及统计数据的准确性，重点关注项目产出和成果之间的因果关系，要求对绩效结果数据的可靠性进行验证。秋季评审的审查重点和具体内容如表 2 所示。

---

① 「政府基金、数値目標なし3 割 行革相「制度見直し必要」」、『日本経済新聞』、2023 年11 月 11 日。

② 財政制度等審議会「令和 6 年度予算の編成等に関する建議」、https：//www.mof.go.jp/about_mof/councils/fiscal_system_council/sub－of_fiscal_system/report/zaiseia20231120/01.pdf。最后访问日期：2025 年 1 月 22 日。

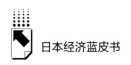

表 2 日本秋季评审的审查重点和具体内容

审查重点	时间安排	具体内容
审查预算申请与绩效目标	8 月底至 9 月	要求各支出部门说明作为制定绩效目标所依据的统计资料和数据来源
公开核查	9～10 月	在秋季评审中进行,外部利益相关者对预算申请和预期绩效目标进行衡量与评估
公开程序中的全面自查	11 月上旬	利用秋季评审的结果,各支出部门须在"公共进程"中进行全面的自我评估
审查逻辑模型的有效性	11 月下旬	从项目的预算投入到支出内容,关注项目产出和成果之间的因果关系
		在更高层次的政策和方案中,解释导致结果目标(影响)的因果关系,验证逻辑模型的有效性
审查统计数据的准确性和可靠性	12 月初	证明活动内容作为实现目标手段的合理性和有效性的证据
		证明绩效目标(结果)的数据准确性

资料来源:内阁官房行政改革推进本部事务局「EBPMの推進について」、2022 年 6 月 17 日、https://www.digital.go.jp/en/councils/ebpm/2acb2e88 - 035c - 4f38 - acb9fc54e61d6fd7。最后访问日期:2025 年 2 月 15 日。

值得注意的是,日本的预算编制与审查流程紧密契合其独特的财政年度,该年度从当年的 4 月 1 日延续至次年的 3 月 31 日。在此期间,秋季评审通常于 8 月底至 12 月初展开,涵盖部门预算草案的准备(4～8 月)、财务省的合理性评估(9～11 月),以及最终预算决策的确立(12 月)。这一过程的关键是每年 11 月上旬举行的外部专家检查,此时约有 1000 个重要项目(约占所有项目比重的 20%)的资金申请及其预期绩效在正式公布前接受严格审查。随后,大约 60 个涉及高优先级政策领域的项目,将通过"公共进程"在公开论坛中讨论。内阁官房行政改革推进本部事务局对这些优先级项目进行二次审核,而外部专家则会在 11 月的秋季评审中对项目绩效的科学性和经济性进行监督验证。

三　日本预算绩效管理改革的启示

尽管中日两国在推进预算绩效管理改革过程中采取的措施不尽相同，但有着共同的目标：构建高效管理资金的规则体系，保障资源分配的公平性与有效性。可以在结合中国预算绩效管理具体实践的基础上，深入分析日本在预算绩效管理全过程中的具体做法，弃其不适用之处，将适合中国国情的理念与方法融入中国预算绩效管理体系之中。

（一）构建"目标—资源—结果"的动态闭环预算绩效管理体系

第一，以"可量化目标"打破预算软约束。日本通过将政策目标拆解为可验证的成果指标（如基建项目需明确"使用寿命提升率""交通拥堵缓解度"），使预算申请从"要资金"转向"报效果"，倒逼部门精准规划。第二，以"动态调整"取代静态分配。基于 PDCA 循环构建跨周期评估机制（如五年总评+年度微调），对未达标项目实行预算削减或暂停，确保资源向高效益领域流动。第三，以"数据穿透"驱动精准治理，推动预算从"经验主导"转向"需求牵引"，强化各部门间的协同合作，打破信息壁垒，形成预算绩效管理合力。对中国而言，可探索"一策一码"全周期政策效应追踪体系，并依托政务云平台构建跨部门绩效数据池，使财政资源真正实现"按需流动、靶向发力"，推动财政资金从"被动分蛋糕"向"主动育效能"转型。

（二）强化以逻辑模型为基础的事前功能评估

日本施行的动态循证决策，其本质是允许基于评估、审查以及分析过程对政策、方案或项目进行修改，以提高政策实施的有效性。其中，基于逻辑模型明确政策目标与政策实施逻辑，是该决策的核心内容。结合中国预算绩效管理的具体实践，可以在事前功能评估方面进行完善。

在事前功能评估阶段，不仅要全面、科学地了解项目（或政策）实施前的基本数据与事实，还需要基于逻辑模型梳理政策目标与项目实施之间的因果关系。在项目（或政策）实施前，有必要对现有情况及其可能产生的影响进行准确的评估。以粮食补助项目为例，需要全面考察本地区粮食产量的变动趋势、各农户基本收入情况以及项目实施后可能发生的粮食产量增长情况与农户平均收入增长情况。此外，可以运用"投向项目（或政策）的资源—具体活动—产出—初期（或中期）成果—最终成果"的逻辑链条，定性评估项目（或政策）与战略目标之间的相关性。同时，也可以运用逻辑链条中列举的各要素，反向评估项目（或政策）事前功能评估报告是否科学完备。这些要素包括：现状把握、项目（或政策）对某产业甚至经济社会产生的影响、围绕战略目标的具体活动、预期活动的产出、衡量产出及成果情况的指标等。

（三）进一步提升预算绩效结果的科学性与准确性

日本预算绩效管理以"质量导向"为核心，形成了以秋季评审为抓手的动态评估机制。在绩效目标设定方面，强调短期绩效目标与中期政策目标的衔接，并通过修订预算规范，强化量化指标的设定。在绩效数据方面，采用逻辑模型分析项目产出与成果之间的因果关系，确保绩效基础数据的准确性。在绩效结果评估方面，评审流程与预算年度高度契合，并通过公开论坛讨论高优先级项目，以此引导社会公众的有序参与。

近年来，中国预算绩效管理的效能显著提升，但实践中仍存在绩效目标设置模糊、评估科学性不足、公众参与有限等问题。未来，需强化绩效目标的全周期管理，推动部门细化预算执行过程中的量化指标，并建立跨年度动态调整机制。为进一步增强绩效结果的科学性与独立性，可借鉴"逻辑验证模型"，引入外部专家审查机制，确保绩效结果数据的可靠性。在绩效评估的具体运行过程中，将绩效评审深度嵌入预算编制周期，探索重要项目的公开听证制度，构建"政府+专家+公众"的多维监督体系。未来可探索试点日本秋季评审的定期评估模式，结合本土化需求，完善预算绩效闭环管理，进而构建起高效、透明、可持续的现代预算制度，助力国家治理能力现代化目标的实现。

B.14
日本房地产市场升温的原因
及可持续性分析

周旭海*

摘　要：　泡沫经济崩溃后，日本房地产市场进入长达近20年的下行通道。直到"安倍经济学"实施期间，才呈现温和复苏的迹象。然而，2021年以来，日本房地产价格尤其是核心城市的房地产价格出现了值得关注的上涨动向，首都圈新建公寓平均价格更是屡创历史新高。本轮日本房地产市场升温是多重因素共同作用下的结果，具体包括土地价格和建筑成本上升、日元汇率下跌、工资和股市上涨、房地产新政实施等。然而，受人口持续减少、经济复苏乏力、日美利率差缩小、房屋空置严重等因素影响，日本房地产价格大幅走高难以长期维持。

关键词：　房地产市场　住宅价格　房地产政策　日元汇率

　　2021年以来，日本房地产市场快速升温，特别是首都圈新建公寓平均价格超过了泡沫经济时期的高值，连续三年创造历史新高，引发各界广泛关注。回顾过往，"安倍经济学"实施期间，日本房地产市场已呈现温和复苏的迹象，与其他经济指标的回升存在联动性。本轮日本房地产价格大幅上涨并非因为日本经济基本面发生根本性改变，而是内外多重因素共同作用下的结果，未来能否持续存在较大的不确定性。本文将在分析近30年日本房地产市场整体走势的基础上，探讨日本房地产市场升温的原因，并对其可持续性做出判断。

---

　　* 周旭海，中国社会科学院日本研究所助理研究员，主要研究领域为日本经济、东亚经济。

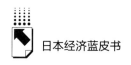

一　近30年日本房地产市场整体走势

泡沫经济崩溃后，日本房地产价格步入近 20 年的下跌通道。安倍第二次执政后推出"安倍经济学"，在一系列经济刺激举措下，日本各项经济指标均有所回升，日本房地产市场也呈现温和复苏态势。2021 年以来，日本房地产价格尤其是核心城市的房地产价格出现了值得关注的上涨动向，首都圈新建公寓平均价格更是屡创历史新高。

（一）1992~2005年：大幅下行

泡沫经济崩溃前的 1991 年，日本房地产价格指数达到历史高点。此后，日本房地产市场进入漫长的下行通道，且 1992~2005 年房地产价格指数下跌尤为显著，如经济合作与发展组织（OECD）房地产价格指数由 167.2 下降至 103.5，降幅达 38.1%（见图 1）。1991~1992 年，日本实际国内生产总值（GDP）增速由 2.5% 下降至 0.6%，1993 年更是时隔近 20 年出现负增长。[①]在土地税制改革滞后的情况下，以遏制土地价格过快上涨为导向的地价税直到 1992 年才开始征收，但由于当时资产泡沫已开始破裂，开征地价税致使房地产市场下行势头加剧。面对这一局面，日本政府逐步转向减税，1996 年将地价税税率减半，1998 年和 2003 年又分别停征地价税和特别土地保有税。由于上述纠偏措施过于迟缓，加之未实施积极有力的调控举措，特别是未对银行不良债权进行彻底处理，房地产市场颓势最终难挽。尽管 1994~1995 年日本经济增速和住房投资增速有所回升，但 1995 年的阪神大地震和 1997 年的亚洲金融危机又降低了居民购房意愿，居民杠杆率开始下行，给房地产市场复苏蒙上阴霾。1995 年 12 月末至 2005 年 12 月末，日本

[①]　内閣府「令和 6 年度年次経済財政報告」、2024 年 8 月 2 日、https://www5.cao.go.jp/j-j/wp/wp-je24/index_pdf.html。最后访问日期：2025 年 1 月 10 日。

居民杠杆率由 70.1% 下降至 62.1%。① 1997 年和 1998 年，日本民间住宅实际投资增速分别为-9.7%和-13.5%，且此后十年少有增速为正的年份。

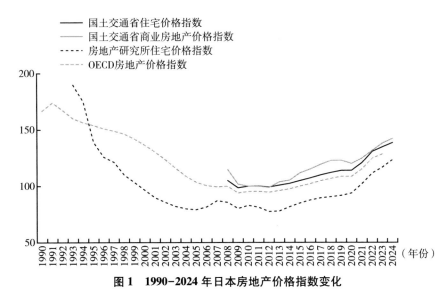

图1 1990-2024 年日本房地产价格指数变化

注：国土交通省住宅价格指数和房地产研究所住宅价格指数通过计算当年各月住房价格指数的算术平均值得到，国土交通省商业房地产价格指数通过计算当年各季度住房价格指数的算术平均值得到。其中，国土交通省两种指数 2008 年未发布第一季度数据，2024 年仅公开了前三季度数据，房地产研究所住宅价格指数 2015 年以前的数据来源于东京证券交易所发布的东证住宅价格指数。

资料来源：国土交通省「不動産価格指数」，2025 年 2 月 28 日，https：//www.mlit. go.jp/totikensangyo/totikensangyo_tk5_000085.html；不動産研究所「不動研住宅価格指数」，2025 年 2 月 25 日，https：//www.reinet.or.jp/？page_id=14347；OECD，"Housing Prices（Indicator）"，March 6，2025，https：//data.oecd.org/price/housing-prices.htm。最后访问日期：2025 年 3 月 12 日。

（二）2006~2012 年：小幅波动

21 世纪初，随着日本政府引入量化宽松政策和实施结构改革，以及推动房地产政策转型，日本房地产价格指数跌幅有所收窄。第一，为应

---

① BIS，"Credit to the Non-Financial Sector"，March 11，2025，https：//data.bis.org/topics/ TOTAL_CREDIT/data. 最后访问日期：2025 年 3 月 12 日。

对美国互联网泡沫破灭，日本政府 2001 年开启首轮量化宽松政策，将商业银行在央行的经常账户余额作为货币政策的操作目标，并通过增加购买长期国债提供更多的流动性。第二，小泉纯一郎担任日本首相后推出"无圣域的结构改革"，重点内容包括邮政民营化、控制政府债务等，呈现明显的财政重建倾向。第三，在前期探索的基础上，日本通过完善立法，引导个人投资者以信托的方式投资房地产市场。2001 年，东京证券交易所开设不动产投资信托基金（J-REIT）市场，三井不动产和三菱地所发起的 2 只产品率先上市。2006~2012 年，房地产研究所住宅价格指数由 81.7 下降至 77.6，OECD 房地产价格指数由 100.4 下降至 94.6，总体呈小幅波动趋势。其中，2006 年被视作日本房地产市场的一个转折点，趋于活跃的城市开发投资带动大都市圈公示地价时隔 15 年出现回升。①房地产研究所住宅价格指数也由前一年的 79.3 上升至 81.7，2007 年更是进一步上升至 87.2。此后，国际金融危机的爆发给日本房地产市场带来了短期冲击，日本房地产价格指数迅速下降。但得益于日本政府及时做出应对，包括设立房地产市场安定化基金、实施全面货币宽松政策等，2010 年以后房地产市场止跌企稳。

（三）2013~2020年：温和复苏

2012 年，安倍晋三第二次出任日本首相，推出"安倍经济学"，其核心是通过"三支箭"刺激日本经济增长，具体包括量化宽松的货币政策、灵活的财政政策和结构性改革。上述政策取得了积极成效，为日本带来了战后以来持续时间第二长的"安倍经济学景气"，推动房地产市场温和复苏。其中，最瞩目的是货币政策宽松力度的持续加大。2013 年，日本央行推出量化质化宽松（QQE）政策，旨在通过扩大资产购买规模增加基础货币投放，促成实现 2% 的通货膨胀率目标。2016 年，日本央行实行负利率政策和收益

---

① 東京商工会議所「2006 年公示地価について」、2006 年 3 月 23 日、https://www.tokyo-cci.or.jp/page.jsp? id=1104。最后访问日期：2025 年 1 月 10 日。

率曲线控制（YCC）政策，将短期利率目标设定为 0.1%，长期利率目标设定为 0，允许波动范围为±0.1%。此后，日本央行又逐步放宽前述允许波动范围。2018 年，日本居民杠杆率出现明显的回升趋势。2018 年 12 月末至 2020 年 12 月末，日本居民杠杆率由 61.2% 上升至 67.2%。此外，随着整体经济形势的好转，就业情况明显改善，人均可支配收入小幅增长，为房地产市场的复苏创造了有利条件。2013～2020 年，日本失业率由 4.0% 下降至 2.8%，年人均可支配收入由 168.1 万日元上升至 192.4 万日元。[①] 同时期，国土交通省住宅价格指数和商业房地产价格指数分别由 100.8 和 103.8 上升至 113.9 和 120.0，房地产研究所住宅价格指数和 OECD 房地产价格指数分别由 78.0 和 96.1 上升至 93.9 和 108.6。

（四）2021年以来：快速升温

2021 年以来，日本房地产市场快速升温，特别是核心城市的房地产价格出现大幅上涨的动向。2021～2024 年，国土交通省住宅价格指数和商业房地产价格指数分别由 120.7 和 124.8 上升至 138.6 和 142.2，升幅分别为 14.8% 和 13.9%，房地产研究所住宅价格指数也由 102.0 上升至 123.4，升幅为 21.0%。据日本房地产研究所调查，2023 年 10 月至 2024 年 4 月，东京和大阪在全球 15 大城市新建公寓价格涨幅排行榜上并列位居榜首，为 2010 年调查实施以来首次，涨幅均达 1.5%。[②] 尽管日本全国整体房地产价格与泡沫经济时期的高值还有一定距离，但如今其首都圈房地产价格确实已恢复至泡沫经济时期的水平。2021 年和 2022 年，日本首都圈新建公寓平均价格分别涨至每套 6260 万日元和 6288 万日元，超过了泡沫经济时期的高值 6123 万日元。2023 年，日本首都圈新建公寓平均价

---

① 厚生労働省「国民生活基礎調査」、2024 年 7 月 5 日、https：//www.mhlw.go.jp/toukei/list/20-21kekka.html。最后访问日期：2025 年 1 月 10 日。

② 「マンション価格上昇率、東京・大阪が世界首位」、『日本経済新聞』、2024 年 5 月 30 日、https：//www.nikkei.com/article/DGXZQOUB299DM0Z20C24A5000000/。最后访问日期：2025 年 1 月 10 日。

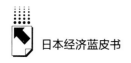

格再次创下每套 8101 万日元的历史新高，较上一年上升 28.8%，这一升幅也是历史第三高。[1]

二　日本房地产市场升温的原因

本轮日本房地产市场升温并非因为日本经济基本面发生根本性改变。2021～2024 年，日本实际 GDP 增长率分别为 2.7%、0.9%、1.5%、0.1%，可见其仍未走出经济长期低迷状态。[2] 事实上，日本房地产价格与经济增长的背离是多重因素共同作用下的结果，具体包括土地价格和建筑成本上升、日元汇率下跌、工资和股市上涨、房地产新政实施等。

（一）土地价格和建筑成本上升

首先，土地开发需求增长推动土地价格上升。近年来，日本土地价格上升的现象已由都市圈扩散至地方圈。国土交通省公布的 2024 年基准地价显示，三大都市圈全部用途土地平均价格较上年上升 3.9%，除四大地方城市（札幌、仙台、广岛、福冈）外的地方圈全部用途土地平均价格较上年上升 0.2%，后者为 32 年来首次上升。[3] 该现象的成因包括以下几方面。第一，在日本解除入境限制和日元贬值的背景下，访日旅游火爆，度假酒店、民宿和商业设施用地需求增长。第二，以开通新干线为代表的基础设施建设持续推进，带动沿线地区住宅用地和商业用地需求同步增长。第三，各地出台一系列应对人口减少的政策，包括加强育儿支持、对年轻人购房提供更高补贴

① 経済産業省「高騰するマンション市場」、2024 年 12 月 12 日、https：//www. meti. go. jp/ statistics/toppage/report/minikaisetsu/hitokoto_ kako/20241212hitokoto. html。最后访问日期：2025 年 3 月 12 日。
② 内閣府「国民経済計算（GDP 統計）」、2025 年 3 月 11 日、https：//www. esri. cao. go. jp/ jp/sna/menu. html。最后访问日期：2025 年 3 月 12 日。
③ 国土交通省「令和 6 年度都道府県地価調査」、2024 年 9 月 17 日、https：//www. mlit. go. jp/ tochi_fudousan_kensetsugyo/tochi_fudousan_kensetsugyo_fr4_000001_00252. html。最后访问日期：2025 年 3 月 12 日。

等，起到了吸引人口流入的作用，助推住宅用地需求增长。① 第四，以台积电为代表的半导体巨头进驻日本设厂，创造了新的就业岗位，带动工厂附近地区住宅用地和商业用地需求同时增长。②

其次，地缘政治冲突引发的建材供应短缺推升建筑成本。日本地震多发，抗震能力强的木质结构被广泛应用到"一户建"住宅中。2021 年，日本新建住宅中木质住宅占比为 59%，新建"一户建"中木质住宅占比更是高达 91%。③ 俄罗斯是日本建筑木材的重要进口来源国，俄乌冲突持续严重影响了建筑木材供应，致使建筑成本上升。与此同时，由于进口燃料和钢铁原料价格大幅走高，建材涨价压力尤为突出，从而进一步推升建筑成本。④ 日本建设物价调查会公布的数据显示，2021~2024 年，日本建材价格指数由 110.6 大幅上升至 137.9。⑤ 从各类建筑的建筑费来看，截至 2025 年 2 月，钢筋混凝土结构公寓工程原价指数为 135.4，同比上升 5.7%；钢架结构办公楼工程原价指数为 136.1，同比上升 4.6%；钢架结构工厂工程原价指数为 134.7，同比上升 3.7%；木质住宅工程原价指数为 140.7，同比上升 4.9%。⑥ 房地产开发商将增加的建筑成本转嫁给购房者，最终体现为房地产价格的迅速上涨。

---

① 「地方圏の24 年公示地価、3 年連続上昇 訪日客回復映す」、『日本経済新聞』、2024 年 3 月 27 日、https：//www. nikkei. com/article/DGXZQOCC186ZL0Y4A310C2000000/。最后访问日期：2025 年 3 月 12 日。

② 「基準地価、地方32 年ぶり上昇 訪日客増・半導体が起点に」、『日本経済新聞』、2024 年 9 月 18 日、https：//www. nikkei. com/article/DGXZQOUA133NB0T10C24A9000000/。最后访问日期：2025 年 3 月 12 日。

③ 林野庁「令和 3 年度 森林・林業白書」、2022 年 5 月 31 日、https：//www. rinya. maff. go. jp/j/kikaku/hakusyo/r3hakusyo/index. html。最后访问日期：2025 年 3 月 12 日。

④ 「ロシア発、建設コスト急騰 ビル用鋼材 13 年ぶり高値水準」、『日本経済新聞』、2022 年 3 月 23 日、https：//www. nikkei. com/article/DGXZQOUC187F20Y2A310C2000000/。最后访问日期：2025 年 3 月 12 日。

⑤ 建設物価調査会「建設資材物価指数統計表」、2025 年 3 月 3 日、https：//www. kensetu-bukka. or. jp/business/so-ken/shisu/shisu_shizai。最后访问日期：2025 年 3 月 12 日。

⑥ 建設物価調査会「建築費指数（2025 年 2 月分）」、2025 年 3 月 10 日、https：//www. kensetu - bukka. or. jp/wp - content/themes/custom/pdf/business/so - ken/shisu/shisu_kentiku/summary_shisu_kentiku_2025. 02. pdf。最后访问日期：2025 年 3 月 12 日。

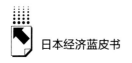

（二）日元汇率下跌

近年来，在日美利率差相对较大和日本国际收支结构发生变化的背景下，日元频频出现贬值情况，日元对美元汇率甚至数次跌破 1 美元兑换 160 日元。为缓解国内通货膨胀，美联储 2022 年 3 月启动新一轮加息，历时 16 个月，累计加息 525 个基点。此后，其降息计划一再搁浅，直至 2024 年 9 月才开启降息周期。截至 2024 年 12 月，美联储累计降息 100 个基点，联邦基金利率目标区间为 4.25%~4.50%。日本央行虽已于 2024 年 3 月退出负利率政策，但此后采取了渐进式加息路径。截至 2025 年 1 月，日本央行累计加息 60 个基点，政策利率为 0.5%，在世界主要经济体中居于低位，致使资金外流局面持续。与此同时，现阶段日元供求关系已逐渐转变为供过于求，能源及原材料价格上涨、企业海外生产比例提高使日本连续四年出现贸易逆差，"数字逆差"和基于小额投资免税制度（NISA）的海外投资也持续扩大，日元贬值压力明显加大。①

大批外国投资者将日元贬值视作日本房地产变相打折的机会，且预期日本央行会加大汇市干预力度，热衷于"抄底"日本房地产，从而助推日本房地产市场升温。与欧美发达国家相比，日本房地产市场对外国投资者的开放程度明显更高。外国投资者赴日购房政策十分宽松，不限制投资者身份、购房类型及数量，且投资者能够享受与本国人同样的购房价格和税费。由于常年实施宽松货币政策，日本房贷利率大幅低于欧美发达国家。美国和英国住房抵押贷款利率均高达约 7%，而日本住房抵押贷款利率仅为 1%~2%，由此极大地减轻了外国投资者的购房负担。② 受投机需求推动，在全球房地产投资整体低迷的背景下，日本房地产投资呈逆势上涨状态。知名房地产咨询机构仲量联行

---

① 「ドル円「140 円」突破できるのか？ デジタル赤字や新 NISA の"新たな円安圧力"は残る」、『週刊ダイヤモンド』、2024 年 8 月 14 日、https：//diamond.jp/articles/-/348593。最后访问日期：2025 年 3 月 12 日。
② 经济指标「カントリー データ」、2025 年 3 月 12 日、https：//jp.tradingeconomics.com/countries。最后访问日期：2025 年 3 月 14 日。

（JLL）发布的数据显示，2023 年上半年，全球房地产投资额约为 2760 亿美元，同比下降 54%，创 11 年来最低水平。而在低利率成为常态的日本，房地产投资额同比增长 52%，其中东京房地产投资额高达约 93 亿美元，仅次于美国洛杉矶，位列全球第二。①

（三）工资和股市上涨

近年来，日本平均工资水平出现较为明显的上涨，加之在政策支持下购房者存在工资进一步上涨的预期，其购房能力和意愿均有所提升。岸田文雄担任日本首相后提出"新资本主义"经济政策，要求实现增长和分配的良性循环，将推动企业加薪进而促进消费作为一项重点内容。2024 年日本春季劳动薪资谈判成果显著，劳动者平均工资增幅高达 5.1%，较上一年提升 1.52 个百分点，这是该增幅 33 年来首次超过 5%。② 2024 年 3 月日本央行做出退出负利率政策的决策，也正是基于工资和物价上涨的良性循环已经更加稳固的判断。③ 此后，石破茂内阁延续了上述思路，提出转向"加薪和投资拉动的增长型经济"，争取在 21 世纪 20 年代将日本平均最低时薪提升至 1500 日元。④ 需要说明的是，劳动力市场本身的变化也是助推近年来日本工资上涨的重要因素。由于人口减少引发劳动力短缺，日本劳动力市场的流动性大幅增强，越来越多的正式员工选择跳槽，企业为留住员工而主动提高工资，且非正式员工最低工资的提高对正式员工产生了溢出效应，拉动工资水

---

① 「不動産投資、世界で54%減　金利上昇で11 年ぶり低水準」、『日本経済新聞』、2023 年 9 月 4 日、https：//www. nikkei. com/article/DGXZQOUC253QM0V20C23A8000000/。最后访问日期：2025 年 1 月 10 日。

② 「24 年賃上げ平均5.1%　連合最終まとめ、33 年ぶり5%超」、『日本経済新聞』、2024 年 7 月 3 日、https：//www. nikkei. com/article/DGXZQOUA038K80T00C24A7000000/。最后访问日期：2025 年 1 月 10 日。

③ 「日銀総裁「賃金と物価の好循環確認」マイナス金利解除」、『日本経済新聞』、2024 年 3 月 19 日、https：//www. nikkei. com/article/DGXZQOUB184A80Y4A310C2000000/。最后访问日期：2025 年 1 月 10 日。

④ 首相官邸「第217 回国会における石破内閣総理大臣施政方針演説」、2025 年 1 月 24 日、https：//www. kantei. go. jp/jp/103/statement/2025/0124shiseihoshin. html。最后访问日期：2025 年 3 月 13 日。

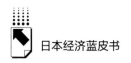
平全面上涨。①

　　日本股市上涨带来的财富效应提升了投资者的购买力，并引发投资者对后续房地产市场走势的乐观预期，短期内刺激了购房需求。2022 年以来，日本股市快速上涨，股票价格指数屡创新高（见图 2）。2024 年 12 月 30 日，东证股价指数和日经平均指数分别收于 2784.92 点和 39894.54 点，大幅超过泡沫经济崩溃前的高值，全年涨幅分别为 17.7% 和 19.2%，连续两年实现大幅上涨。除物价和工资水平上升、日元贬值形成套利空间等因素外，日本股市强劲上涨还存在其他值得关注的驱动因素。第一，出于降低风险溢价的目的，日本央行自 2010 年开始持续购买交易型开放式指数基金（ETF），直至 2021 年以后才明显缩减购买规模，起到了减少股市波动的积极作用。第二，东京证券交易所 2023 年 3 月出台新规，要求市净率（PBR）低于 1 的上市公司提高估值水平，由此促使企业加快改善治理结构，加大分红及股票回购力度。第三，源于对低估值潜力股的看好，巴菲特持续增持日本五大商社股份，对其他国内外投资者形成示范效应。②

（四）房地产新政实施

　　近年来，为有效激发行业和居民的潜在需求，日本政府结合国家整体碳中和目标，出台了一系列房地产新政。第一，加大财政补贴力度。对于新建和翻修节能低碳的可持续建筑，日本政府提供补贴比例 1/2 以内、上限 5 亿日元的补助金。③ 考虑到育儿家庭和年轻夫妇家庭的生活极易受到物价上涨的冲击，日本政府对其购买节能住宅和对住宅进行节能改造提供专门的补

① 日本銀行「人口動態の変化が労働市場や賃金の動向に与える影響」、2024 年 8 月 20 日、https：//www.boj.or.jp/research/wps_rev/rev_2024/rev24j12.htm。最后访问日期：2025 年 1 月 10 日。

② 杨璐：《日本股市强劲上涨的原因分析及前景展望》，《中国外汇》2023 年第 15 期，第 69~71 页。

③ 国土交通省「サステナブル建築物等先導事業（省 CO2 先導型）」、2024 年 3 月 27 日、https：//www.mlit.go.jp/jutakukentiku/house/shienjigyo_r6 - 02.html。最后访问日期：2025 年 3 月 12 日。

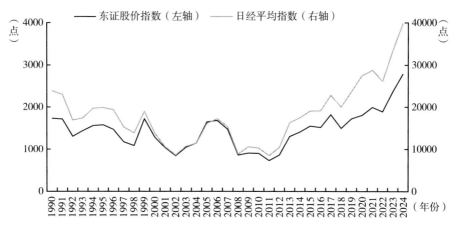

图 2　1990~2024 年日本股票价格指数变化

注：数值为历年最后一个交易日的收盘点数。

资料来源：日本取引所グループ「TOPIX（東証株価指数）」、2024 年 12 月 30 日、https：//www.jpx.co.jp/markets/indices/topix/index.html；日本経済新聞社「日経平均プロフィル」、2025 年 3 月 5 日、https：//indexes.nikkei.co.jp/nkave。最后访问日期：2025 年 3 月 13 日。

贴。具体而言，购买"长期优良住宅"一户补助 100 万日元，购买零能耗住宅（ZEH）一户补助 80 万日元，翻修住宅一户最高补助 30 万日元。[①] 第二，减免税收。居民贷款购买符合节能低碳标准的住宅或对住宅进行相应改造，可从所得税中扣除年末房贷余额的 0.7%，最长期限为 13 年。如果当年所得税扣除未达上限，可从下一年的住民税中扣除，且育儿家庭和年轻夫妇家庭的最大扣除额高于其他群体，最高档次为 455 万日元。[②] 针对不通过贷款渠道而仅依靠自有资金购买住宅的情况，也可按照性能强化成本的 10% 进行扣除，最大扣除额为 65 万日元。[③] 此外，在购买前述住宅时，固定资产税减免期限延长两年，登录免许税减免 0.05~0.2 个百分点，房地产取得

---

① 国土交通省「子育てエコホーム支援事業」、2024 年 3 月 27 日、https：//www.mlit.go.jp/jutakukentiku/house/shienjigyo_r6-01.html。最后访问日期：2025 年 3 月 12 日。

② 国土交通省「住宅ローン減税(所得税・個人住民税)」、2024 年 3 月 27 日、https：//www.mlit.go.jp/jutakukentiku/house/shienjigyo_r6-06.html。最后访问日期：2025 年 3 月 12 日。

③ 国土交通省「投資型減税(所得税)」、2024 年 3 月 27 日、https：//www.mlit.go.jp/jutakukentiku/house/shienjigyo_r6-07.html。最后访问日期：2025 年 3 月 12 日。

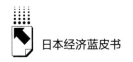
税扣除额提高 100 万日元，赠与税的免税上限提高 500 万日元。① 第三，提供融资支持。对于具备节能性、耐震性、无障碍性和耐久性（可变性）中任意一种优异性能的住宅，如果利用 35 年期房屋贷款项目（Flat 35）进行购买，在最初还款的五年内，利率下调 0.25~0.75 个百分点。② 此外，当利用该项目对住宅进行节能改造时，在最初还款的五年内，利率下调 0.5~1.0个百分点。③ 这些政策的实施虽非导致日本房地产价格上涨的直接原因，但确实也为房地产市场培育了新的增长点。

三　日本房地产市场升温的可持续性

虽然日本房地产市场呈现 30 年来未有的繁荣局面，但其未来能否持续升温还存在较大的不确定性。受人口持续减少、经济复苏乏力、日美利率差缩小、房屋空置严重等因素影响，日本房地产价格大幅走高难以长期维持。

由于土地开发需求持续增长和地缘政治冲突长期化，日本土地价格和建筑成本的上升趋势不会很快结束，加之股市乐观情绪升温和政府大力推动工资上涨，其房地产价格还存在一定的上行空间。然而，近年日本房地产市场超预期上行的走势并不健康，未来恐难以持续。从购房群体来看，在日元大幅贬值的背景下，海外投资者一度成为助推日本房地产市场快速升温的关键力量。据美国房地产服务公司世邦魏理仕（CBRE）统计，2022 年日本房地产总投资额为 3.8 万亿日元，较上一年下降 2%，其中海外投资者的购买额为 1.3 万亿日元，较上一年上升 12%。④ 但随着日美利率差的逐渐缩小，日

---

① 国土交通省「固定資産税、登録免許税、不動産取得税の優遇措置」、2024 年 3 月 27 日、https：//www.mlit.go.jp/jutakukentiku/house/shienjigyo_r6-08.html；国土交通省「贈与税非課税措置」、2024 年 3 月 27 日、https：//www.mlit.go.jp/jutakukentiku/house/shienjigyo_r6-09.html。最后访问日期：2025 年 3 月 12 日。

② 国土交通省「フラット 35S」、2024 年 3 月 27 日、https：//www.mlit.go.jp/jutakukentiku/house/shienjigyo_r6-11.html。最后访问日期：2025 年 3 月 12 日。

③ 国土交通省「フラット35リノベ」、2024 年 3 月 27 日、https：//www.mlit.go.jp/jutakukentiku/house/shienjigyo_r6-12.html。最后访问日期：2025 年 3 月 12 日。

④ CBRE，"Japan Investment Market View Q4 2022"，February 7，2023，https：//www.cbre.com/insights/figures/japan-investment-marketview-q4-2022。最后访问日期：2025 年 3 月 12 日。

本房地产对海外投资者的吸引力有所减弱。美国指数编制公司明晟（MSCI）公布的数据显示，2024 年上半年，海外投资者的购买额为 0.5 万亿日元，较上一年同期下降 38%，在总投资额中的占比为 15%，明显低于近十年25% 的均值。① 而日本民间住宅实际投资增速未有明显起色，居民杠杆率不升反降，反映出本国民众的购房需求依然不够强劲的事实。2021~2023年，日本民间住宅实际投资增速分别为 -0.2%、-3.3%、1.0%，而在"安倍经济学"实施期间，该增速最高曾达到 8.2%。② 2021 年 6 月末至2024 年 6 月末，日本居民杠杆率呈波动下降趋势，由 67.0% 下降至65.4%。③ 进一步而言，可以从以下两个角度分析为何日本房地产市场升温的可持续性不强。

第一，房地产市场持续升温的基本动力缺失。日本人口规模自 2009 年达到峰值之后，已经连续 15 年减少，支撑房地产价格持续上涨的需求端因素明显减弱。截至 2025 年 2 月，日本全国人口总数为 1.2354 亿人，较上年同期减少 57 万人。④ 然而反常的是，首都圈房地产价格超过了泡沫经济时期，屡创历史新高。这一现象的出现并非源于日本经济基本面的改变，其中势必存在大量的投机泡沫。根据国际货币基金组织（IMF）2025 年 1 月发布的《世界经济展望报告》，2025 年和 2026 年日本实际 GDP 增速预计分别为1.1% 和 0.8%，低于 1.9% 和 1.8% 的发达经济体平均增速。⑤ 日本央行同月发布的《经济与物价形势展望报告》也显示，日本 2025 年度和 2026 年度实

① ニッセイ基礎研究所「不動産投資市場動向（2024 年上半期）」、2024 年 9 月 11 日、https：//www.nli-research.co.jp/files/topics/79631_ext_18_0.pdf？site＝nli。最后访问日期：2025 年 3 月 12 日。
② 内閣府「令和 6 年度年次経済財政報告」、2024 年 8 月 2 日、https：//www5.cao.go.jp/j-j/wp/wp-je24/index_pdf.html。最后访问日期：2025 年 1 月 10 日。
③ BIS, "Credit to the Non-Financial Sector", March 11, 2025, https：//data.bis.org/topics/TOTAL_CREDIT/data. 最后访问日期：2025 年 3 月 12 日。
④ 総務省「人口推計」、2025 年 2 月 20 日、https：//www.stat.go.jp/data/jinsui/index.html。最后访问日期：2025 年 3 月 12 日。
⑤ IMF, "World Economic Outlook Update", January 17, 2025, https：//www.imf.org/en/Publications/WEO/Issues/2025/01/17/world-economic-outlook-update-january-2025. 最后访问日期：2025 年 3 月 12 日。

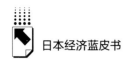
际 GDP 增速预期中位数均仅为 1.0%，反映出其经济复苏乏力的事实。① 此外，尽管近年来日本名义工资增长比较明显，但扣除物价变动因素后的实际工资增长依然疲软。2024 年，日本名义工资较上年上涨 2.9%，消费者价格指数较上年上升 3.1%，最终实际工资较上年下降 0.2%，且已是连续第三年下降。② 即使未来日本实际工资增速转正，也难以抵消近年房地产价格较大的增速，这严重限制了适龄劳动力的购房能力，不利于房地产市场的平稳健康发展。

第二，外国购房者寻求房地产投资回报的空间收窄。海外投资者热衷于购买日本房地产的一个重要理由是，把握本轮日元汇率超跌的机会低位入手，待今后日元升值时卖出，可从中赚取汇率差价收益。但随着日本央行加息步伐的加快，可以预测日美利率差将不断缩小，从而对日元的进一步下行形成阻碍。加之日本政策利率上升还会推动房贷利率上升，海外投资者追加投资难以维持现有的利润率，其更倾向于控制风险和锁定利润。据世邦魏理仕统计，2023 年海外投资者的购买额约为 1 亿日元，出售额则达到 1.37 亿日元，二者相减得到的净卖出额为约 0.37 亿日元，创 2018 年以来新高。③另外，当前日本房地产市场可谓鱼龙混杂，特别是部分房地产中介将不良资产推向市场，以便鱼目混珠、"高位出货"。海外投资者能够接触的优质房地产项目较为有限，很难甄别真正有投资价值的标的，在市场高位盲目买入易遭受亏损。随着人口大规模向都市圈流动和人口老龄化程度加深，日本房屋空置现象愈演愈烈，由此极大地限制了海外投资者购房后出租和转让的收益空间。2023 年，日本空置房屋多达 900 万所，较五年前增加 51.3 万所，

① 日本銀行「経済・物価情勢の展望（2025 年 1 月）」、2025 年 1 月 24 日、https：//www. boj. or. jp/mopo/outlook/gor2501a. pdf. 最后访问日期：2025 年 3 月 12 日。
② 「24 年の実質賃金 0.2%減 3 年連続マイナス 賃上げ上回る物価高」、『朝日新聞』、2025 年 2 月 5 日、https：//www. asahi. com/articles/AST243JTQT24ULFA01KM. html。最后访问日期：2025 年 3 月 12 日。
③ 「冷える海外勢の不動産投資 5 年ぶり低さ、金利上昇にらむ」、『日本経済新聞』、2024 年 2 月 5 日、https：//www. nikkei. com/article/DGXZQOUB032TP0T00C24A2000000/。最后访问日期：2025 年 3 月 12 日。

房屋空置率为 13.8%，较五年前上升 0.2 个百分点，两项指标均创有统计历史以来新高。[1] 也正因如此，从全国整体来看，日本房地产价格与泡沫经济崩溃前的高值尚有不小的距离。从海外投资者购买的房屋类型来看，租赁用住宅的热度下降明显。据仲量联行统计，2024 年海外投资者的购买额占租赁用住宅总投资额的比例仅为 20% 左右，而前一年该比例超过 60%。[2] 鉴于日本股市升温至少存在日企盈利改善的支撑，为寻求确定性更高的投资机会，海外投资者未来可能转向投资日本股票等其他金融产品。

---

① 総務省「令和 5 年住宅・土地統計調査 調査の結果」、2024 年 9 月 25 日、https：//www.stat.go.jp/data/jyutaku/2023/tyousake.html。最后访问日期：2025 年 3 月 12 日。

② JLL「金利上昇局面の日本不動産市場における海外投資家の動向」、2025 年 1 月 9 日、https：//www.nikkei.com/article/DGXZQOUC253QM0V20C23A8000000/。最后访问日期：2025 年 3 月 12 日。

B.15
日美半导体合作的动向及影响

邓美薇*

摘　要： 近年来，日美持续强化半导体合作，不仅深化多边及双边合作机制，而且推进技术研发、供应链、人才培养与政策协调等领域的合作，同步加大与中国台湾地区、东南亚、印度等地区与国家的合作力度，旨在联合强化技术优势，保障供应链安全。日美围绕半导体领域开展的紧密合作，具有明显的对华竞争战略意图，不仅干预全球半导体产业链向华转移进程，促使世界半导体产业链供应链加速分叉与撕裂，而且试图联合拉大对华半导体技术代际差，将中国锁定在"中低端"领域，并降低对中国半导体制造能力的依赖程度，削弱中国在关键资源能源、工业配套体系、技术转化能力等方面的绝对优势，因此需长期跟踪研究。

关键词： 日本　美国　半导体　科技合作

　　科技成为大国竞争的关键，半导体领域是日美对华战略竞争的核心。日美持续加强半导体合作，不仅构建了高级别对话机制，而且不断深化在技术研发、供应链、人才培养、政策协调等领域的合作，同步加强对东南亚、印度的半导体产业投资，诱使中国台湾地区的顶尖半导体企业如台积电向其转移先进技术。日美强化半导体合作不仅旨在重塑全球半导体产业格局，增强对产业链、供应链的控制权，而且以此加强对华战略竞争，遏制中国关键与新兴技术的发展。

---

　*　邓美薇，经济学博士，中国社会科学院日本研究所副研究员，中日经济研究中心研究员，主要研究领域为日本经济。

一　日美强化半导体合作的动机

半导体产业发展依赖全球化合作，任何国家都难以实现自给自足。美国和日本在半导体设计、材料和制造设备等领域占据全球主导地位，但面临劳动力短缺和中游制造环节能力不足的问题。通过加强合作，两国不仅可以共同提升尖端芯片产能，保障供应链稳定，而且在对华科技竞争方面也具有战略意义。

（一）半导体产业发展根植于全球化

半导体产业发展的客观规律离不开国际合作，这主要体现在两方面：一是半导体产业的生成、成长与壮大本身就是国际分工的结果；二是半导体供应链的复杂化决定了一国难以实现自给自足。这也决定了日本、美国期望联合强化半导体供应链的根本动机。

半导体产品包括集成电路 IC、光电子器件、分立器件和传感器，其中集成电路占据 80% 以上的市场份额，是半导体产业的核心。半导体产业源自美国，1947 年，晶体管的诞生标志着半导体时代的开始，1958 年，集成电路的出现加速了半导体产业发展。20 世纪 60 年代后，美国意识到其核心竞争力在 IC 设计等高技术环节，于是将封装测试等劳动密集型生产外包或委托给日本、韩国和中国台湾等国家和地区。70 年代至 80 年代，美国将高技术的晶圆制造、研发和设计工作外包给日本，日本半导体产业快速崛起，并在 1981 年超越美国占据 64K DRAM 市场主导地位。80 年代，美日半导体摩擦加剧，美国对日本半导体产业进行打压，90 年代泡沫经济崩溃，导致日本无法继续支持技术升级和晶圆厂建设。此时，韩国企业如三星加大对半导体产业的投入，逐步实现全球领先地位。同时，中国台湾把握住半导体产业从 IDM（垂直整合制造）模式到 IC 设计（Fabless）和晶圆代工（Foundry）模式的转型机遇，发展晶圆代工，成为全球最大晶圆代工基地，并通过自主研发成为全球半导体产业的领导者之一。进入 21 世纪后，中国大陆凭借低成本劳动力和庞大的

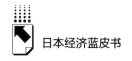
消费市场，开始承接部分国外半导体封装与制造业务，晶圆制造和封装测试环节形成一定规模，国产设备和材料技术不断突破。近年来，随着美日联合对华实施科技围堵，东南亚成为美日半导体产业转移的热点地区。总体而言，全球化推动了半导体产业的发展与转移，既促进了技术进步，也使产业模式更加经济，保持产业链稳定与畅通依赖于国际合作。

另外，半导体供应链复杂且昂贵，当前没有任何国家能够实现自给自足。芯片生产需要超过1000个步骤，并跨越国际边界70次以上才能完成。[①]生产过程通常需要四到六个月，涉及500多道工序。领先芯片制造商通常依赖全球数万家供应商，其中一些是全球唯一能够提供特定技术的公司。例如，荷兰公司ASML是唯一能够生产极紫外（EUV）光刻机的企业，该设备由全球近800家供应商提供的数十万个零件组成，并在荷兰进行组装。此外，光刻机的维护至关重要，尽管ASML预计设备每个零件的平均使用时间为3万小时，但实际上设备需要频繁维修。建立完整的半导体供应链极为昂贵。波士顿咨询公司（BCG）公布的报告显示，半导体供应链中至少存在50个瓶颈点，其中单一国家或地区占据全球65%以上的市场份额。若一国希望构建自给自足的半导体供应链，至少需投入1万亿美元，并使半导体价格提高35%至65%。[②]例如，建设一家晶圆厂需要约200亿美元，而每台EUV光刻机的成本超过1亿美元。光刻机若离线1小时，芯片制造商将损失数千美元。此外，欧美、日韩及中国台湾等国家和地区掌握着先进芯片生产的关键技术，少数企业能够在前沿技术领域竞争。尖端半导体产业发展需要巨额投资，设计10纳米、7纳米、5纳米芯片的成本分别为1.75亿美元、3亿美元、5.4亿美元，建设10纳米、5纳米芯片生产线的工厂需分别投入17亿美元、54亿美元。这些投资的回报期较长，且存在较大风险，晶圆厂

① Center for Security and Emerging Technology, "Semiconductor Supply Chain: Assessing National Competitiveness", https://cset.georgetown.edu/publication/the-semiconductor-supply-chain/. 最后访问日期：2025年3月10日。

② Semiconductor Industry Association, "Strengthening the Global Semiconductor Supply Chain in an Uncertain Era", https://www.semiconductors.org/strengthening-the-global-semiconductor-supply-chain-in-an-uncertain-era/. 最后访问日期：2025年2月20日。

建设及设备安装需要 12~24 个月，生产线达到满负荷生产还需 12~18 个月。如果需求低于预期或成本过高，投资回报可能会受到负面影响。[①]

（二）提升技术优势、保障供应链安全的必然选择

日美是全球半导体产业链（见图 1）的关键参与者，双方通过合作巩固技术优势，并扩大与其他国家的技术代际差距。日本在半导体关键材料和制造设备领域具备重要优势，市场份额约占全球 62%。在关键材料方面，日本在硅晶圆和光刻胶领域的市场占有率超过 50%，信越化学和胜高占据全球 60% 的硅片市场。在半导体制造设备方面，日本排名全球第二，东京电子的涂胶显影设备市场份额达 85%，尼康和佳能在光刻机市场具有竞争力，Lasertec 主导 EUV 光掩模检测设备，东京电子几乎垄断 EUV 内联涂布/显影设备市场。此外，日本在高精度制造设备零部件领域，如静电吸盘、阀门等方面占据主导地位。美国在全球半导体供应链中占据主导地位，贡献全球供应链总价值的 39%。[②] 自 20 世纪 90 年代末以来，美国企业控制全球半导体销售市场，占据近半数份额，并在芯片设计、制造技术等方面保持领先地位。美国的 Cadence、Synopsys 和 Mentor Graphics 三家公司占据电子设计自动化（EDA）市场 70% 以上份额，而在半导体知识产权（IP）核领域，美国和英国企业合计占据全球 90% 以上的市场份额。美国企业在半导体制造设备领域也占据主导地位，如应用材料、泛林和科磊等公司控制全球 50% 至 90% 的市场份额，主导薄膜沉积、刻蚀和离子注入等关键设备领域。

日美在半导体产业方面面临共同挑战，促使双方深化合作。首先，劳动力短缺严重，美国预计到 2030 年半导体行业将增加 11.5 万个工作岗位，但

---

① McKinsey & Company，"Semiconductor design and manufacturing: Achieving leading-edge capabilities"，https://www.mckinsey.com/industries/industrials-and-electronics/our-insights/semiconductor-design-and-manufacturing-achieving-leading-edge-capabilities. 最后访问日期：2025 年 3 月 8 日。

② Center for Security and Emerging Technology，"Semiconductor Supply Chain: Assessing National Competitiveness"，https://cset.georgetown.edu/publication/the-semiconductor-supply-chain/. 最后访问日期：2025 年 3 月 10 日。

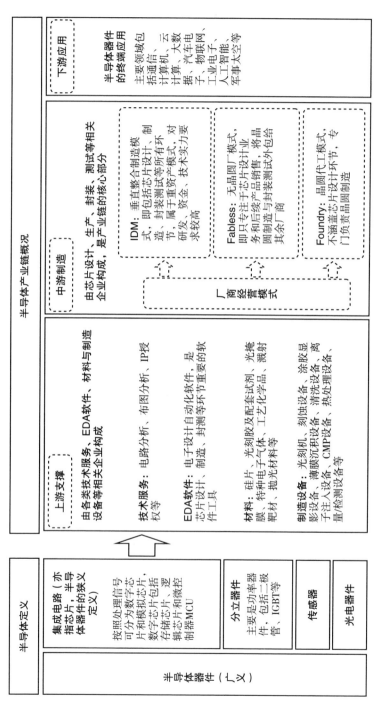

图 1 半导体器件分类及产业链概况

资料来源：笔者根据 SEMI、Gartner、源达信息证券研究所等公开资料自制。

缺口达 6.7 万人，占比 58%。日本因少子老龄化，半导体领域的工程师空缺问题加剧，2022 年的招聘需求是 2013 年的 13.1 倍。其次，尽管日美在上游领域具有优势，但在中游制造环节存在短板。美国半导体全球产量占比已从 1990 年的 37% 降至 2022 年的 12%，且多数产能位于海外。日本半导体的全球市场份额则从 1988 年的 50.3% 降至 2022 年的 9%，仅能生产 40 纳米及以上芯片。美日合作有助于提高尖端芯片产能，特别是提升美国在中游制造环节的能力。

构建稳定的半导体供应链也是日美的共同目标。半导体供应链易受新冠疫情、自然灾害、地缘政治冲突等影响，美国对华半导体制裁加剧了全球半导体供应链不稳定性，俄乌冲突也影响关键气体供应。尽管芯片短缺问题自 2022 年起有所缓解，但全球半导体供应链仍存在不均衡现象。美日合作将增强供应链弹性，降低芯片断供风险，确保全球半导体产业可持续发展。

（三）半导体是日美联合对华科技竞争的关键切入点

对华战略竞争是日美对外政策的交集。美国将中国视为唯一具备重塑国际秩序能力的竞争者，并通过对华科技遏制强化其全球霸权。尽管中国明确表示致力于和平发展，但美国认为中国的快速发展威胁了美国的全球领导地位，因此不断加大对中国的遏制力度。美国历史上倾向于零和博弈思维，力图维护压倒性优势。中国自改革开放以来实现跨越式发展，尤其是其在科技领域的快速进步，使美国感到压力加剧。而中国的经济与科技的快速发展挑战了日本在东亚地区的领导地位，这使得日本更加依赖与美国的合作，特别是在科技领域的对华联合遏制方面。

半导体是日美遏华的关键。一方面，半导体技术十分重要，通过出口管制、投资限制等遏制中国半导体技术发展，日美可以以相对较低的成本阻碍更广泛的中国经济、社会、军事等领域的进步。半导体是几乎所有现代工业和国家安全活动的基础，几乎驱动着经济的每个部门，包括能源、医疗保健、农业、制造业、国防与交通运输等，也是关系人工智能（AI）、5G 通信与量子计算等新兴技术发展的核心，例如半导体技术的进步为人工智能的高性能、低功耗、实时性等要求提供关键支持。另一方面，中国在半导体领域面临诸多"卡脖子"技术环节，使日美有空间对中国实行技术封锁。例如，日美在光刻机、量测设备、涂胶显影设备等领域占据主导地位，中国这些设备的国产化率仍然较低（见表1）。中国光刻机的国产化率不到1%，而量测设备的国产化率约为2%。尽管中国在一些设备领域，如热处理和刻蚀设备，逐步实现国产化，但在全球市场上依然处于劣势，市场份额远低于日美等国际企业。例如，中微公司和北方华创在全球刻蚀设备市场的占有率分别为1.1%和0.6%，在全球热处理设备市场的占有率也分别仅为1%和4%。

表1 中国部分半导体设备市场空间、国内相关企业及国产化率情况

	光刻机	刻蚀设备	薄膜沉积设备			清洗设备	量测设备	半导体测试机	涂胶显影设备	热处理设备	CMP设备	划片机
			CVD	PVD	ALD							
市场规模（亿美元）	198.1	189.5	124.0	49.6	33.1	64.6	107.7	86.1	43.1	32.3	43.1	18.1
国内主要企业	上海微电子	中微公司、北方华创	北方华创、拓荆科技、微导纳米			至纯科技、盛美上海、芯源微、北方华创	上海精测、中科飞测	华峰测控、长川科技	芯源微	屹唐、北方华创	华海清科	光力科技
国产化率（%）	<1	20	10~15	—		约20	约2	<10	<5	>20	15	约5

资料来源：笔者根据企业年报、西部证券的公开信息制作。

二 日美强化半导体合作的动向

近年来，日美不断强化半导体技术研发与供应链合作，不仅构建了高级别、多维度的官方定期对话机制，而且不断深化在技术研发、供应链、人才培养、政策协调等领域的合作，同步加强对东南亚、印度的半

导体产业投资，诱使中国台湾地区的顶尖半导体企业如台积电向其转移先进技术。

（一）构建高级别、多维度的高层对话机制

近年来，日美加强了在半导体领域的战略合作，构建了多个高级别合作机制。一是"日美竞争力与韧性伙伴关系"（CoRe）和"日美商业与工业伙伴关系"（JUCIP）。2021年，美日通过联合声明构建CoRe，支持在半导体制造、下一代半导体研发及供应链合作等方面加强合作。JUCIP作为CoRe落实与延伸机制，强调在技术、人力资本等领域的合作，并解决供应链弹性问题。2024年4月、6月，美日分别举办第三次、第四次日美商工伙伴关系部长级会议，明确将在传统半导体领域展开合作，并积极推进关键与新兴技术研发和保护方面的合作。二是"日美经济政策磋商委员会"（EPCC），即"经济版2+2"机制，拓展经济部门负责人参与高层对话，加强供应链与关键技术方面的合作。2022年，日美首度召开"经济版2+2"会议，计划于2025年在日本建立2纳米芯片生产线。三是日美通过多边机制深化合作，如与韩国和中国台湾共同建立"Chip 4"联盟，旨在强化半导体供应链的韧性。该联盟推动了四方的对话与协调，影响全球半导体生产系统。日美还在七国集团（G7）、"四方安全对话"（QUAD）等多边平台积极展开半导体领域的合作。2024年4月10日，日美首脑会谈在美国华盛顿举行，其联合声明明确表示推进半导体、人工智能、量子技术等尖端技术研发与供应链合作；6月26日，日美韩在美国华盛顿召开首次商务与产业部长会议，发表了写有携手强化重要矿物和半导体供应链内容的联合声明；11月16日，在亚太经合组织（APEC）领导人峰会期间，日美韩举行首脑会谈，并在联合声明中指出将制定三边框架，进一步推进三方在下一代关键和新兴技术领域的合作，并肯定了"技术领导者培训计划"（Trilateral Technology Leaders Training Program）的成功启动，该计划旨在培训半导体、人工智能、量子技术等领域的政策制定者并促进其交流合作。

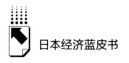
（二）加速技术研发与供应链合作

美日双方在加速尖端半导体技术研发与供应链合作方面展现出强烈意愿，尤其是在半导体供应链重塑与多元化方面。美国通过推动"近岸外包"和"友岸外包"策略，力求降低对中国的依赖和避免芯片供应风险。日本则力图重振本土半导体制造业，并在 2021 年制定了相关战略，明确支持与美国在先进计算和存储芯片等领域的合作。为落实这一合作，日美通过多项平台深化合作，其中包括日本成立的半导体公司 Rapidus 和尖端半导体技术中心（LSTC）。Rapidus 于 2022 年成立，目标是开发全球最先进的 2 纳米及以下的半导体制程，并以"短周转时间（TAT）制造技术"革新生产生态，计划在 2025 年启动 2 纳米芯片生产线。Rapidus 通过与 IBM、IMEC 等国际机构的合作，加速技术转化，并与欧美企业保持紧密联系。2023 年 11 月，日本经济产业省推动召开日美顶尖半导体企业交流会议，促进双方在尖端逻辑芯片领域的合作。LSTC 作为日本半导体研发合作的核心平台，与美国国家半导体技术中心（NSTC）、IBM、IMEC 等建立了紧密合作，研究内容涵盖全环绕栅极晶体管（GAA）技术、三维封装技术以及下一代半导体材料等。此外，LSTC 还与法国 Leti 研究所签署了合作协议，旨在开发 1 纳米级半导体基础技术。

随着摩尔定律放缓，半导体制造的前端工艺微细化已接近极限，后端工艺的重要性日益突出。先进封装技术成为提升芯片性能的关键，能显著提高良率、降低设计复杂度并减少制造成本，成为后摩尔时代的重要手段之一。自 2024 年以来，美日两国在半导体后端工艺，特别是先进封装领域的合作显著增强。这一合作不仅顺应半导体技术发展的趋势，整合两国优势巩固技术领先地位，还意在引领全球半导体产业链供应链重塑，展示日美在全球对华竞争的战略意图。2023 年以来，美日企业在先进封装领域的合作愈加频繁。2023 年 11 月，日本半导体材料制造商 Resonac 宣布，将在美国硅谷建立先进半导体封装和材料研发中心。同年 12 月，美国半导体设备制造巨头应用材料与日本光源制造商 USHIO 宣布针对 3D 封装应用的数字光刻技术缔结战略合作伙伴关系。2024 年 4 月，英特尔与 14 家日本半导体企业组成半导体后端制程标准化技术研究协会（SATAS）。6 月，日本晶圆代工企业 Rapidus 与美国 IBM 宣布确立 2 纳米世代半导体芯片封装量产技术合作伙伴关系。7 月，日本半导体材料制造商 Resonac 宣布，10 家美日半导体企业共同成立下一代半导体封装研发联盟 "US-JOINT"，目标是开发尖端封装的后制程技术，验证 5~10 年后实现实用化的新封装结构。总之，美日通过建立合作平台、加强技术合作、深化产业投资，推动半导体技术的突破和提升产业链的安全韧性，成为全球半导体产业重塑和创新的关键力量。

（三）推动半导体人才的联合培养

半导体人才短缺是美日面临的共同挑战，因此双方积极推动企业、大学和研究机构在人才培养领域的合作。2023 年 5 月 26 日，美国商务部长雷蒙多与日本经济产业大臣西村康稔举行第二次美日商工伙伴关系内阁级会议，其联合声明表示将加强美国国家半导体技术中心与日本尖端半导体技术中心的合作，制定技术开发与人才培养的合作路线图。此前，2023 年 5 月 21 日，美国国务卿布林肯与日本文部科学大臣长冈惠子签署教育合作谅解备忘录，旨在促进量子计算机和半导体领域的人才培养及技术研发合作。根据备忘录，美光科技、东京电子将在未来五年向 11 所美日两国大学投资 6000 万美元，开发半导体教育课程，每年预计有 5000 名学生受益。[①] 2024 年 12 月 13 日，美光科技表示，其日美半导体人才联合培养计划的参与人数已超过 2000 人，其中女性为 800 人。[②]

此外，由于日本缺乏生产 2 纳米芯片所需的技能，日本经济产业省自 2023 财年起启动了派遣年轻研究人员和研究生赴海外学习的计划，派遣人

---

① 「IBMやGoogleなど、日米の大学に290 億円 量子・半導体」、『日本経済新聞』、2023 年 5 月 21 日、https：//www. nikkei. com/article/DGXZQOUC211IP0R20C23A5000000/。最后访问日期：2025 年 1 月 30 日。

② 「米マイクロンなどの半導体人材育成、参加者 2000 人突破」、『日本経済新聞』、2024 年 12 月 13 日、https：//www. nikkei. com/article/DGXZQOUC138WU0T11C24A2000000/。最后访问日期：2025 年 2 月 10 日。

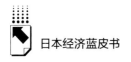
员前往美国和欧洲的企业与研究机构，学习尖端半导体技术。日本还通过LSTC，每年派遣数十人到 IBM、CNSE、IMEC 等顶尖研发机构学习并加强合作。Rapidus 也派遣工程师和技术人员赴美国学习前沿技术，尤其是 2 纳米芯片生产所需的全环绕栅级晶体管技术，IBM 将在两年内协助 Rapidus 的技术人才掌握 EUV 工艺。

（四）加强经贸政策的沟通与协调

美日政府均认为贸易和投资是中国等战略对手获取关键技术的重要途径，因此近年来两国加强了在半导体领域的政策协调，收紧出口管制和投资审查，以防止先进技术外流。美国自 2020 年以来，通过扩大"外国直接生产规则"（FDP）的范围，加强对华半导体技术出口管制，禁止向中国公司提供先进制程设备。2022 年，美国《芯片与科学法案》出台，限制获得补贴的企业在中国投资或扩建先进制程工厂，并加强对 16 纳米及以下制程芯片的出口管制。日本则在 2023 年修订《外汇与外贸法》，将六类半导体制造设备列入出口管制清单，明显加强对华出口管制。2024 年 7 月 8 日，日本再度收紧对华出口管制，在其出口管制物项清单和技术清单中新增五个与半导体相关物项，具体为互补型金属氧化物半导体集成电路、扫描电子显微镜（用于半导体元件/集成电路的图像获取）等，进一步升级半导体的对华出口管制。12 月 2 日，美国发布对华半导体出口管制措施，进一步加强对半导体制造设备、存储芯片等物项的对华出口管制，将 136 家中国实体增列至出口管制实体清单，并拓展"长臂管辖"，对中国与第三国贸易横加干涉。尽管日本追随美国加大对华半导体出口管制力度，但是两国仍存在一定分歧，如美国希望日本、荷兰等国家限制对已在华的半导体制造设备的维修与保养服务，并扩大出口管制范围，日荷等国则对此持谨慎意见。

另外，在产业政策方面，美日政府均通过半导体补贴扶持本土制造业，以缩小与其他国家的成本差距。美国通过《芯片与科学法案》提供约 527 亿美元的资金支持，并为企业在美建厂提供税收抵免；日本政府则通过多项法案，计划拨款超过 2 万亿日元支持半导体产业发展。然而，过度的产业补贴可能导致市场扭曲和产能过剩，影响全球竞争秩序。为应对这一问题，日美加强半导体产业政策协调，致力于制定透明、可持续的供应链战略。2023 年 11 月，美日政府举行第二次"经济版2+2"会议，宣布将合作制定半导体等关键产业补贴标准及政府采购要求。此外，2023 年 10 月，日本与欧盟达成协议，成立工作组讨论制定产业补贴的共同标准，推动全球半导体产业的健康发展。2024 年 6 月 26 日，在首次日美韩商务与产业部长会议上，三国就推进统一半导体和蓄电池等关键领域的产业补贴和政府采购标准达成一致。

（五）同步加强与特定国家或地区的合作

美日近年来加强与中国台湾、东南亚、印度等地区和国家的半导体产业合作，旨在构建稳定、可持续的半导体供应链，并减少对中国的依赖。中国台湾在全球半导体产业链中占据关键地位，尤其是在芯片制造和封装测试领域。美国通过《芯片与科学法案》和收紧出口管制，迫使中国台湾半导体巨头增加对美投资，台积电宣布投资美国 400 亿美元，生产 5 纳米和 3 纳米芯片。2024 年，台积电同意投资 250 亿美元在美国建厂生产 2 纳米芯片，美国政府对其提供 66 亿美元补助。同时，日本通过高额补贴吸引台积电对日投资，2021 年，台积电与索尼半导体合资设立"日本先进半导体制造"，计划生产 12 纳米至 28 纳米成熟制程芯片，并继续建设生产 6 纳米和 3 纳米芯片的工厂。

日美还加强与东南亚、印度等地区的合作。随着摩尔定律放缓，先进封装技术成为提高芯片性能的关键，东南亚和印度在这一领域的重要性上升。马来西亚控制着全球 13% 的 APT 市场，成为美日扩展供应链的关键地区，美光和英特尔等公司在马来西亚设厂。2024 年 3 月，美国商务部长雷蒙多访问菲律宾，宣布将增加对菲律宾科技行业 10 亿美元投资，并计划将其半导体工厂数量增至 26 个。2024 年 4 月，日美菲三国首脑在华盛顿举行会晤，商讨在半导体、关键矿产等领域的合作。日美也加快与印度的半导体合作，向其转移成熟制程技术和后端制造产能。2023 年 3 月，美印签署谅解

备忘录，建立半导体供应链合作机制。2024 年 7 月，日印签署"半导体供应链伙伴关系"合作备忘录，日本计划到 2027 年投资 359 亿美元支持印度半导体产业发展。2024 年 9 月，美印达成协议，在印度建设半导体厂，专注生产红外、氮化镓和碳化硅半导体，这将是印度首个半导体工厂，也是美国军方首次同意与印度在高价值技术领域展开合作。同月，日本东京电子与印度塔塔集团子公司塔塔电子建立合作伙伴关系。

三 日美强化半导体合作的影响

首先，干预全球半导体产业链向华转移进程，促使世界半导体产业链供应链加速分叉与撕裂。全球产业链供应链是现代权力转移的关键战线，历史经验表明，当占主导地位的国家处于衰落状态并意识到来自崛起国的竞争威胁时，通常会寻求切断后者进入供应链的机会以遏制其经济增长。在应用市场需求变化、成本与技术变革驱动及产业链分工细化等作用下，自 20 世纪 70 年代半导体产业在美国形成规模以来，半导体产业在全球范围内经历了三次产业大转移：一是 20 世纪 80 年代开始的由美国本土向日本转移；二是 20 世纪 90 年代末到 21 世纪初的由美国、日本向韩国及中国台湾地区转移；三是由中国台湾地区、韩国向中国大陆转移。中国是上一轮全球价值链调整以来全球化的主要参与者和受益者，并逐步成为全球价值链中的"世界工厂"和"贸易第一大国"。本轮全球价值链重构，本质在于以美国为首的大国正在推动全球供应链产业链"去中国化"，特别是在半导体、关键矿产等重要领域。随着日美在半导体产业政策方面持续发力并同步推进"近岸外包""友岸外包"策略，通过投资限制、出口管制等方式联合强化对华竞争等，半导体产业的全球布局从以效率优先转化成以大国竞争与地缘政治为主导，在一定程度上导致全球半导体产业链供应链分叉与撕裂，以及加速区域性产业链供应链的形成。美国经济学家大卫·戈德曼（David Goldman）认为，"芯片战"或导致全球出现两条截然不同的芯片供应链，一条由西方主导，另一条由中国主导，这对于西方国家来说是非常不利的。战略咨询公司

Integrated Insights 创始人克里斯托弗·托马斯（Christopher Thomas）在日本半导体展览会的地缘政治会议上指出，日本行业领导者确实普遍认为，全球半导体供应链正在分化成两条独立的供应链，一条面向美国，另一条面向中国。而且在近 100 名日本半导体企业高管中，40% 的企业高管表示将专注于美国市场，而 60% 表示，如果全球半导体供应链分裂成两块，他们将花费更大精力在美国与中国市场间进行权衡与选择。①

其次，联合拉大对华半导体技术代际差，试图将中国锁定在"中低端"领域。一是日美积极通过政策协调以及研发、技术、人才合作等，提升先进芯片生产能力，以此扩大对华半导体技术的代际差。根据美国半导体行业协会（SIA）与波士顿咨询公司（BCG）于 2024 年 5 月联合发布的报告，未来几年美国和全球半导体供应链的弹性将显著提高，特别是晶圆制造将变得更具韧性，预计到 2032 年，尖端晶圆制造产能将从中国台湾地区和韩国显著分散扩展到美国、欧洲与日本，其中美国、日本的份额将从 2022 年的接近于 0 分别增加至 2032 年的 28% 和 5%，而中国台湾地区所占份额将从 69% 下滑至 47%，2032 年中国大陆所占份额或提升至 2%。二是日美不断强化半导体尖端技术管控，联合阻碍中国获取国际先进技术，阻断中国半导体技术革新路径。特别是，日美对华半导体出口管制的辐射范围与力度持续扩大和增强，出口管制依据已由是否用于军事用途或禁止的最终用途，转变为直接从地理范围上全面限制；对华技术限制已由减缓中国实现半导体技术进步的速度，转变为干预并降低中国半导体产业技术能力的峰值，试图将中国阻拦在尖端技术领域之外，从而实现尖端技术在美欧日头部国家之间形成闭环水平流动。三是日美联合通过投资限制、出口管制等方式，不断加大中国企业获取关键原材料、设备和中间品的难度，危害中国半导体供应链安全。在半导体产业链中，关键原材料和生产设备占据前端环节，高附加值中间品则贯通前后端的核心环节，这正是中国半导体供应链卡点和堵点所在。日美

---

① "Tokyo Electron Says China Is Snapping up Its Less Advanced Chip Tools amid Export Controls", Financial Times, https：//www.ft.com/content/186d3704-e54a-4e6a-9d0b-4fc0bf967d5f. 最后访问日期：2024 年 12 月 26 日。

联合重点在此发力，将对中国半导体产业链供应链的稳定性和可控性造成挑战，不利于中国企业突破"卡脖子"难题，导致产业链"断链"风险上升。同时，美日对华半导体竞争举措也在一定程度上提升了中国国内市场扭曲的风险，如托底经营业务或加剧国内同行业企业不良竞争、重复投资等。

最后，降低对中国半导体制造能力的依赖程度，削弱中国在关键资源能源、工业配套体系、技术转化能力等方面的绝对优势，压缩中国反制空间。一方面，半导体制造依赖稀土、稀有金属等战略性资源，以及稳定的能源供应。日美不仅推进半导体生产网络的多元化、稳定性建设，而且推动关键矿产资源的对外合作，不断强化与全球南方国家的关键矿产合作，构建多元化矿产开采与精炼体系，有助于其减少对中国的供应链依赖。另一方面，受限于美日等国对华尖端半导体制造设备的出口管制，中国在先进制程芯片领域的国际市场占比难以提升，在芯片前端制造领域的竞争优势也相对有限，因此，在28纳米及以上成熟制程芯片领域，中国正通过产能扩张和技术迭代构建新优势，并且已经建立了一定的规模化优势。这种优势依赖高度集成的工业配套体系，而美国不断扩大对中国出口管制范围，日美推动半导体制造向东南亚、南亚地区转移，试图利用区域产业竞争弱化在中国的原有配套体系的黏性，并降低对中国市场的依赖。除此之外，日美严格管控尖端半导体技术外流，加强对研发人才跨境流动的管理，试图阻断逆向工程与隐性知识外溢，通过控制技术扩散速率维持领先技术的迭代优势，这也是对中国半导体技术转化通道的定向封锁。

结　论

整体来看，日美积极通过多渠道强化半导体合作，其战略意图不仅在于重塑全球半导体产业格局，增强对产业链、供应链的控制权，而且以此加强对华战略竞争，遏制中国关键与新兴技术的发展。面对这种具有排他性的国际技术联盟体系，中国需在坚守自主创新底线与维护全球产业合作之间寻找战略平衡。在政策层面，构建系统的技术攻坚体系，对内实施尖端技术研发的"新型举国体制"，聚焦光刻机、EDA 软件、第三代半导体等"卡脖子"领域，加大财政金融支持力度，建立跨部门、跨企业的核心技术攻关联合体，强化基础研究与应用转化的衔接机制，特别是在量子芯片、碳基芯片等变革性技术方向提前布局；对外推进"精准突围"战略，利用成熟制程的市场优势，深化与他国的合作，支持半导体企业在海外设立研发中心以规避技术封锁，并通过多边与双边机制扩大半导体相关原材料、零部件等进口渠道的多元化。在产业链层面，实施"非对称反制"，在稀土材料提炼、芯片封装测试等具有比较优势的环节，积极提升技术壁垒，形成制约对手的"技术锚点"。在人才战略层面，加强半导体人才培养，并积极吸纳国际智力资源。与此同时，由于中国大力度推进半导体产业发展，还需警惕过度"内卷化"、资本泡沫与低效投资、技术路线选择失当等风险。

B.16
日本高质量基础设施合作伙伴关系战略的新进展及其影响

——以东南亚地区为中心

孟晓旭　唐　佳*

摘　要：　近年来，日本不断深化高质量基础设施合作伙伴关系战略，特别是着力强化在东南亚的战略布局，侧重交通、能源与数字基建等领域，以技术标准、可持续性和规则输出为核心，深化"印太战略"。日本强化其在东南亚地区的基础设施投资建设的主要动因有地缘政治博弈、经济战略转型、安全保障诉求和主导标准制定权等，既实现自身经济和战略利益，也对冲"一带一路"，重塑地缘经济与安全格局。日本在东南亚推动的高质量基础设施合作伙伴关系将对中国周边战略环境产生重要影响，需加强研究。

关键词：　日本高质量基础设施合作伙伴关系　东南亚　印太战略　一带一路

从第二次世界大战结束后的本土重建到成为 21 世纪全球基建出口大国，日本基建投资战略的设计与实施紧密围绕国家经济转型需求、社会结构变化以及全球化竞争格局展开。日本高质量基础设施合作伙伴关系战略是日本基建投资战略在世界变局下的升级，既是日本经济体量的重要支撑，也是日本应对经济发展与全球化竞争的重要手段，并在"印太战略"下表现出浓厚

＊　孟晓旭，中国社会科学院日本研究所研究员，主要研究领域为日本政治与外交；唐佳，中国社会科学院大学国际政治经济学院 2023 级硕士研究生。

的地缘战略色彩。作为"印太战略"的中心区域，日本高质量基础设施合作伙伴关系战略对东南亚高度重视，2023 年日本以纪念与东盟建立友好合作关系 50 周年为契机开始不断加强对东南亚的战略投入。

一 日本高质量基础设施合作伙伴关系在东南亚的推进

日本自 20 世纪 80 年代起便通过官方发展援助（ODA）和技术输出参与东南亚基础设施建设。2015 年，日本正式提出高质量基础设施合作伙伴关系战略，在东南亚强化基础设施战略布局。岸田政府上台以来，日本进一步深化对东南亚的高质量基础设施投资，尤其是侧重交通、能源、数字化转型等领域。2023 年 12 月 17 日，日本与东盟建立友好合作关系 50 周年特别首脑会议主张加强对东南亚地区的高质量基础设施投资。会上通过的《联合愿景声明》强调，支持东盟实现《东盟共同体愿景 2025》和对《东盟共同体愿景 2045》的追求，继续合作以缩小地区发展差距；通过高质量基础设施投资、机构和人力资源开发及交流，加强东盟与日本间的互联互通，包括航空互联。日本将加强智慧城市合作，支持包括微型、小型和中型企业（MSMEs）及初创企业在内的创新企业，加强公共卫生、健康和福利方面的伙伴关系，提高供应链的复原力和可靠性，提升工业竞争力；促进贸易和投资，加强金融稳定，推动符合国际规则和标准的透明和公平发展融资；推动可持续能源安全，通过多样化和现实途径加快能源转型，注意日本提出的如"亚洲零排放共同体"（AZEC）等倡议。近两年来，日本高质量基础设施合作伙伴关系在东南亚的主要进展及布局如下。

在印尼的主要进展包括：（1）巴丁班港扩建项目。日本援建的西爪哇巴丁班港一期已于 2020 年运营。2023 年，日本又追加投资 30 亿美元，启动了对巴丁班港的二期扩建，寻求使其吞吐量增至 750 万 TEU。[①] 以丰田、

[①] 一般財団法人 運輸総合研究所「【アジア】東南アジアにおける港湾開発（Part2）」、chrome-extension：//blegnhaaimfcklgddeegngmanbnfopog/https：//www. jttri. or. jp/2023_topic_asia_1010. pdf。最后访问日期：2025 年 2 月 10 日。

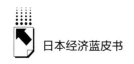
本田为代表的日企寻求借此布局优化供应链，建设汽车专用码头，服务出口需求，间接强化印尼作为区域汽车制造中心的地位。日本政府也寻求通过"投资换资源"模式，以该援建项目换取镍矿出口优先权。① （2）雅加达—泗水铁路项目。2023年，雅万高铁实现通车运营后，印尼政府进一步酝酿将雅万高铁延伸至泗水。日本趁机提出替代方案，建议采用中速铁路（时速160公里）以降低成本。2023年，日本国际协力机构（JICA）完成了东爪哇线路的可行性研究，并在对印尼的游说中突出强调日本技术的成本维护优势。日本试图以"性价比+环保"策略作为抗衡中企的相对优势，并在项目融资方案中提出日元贷款与印尼主权担保相结合的构想进行诱导。② （3）镍矿加工与绿氢产业链项目。高压酸浸工艺（HPAL）工厂方面，住友金属在苏拉威西岛投资45亿美元建设镍冶炼厂，生产电池级硫酸镍，供应松下等日企的电动车电池需求。③ 绿氢试点项目方面，2024年，日本新能源产业技术综合开发机构（NEDO）与印尼国家石油公司（Pertamina）合作，在加里曼丹岛利用地热发电制氢，目标年产能10万吨。

在越南的主要进展包括：（1）南北高铁项目。越南规划的南北高铁全长1570公里，是东南亚最大的基建项目之一。日本自2010年起参与可行性研究，2023年日本国际协力机构与越南政府签署第三阶段技术合作协议，重点研究采用新干线技术的经济性与环保标准。项目设计强调低能耗、抗震性能

---

① 経済産業省「質の高いインフラの海外展開に向けた事業実施可能性調査事業(インドネシア（バリ島）スマートシティ開発に向けたスマートモビリティ・インフラ開発調査事業）報告書」、chrome-extension：//blegnhaaimfcklgddeegngmanbnfopog/https：//www.meti.go.jp/meti_lib/report/2021FY/000444.pdf.最后访问日期：2025年2月10日。
日本国際協力機構「インドネシア共和国．案件名：パティンバン港開発事業（第二期）」、chrome-extension：//blegnhaaimfcklgddeegngmanbnfopog/https：//www2.jica.go.jp/ja/evaluation/pdf/2022_IP-583_1_s.pdf.最后访问日期：2025年2月12日。
② 日本国際協力機構「鉱業セクター・バックグラウンド調査（プロジェクト研究）」、chrome-extension：//blegnhaaimfcklgddeegngmanbnfopog/https：//openjicareport.jica.go.jp/pdf/12232096_01.pdf.最后访问日期：2025年2月12日。
③ 住友金属鉱山株式会社「インドネシアでのニッケルHPALプラント建設に関するプレ・フィージビリティ・スタディ実施および環境影響分析調査開始について」、chrome-extension：//blegnhaaimfcklgddeegngmanbnfopog/https：//www.smm.co.jp/news/release/uploaded_files/130131-2.pdf.最后访问日期：2025年2月12日。

及沿线城市开发，计划在 2032 年前优先建设河内—岘港段。越南政府因财政压力考虑分段建设，并要求日本提供更优惠的贷款条件（利率低于 1%，还款期 40 年）。（2）胡志明市地铁项目。日本参与了胡志明市地铁项目的建设，该项目包括多条地铁线路，旨在缓解城市交通压力。2023 年项目进入关键建设阶段，预计 2025 年部分线路通车。（3）可再生能源合作项目。离岸风电项目方面，日本三菱重工与越南电力集团（EVN）合作，在越南平定省建设 500MW 离岸风电场，总投资 12 亿美元，采用浮式风机技术，计划 2026 年投运。[①] 氢能试点项目方面，2024 年，东京燃气公司与越南国家石油集团（PVN）在胡志明市启动蓝氢生产项目，利用天然气重整结合碳捕获技术，以满足当地工业园区的脱碳需求。[②]

在菲律宾的主要进展包括：（1）马尼拉地铁项目。2023 年，日本与菲律宾政府签署了马尼拉地铁项目的合作协议。日本国际协力机构提供 48 亿美元优惠贷款支持马尼拉地铁一期工程（2023 年部分路段动工），并计划延伸至二期。项目总长 30 公里，设 15 个车站，采用日本隧道技术（采用日本青函隧道的盾构技术，抗震等级达 8 级）和安全管理标准，由三菱重工负责车辆供应，由东芝提供智能调度系统。[③] 该项目预计减少马尼拉 30% 的交通拥堵，日均客流 50 万人次。日本还拟通过 PPP（政府与社会资本合作）模式引入民间运营公司（如东京地铁等），以确保长期收益。[④]（2）棉兰老

---

① 一般财团法人 日本船舶技术研究协会「ベトナム・フィリピン・オーストラリアにおける洋上風力発電の動向調査」、chrome-extension：//blegnhaaimfcklgddeegngmanbnfopog/https：//www.jstra.jp/PDF/report9_2023.pdf。最后访问日期：2025 年 2 月 12 日。

② 環境省「地域脱炭素ロードマップ【概要】」、chrome - extension：//blegnhaaimfcklgddeegngmanbnfopog/https：//www.env.go.jp/earth/%E2%91%A1%E5%9C%B0%E5%9F%9F%E8%84%B1%E7%82%AD%E7%B4%A0%E3%83%AD%E3%83%BC%E3%83%89%E3%83%9E%E3%83%83%E3%83%97%EF%BC%88%E6%A6%82%E8%A6%81%EF%BC%89.pdf。最后访问日期：2025 年 2 月 12 日。

③ 日本国際協力機構「フィリピン国大都市圏における鉄道戦略調査(マニラ首都圏内の都市鉄道）」、chrome - extension：//blegnhaaimfcklgddeegngmanbnfopog/https：//openjicareport.jica.go.jp/pdf/12126603_01.pdf。最后访问日期：2025 年 2 月 12 日。

④ Asian Development Bank，"Meeting Asia's Infrastructure Needs"，chrome-extension：//blegnhaaimfcklgddeegngmanbnfopog/https：//www.adb.org/sites/default/files/publication/227496/special - report-infrastructure.pdf. 最后访问日期：2025 年 2 月 13 日。

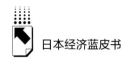

岛铁路项目。2023 年，日本在与中国竞争后中标棉兰老岛南北铁路（全长
100 公里）项目，投资 28 亿美元，连接达沃市与农业产区。项目采用窄轨
铁路（1.067 米），兼容日本二手机车以降低成本。（3）宿务港口扩建项
目。项目重在提升该港口的吞吐能力和物流效率。2023 年项目进入关键建
设阶段，并在 2024 年完工。（4）智慧城市与数字支付项目。克拉克新城项
目方面，富士通与菲律宾基地改造和发展管理局合作开发"克拉克智慧城
市"，集成 AI 交通管理、太阳能微电网和电子政务系统，2024 年项目进入
二期建设阶段。[1] 金融科技合作项目方面，瑞穗银行与菲律宾 GCash 合作
推广数字钱包，目标是三年内覆盖 2000 万用户，强化日元与比索的直接
结算。

在泰国的主要进展包括：（1）曼谷—清迈高铁项目。2023 年，日泰签
署曼谷—清迈高铁项目合作协议。该项目总投资约 450 亿美元，铁路全长约
670 公里，采用日本新干线技术，已于 2024 年动工。（2）曼谷城市交通系
统升级项目。日本还投资了曼谷城市交通系统升级项目，包括地铁和轻轨线
路的扩展和升级。2023 年项目进入关键建设阶段，拟在 2025 年实现部分线
路通车。（3）泰国东部经济走廊（EEC）智慧港口与工业 4.0 项目。日本
企业特别是三菱重工、住友金属等近两年着重投资泰国东部经济走廊的智慧
港口和工业区数字化升级工程，配合泰国成为中南半岛乃至东南亚的新兴制
造业枢纽，2024 年的项目重点是推进低碳化物流网络建设。日本电气
（NEC）、富士通等日企还参与了泰国东部经济走廊的 5G 网络和物联网建
设，推动自动化工厂管理以及春武里府等地的智慧城市管理试点。[2] 具体的
产业项目主要有两个：一是林查班港三期项目，三井物产与泰国港务局投资
50 亿美元扩建深水码头，配备自动化岸桥和区块链物流系统，规划于 2027 年

---

① Arief Subhan, "Smart City Spotlight：Manila", The ASEAN Post, June 3, 2018, https：//
theaseanpost. com/article/smart-city-spotlight-manila. 最后访问日期：2025 年 2 月 13 日。

② Bradley Dunseith, "Thailand's Eastern Economic Corridor", ASEAN Briefing, June 29, 2018,
https：//www. aseanbriefing. com/news/thailand-eastern-economic-corridor/. 最后访问日期：
2025 年 2 月 13 日。

将吞吐量提升至 1800 万 TEU。[①] 二是机器人产业园项目，发那科（FANUC）在罗勇府设厂，生产工业机器人，支持泰国汽车产业向电动汽车方向转型。（4）生物经济与循环基建项目。主要有两个项目：一是生物精炼厂项目，2023 年，三菱化学与泰国国家石油公司（PTT）合作建设东南亚最大的生物塑料工厂，利用甘蔗渣生产 PLA 树脂，年产能达 10 万吨。二是碳捕获与封存（CCS）项目，日本碳回收（JCR）公司与泰国国家石油勘探公司（PTTEP）在暹罗湾开展海底碳封存试验，目标是到 2030 年之前每年封存 500 万吨。

在马来西亚的主要进展包括：（1）吉隆坡—新加坡高速铁路项目。2023 年，日本与马来西亚、新加坡签署了共建吉隆坡—新加坡高速铁路项目的合作协议。该项目计划建设一条全长约 350 公里的高速铁路，采用日本新干线技术，总投资约 680 亿美元，在 2024 年动工兴建。（2）槟城港口扩建项目。日本还投资了槟城港口扩建项目，项目重在提升该港口的吞吐能力和物流效率。2023 年项目进入关键建设阶段，并于 2024 年完工。（3）柔佛州数据中心集群项目。2024 年，日本电信电话公司（NTT）与马来西亚杨忠礼集团（YTL）合作，在柔佛州投资 15 亿美元建设超大规模数据中心，依托新加坡—柔佛海底光纤，服务东南亚云计算需求。该项目计划配套建设总装机量达 100MW 的太阳能电站，并选用东芝的虚拟电厂（VPP）技术来平衡负载。

新加坡是东南亚面积最小的但唯一的发达国家，日本对新加坡的基建投入规模有限，但主要聚焦高新科技领域，目前双边对接的最主要项目是氢能供应链以及数字基础设施建设。氢能供应链建设中，氨燃料合作是热点。2024 年，三菱商事与新加坡港务局启动液氨储运试点，利用文莱生产的蓝氨供应新加坡发电厂，以寻求替代液化天然气。此外，跨境碳交易合作也如火如荼地展开。双方在"亚洲碳信用机制"框架下，探索将日本碳捕获、

[①] 一般財団法人 運輸総合研究所「【タイ】レムチャバン港の現状と今後の取組」、chrome-extension：//blegnhaaimfcklgddeegngmanbnfopog/https：//www.jttri.or.jp/airo_20240411.pdf。最后访问日期：2025 年 2 月 14 日。

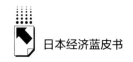

利用与封存（CCUS）技术产生的碳信用出售给新加坡企业。在数字基础设施建设领域，2023年日本与新加坡深化跨境数据流动规则合作，还借此拓展了在其他东南亚国家的数字支付、金融科技市场，如三菱UFJ金融集团在印尼铺开金融数字化项目。

缅甸、柬埔寨、老挝在东南亚地区属于历史欠账最多、发展速度最慢、跃升难度最大的三个国家，且投资营商环境较差、不确定性极大，其中尤其以军事政变、族群内战频仍的缅甸为甚。因此，日本近两年在上述三国的基建项目投资相对规模最小、技术层次较低。（1）缅甸方向，日本的基建投资以取代中缅经济走廊的空白交通项目为主。日本为规避西方对缅甸军政府的制裁扩大化风险，选择在2023年投资12亿美元有限重启土瓦港散货码头扩建工程。日立能源在掸邦结合光伏与柴油发电机，铺设了覆盖200个村庄的微型电网。（2）柬埔寨方向，日本的基础设施建设投资兼顾农业与交通项目。日本国际协力机构出资2亿美元优惠贷款助力柬埔寨发展智慧农业，改造洞里萨湖灌溉系统，具体主要是升级水泵站，采用物联网传感器优化水资源分配，预计能惠及50万公顷农田。此外，随着金边—西港高速公路竣工，日本建筑承包商鹿岛建设也寻求承建第二标段的金边—磅士卑线路，应用抗震沥青技术，预计能缩短工期的20%。（3）老挝方向，鉴于其复杂崎岖的山地地形和落后的农业产业能力，日本的基建投资以改善物流通道为主，近两年正通过"东盟一体化倡议"（IAI）对老挝万象—越南永安铁路的老挝段建设工程进行可行性评估，拟采用1米轨距连接越南港口，助力老挝农产品出口，寻求相对降低老挝对中老铁路的依赖。

二 日本在东南亚强化推进高质量基础设施合作伙伴关系战略的动因

东南亚国家拥有超过6.5亿人口，普遍处于经济快速增长阶段，但基础设施相对落后，存在亟待更新的现实需求。21世纪以来，东南亚地区作为全球经济增长的重要引擎，其基础设施建设需求呈现爆发式增长。根据亚洲开发银行（ADB）发布的估算数据，东南亚地区在 2016~2030 年需要约 2.8 万亿美元的基础设施投资，以支持其经济增长和社会发展。日本作为区域经济强国，自 2010 年起显著加大了对东南亚国家的高质量基础设施的投资力度。根据日本国际协力机构的统计数据，2015~2022 年，日本对东盟基础设施投资总额达 14.3 万亿日元，较前七年增长 68%。① 2023 年以来日本加大对东南亚地区高质量基础设施投资的动因比较复杂。

一是对冲"一带一路"，展开地缘战略博弈。自"一带一路"倡议发动以来，中国在东南亚的基建投资已形成规模效应。截至 2022 年，中国在东盟基建投资存量达 2890 亿美元，占区域外资基建投资总量的 37%。雅万高铁、中老铁路等标志性项目的推进，使日本感受到在东南亚地区影响力的下降。对此，日本进一步强化高质量基础设施合作伙伴关系战略，通过强调"高质量、可持续、透明性"三大原则，在越南南北高铁（投资额约 5 万亿日元）、菲律宾苏比克—克拉克铁路等标杆性项目中刻意制造对华差异化竞争。这种"质量对冲数量"的策略在 2015 年由安倍晋三内阁通过的《基础设施系统出口战略》中已得到制度化体现。为了在与中国的竞争中取得优势，日本积极主导高质量基础设施相关规则的制定。日本主导的"G20 高质量基础设施投资原则"已获 G7 国家认可，试图在亚洲开发银行框架下建立有别于亚洲基础设施投资银行（AIIB）的融资标准，如在缅甸迪拉瓦港三期工程中，日本采用日本工业标准（JIS）替代中国标准。在多边机制构建上，日本通过自 2016 年起建立的"东盟+日本"基建部长会议、日本—湄公河国家首脑峰会等机制，构建排他性合作框架；2022 年日本发起设立 200 亿美元的"亚洲未来投资倡议"，针对的是"一带一路"项目的融资缺口。这些投资主要集中在交通、能源、水资源管理和数字基础设施等领域。日本的核心逻辑是：通过技术输出、绿色转型和规则制定，对冲中国在东南亚的

---

① 日本国際協力機構「JICA の東南アジア協力」、chrome‐extension：//blegnhaaimfcklg ddeegngmanbnfopog/https：//www.jica.go.jp/information/publication/brochures/n＿files/asean.pdf。 最后访问日期：2025 年 2 月 14 日。

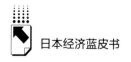
经济影响力。①

　　二是推进经济战略转型，促进国内经济发展。在日本经济低迷背景下，国内经济的结构性矛盾倒逼日本加紧推出高质量基础设施"出海"。从人口老龄化困境来看，日本厚生劳动省 2023 年数据显示，65 岁以上人口占比达 29.1%，进一步导致日本国内基础设施需求持续萎缩。② 国土交通省数据显示，2022 年日本国内土木建筑市场规模较 2000 年的峰值下降 42%。从产业升级压力来看，新干线技术、环保设备等优势产业面临国内市场饱和困境。三菱重工、川崎重工等企业海外营收占比已超 60%，急需新增长极。而在海外市场中，东南亚市场的战略价值相对突出，东盟 GDP 总量从 2010 年的 1.8 万亿美元增至 2023 年的 3.6 万亿美元，年均增速 5.2%。世界银行预测该区域 2040 年基建投资需求将达 2.8 万亿美元。而且，东南亚产业链重构的机遇突出。日本经济产业省发布的《全球价值链战略》明确将东南亚定位为"第三制造中心"。丰田在泰国建立全球最大的混动汽车基地、三井物产投资 50 亿美元建设越南永昂火电厂等事例均反映出日本政企界的基础设施建设先行策略。

　　三是追求安全保障诉求，维护海上生命线战略布局。海洋通道安全是日本长期关切的地缘安全课题。当前，日本 90% 的原油进口需经马六甲海峡，南海航道年通行商船超 10 万艘。日本对印尼巴淡岛深水港（投资额 12 亿美元）、马来西亚东海岸铁路项目的高质量基础设施投资，实质上构建了对东南亚沿海关键港口节点的控制网络。另外，日本正尝试通过基建合作获得港口使用权，日本在菲律宾苏比克湾原美军基地改造项目中投资了 8.7 亿美元。在日菲缔结《互惠准入协定》（RAA）的背景下，苏比克湾日后或为日本自卫队海外行动创造支点。

①　コンラート・アデナウアー財団 ベトナム事務所「大国間競争時代の 東南アジアにおける 日本の役割」、chrome - extension：//blegnhaaimfcklgddeegngmanbnfopog/https：//kas - japan. or. jp/wp-content/uploads/2022/05/JP-Japans-role-for-South-East-Asia-amidst-the-great-power-competition. pdf。最后访问日期：2025 年 2 月 11 日。

②　内閣府「令和 5 年版高齢社会白書(全体版）」、https：//www8. cao. go. jp/kourei/whitepaper/w-2023/zenbun/05pdf_index. html。最后访问日期：2025 年 2 月 15 日。

四是输出高质量基础设施建设和投资的标准，维持产业竞争优势，谋取区域竞争主导权。鉴于新兴技术的锁定效应，日本寻求通过在东南亚的基建投资，提前实现与东南亚国家的全周期技术捆绑。日本政府从规划阶段起，即委托日本国际协力机构开展技术调查，建设阶段积极游说东道国沿用 JIS 标准，运营维护阶段确保技术咨询服务继续为日企掌控，由此形成全产业链控制。在泰国，曼谷地铁信号系统采用日立技术后，后续升级必须依赖日本原厂服务。① 日本电气在泰国推广的"智慧城市"解决方案，已内置日本物联网协议。日本的这种"数字铁轨"战略意在确保使用方未来 30 年的技术依赖。② 日本尤其侧重抢占东南亚国家的绿色转型先机。以氢能社会输出为例，川崎重工在文莱投资 4.5 亿美元，建设了全球首个液化氢运输链，为东南亚氢经济发展设定日本模板。③ 再以碳边境调节机制为例，日本通过帮助印尼国家电力公司（PLN）建设超临界燃煤电厂（热效率 45%），既满足了东道国需求，又帮助日企规避了欧盟碳关税风险。

三　日本在东南亚推进高质量基础设施合作伙伴关系战略的特点

日本高质量基础设施合作伙伴关系战略，旨在通过促进高质量基础设施海外出口，塑造并改善日本所需的国际战略环境。其特点如下。

一是主打"高质量"与"可持续"的名片效应。突出宣传其基建的先进技术和环保标准，游说东南亚各东道国信任其项目的长期效益和环境友好。

---

① 「バンコクの鉄道「日本式システム輸出」苦闘の歴史」、『東洋経済オンライン』、2023 年 6 月 9 日、https://toyokeizai.net/articles/-/678083? display=b。最后访问日期：2025 年 2 月 15 日。

② 日本国際協力機構「タイ国バンスー駅周辺整備推進に向けたスマートシティ構想」、chrome - extension://blegnhaaimfcklgddeegngmanbnfopog/https://openjicareport.jica.go.jp/pdf/12327359_01.pdf。最后访问日期：2025 年 2 月 15 日。

③ 川崎市公式ウェブサイト「水素サプライチェーン構築モデル」、https://www.city.kawasaki.jp/590/page/0000111043.html。最后访问日期：2025 年 2 月 15 日。

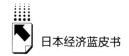

二是侧重推进区域互联互通。日本所投项目多集中于交通、能源领域，寻求响应东南亚共同市场和东盟经济一体化建设要求。日本在"亚洲零排放共同体"框架下进一步提出"东盟智慧电网倡议"，寻求以自身技术主导优势在东南亚整合推广清洁能源技术。2023 年，日本先后与越南合作开发离岸风电，向菲律宾提供光伏与储能系统技术支持。2024 年，日本经济产业省与马来西亚、文莱合作试点氢燃料供应链，利用东南亚资源生产绿氢、蓝氢，推动实现日本 2050 年碳中和目标，同时打造东亚氢能产业链。

三是兼顾"硬技术"输出与"软基建"规则话语塑造。在菲律宾马尼拉地铁项目上，日本政府不仅对菲提供装备、技术、零部件出口，还强制要求菲方采用日本 JIS 标准，并使用东京地铁运营维护手册来培训菲方 200 余名技术人员。此外，日本主导的"东盟智慧电网倡议"规定设备认证也额外要求相关基建项目需经日本电气安全环境研究所（JET）审核认证，注重主导高质量基础设施的标准建设。

四是采取政府与私营部门合作的形式。日本政府以通过日本国际协力机构向东南亚东道国与项目本身提供优惠贷款支持的形式为主，同时鼓励日本各类规模企业发挥比较优势，与当地政府、企业建立合作，共同推动项目实施与收益共享。

五是打造新的产业链，塑造基建绿色转型与产业链闭环的投资生态。以绿色氢能项目投资为例，日本在东南亚的氢能布局形成"文莱制氢—新加坡储运—泰国工业应用"的链条，锁定未来中长期的东南亚能源市场份额。再以电动汽车电池供应链为例，日本正尝试通过"印尼镍矿—泰国电池组—越南整车组装"的链条，减少其在电动汽车产业链上的对华依赖，进而构建起日本主导的东亚区域生产网络。

六是日本除了对东南亚基建项目实施独资开发外，也积极同东南亚域外国家以及印太盟伴开展多边联合投资开发活动。日本已参与成立美日澳基础设施基金，并在 2023 年以三国联合的形式投资印尼新首都努山塔拉，形成日本分管水务系统、美国提供智能电网、澳大利亚建设低碳建筑的基建投资的任务发包。此外，由"亚非增长走廊"计划延伸出的"印度—日本联通计划"中，日印将联合开发缅甸实兑港与印度卡拉丹陆桥，"抗衡"中国在缅甸投资的皎漂港。

四　日本在东南亚推进高质量基础设施合作伙伴关系战略的影响

日本在东南亚的高质量基础设施投资项目以技术标准严苛、融资条件透明、环保要求高为特征，形成与"一带一路"的差异化竞争。更重要的是，这种投资不仅重塑区域经济发展模式，更深刻影响大国战略竞争及地区权力和安全架构，影响地区安全形势。

一是影响大国战略竞争。日本高质量基础设施合作伙伴关系战略正成为美国"印太战略"的经济抓手，服务美国大国战略竞争目标。2023 年，日美联合设立"蓝点网络"认证体系，已对柬埔寨西哈努克港扩建、菲律宾新克拉克智慧城市等 15 个项目授予认证，实质构建排除中资项目的技术联盟，企图从经济上削弱中国在东南亚地区的影响力。日本推广的"JICA 环境与社会影响评价指南"（2022 版）已被缅甸、菲律宾等六国采纳为法定标准，这导致中资项目环评周期平均延长 4~7 个月。另外，日本联合亚洲开发银行推出的"债务透明度指数"，将越南、印尼对华债务列为"中度风险"，直接影响国际评级机构对相关国家主权信用的评估。这种舆论攻势已使中国对东盟国家基建贷款平均利率从 2018 年的 4.2% 降至 2023 年的3.5%。此外，美日澳安全合作也正呈现向基建领域延伸的趋势。例如，澳大利亚联实集团（Lendlease）与日本清水建设共同投资达尔文港升级项目该港现可同时维护 2 艘核潜艇，使美国海军南海任务周期缩短 15%。[①]

二是影响亚太安全环境，导致安全形势复杂化。日本高质量基础设施合作伙伴关系战略重视控制海上通道上的关键节点。日本投资 9 亿美元对越南

---

① Charles Edel, Christopher B. Johnstone, "U. S. -Australia-Japan Trilateral Cooperation on Strategic Stability in the Taiwan Strait", CSIS, August 21, 2024, https：//www.csis.org/analysis/us－australia－japan－trilateral－cooperation－strategic－stability－taiwan-strait. 最后访问日期：2025 年 2 月 17 日。

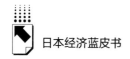

的金兰湾集装箱码头进行改造,包含水深 15 米的军商两用泊位。尽管合同限定民用,但其设计标准完全满足日本海上自卫队出云级直升机驱逐舰的停靠要求,影响地区安全的平衡。日本三菱商事在文莱建设的液化氢储运基地,不仅服务商业需求,其−253℃超低温储罐技术也可直接转为军用燃料储备设施。此外,在马六甲海峡东端,日本在印尼巴淡岛援建了船舶自动识别系统(AIS),可实时监控 85% 的过往商船。该系统与美军"海上态势感知计划"(MDA)共享数据,能将对周边国家能源运输的监视水平提升40%①,造成地区安全互信缺失,不利于地区安全互信的构建。日本高质量基础设施合作伙伴关系战略还会加剧地区安全形势的紧张,激化南海争端。日本对东南亚的基建投资也为其介入南海问题埋下了伏笔。日越合作开展的越南金瓯海上风电项目兼具能源开发与海洋监视功能;日本以参与海上风电建设的名义部署的带雷达反射器的浮式平台,虽宣称用于气象监测,但其25 海里的监控半径已覆盖中国部分管辖海域。②

三是影响"一带一路"建设,弱化中国在东南亚地区的影响力。在日本高质量基础设施合作伙伴关系战略下,日方的投资建设导致多个"一带一路"项目受阻。缅甸皎漂港原定中方投资项目因日本提出"生态修复+社区发展"综合方案(附带 2 亿美元环保基金),被迫重新招标。类似竞争使中国在东南亚的基建项目流产率从 2016 年的 12% 升至 2022 年的 21%。根据日本贸易振兴机构(JETRO)数据,"质量壁垒"策略使中国在东盟的基建市场份额从 2017 年的 42% 降至 2022 年的 35%。③ 东南亚国家也在借助日资

---

① 笹川平和财团「海洋安全保障情報季報」、chrome-extension://blegnhaaimfcklgddeegngmanbnfopog/https://www.spf.org/oceans/global-data/quarterly-43.pdf。最后访问日期:2025 年 2 月 16 日。

② "South China Sea: Philippines, US, Japan to Step Up Maritime Cooperation to Deter Beijing's Aggression", South China Morning Post, Apr. 13, 2024, https://www.scmp.com/week-asia/politics/article/3258875/south-china-sea-philippines-us-japan-step-maritime-cooperation-deter-beijings-aggression.

③ 经济产业省「令和 2 年度質の高いインフラの海外展開に向けた事業実施可能性調査事業」、chrome-extension://blegnhaaimfcklgddeegngmanbnfopog/https://www.meti.go.jp/meti_lib/report/2020FY/000305.pdf。最后访问日期:2025 年 2 月 16 日。

项目提升对华议价能力。印尼雅万高铁建设中，佐科政府通过引入日本国际协力银行（JBIC）对雅加达地铁的 45 亿美元贷款，迫使中方将高铁票价从初始方案的 35 美元降至 22 美元。这种"杠杆效应"使东南亚国家在大国竞争中实现利益最大化。日本电力公司在泰国推广的"5G+智慧交通"系统，强制使用基于 ARIB（日本无线工业及商贸联合会）标准的日本物联网通信协议，华为设备在泰市场份额因此从 2019 年的 58% 跌至 2023 年的 32%。这种"数字铁轨"策略正系统性排挤中国技术标准。例如，川崎重工在马来西亚建设的亚洲首个氢能储运枢纽，设定氢气纯度需达 99.97% 的目标，高于国际标准 0.07 个百分点，对未来中国氢能产品进入东南亚市场造成了技术障碍，而此类标准已纳入 2024 年东盟能源合作框架。日本在包括湄公河流域在内的海洋部署 83 个水文监测站，形成流域水资源大数据网络。2023 年泰国洪灾期间，日本利用该网络主导国际救援协调，削弱了澜湄合作机制的影响力。

结　语

日本在东南亚的高质量基础设施投资不是单纯的经济行为，还与经济外交与战略安全多维耦合，是日本重塑地区秩序的战略工具。日本高质量基础设施合作伙伴关系战略及其下的投资活动，既是日本服务于突破国内发展瓶颈的现实需求，更是其深化"印太战略"的长远布局。这种投资既压缩了中国"一带一路"的拓展空间，也为美国"印太战略"提供了经济支点，同时使东南亚国家获得战略对冲的操作空间。① 未来日本高质量基础设施合作伙伴关系战略在东南亚的投资将呈现三个趋向，即数字化与绿色化深度融合、PPP 模式创新（如缅甸仰光新城采用的"土地价值回收融资"）、安全要素权重持续上升等，这种战略调整既是日本提升区域影响力的选择，也是

---

① 孟晓旭：《日本调整高质量基础设施合作伙伴关系战略及对"一带一路"倡议的影响》，《东北亚学刊》2021 年第 5 期，第 43~44 页。

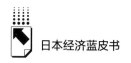
全球南方基础设施发展模式的竞争结果。随着大国战略竞争加剧，日本将继续通过技术标准、融资机制、安全保障三位一体的投资模式，在东南亚构建具有排他性的合作生态。其实，中日在东南亚基础设施建设领域的合作利益大于竞争，中日在新加坡—吉隆坡高铁项目中尝试运用"联合融资+技术混用"的模式，日方负责信号系统（采用 JR 东日本技术），中方承建轨道工程。这种竞合模式使项目成本降低 12%。而且，日本高质量基础设施合作伙伴关系战略也促进了中国"一带一路"倡议的升级。日本主导的"亚洲转型金融机制"（ATF）通过将 ESG（环境、社会和公司治理）指标与贷款利率挂钩（达标项目可获 0.5% 利率优惠），倒逼中资项目改革融资模式。中国在柬埔寨暹粒国际机场项目中，为应对竞争首次引入碳排放权质押融资。为应对日本智慧城市方案的竞争，华为被迫将东南亚数据中心投资转向"边缘计算+本地化存储"模式，如在泰国春武里府项目中，数据本地化率从 60% 提升至 90%，显著增加了运营成本，但获得了监管许可。对于中日而言，化竞争为合作、在竞争中促进合作才符合两国的共同利益。

B.17
全球南方视域下日本对非洲
经济外交转型[*]

王一晨[**]

摘　要：　长期以来，日本在非洲的经济外交从资源驱动型援助转向以经贸合作为核心的多元化模式，以适应国际经济格局变化并强化对全球南方的重视。通过官方发展援助、多边合作、高质量基础设施建设和关键矿产开发，日本深化了与非洲的经济联系，提升了经济韧性与国际地位。同时，日本在"自由开放的印太构想"框架下，与中国在基础设施建设、资源开发和全球治理话语权方面展开竞争。然而，日本在非洲布局仍受制于规模有限、企业抗风险能力不足及区域竞争激烈等挑战。非洲作为资源与市场的依托，已成为日本经济外交的战略重点。

关键词：　日本经济外交　全球南方　国际对非合作　中日竞争

在国际经济格局深刻变革的当下，"全球南方"作为一个日益重要的区域发展中国家群体概念，基于其经济潜力、资源禀赋和市场前景，正逐渐成为国际经济与政治合作的焦点，吸引了世界各主要经济体的重点关注。日本在2023年版《外交蓝皮书》中首次引入"全球南方"一词，认为全球南方国家作为一个整体概念，在国际话语权构建以及全球经济秩序重塑等领域的重要

---

[*]　本文系国家社科基金青年项目"日本对非洲政策走势及中国的应对研究"（项目编号：22CGJ037）的阶段性研究成果。
[**]　王一晨，法学博士，中国社会科学院日本研究所副研究员，主要研究领域为日本对外战略、日非关系。

285

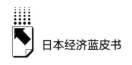
性和存在感不断上升，成为当下国际社会亟须重视的一股力量。① 非洲作为全球南方的重要组成部分，不仅拥有丰富的自然资源和迅速增长的人口，还展现出日益多元的市场潜力和经济发展需求。这些特征使得非洲成为世界各主要经济体争夺地缘经济优势的关键地区。特别是在俄乌冲突爆发后，随着以非洲为首的全球南方在国际社会上的影响力日益凸显，日本将国际格局划分为美西方、中俄以及全球南方等三个阵营的现实战略认知愈发清晰。② 故而，日本也转变策略，以美西方与全球南方的"中间人"自居，不断加人对全球南方的外交投入力度。自 1993 年东京非洲发展国际会议（TICAD）创立以来，日本作为首个开展对非峰会外交的亚洲国家，已逐步确立在"自由开放的印太构想"框架下，以官方发展援助（ODA）和民间经贸投资为核心的经济外交战略。同时，这些政策也反映出日本通过开展经济外交同中国竞争在非洲乃至全球南方经济影响力的战略意图。在这一大背景下，厘清日本对非洲的经济外交动向，成为理解其全球南方战略的重要切入点。

一　日本提升全球南方在经济外交中的地位

自 21 世纪以来，以金砖国家为代表的全球发展中国家实现群体性崛起，特别是部分非洲新兴市场国家的经济增速一度超过 10%，既成为推动全球经济持续增长的主要动力，又促进了国际经济格局"东升西降"的趋势进一步发展。日本在 1957 年首次发布《外交蓝皮书》并提出"外交三原则"，即"联合国中心主义""与自由主义国家相协调""坚持作为亚洲一员的立场"。③ 因此，"外交三原则"也长期成为战后日本国家战略与对外政策的重

---

① 外務省『外交青書 2023 年版』第 1 章第 1 節「情勢認識」、2023 年 4 月、https：//www. mofa. go. jp/mofaj/gaiko/bluebook/2023/html/chapter1_00_01. html # s101。最后访问日期：2025 年 1 月 30 日。

② Zhang Yun，"Hope for Cooperation in New Region"，China Daily，May 14，2024，p. 13.

③ 外務省『外交青書 1957 年版』第 1 章第 2 節「わが国外交の基調」、1957 年 9 月、https：// www. mofa. go. jp/mofaj/gaiko/bluebook/1957/s32-1-2. htm#a。最后访问日期：2025 年 1 月 30 日。

中之重。也就是说，在较长一段历史时期内，日本并未对发展中国家予以足够重视。日本对全球南方的态度转变主要发生在前首相安倍晋三于2012年开启第二次执政时期。安倍提出"积极和平主义"的外交理念，强调通过经济实力、技术优势和价值观传播，塑造日本在国际社会中的角色。安倍曾先后于2013年提出"俯瞰地球仪外交"，于2016年出台"自由开放的印太构想"，甚至多次称非洲为"日本最后的外交前线"，这体现了日本在全球范围内采取了积极的外交行动，将包括非洲在内的全球南方国家纳入其外交视野以提高国际影响力。日本在2016年版《外交蓝皮书》中明确提出将"日美同盟""与邻国关系""经济外交"视为"外交三大支柱"。[①] 其中，为维持全球经济大国地位，对全球南方等新兴市场国家开展经济外交开始成为日本对外战略的新重点。

自岸田文雄接任首相以来，日本愈发加大对全球南方的重视。2023年1月，岸田访美期间发表演讲，称"如果西方被'全球南方'抛弃，将会沦为少数派，不利于解决政策性课题"。[②] 2023年10月，岸田首相宣布成立"加强与全球南方国家合作推进会议"，由官房长官松野博一担任主席，之后更是连续召开两次会议，这标志着首相官邸成为日本开展与全球南方合作的指挥部门。[③] 2023年5月，岸田作为首相首次出访非洲四国，着力彰显日本在全球南方的影响力。特别是在6月七国集团（G7）广岛峰会上，岸田首相更加明确提出"日本将成为全球南方与G7之间的桥梁"。[④] 此外，岸田执政期间也多次表示日本粮食、矿产资源、油气能源等高度依赖进口，加强

① 外務省『外交青書2016年版』第1章第2節「日本外交の展開」、2016年4月、https：//www.mofa.go.jp/mofaj/gaiko/bluebook/2016/html/chapter1_02.html。最后访问日期：2025年1月30日。

② 外務省「岸田総理大臣のジョンズ・ホプキンス大学高等国際関係大学院（SAIS）における講演」、2023年1月13日、https：//www.mofa.go.jp/mofaj/na/na1/us/page1_001476.html。最后访问日期：2025年1月30日。

③ 内閣官房「グローバルサウス諸国との連携強化推進会議」、2023年10月17日、https：//www.cas.go.jp/jp/seisaku/global_south/index.html。最后访问日期：2025年1月30日。

④ 外務省「岸田総理大臣G7広島サミット・議長国記者会見記録」、2023年5月21日、https：//www.mofa.go.jp/mofaj/ms/g7hs_s/page1_001721.html。最后访问日期：2025年1月30日。

与全球南方的合作，对于日本强化经济韧性不可或缺。因此，2023 年至
2024 年，日本外务大臣、经济产业大臣等政府高官多次出访非洲、中东、
南美的资源型国家，以高层访问落实企业合作，旨在确保稀有矿产、石油天
然气、原材料等重要战略资源能源的稳定供给。

作为全球南方的重要组成部分，非洲在全球政治经济领域的影响力与日
俱增，同时对日本推行经济安保战略的重要意义也愈发凸显。一方面，日本
高度依赖进口能源以维持其工业生产和经济发展，而非洲丰富的能源资源储
备为日本在多元化能源进口、降低供应链风险方面提供了重要的选择。另一
方面，非洲作为全球人口增长最快的地区之一，其庞大且快速扩张的消费市
场蕴含着巨大的经济潜力。对日本而言，通过深耕非洲市场，不仅能够扩大
出口、提升企业全球竞争力，还能够增强其海外资产的多元化配置，分散由
地缘政治和经济波动带来的风险。可见，在世界主要大国围绕全球南方展开
激烈博弈的大背景下，非洲日益成为日本通过经济外交稳固大国地位的重要
依托。

二 日本对非洲经济外交政策的调整转型

自 20 世纪 70 年代以来，日本对非洲的经济外交政策经历了从资源驱动
向多元化合作转型的重要历程。最初，为满足经济快速增长时期的资源需
求，日本通过援助外交奠定了与非洲关系的基础。然而，随着全球化进程的
深化和非洲经济的多样化发展，日本的对非经济政策逐步调整为以可持续发
展为目标，涵盖贸易投资、资源供给、基础设施建设、技术转移等多个领
域。这一转型不仅体现了日本应对国际经济格局变化的战略考量，也展现出
其在塑造全球南方合作模式中更加积极的姿态。面对非洲大陆人口红利的释
放与经济活力的崛起，日本依托发展援助构建的对非合作基础，积极推动经
济外交转型，聚焦贸易投资、能源安全和市场开拓等领域，寻求新的突破与
发展。

（一）开始愈发重视 ODA 所附带的经济促进效用

二战后，日本迅速崛起为世界第二大经济体，开始将以日元贷款为中心的 ODA 作为其拉近与发展中国家关系的主要手段。特别是在 1973 年中东石油危机发生后，日本愈发重视非洲作为资源供给来源的潜力，开始通过ODA 加强与非洲的联系。1970~1990 年，日本对非 ODA 额度从几近为零快速增长至 10 亿美元，非洲在日本 ODA 支出总额中的占比也长期维持在 10%左右。1991~2000 年，日本连续十年为世界上最大的对外援助国，也长期保持着仅次于美、英、法、德的第五大对非援助国地位。[1] 在 1993~2013 年举办的五届 TICAD 上，日本均从 "减少社会贫困" "实现和平安全" 等对非援助的立场出发，提出了多个 ODA 倍增计划，使得其对非 ODA 在日本整体ODA 中所占的比重大幅上升至 20%左右。[2] 应该说，长期以来，彰显自身所谓 "国际贡献" 和 "大国地位" 成为日本开展对非援助的重要战略目标。但随着经济陷入长期停滞且财政赤字高涨，日本在不得不缩减对非援助资金规模的同时，也深刻认识到单方面援助难以实现日非合作的可持续发展。因此，日本开始更加注重 ODA 的经济价值，强调其在带动贸易投资、创造良好的营商环境、增进地方政府与民众的亲近感等方面的促进作用。

（二）安倍时期经济产业省主导对非合作重点向经贸合作转型

长期以来，外务省作为主管部门一直主导日本对非洲外交的发展方向，因此政治因素成为主导日非关系走向的最重要变量。2005 年，外务省主导的力推日本成为联合国安理会常任理事国的尝试以失败告终，其中非洲国家作为 "大票仓" 的反对态度成为重要原因。[3] 这也成为日本对非洲认知定位

① 佐藤誠「日本のアフリカ外交—歴史にみるその特質—」、『成長するアフリカ—日本と中の視点—』(報告集セッション3)、2007 年 9 月、5 頁。
② 李清如：《日本对非经济外交及其动态趋势分析》，《日本问题研究》2017 年第 5 期，第11 页。
③ 白戸圭一『アフリカを見る　アフリカから見る』、ちくま新書 2019 年 8 月、111 頁。

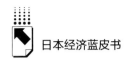

发生转变的重要节点。2006~2014 年,日本《外交蓝皮书》中对非洲的表述趋于"现实",即日本对非洲经济价值的重视程度持续上升,而对获取非洲在国际事务中的政治支持的重视程度则大幅下降。① 2012 年,安倍开启二次执政使得上述转变趋势成为现实。安倍上台后提出"安倍经济学",高度重视经济产业省在提高企业和国家的全球经济竞争力方面的重要地位,故而安倍内阁被称为"经济产业省政府",而经济产业省的主要任务就是转变日本产业结构和提高产业竞争力。② 正因如此,与外务省聚焦双多边政治利益不同,经济产业省更加看重非洲拥有巨大潜力的劳动力市场、消费市场以及丰富的关键矿产资源储量,而日本对非洲贸易投资与其他世界主要大国相比一直处于较低水平,故而其更加主张日本应通过加强对非经贸合作进一步拓展企业海外市场,从而提升国家整体的全球经济竞争力。③ 可以说,经济产业省在当下日本对非经济外交决策中的地位和重要性已大幅提升。

(三)从横滨到突尼斯:TICAD 向经济合作转向的新阶段

2008 年国际金融危机导致日本经济发生严重衰退,而非洲则表现出强劲韧性,呈现显著的经济崛起趋势,这也成为日非加强经贸合作的重要契机。2013 年在日本横滨召开的第五届 TICAD 是安倍开启长期执政后举办的首次峰会,当时日非双方经济界就强烈呼吁要加强"以民营企业为中心的经贸投资",而不是"附政治条件的官方发展援助",因此,在作为成果文件的《横滨宣言 2013》中,"经济合作"被首次列为峰会的重点课题。④ 2016 年在肯尼亚内罗毕召开的第六届 TICAD 既是该系列峰会首次走进非洲,

① 胡令远、王盈:《日本对非外交的新理念、新动向及新挑战——以 2005 年入常受挫为起点》,《东北亚论坛》2014 年第 6 期,第 75 页。
② 崔健:《日本经济民族主义新论——兼论"安倍经济学"的民族主义特征》,《日本学刊》2014 年第 2 期,第 71~72 页。
③ Tomohiro Hosoi, "METI and Japanese Scramble: Re-definition of Japan's African Policy Under the Second Abe Administration and Future of African Summit Diplomacy", *The Pacific Review*, Vol. 58, No. 1, January 2025, pp. 101-102.
④ 高橋基樹「TICAD の変遷と世界—アフリカ開発における日本の役割を再考する—」、『アフリカレポート』2017 年第 55 号、54 頁。

也被各界视为 TICAD 真正由"援助导向"向"经济合作"转型的标志。[1]
日本不仅在峰会期间组织了上百家日非企业同台参展交流，还在《内罗毕宣言》中明确写入"通过经济多元化和产业升级促进经济结构改革"等内容，同时首次出台在未来三年内向非洲投资 300 亿美元的"一揽子"计划。此次峰会也正式确立了"经济""社会""安全"为日非合作的"三大支柱"。此后，2019 年安倍首相主持的横滨峰会以及 2022 年岸田首相主持的突尼斯峰会不仅延续了内罗毕峰会奠定的"经济合作"主轴，还分别作出了 200 亿美元和 300 亿美元总额的官民投资承诺。其中，横滨峰会首次邀请民间企业作为峰会的正式合作伙伴，开启日非企业直接对话模式，明确对非经济外交由政府主导转为官民并举。[2] 突尼斯峰会则在此基础上进一步细化了经贸合作的具体方式，着重通过增加融资支持、改善营商环境等为日非初创企业提供经济和政策支持。由此可见，历经安倍、岸田主导下的多届 TICAD，日本对非合作重点已逐步实现从"援助导向"转型为"经济合作"。

（四）注重通过多元化合作平台推动对非经济外交

2010 年之前，日本政府曾多次组织亚非商业论坛和亚非贸易投资会议，旨在推动更多日企赴非投资。然而，这些做法成效有限且未能形成长期机制。直至 2016 年内罗毕峰会后，日本才陆续设立了一系列经贸投资平台，切实实现了对非官民经济合作的体系化和机制化建设。[3] 2016 年，日本政府宣布成立"日非官民经济论坛"，由日本经济产业省、非洲各国政府、日本贸易振兴机构（JETRO）定期共同举办。该论坛分别于 2018 年（南非）、2022 年（肯尼亚）、2024 年（科特迪瓦）举行了三届会议，已成为除 TICAD 以外日本最大规模、最高规格的官民双轨对非经贸合作平台。在

---

① 吕耀东：《从〈内罗毕宣言〉看日本在非洲利益的深化及其战略意图》，《西亚非洲》2016 年第 6 期，第 22 页。

② 白如纯：《从内罗毕到横滨：日本对非洲经济外交新布局》，《现代日本经济》2020 年第 6 期，第 31 页。

③ Redouan NAJAH, "Le Japon en Afrique: un Acteur Actif Mais Discret", Research Paper from Policy Center for the New South, August 9, 2022, p. 12.

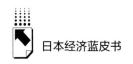

2024 年 12 月举办的第三届日非官民经济论坛上，日非双方通过共同出台"日非产业共创倡议"为初创企业提供支援，开展与印度、中东、欧洲等国家和地区企业的在非三方合作，加强日本保险银行业的金融支持等措施，进一步推动日企赴非投资。① 2016 年，日本成立了"日非基础设施开发协会"，吸引了 100 多家企业加入会员，成为推动日非双方在基础设施领域实现官民合作的重要平台。2019 年，日本成立"非洲商务磋商会"，由经济产业大臣、外务大臣以及日本经济团体联合会负责人任共同主席，作为常设机构持续推动日非官民经贸相关合作。该磋商会主要发挥连接政府与民间的桥梁作用，积极收集并吸纳民间企业团体在非经贸投资领域的计划与建议，同时与相关政府部门进行沟通与探讨，确保上下联动，共同推动。② 2014～2024 年，日本经济同友会与非洲开发银行共同举办了四届"日非商业论坛"，形成了完全由双方企业主导的民间经贸投资合作。③ 此外，日本政府还多措并举，积极助力日企"走进非洲"。例如，与非洲主要国家共设"双边营商环境改善委员会"，优化在非营商环境；推动日本贸易保险公司推出多元化保险产品，为企业在非投资和贸易提供全面风险保障；通过日本国际协力银行提供融资支持，助力企业参与非洲基础设施、能源及数字经济等领域的建设等。

三 日本加强对非经济外交的动因

近年来，日本在对非经济外交领域的布局日益加速，通过加强贸易投资

① 日本贸易振兴机构「日アフリカ官民経済フォーラム開催、日本・アフリカから100 社以上参加」、2024 年 12 月 19 日、https：//www.jetro.go.jp/biznews/2024/12/50ae3398231fc7fe.html。最后访问日期：2025 年 1 月 30 日。
② 経済産業省「アフリカビジネス協議会第 2 回本会議を開催しました」、2022 年 8 月 8 日、https：//www.meti.go.jp/press/2022/08/20220808002/20220808002.html。最后访问日期：2025 年 1 月 30 日。
③ The African Development Bank, "2024 Japan-Africa Business Forum", June 21, 2024, https：//www.afdb.org/en/news-and-events/events/2024-japan-africa-business-forum-pre-ticad-9-event-71394. 最后访问日期：2025 年 1 月 3 日。

合作、推动基础设施建设、深化能源开发等多种方式，积极扩大日本在非洲的经济影响力。这一战略布局不仅是日本实现经济利益和地缘战略目标的重要环节，也是其在国际体系中争取更大话语权的体现。然而，在中非合作长期引领国际对非合作的大背景下，日本对非经济外交的强化不可避免地涉及对华竞争。从基础设施投资到资源开发，再到国际规则制定，中日在非洲的竞争与合作交织，不仅深刻影响非洲的发展路径，也对区域和全球格局产生重要的外溢效应。

（一）重塑在非洲全球治理领域的叙事主导权

自中非合作论坛成立以来，中国连续十余年保持非洲最大贸易伙伴国地位，中非经贸合作的高速发展已成为中非关系的"压舱石"和"推进器"。[①] 因此，得益于高水平经贸合作成果，中国以基础设施建设和产业升级为中心带动经济增长的发展模式，不仅成为非洲各国推动工业化和现代化进程的重要指南，也为中国在全球治理领域赢得了更广泛的影响力和话语权。日本为对冲中国在非洲全球治理领域的影响力，主要通过以下三个方面重塑对非叙事模式：一是叙事内容，日本以"高质量合作""透明性""责任感""以人为中心"等为核心价值观，不断强调日非合作注重提升非洲"人的自主能力建设"而非政府企业，塑造其合作模式的所谓"以人为本的优越性"和"可持续发展效益"，试图从理念上对冲中非务实合作模式的吸引力；二是叙事规则，日本高度依托美西方所谓的"既有国际秩序"和"多边规则"，将对非合作框架嵌入全球南北合作主导的治理体系，淡化南南合作的自主性叙事，限制全球南方在制定符合自身需求的规则中的话语权，以"规则输出"排除中国对非洲事务的参与；三是叙事手段，日本注重通过引导媒体宣传、召开多边论坛、展示成功案例等公共外交手段，积极强化叙事效果，努力塑造其"可信赖的合作伙伴"形象。同时，在国际场

[①] 商务部研究院西亚与非洲研究所课题组、毛小菁：《中非经贸合作高质量发展的难点与突破——基于企业问卷调查的分析》，《西亚非洲》2022 年第 6 期，第 75 页。

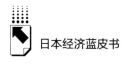

合持续渲染"债务陷阱""透明度不足""技术垄断"等论调，以抹黑中非合作成果，从而与中国竞争全球治理话语权。

（二）确保关键矿产资源供给以策应经济安保战略

为应对气候变化，中日两国于 2020 年相继提出各自的碳中和目标期限，依托关键矿产推动清洁能源转型将成为实现绿色发展与能源安全的关键战略。作为全球主要经济体和高端制造业强国，日本在多个关键矿产领域，尤其是稀土、锂、钴等材料上对中国的依赖度较高。日本认为，在地缘政治紧张、贸易摩擦加剧的背景下，对中国矿产的高度依赖给其能源安全带来了极大风险。例如，在 2010 年中国暂停对日稀土出口使得日本推动关键矿产供应链多元化的需求愈发紧迫，可以说，降低对中国的依赖成为日本关键矿产战略的重要目标。非洲因为拥有全球 30% 的矿产资源和 20% 的关键矿产资源，且钴、锰、铂金等关键矿产在全球储量和产量上占据很高比重，日益成为日本的关注重点。① 在内部机制建设层面，日本自 2012 年开始每年定期召开"驻外使馆能源与矿产资源战略会议"，统筹梳理各能源资源大国相关情况并制定发展战略，同时还在全球 53 国使馆设置"能源与矿产资源负责人制度"，指定专人负责就能源资源事项与对象国进行合作对接。其中，在非洲 17 国使馆均设有该制度，数量居全球首位。② 在多边协议引领层面，日本早在 2013 年就与非洲 15 国资源能源部长召开首次日非能源部长级会议并出台了"日本与非洲促进能源资源开发倡议"。2017 年，日本政府与非洲开发银行共同签署《启动日本—非洲能源倡议意向书》，以推进双方在清洁能源领域的合作。此外，日本还连续多年派遣经济产业省与日本石油天然气金属矿产资源机构的高层官员赴南非参加年度"非洲矿业投资大会"，着力推动日非企业开展矿产加工精炼技术合作。在双边合作落实层面，2023～

① 周玉渊：《非洲关键矿产的大国竞争：动因、特征与影响》，《西亚非洲》2024 年第 2 期，第 24 页。
② 外务省「エネルギー・鉱物資源専門官/在外公館戦略会議」，2024 年 10 月 8 日、https：//www.mofa.go.jp/mofaj/gaiko/senmonkan/index.html。最后访问日期：2025 年 1 月 30 日。

2024 年，日本外务大臣、经济产业大臣多次出访非洲资源型国家，签署了一系列矿产资源合作协议。其中，日本与纳米比亚于 2023 年 8 月就稀土矿产勘探、采矿、冶炼、分销等产业升级签署协议，这是日本首次与稀土矿产国签署全面合作协议，也被视为日本降低对华稀土依赖的重要举措。[①] 此外，日本还推动住友金属等大型企业深度参与刚果（金）、马达加斯加、赞比亚的钴、镍、铜等矿产开发项目，旨在构建不过度依赖中国的关键矿产供应链，从而实现经济安全保障。

（三）强化高质量基础设施建设竞争优势

与欧美传统发达国家注重对非洲提供无偿援助的方式有所不同，中日两国都更倾向于通过资金支持和技术输出助力非洲实现工业化发展，故而通过基础设施建设促进非洲区域互联互通成为中日共同关注的焦点以及重要竞争领域。长期以来，日本对非洲已形成了以印度洋沿岸国家为主要区域，以公路、港口等公共设施为主要项目，以日元低息贷款和符合国际基建标准为主要手段的基础设施合作模式。这也加剧了与中国在非洲基础设施建设领域的同质化竞争。首先，在合作区域方面，印度洋西岸是日本"印太构想"的西线终点，与中国"海上丝绸之路"在地理区域上高度重叠。其中，肯尼亚、坦桑尼亚和吉布提等国家既是关键的海上交通枢纽，又是亚丁湾与红海地区海上安全的核心节点，成为中日双方在印度洋海上竞争的重点关注对象。[②] 其次，在合作项目上，日本在非洲重点经略的"三路三港"，即"西非增长之环""东非北部走廊""纳卡拉走廊"三大公路项目，以及"蒙巴萨港""纳卡拉港""图阿马西纳港"三大港口项目，均旨在联结内陆资源型国家至沿岸港口以形成"海陆一体化交通带"，助力其实现"印太构想"经济层面的目标。特别是，日本选择在中国援建对非基建旗舰项目蒙内铁路

---

① 「レアアース包括的協力でナミビアと一致へ　中国への依存度低下へ鉱床保有国と初」、『産経新聞』、2023 年 8 月 5 日。

② 王竞超：《日本对非洲印度洋沿岸港口开发战略研究》，《现代日本经济》2023 年第 1 期，第 57 页。

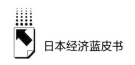

的同期建设蒙巴萨港，在援建的各个时间节点对标中方且极为紧凑，其制衡中国在东非影响力的目的凸显。① 最后，在合作手段上，日元低息贷款在日本对非ODA中的占比长期超过60%，这不仅与中国以双边"两优贷款"为主的援助模式高度相似，还因此受到经济合作与发展组织的批评指摘。日本为彰显其与欧美协调一致同时对中国形成比较优势，于2015年提出"高质量基础设施合作伙伴关系战略"，重点围绕"债务透明性""项目可持续性""符合国际标准与高端技术"等层面与中国开展长期化的差异性竞争，提升自身国际经济影响力。

四　趋势与展望

综上所述，日本在全球南方，特别是非洲的经济外交战略，经历了从单一的资源驱动型援助模式，逐步转向以经贸合作为核心的多元化模式的发展路径。这一转型不仅反映了日本对国际经济格局深刻变革的主动适应，更体现了其利用经济手段增强国际地位的战略诉求。通过官方发展援助、经贸投资平台的建设、基础设施项目的推进以及关键矿产开发的深度参与，日本在全球南方积极塑造"可信赖的合作伙伴"形象。这些举措不仅帮助日本扩大了在非洲的经济影响力，还为其在全球治理体系中的角色奠定了基础。同时，日本在这一过程中深刻认识到，传统的援助模式难以应对快速变化的国际局势，因此转而寻求通过经贸合作助力非洲国家实现可持续发展，强化日非关系的长期稳定性。

尽管日本在非洲的经济外交战略已取得一定进展，但仍面临多重困境与挑战。首先，与中国、美国和欧盟相比，日本在非洲的经济规模和影响力相对有限，其对非贸易额和投资存量在世界主要经济体中处于较低水平，难以在短期内缩小差距。其次，日本企业对非洲政治社会不稳定性的风险抵抗力

---

① 国晖：《日本对非政府发展援助研究——基于对华制衡视角》，《日本学刊》2022年第6期，第138页。

较弱，特别是日企在进入非洲市场时面临文化冲击、基础设施不足以及当地政策法规不透明等障碍，加之日元低息贷款和高质量基础设施合作模式所需的较长回报周期，进一步增加了运营成本与风险，致其畏缩不前。最后，面对中国在非洲基础设施建设和资源开发领域的强势竞争，日本试图通过"高质量合作"与"透明性"强调差异化，但在许多非洲国家看来，这种合作模式对经济条件有限的发展中国家吸引力不足，影响其在非洲的竞争力与长期布局。

值得注意的是，日本对非经济外交不可避免地显露出其与中国竞争全球南方经济影响力的意图。从资源获取到基础设施建设，再到全球治理话语权，日本均采取了与中国对标且差异化的方式，试图通过"高质量合作""透明性"等叙事，与中国的务实合作模式形成对比。这种竞争不仅是经济层面的较量，更是大国地缘战略和规则制定能力的比拼。在这一背景下，日本通过"自由开放的印太构想"框架，进一步强化其在全球南方的存在感和战略地位。展望未来，非洲作为全球南方的重要组成部分，既是资源与市场的重要依托，也是大国博弈的关键前沿。日本试图在全球发展中国家最集中的非洲大陆，以经济外交为杠杆，平衡其国家利益与国际责任，在全球南方乃至国际社会中争取更多话语权与影响力。

附 录
日本经济与中日经贸关系主要数据变化

表1 中日贸易额变化（中方统计）

单位：亿美元，%

年份	中国对日本出口		中国从日本进口		贸易总额		贸易差额
	金额	增长率	金额	增长率	金额	增长率	金额
1950	0.2	—	0.3	—	0.5	—	-0.1
1955	0.6	—	0.3	—	0.8	—	0.3
1965	1.9	—	2.6	—	4.5	—	-0.7
1970	2.2	—	5.8	—	8.1	—	-3.6
1975	14.0	—	24.0	—	38.1	—	-10.0
1980	39.9	—	49.2	—	89.1	—	-9.2
1985	57.0	—	142.4	—	199.3	—	-85.4
1986	47.5	-16.6	124.9	-12.2	172.4	-13.5	-77.5
1987	63.9	34.7	100.7	-19.4	164.7	-4.5	-36.8
1988	79.0	23.6	110.3	9.5	189.4	15.0	-31.3
1989	83.9	6.2	105.3	-4.6	189.3	-0.1	-21.4
1990	90.1	7.3	75.9	-28.0	166.0	-12.3	14.2
1991	102.2	13.4	100.3	32.2	202.5	22.0	1.9
1992	116.8	14.3	136.8	36.4	253.6	25.2	-20.0
1993	157.8	35.1	232.9	70.2	390.7	54.0	-75.1
1994	215.8	36.8	263.3	13.0	479.1	22.6	-47.5
1995	284.7	31.9	290.0	10.2	574.7	20.0	-5.4
1996	308.9	8.5	291.8	0.6	600.7	4.5	17.1
1997	318.4	3.1	289.9	-0.6	608.3	1.3	28.4
1998	296.6	-6.8	282.8	-2.5	579.4	-4.8	13.9

续表

年份	中国对日本出口		中国从日本进口		贸易总额		贸易差额
	金额	增长率	金额	增长率	金额	增长率	金额
1999	324.1	9.3	337.6	19.4	661.7	14.2	−13.5
2000	416.5	28.5	415.1	22.9	831.6	25.7	1.4
2001	449.4	7.9	427.9	3.1	877.3	5.5	21.5
2002	484.3	7.8	534.7	25.0	1019.0	16.2	−50.3
2003	594.1	22.7	741.5	38.7	1335.6	31.1	−147.4
2004	735.1	23.7	943.3	27.2	1678.4	25.7	−208.2
2005	839.9	14.3	1004.1	6.4	1843.9	9.9	−164.2
2006	916.2	9.1	1156.7	15.2	2073.0	12.4	−240.5
2007	1020.6	11.4	1339.5	15.8	2360.1	13.9	−318.9
2008	1161.3	13.8	1506.0	12.4	2667.3	13.0	−344.7
2009	979.1	−15.7	1309.4	−13.1	2288.5	−14.2	−330.3
2010	1210.4	23.6	1767.4	35.0	2977.8	30.1	−556.9
2011	1482.7	22.5	1945.7	10.1	3428.4	15.1	−463.0
2012	1516.3	2.3	1778.3	−8.6	3294.6	−3.9	−262.1
2013	1501.3	−1.0	1622.5	−8.8	3123.8	−5.2	−121.1
2014	1493.9	−0.5	1629.2	0.4	3123.1	0.0	−135.3
2015	1356.2	−9.2	1429.0	−12.3	2785.2	−10.8	−72.9
2016	1292.7	−4.7	1456.7	1.9	2749.4	−1.3	−164.0
2017	1372.6	6.2	1657.9	13.8	3030.5	10.2	−285.4
2018	1470.5	7.1	1806.6	9.0	3277.1	8.1	−336.1
2019	1432.4	−2.6	1717.7	−4.9	3150.1	−3.9	−285.2
2020	1426.0	−0.5	1746.6	1.7	3172.5	0.7	−320.6
2021	1646.3	15.4	2049.6	17.4	3695.9	16.5	−403.4
2022	1729.3	5.0	1845.0	−10.0	3574.2	−3.3	−115.7
2023	1575.0	−8.9	1604.8	−13.0	3179.8	−11.0	−29.8
2024	1520.2	−3.5	1562.5	−2.6	3082.7	−3.1	−42.3

注：由于保留一位小数点，增长率的计算可能会出现细微差别。

资料来源：1980 年及以前年份数据来自中国对外贸易部业务统计，转引自马成三《日本对外贸易概论》，中国对外经济贸易出版社，1991，第 268 页；1985~2023 年数据来自联合国商品贸易统计数据库（UN Comtrade Database）；2024 年数据来自中国海关总署"主要统计数据"。各数据库和网站登录时间：2025 年 3 月 15 日。

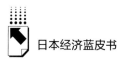

表 2　日中贸易额变化（日方统计）

单位：亿美元，%

年份	日本对中国出口		日本从中国进口		贸易总额		贸易差额
	金额	增长率	金额	增长率	金额	增长率	金额
1950	0.2	—	0.4	—	0.6	—	-0.2
1951	0.1	-70.3	0.2	-45.1	0.3	-53.5	-0.2
1952	0.0	-89.7	0.1	-31.0	0.2	-43.5	-0.1
1953	0.0	657.8	0.3	99.3	0.3	120.9	-0.3
1954	0.2	320.7	0.4	37.3	0.6	74.9	-0.2
1955	0.3	49.7	0.8	98.1	1.1	82.6	-0.5
1956	0.7	135.9	0.8	3.6	1.5	38.1	-0.2
1957	0.6	-10.2	0.8	-3.8	1.4	-6.6	-0.2
1958	0.5	-16.3	0.5	-32.4	1.1	-25.5	0.0
1959	0.0	-92.8	0.2	-65.2	0.2	-78.5	-0.2
1960	0.0	-25.3	0.2	9.6	0.2	3.9	-0.2
1961	0.2	510.4	0.3	49.0	0.5	102.7	-0.1
1962	0.4	131.1	0.5	49.0	0.8	77.6	-0.1
1963	0.6	62.3	0.7	62.1	1.4	62.2	-0.1
1964	1.5	144.7	1.6	111.5	3.1	126.2	-0.1
1965	2.5	60.4	2.2	42.4	4.7	51.3	0.2
1966	3.2	28.6	3.1	36.3	6.2	32.3	0.1
1967	2.9	-8.5	2.7	-12.0	5.6	-10.2	0.2
1968	3.3	12.9	2.2	-16.8	5.5	-1.5	1.0
1969	3.9	20.1	2.3	4.6	6.3	13.8	1.6
1970	5.7	45.6	2.5	8.2	8.2	31.6	3.2
1971	5.8	1.6	3.2	27.3	9.0	9.5	2.6
1972	6.1	5.3	4.9	52.0	11.0	22.0	1.2
1973	10.4	70.7	9.7	98.3	20.1	83.0	0.7
1974	19.8	90.9	13.0	34.0	32.9	63.4	6.8
1975	22.6	13.8	15.3	17.3	37.9	15.2	7.3

续表

年份	日本对中国出口		日本从中国进口		贸易总额		贸易差额
	金额	增长率	金额	增长率	金额	增长率	金额
1976	16.6	−26.4	13.7	−10.5	30.3	−20.0	2.9
1977	19.4	16.6	15.5	12.8	34.9	14.9	3.9
1978	30.5	57.3	20.3	31.2	50.8	45.7	10.2
1979	37.0	21.3	29.5	45.5	66.5	31.0	7.4
1980	50.8	37.3	43.2	46.3	94.0	41.3	7.5
1981	51.0	0.3	52.9	22.4	103.9	10.5	−2.0
1982	35.1	−31.1	53.5	1.1	88.6	−14.7	−18.4
1983	49.1	39.9	50.9	−5.0	100.0	12.8	−1.8
1984	72.2	46.9	59.6	17.1	131.7	31.7	12.6
1985	124.8	72.9	64.8	8.8	189.6	43.9	60.0
1986	98.6	−21.0	56.5	−12.8	155.1	−18.2	42.0
1987	82.5	−16.3	74.0	30.9	156.5	0.9	8.5
1988	94.8	14.9	98.7	33.3	193.4	23.6	−3.9
1989	84.7	−10.6	111.6	13.1	196.4	1.5	−26.9
1990	61.2	−27.8	120.0	7.5	181.1	−7.8	−58.8
1991	85.9	40.5	142.0	18.4	227.9	25.8	−56.1
1992	119.3	38.9	169.3	19.2	288.5	26.6	−50.0
1993	171.6	43.9	204.4	20.7	376.0	30.3	−32.8
1994	186.9	8.9	274.8	34.5	461.8	22.8	−87.9
1995	219.9	17.6	360.2	31.0	580.1	25.6	−140.3
1996	218.9	−0.5	404.4	12.3	623.2	7.4	−185.5
1997	217.5	−0.6	418.8	3.6	636.2	2.1	−201.3
1998	200.9	−7.6	370.9	−11.4	571.7	−10.1	−170.0
1999	233.4	16.2	428.5	15.5	661.9	15.8	−195.1
2000	303.8	30.2	551.1	28.6	854.9	29.2	−247.2
2001	309.9	2.0	578.6	5.0	888.6	3.9	−268.7
2002	398.2	28.5	617.8	6.8	1016.1	14.3	−219.6

续表

年份	日本对中国出口		日本从中国进口		贸易总额		贸易差额
	金额	增长率	金额	增长率	金额	增长率	金额
2003	574.2	44.2	754.7	22.2	1328.9	30.8	-180.6
2004	739.4	28.8	943.4	25.0	1682.8	26.6	-204.0
2005	800.7	8.3	1084.8	15.0	1885.5	12.0	-284.0
2006	927.7	15.9	1185.3	9.3	2113.0	12.1	-257.6
2007	1092.7	17.8	1279.2	7.9	2371.9	12.3	-186.5
2008	1249.0	14.3	1432.3	12.0	2681.3	13.0	-183.3
2009	1097.3	-12.1	1225.7	-14.4	2323.0	-13.4	-128.5
2010	1494.5	36.2	1532.0	25.0	3026.5	30.3	-37.5
2011	1620.4	8.4	1838.8	20.0	3459.2	14.3	-218.5
2012	1441.8	-11.0	1885.0	2.5	3326.9	-3.8	-443.2
2013	1294.0	-10.3	1809.8	-4.0	3103.8	-6.7	-515.8
2014	1263.6	-2.3	1812.9	0.2	3076.6	-0.9	-549.3
2015	1092.8	-13.5	1605.6	-11.4	2698.4	-12.3	-512.8
2016	1138.3	4.2	1565.5	-2.5	2703.8	0.2	-427.2
2017	1327.8	16.6	1645.4	5.1	2973.2	10.0	-317.6
2018	1440.3	8.5	1737.2	5.6	3177.5	6.9	-296.8
2019	1346.7	-6.5	1693.0	-2.5	3039.7	-4.3	-346.2
2020	1414.0	5.0	1638.5	-3.2	3052.5	0.4	-224.5
2021	1638.6	15.9	1856.6	13.3	3495.2	14.5	-218.0
2022	1445.4	-11.8	1888.6	1.7	3334.0	-4.6	-443.2
2023	1264.4	-12.5	1680.6	-11.0	2945.0	-11.7	-416.2
2024	1246.3	-1.4	1671.2	-0.6	2917.5	-0.9	-424.9

注：由于保留一位小数点，增长率的计算可能会出现细微差别。

资料来源：1975年及以前年份数据来自日本外务省"日中贸易额的变化（美元计价）"；1976年及以后年份数据来自联合国商品贸易统计数据库（UN Comtrade Database）。各数据库和网站登录时间：2025年3月15日。

表3　中日双向投资

单位：亿美元，%

年份	日本对中国直接投资流量		日本对中国直接投资存量		中国实际利用日本外商直接投资		中国对日本直接投资流量		中国对日本直接投资存量	
	金额	增长率	金额	增长率	金额	增长率	金额	增长率	金额	增长率
1979~1985	—	—	—	—	8.3	—	—	—	—	—
1986	—	—	—	—	2.0	—	—	—	—	—
1987	1.8	—	—	—	2.2	10.0	—	—	—	—
1988	5.1	189.8	—	—	5.2	136.4	—	—	—	—
1989	6.9	33.7	—	—	3.4	−34.6	—	—	—	—
1990	4.1	−40.7	—	—	5.0	47.1	—	—	—	—
1991	2.3	−43.5	—	—	5.3	6.0	—	—	—	—
1992	5.3	128.7	—	—	7.1	34.0	—	—	—	—
1993	8.2	56.3	—	—	13.2	85.9	—	—	—	—
1994	17.9	117.6	—	—	20.8	57.6	—	—	—	—
1995	31.8	77.9	—	—	31.1	49.5	—	—	—	—
1996	23.2	−27.2	81.0	—	36.8	18.3	—	—	—	—
1997	18.6	−19.6	212.5	162.4	43.3	17.6	—	—	—	—
1998	13.0	−30.2	179.1	−15.7	34.0	−21.4	—	—	—	—
1999	3.6	−72.3	73.4	−59.0	29.7	−12.6	—	—	—	—
2000	9.3	159.1	87.0	18.5	29.2	−1.9	—	—	—	—
2001	21.6	131.1	100.4	15.5	43.5	49.1	—	—	—	—
2002	26.2	21.5	124.1	23.5	41.9	−3.6	—	—	—	—
2003	39.8	51.8	153.0	23.3	50.5	20.6	0.1	—	0.9	—
2004	58.6	47.3	202.1	32.1	54.5	7.9	0.2	107.6	1.4	56.2
2005	65.8	12.2	246.5	22.0	65.3	19.8	0.2	12.2	1.5	8.0
2006	61.7	−6.2	303.2	23.0	46.0	−29.6	0.4	130.0	2.2	48.6
2007	62.2	0.8	378.0	24.7	35.9	−21.9	0.4	−1.2	5.6	149.2
2008	65.0	4.5	490.0	29.6	36.5	1.8	0.6	50.2	5.1	−8.7

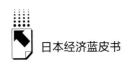
续表

年份	日本对中国直接投资流量		日本对中国直接投资存量		中国实际利用日本外商直接投资		中国对日本直接投资流量		中国对日本直接投资存量	
	金额	增长率	金额	增长率	金额	增长率	金额	增长率	金额	增长率
2009	69.0	6.2	550.5	12.3	41.0	12.4	0.8	43.5	6.9	35.9
2010	72.5	5.1	664.8	20.8	40.8	-0.5	3.4	301.9	11.1	59.6
2011	126.5	74.4	833.8	25.4	63.3	55.0	1.5	-55.8	13.7	23.6
2012	134.8	6.6	932.1	11.8	73.5	16.1	2.1	41.0	16.2	18.6
2013	91.0	-32.5	981.3	5.3	70.6	-4.0	4.3	106.1	19.0	17.2
2014	108.9	19.6	1044.1	6.4	43.3	-38.7	3.9	-9.1	25.5	34.2
2015	100.1	-8.1	1089.0	4.3	31.9	-26.1	2.4	-39.0	30.4	19.3
2016	95.3	-4.8	1087.3	-0.2	31.0	-3.1	3.4	43.1	31.8	4.8
2017	124.2	30.2	1190.3	9.5	32.6	5.3	4.4	29.1	32.0	0.4
2018	112.2	-9.7	1234.0	3.7	38.0	16.5	4.7	5.5	34.9	9.2
2019	120.2	7.2	1300.9	5.4	37.2	-2.0	6.7	43.8	41.0	17.4
2020	110.7	-7.9	1437.4	10.5	33.7	-9.3	4.9	-27.7	42.0	2.4
2021	124.6	12.5	1484.8	3.3	39.1	16.0	7.6	56.6	48.8	16.3
2022	55.9	-55.2	1433.1	-3.5	46.1	17.7	4.0	-48.0	—	—
2023	34.8	-37.7	1358.2	-5.2	38.9	-15.5	4.6	15.6	57.7	—

注：投资存量一般是指年末存量。由于保留一位小数点，增长率的计算可能会出现细微差别。

资料来源：（1）"日本对中国直接投资流量"和"日本对中国直接投资存量"来自日本贸易振兴机构（JETRO）统计数据；（2）"中国实际利用日本外商直接投资"，1996 年及以前年份数据来自中华人民共和国商务部《中国商务年鉴》，1997 年及以后年份数据来自中国国家统计局"年度数据"；（3）"中国对日本直接投资流量"和"中国对日本直接投资存量"，2003~2007 年数据来自《中国对外直接投资统计公报》，2008 年及以后年份数据来自中国国家统计局"年度数据"。各数据库和网站登录时间：2025 年 3 月 15 日。

表4　国民经济统计（1）

年度	国内生产总值（GDP）名义 金额	名义 年增长率	实际 年增长率	国民总收入（GNI）名义 年增长率	实际 年增长率	名义国民收入 金额	名义国民收入 年增长率	雇员名义报酬 金额	雇员名义报酬 年增长率	人均GDP	人均雇员报酬年增长率
	十亿日元	%	%	%	%	十亿日元	%	十亿日元	%	千日元	%
1955	9,162.9	–	–	–	–	6,973.3	–	3,548.9	–	97	–
1956	10,281.7	12.2	6.8	12.1	6.7	7,896.2	13.2	4,082.5	15.0	107	6.8
1957	11,791.2	14.7	8.1	14.5	8.0	8,868.1	12.3	4,573.0	12.0	122	5.8
1958	12,623.5	7.1	6.6	7.0	6.5	9,382.9	5.8	5,039.2	10.2	129	5.4
1959	14,810.3	17.3	11.2	17.2	11.1	11,042.1	17.7	5,761.2	14.3	150	8.9
1960	17,776.8	20.0	12.0	19.9	11.9	13,496.7	22.2	6,702.0	16.3	178	10.0
1961	21,496.4	20.9	11.7	20.9	11.7	16,081.9	19.2	7,988.7	19.2	214	14.4
1962	23,796.2	10.7	7.5	10.6	7.5	17,893.3	11.3	9,425.6	18.0	234	13.6
1963	27,952.3	17.5	10.4	17.4	10.4	21,099.3	17.9	11,027.3	17.0	272	12.9
1964	32,397.5	15.9	9.5	15.8	9.4	24,051.4	14.0	12,961.2	17.5	312	13.7
1965	35,984.3	11.1	6.2	11.1	6.2	26,827.0	11.5	14,980.6	15.6	343	10.6
1966	42,307.8	17.6	11.0	17.6	11.1	31,644.8	18.0	17,208.9	14.9	400	11.1
1967	49,497.7	17.0	11.0	17.0	11.0	37,547.7	18.7	19,964.5	16.0	463	13.1
1968	58,558.0	18.3	12.4	18.3	12.3	43,720.9	16.4	23,157.7	16.0	541	13.3
1969	69,337.1	18.4	12.0	18.4	12.0	52,117.8	19.2	27,488.7	18.7	633	16.4
1970	80,247.0	15.7	8.2	15.8	8.3	61,029.7	17.1	33,293.9	21.1	722	16.4
1971	88,347.3	10.1	5.0	10.2	5.1	65,910.5	8.0	38,896.6	16.8	781	14.0
1972	102,827.2	16.4	9.1	16.6	9.3	77,936.9	18.2	45,702.0	17.5	898	14.1
1973	124,385.3	21.0	5.1	20.9	5.0	95,839.6	23.0	57,402.8	25.6	1,070	22.2
1974	147,549.8	18.6	-0.5	18.4	-0.7	112,471.6	17.4	73,752.4	28.5	1,251	28.0
1975	162,374.5	10.0	4.0	10.2	4.1	123,990.7	10.2	83,851.8	13.7	1,361	12.7
1976	182,550.5	12.4	3.8	12.4	3.8	140,397.2	13.2	94,328.6	12.5	1,515	10.8
1977	202,587.1	11.0	4.5	11.0	4.6	155,703.2	10.9	104,997.8	11.3	1,666	9.9
1978	222,311.1	9.7	5.4	9.9	5.5	171,778.5	10.3	112,800.6	7.4	1,814	6.3
1979	240,039.4	8.0	5.1	8.0	5.1	182,206.6	6.1	122,126.2	8.3	1,942	5.9
1980	261,683.4	9.0	2.6	8.9	2.4	203,878.7	9.5	131,850.4	8.7	2,123	5.2
1981	278,401.8	6.4	4.1	6.3	4.1	211,615.1	3.8	142,097.7	7.8	2,246	6.4
1982	291,415.4	4.7	3.2	4.9	3.1	220,131.4	4.0	150,232.9	5.7	2,328	3.8
1983	305,551.5	4.9	3.9	4.9	4.1	231,290.0	5.1	157,301.3	4.7	2,417	2.3
1984	324,347.6	6.2	4.4	6.2	4.7	243,117.2	5.1	166,017.3	5.5	2,564	4.1
1985	345,769.1	6.6	5.4	6.7	5.6	260,559.9	7.2	173,977.0	4.8	2,731	3.7
1986	360,009.6	4.1	2.7	4.1	4.8	267,941.5	2.8	180,189.4	3.6	2,815	2.3
1987	381,358.0	5.9	6.0	6.2	5.9	281,099.8	4.9	187,098.9	3.8	2,965	2.2
1988	407,507.5	6.9	6.2	6.8	6.6	302,710.1	7.7	198,486.5	6.1	3,160	3.3
1989	434,830.0	6.7	4.0	6.9	4.2	320,802.0	6.0	213,309.1	7.5	3,378	4.3
1990	470,877.6	8.3	5.6	8.1	4.9	346,892.9	8.1	231,261.5	8.4	3,655	4.6
1991	496,062.6	5.3	2.5	5.3	2.9	368,931.6	6.4	248,310.9	7.4	3,818	4.1
1992	505,824.6	2.0	0.6	2.2	0.9	366,007.2	-0.8	254,844.4	2.6	3,883	0.5
1993	504,513.7	-0.3	-0.8	-0.3	-0.6	365,376.0	-0.2	260,704.4	2.3	3,865	0.9
1994	511,958.8	1.5	1.6	1.5	1.7	372,976.8	1.3	262,822.6	1.8	4,015	0.2
1995	525,299.5	2.6	3.2	2.7	3.6	380,158.1	1.9	267,095.2	1.6	4,113	0.9
1996	538,659.6	2.5	2.9	2.9	2.8	394,024.8	3.6	272,962.4	2.2	4,205	0.9
1997	542,598.0	0.7	-0.1	0.8	-0.1	390,943.1	-0.8	279,054.2	2.2	4,230	1.4
1998	534,564.1	-1.5	-1.0	-1.6	-0.9	379,393.9	-3.0	273,370.2	-2.0	4,161	-1.3
1999	530,298.6	-0.8	0.6	-0.7	0.6	378,088.5	-0.3	269,177.0	-1.5	4,121	-1.0
2000	537,614.2	1.4	2.6	1.6	2.7	390,163.8	3.2	266,606.8	-3.6	4,165	-1.9
2001	527,410.5	-1.9	-0.7	-1.9	-0.8	376,138.7	-3.6	264,606.8	-2.3	4,081	-1.9
2002	523,465.9	-0.7	0.9	-0.9	0.8	374,247.9	-0.5	256,723.4	-3.0	4,040	-2.5
2003	526,219.9	0.5	1.9	0.8	2.0	381,555.6	2.0	253,616.6	-1.2	4,055	-1.4
2004	529,637.9	0.6	1.7	0.9	1.6	388,576.1	1.8	256,437.0	1.1	4,081	0.8
2005	534,106.2	0.8	2.2	1.3	1.6	388,116.4	-0.1	261,644.3	2.0	4,181	0.8
2006	537,257.9	0.6	1.3	1.0	1.0	394,989.7	1.8	265,771.5	1.6	4,201	0.2
2007	538,485.5	0.2	1.1	0.5	0.4	394,813.2	-0.0	267,280.1	0.6	4,207	-0.3
2008	516,174.9	-4.1	-3.6	-4.7	-4.9	364,368.0	-7.7	265,523.7	-0.7	4,031	-0.7
2009	497,364.2	-3.6	-2.4	-3.2	-1.3	352,701.1	-3.2	252,674.2	-4.8	3,885	-3.9
2010	504,873.7	1.5	3.3	1.7	2.6	364,688.2	3.4	251,154.8	-0.6	3,943	-1.0
2011	500,046.2	-1.0	0.5	-0.9	-0.6	357,473.5	-2.0	251,977.0	0.3	3,914	0.4
2012	499,420.6	-0.1	0.6	-0.1	0.6	358,156.2	0.2	251,431.0	-0.2	3,915	-0.5
2013	512,677.5	2.7	2.7	3.3	3.1	372,570.0	4.0	253,705.1	0.9	4,024	-0.2
2014	523,422.8	2.1	-0.4	2.4	0.1	376,677.6	1.1	258,435.2	1.9	4,114	1.0
2015	540,740.8	3.3	1.7	3.4	3.3	392,629.3	4.2	262,003.5	1.4	4,255	0.3
2016	544,829.9	0.8	0.8	0.4	0.8	392,293.9	-0.1	268,251.3	2.4	4,290	0.9
2017	555,712.5	2.0	1.8	2.1	1.3	400,621.5	2.1	273,710.4	2.0	4,379	0.5
2018	556,570.5	0.2	0.2	0.4	-0.2	403,099.1	0.6	282,424.0	3.2	4,392	1.2
2019	556,802.7	0.0	-0.8	0.1	-0.5	402,479.2	-0.2	287,994.7	2.0	4,401	0.8
2020	538,827.3	-3.2	-3.9	-3.5	-3.2	375,998.0	-6.6	283,549.6	-1.5	4,272	-0.8
2021	554,834.6	3.0	3.0	4.5	2.6	395,772.3	5.3	289,565.9	2.1	4,411	1.9
2022	568,663.4	2.5	1.7	3.3	0.6	408,953.8	3.3	296,381.8	2.4	4,535	1.8
2023	597,272.6	5.0	1.0	4.8	2.1	–	–	301,866.2	1.9	–	1.8
2023年4-6月	146,721.8	6.0	2.2	6.1	3.2	–	–	78,601.0	2.6	–	2.1
2023年7-9月	145,355.7	6.7	1.5	6.4	3.2	–	–	71,071.0	1.5	–	0.7
2023年10-12月	155,839.3	4.9	1.0	3.9	1.5	–	–	87,116.6	1.3	–	0.6
2024年1-3月	149,355.6	2.6	-0.7	2.9	0.5	–	–	65,077.6	2.1	–	1.2

资料来源：内阁府『令和6年度年次経済財政報告—熱量あふれる新たな経済ステージへ—（令和6年8月2日）』（長期経済統計）、2024年8月。

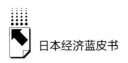
表5　国民经济统计（2）

年度	民间最终消费支出（实际）		民间住宅投资（实际）		民间企业设备投资（实际）		民间库存变动（实际）	政府最终消费支出（实际）		公共固定资本形成（实际）		商品服务出口（实际）		商品服务进口（实际）	
	年增长率(%)	贡献度	年增长率(%)	贡献度	年增长率(%)	贡献度	贡献度	年增长率(%)	贡献度	年增长率(%)	贡献度	年增长率(%)	贡献度	年增长率(%)	贡献度
1955	—	—	—	—	—	—	—	—	—	—	—	—	—	—	—
1956	8.2	5.4	11.1	0.4	39.1	1.9	0.7	-0.4	-0.1	1.0	0.1	14.6	0.5	34.3	-1.3
1957	8.2	5.4	7.9	0.3	21.5	1.3	0.5	-0.2	0.0	17.4	0.8	11.4	0.4	8.1	-0.4
1958	6.4	4.2	12.3	0.4	-0.4	0.0	-0.7	6.3	1.2	17.3	0.9	3.0	0.1	-7.9	0.4
1959	9.6	6.3	19.7	0.7	32.6	2.1	0.6	7.7	1.4	10.8	0.6	15.3	0.5	28.0	-1.2
1960	10.3	6.7	22.3	0.8	39.6	3.1	0.5	3.3	0.6	15.0	0.9	11.8	0.4	20.3	-1.0
1961	10.2	6.6	10.6	0.4	23.5	2.3	1.1	6.5	1.1	27.4	1.6	6.5	0.2	24.4	-1.3
1962	7.1	4.5	14.1	0.6	3.5	0.4	-1.4	7.6	1.2	23.5	1.6	15.4	0.5	-3.1	0.2
1963	9.9	6.2	26.3	1.1	12.4	1.3	0.9	7.4	1.1	11.6	0.9	9.0	0.3	26.5	-1.4
1964	9.5	6.0	20.5	1.0	14.4	1.5	-0.5	2.0	0.3	5.7	0.4	26.1	0.9	7.2	-0.4
1965	6.5	4.1	18.9	1.0	-8.4	-0.9	0.1	3.3	0.5	13.9	1.0	19.6	0.8	6.6	-0.4
1966	10.3	6.5	7.5	0.5	24.7	2.3	0.2	4.5	0.6	13.3	1.1	15.0	0.7	15.5	-0.9
1967	9.8	6.1	21.5	1.3	27.3	2.9	0.2	3.6	0.5	9.6	0.8	8.4	0.4	21.9	-1.3
1968	9.4	5.8	15.9	1.0	21.0	2.6	0.7	4.9	0.6	13.2	1.1	26.1	1.2	10.5	-0.7
1969	9.8	5.9	19.8	1.3	30.0	3.9	-0.1	3.9	0.4	9.5	0.8	19.7	1.0	17.0	-1.1
1970	6.6	3.9	9.2	0.7	11.7	1.8	1.0	5.0	0.5	15.2	1.2	17.3	1.0	22.3	-1.5
1971	5.9	3.4	5.6	0.4	-4.2	-0.7	-0.8	4.8	0.5	22.2	1.9	12.5	0.8	2.3	-0.2
1972	9.8	5.7	20.3	1.5	5.8	0.8	0.0	4.8	0.5	12.0	1.2	5.6	0.4	15.1	-1.1
1973	6.0	3.5	11.6	0.9	13.6	1.9	0.4	4.3	0.4	-7.3	-0.7	5.5	0.3	22.7	-1.8
1974	1.5	0.9	-17.3	-1.5	-8.6	-1.3	-0.6	2.6	0.3	0.1	0.0	22.8	1.5	-1.6	0.1
1975	3.5	2.1	12.3	0.9	-3.8	-0.5	-0.8	10.8	1.1	5.6	0.5	-0.1	0.0	-7.4	0.7
1976	3.4	2.0	3.3	0.2	0.6	0.1	0.4	4.0	0.4	-0.0	-0.0	17.3	1.3	7.9	-0.7
1977	4.1	2.5	1.8	0.1	-0.8	-0.1	-0.4	4.2	0.4	13.5	1.2	9.6	0.8	3.3	-0.3
1978	5.9	3.5	2.3	0.2	8.5	1.0	0.1	5.4	0.6	13.0	1.2	-3.3	-0.3	10.8	-0.9
1979	5.4	3.2	0.4	0.0	10.7	1.3	0.2	3.6	0.4	-1.8	-0.2	10.6	0.9	6.1	-0.5
1980	0.7	0.4	-9.9	-0.7	7.5	1.0	0.0	3.3	0.3	-1.7	-0.2	14.4	1.2	-6.3	0.6
1981	3.2	1.6	-1.3	-0.1	3.2	0.6	-0.1	5.7	0.7	0.7	0.1	12.7	1.7	4.2	-0.6
1982	4.5	2.3	1.1	0.1	1.5	0.3	-0.4	3.9	0.6	-0.5	-0.0	-0.4	-0.1	-4.7	0.6
1983	3.2	1.7	-5.2	-0.3	4.0	0.7	0.2	4.3	0.7	0.1	0.0	8.7	1.2	1.9	-0.2
1984	3.2	1.7	-0.2	-0.0	9.5	1.6	0.0	2.4	0.3	-2.1	-0.2	13.6	1.8	8.1	-0.9
1985	4.3	2.3	3.5	0.2	7.5	1.3	0.3	1.6	0.2	3.4	0.3	2.5	0.4	-4.2	0.5
1986	3.6	1.8	8.8	0.5	6.2	1.1	-0.4	3.5	0.5	6.5	0.5	-4.1	-0.5	7.6	-0.7
1987	4.7	2.4	19.4	1.1	8.8	1.5	0.5	3.7	0.5	10.5	0.8	1.2	0.1	12.7	-0.9
1988	5.4	2.7	4.4	0.3	18.8	3.3	-0.1	3.4	0.5	0.6	0.0	8.7	0.8	19.1	-1.4
1989	4.1	2.1	-2.1	-0.1	7.7	1.5	0.2	2.6	0.3	4.6	0.3	8.7	0.8	14.9	-1.2
1990	5.0	2.5	0.3	0.0	11.5	2.3	-0.2	4.0	0.5	3.0	0.2	6.9	0.7	5.5	-0.5
1991	2.4	1.2	-8.9	-0.6	3.9	0.3	0.3	3.5	0.5	3.9	0.3	5.4	0.5	-0.5	0.0
1992	1.4	0.7	-2.7	-0.2	-7.0	-1.5	-0.6	2.9	0.4	14.8	1.1	4.0	0.4	-1.7	0.1
1993	1.6	0.8	2.0	0.1	-13.4	-2.5	-0.4	3.1	0.4	5.9	0.5	-0.0	-0.00	0.6	0.0
1994	2.1	1.1	5.9	0.3	-0.0	-0.0	0.0	4.3	0.6	-4.0	-0.4	5.4	0.5	9.5	-0.7
1995	2.4	1.3	-4.6	-0.3	8.4	1.3	0.4	7.2	0.6	7.2	0.6	4.1	0.4	14.6	-1.0
1996	2.4	1.3	12.0	0.7	5.9	1.0	0.0	2.1	0.3	-1.6	-0.1	6.5	0.6	9.1	-0.7
1997	-1.1	-0.6	-16.0	-1.0	2.4	0.4	0.4	1.3	0.2	-6.6	-0.6	9.0	0.9	-2.0	0.2
1998	0.3	0.2	-10.1	-0.5	-3.5	-0.6	-0.7	2.0	0.3	2.2	0.2	-3.8	-0.4	-6.6	0.6
1999	1.4	0.7	2.8	0.1	-1.6	-0.3	0.4	3.7	0.6	-0.6	-0.1	6.1	0.6	6.6	-0.6
2000	1.4	0.8	1.0	0.0	6.1	1.0	0.7	3.6	0.6	-7.3	-0.6	9.7	1.0	10.3	-0.9
2001	1.9	1.0	-5.4	-0.3	-3.9	-0.6	-0.3	2.3	0.4	-5.3	-0.4	-7.6	-0.8	-3.2	0.3
2002	1.2	0.7	-1.3	-0.1	-3.0	-0.5	0.3	1.7	0.3	-4.8	-0.3	12.2	1.2	4.8	-0.5
2003	0.7	0.4	0.5	0.0	3.1	0.5	0.3	2.0	0.4	-8.1	-0.5	10.0	1.1	2.4	-0.2
2004	1.2	0.6	2.6	0.1	4.0	0.6	0.1	0.8	0.1	-7.9	-0.4	11.8	1.4	9.0	-0.9
2005	1.8	1.0	0.0	0.0	7.6	1.2	-0.2	0.4	0.1	-7.9	-0.4	9.4	1.2	6.0	-0.7
2006	0.6	0.3	-0.3	-0.0	2.3	0.4	0.1	0.6	0.1	-6.3	-0.3	8.7	1.2	3.6	-0.5
2007	0.7	0.4	-13.3	-0.6	-0.7	-0.1	0.2	1.6	0.3	-4.2	-0.2	9.5	1.5	2.5	-0.4
2008	-2.1	-1.2	-2.5	-0.1	-5.8	-0.9	0.0	-0.6	-0.1	-4.2	-0.2	-10.2	-1.8	-4.3	0.7
2009	0.7	0.4	-20.3	-0.8	-11.4	-1.8	-1.4	2.6	0.5	9.3	0.5	-9.0	-1.4	-10.5	1.7
2010	1.3	0.8	4.8	0.2	2.0	0.3	1.2	2.3	0.4	-7.2	-0.4	17.9	2.4	12.1	-1.5
2011	0.6	0.4	4.4	0.2	4.0	0.6	0.1	1.9	0.4	-2.2	-0.1	-1.4	-0.2	5.2	-0.7
2012	1.7	1.0	4.5	0.2	1.5	0.2	-0.3	1.3	0.3	1.1	0.1	-1.4	-0.2	3.8	-0.6
2013	2.9	1.7	8.6	0.3	5.4	0.8	-0.4	1.8	0.4	8.5	0.4	4.4	0.6	7.0	-1.2
2014	-2.6	-1.5	-8.1	-0.3	2.7	0.4	0.3	0.9	0.2	-2.3	-0.1	8.9	1.4	3.9	-0.7
2015	0.7	0.4	3.1	0.1	3.4	0.6	0.2	2.2	0.4	-1.3	-0.1	1.1	0.2	0.4	0.1
2016	-0.3	-0.2	4.2	0.2	0.8	0.1	-0.2	0.9	0.2	0.5	0.0	3.4	0.6	-0.5	0.1
2017	1.0	0.5	-1.8	-0.1	2.8	0.4	0.3	0.3	0.1	0.6	0.0	6.3	1.0	3.8	-0.6
2018	0.1	0.1	-4.8	-0.2	1.6	0.3	0.1	1.1	0.2	0.9	0.0	2.0	0.4	3.0	-0.5
2019	-0.9	-0.5	2.6	0.1	-1.3	-0.2	-0.2	2.1	0.4	1.6	0.1	-2.3	-0.4	0.2	-0.0
2020	-4.8	-2.6	-7.5	-0.3	-5.7	-0.9	-0.2	2.7	0.5	4.8	0.3	-9.9	-1.7	-6.3	1.1
2021	1.8	0.9	0.4	0.0	3.2	0.5	0.5	3.2	0.7	-6.5	-0.4	12.4	2.0	7.2	-1.2
2022	2.7	1.5	-3.3	-0.1	4.1	0.7	0.1	1.4	0.3	-6.1	-0.3	4.9	0.9	6.9	-1.4
2023	-0.6	-0.4	0.3	0.0	0.4	0.1	-0.2	0.1	0.0	0.8	0.0	3.0	0.6		
2023年4-6月	0.2	0.1	3.1	0.1	1.4	0.2	0.2	0.6	0.1	6.4	0.3	3.6	0.8	-1.6	0.4
2023年7-9月	-0.2	-0.1	2.0	0.1	-1.2	-0.2	-0.4	0.4	0.1	3.2	0.2	2.7	0.6	-5.0	1.2
2023年10-12月	-0.6	-0.3	0.0	-0.0	2.3	0.4	-0.5	-0.0	-0.1	-0.1	-0.0	4.3	1.0	-2.1	0.5
2024年1-3月	-1.9	-1.0	-3.7	-0.1	-0.4	-0.0	-0.4	-0.2	-0.0	-4.3	-0.2	1.3	0.3	-4.1	1.0

资料来源：内阁府『令和6年度年次経済財政報告—熱量あふれる新たな経済ステージへ—（令和6年8月2日）』（長期経済統計）、2024年8月。

表6　国民经济统计（3）

| 年份 | 国内生产总值（GDP） | | | 国民总收入（GNI） | | 名义国民收入 | | 雇员名义报酬 | | 人均GDP | 人均雇员报酬年增长率 |
| | 名义金额 | 名义年增长率 | 实际年增长率 | 名义年增长率 | 实际年增长率 | 金额 | 年增长率 | 金额 | 年增长率 | | |
	十亿日元	%	%	%	%	十亿日元	%	十亿日元	%	千日元	%
1955	8,923.6	—	—	—	—	6,772.0	—	3,456.0	—	94	—
1956	10,046.0	12.6	7.5	12.5	7.4	7,587.4	12.0	3,973.5	15.0	105	6.9
1957	11,577.1	15.2	7.8	15.1	7.7	8,790.1	15.9	4,480.9	12.8	120	5.2
1958	12,302.2	6.3	6.2	6.2	6.1	9,188.0	4.5	4,952.1	10.5	126	5.9
1959	14,063.5	14.3	9.4	14.2	9.3	10,528.7	14.6	5,590.8	12.9	143	7.5
1960	17,069.6	21.4	13.1	21.3	13.0	12,912.0	22.6	6,483.1	16.0	172	10.1
1961	20,616.6	20.8	11.9	20.7	11.8	15,572.3	20.6	7,670.2	18.3	206	13.2
1962	23,395.3	13.5	8.6	13.4	8.6	17,499.2	12.4	9,151.7	19.3	231	14.0
1963	26,775.7	14.4	8.8	14.4	8.7	20,191.9	15.4	10,672.5	16.6	262	13.1
1964	31,497.0	17.6	11.2	17.5	11.1	23,377.0	15.8	12,475.8	16.9	305	13.0
1965	35,041.8	11.3	5.7	11.3	5.7	26,065.4	11.5	14,528.2	16.5	336	11.8
1966	40,696.9	16.1	10.2	16.2	10.3	30,396.1	16.6	16,811.9	15.7	386	11.1
1967	47,691.7	17.2	11.1	17.2	11.1	36,005.3	18.5	19,320.1	14.9	448	12.0
1968	56,481.9	18.4	11.9	18.4	11.9	42,479.3	18.0	22,514.0	16.5	525	13.7
1969	66,348.5	17.5	12.0	17.5	12.0	49,938.3	17.6	26,500.7	17.7	609	15.8
1970	78,200.4	17.9	10.3	17.9	10.3	59,152.7	18.5	31,942.2	20.5	708	16.6
1971	86,043.8	10.0	4.4	10.1	4.5	64,645.1	9.3	37,867.7	18.6	764	14.9
1972	98,511.0	14.5	8.4	14.7	8.6	74,601.0	15.4	44,069.3	16.4	862	13.3
1973	119,945.6	21.8	8.0	21.8	8.1	91,823.1	23.1	55,235.8	25.3	1,035	21.6
1974	143,130.9	19.3	-1.2	19.1	-1.4	109,060.8	18.8	70,087.7	26.9	1,219	26.1
1975	158,146.6	10.5	3.1	10.6	3.2	121,025.9	11.0	81,678.2	16.5	1,330	16.2
1976	177,600.7	12.3	4.0	12.3	4.0	137,119.6	13.3	92,120.9	12.8	1,478	10.8
1977	197,910.5	11.4	4.4	11.5	4.4	151,395.2	10.4	102,896.8	11.7	1,631	10.0
1978	217,936.0	10.1	5.3	10.2	5.4	167,571.7	10.7	111,163.6	8.0	1,780	7.2
1979	236,213.3	8.4	5.5	8.5	5.6	180,707.3	7.8	120,120.3	8.1	1,915	5.9
1980	256,075.9	8.4	2.8	8.2	2.7	196,750.2	8.0	129,497.8	8.5	2,079	5.2
1981	274,615.9	7.2	4.3	7.1	4.3	209,047.2	6.3	140,219.9	8.3	2,219	6.5
1982	288,613.0	5.1	3.3	5.3	3.3	219,327.2	4.9	148,172.1	5.7	2,314	4.1
1983	301,844.1	4.6	3.6	4.7	3.7	227,666.8	3.8	155,782.0	5.1	2,390	2.4
1984	319,663.6	5.9	4.4	6.0	4.8	240,786.9	5.8	164,342.6	5.5	2,524	4.1
1985	340,395.3	6.5	5.2	6.5	5.3	256,338.4	6.5	171,887.9	4.6	2,693	3.4
1986	357,276.1	5.0	3.3	4.9	5.1	267,217.4	4.2	179,163.3	4.2	2,805	2.6
1987	373,273.0	4.5	4.6	4.7	4.9	276,729.3	3.6	185,400.9	3.5	2,901	2.3
1988	400,566.9	7.3	6.7	7.4	7.0	296,228.2	7.0	196,182.1	5.8	3,107	3.3
1989	428,994.1	7.1	4.9	7.2	5.2	316,002.5	6.7	210,203.2	7.1	3,333	3.9
1990	461,295.1	7.5	4.8	7.5	4.4	339,441.1	7.4	227,342.6	8.2	3,587	4.7
1991	491,418.9	6.5	3.5	6.5	3.6	363,375.7	7.1	245,595.0	8.0	3,787	4.4
1992	504,161.2	2.6	0.9	2.7	1.3	366,179.6	0.8	253,578.4	3.3	3,866	0.9
1993	504,497.8	0.1	-0.5	0.1	-0.3	366,975.1	0.2	259,075.4	2.2	3,877	0.5
1994	510,916.1	1.3	1.1	1.2	1.3	369,217.5	0.1	261,624.5	2.0	4,009	0.3
1995	521,613.5	2.1	2.6	2.1	2.9	377,736.2	2.3	266,002.9	1.7	4,086	1.2
1996	535,562.1	2.7	3.1	3.0	3.2	390,199.0	3.3	270,690.3	1.8	4,183	0.6
1997	543,545.4	1.5	1.0	1.6	0.8	394,664.2	1.1	278,751.3	3.0	4,239	1.7
1998	536,497.4	-1.3	-1.3	-1.4	-1.1	383,849.9	-2.7	274,572.1	-1.5	4,178	-1.1
1999	528,069.9	-1.6	-0.3	-1.6	-0.3	377,739.1	-1.6	269,252.2	-1.9	4,105	-1.3
2000	535,417.7	1.4	2.8	1.6	2.7	385,745.1	2.1	269,889.6	0.2	4,153	-0.2
2001	531,653.9	-0.7	0.4	-0.6	0.4	379,833.5	-1.5	266,603.6	-1.2	4,114	-1.5
2002	524,478.7	-1.3	0.0	-1.4	0.0	375,854.9	-1.0	257,433.1	-3.4	4,050	-2.8
2003	523,968.6	-0.1	1.5	0.1	1.5	379,296.3	0.9	255,180.0	-0.9	4,038	-0.9
2004	529,400.9	1.0	2.2	1.3	2.3	385,931.1	1.7	255,963.4	0.3	4,079	-0.1
2005	532,515.6	0.6	1.8	0.9	1.3	390,658.9	1.2	260,594.3	1.8	4,103	1.1
2006	535,170.2	0.5	1.4	0.9	0.9	392,040.4	0.4	265,191.6	1.8	4,121	0.2
2007	539,281.7	0.8	1.5	1.2	1.3	396,233.9	1.1	266,616.2	0.5	4,154	-0.5
2008	527,823.8	-2.1	-1.2	-2.5	-3.1	379,416.9	-4.2	266,805.9	0.1	4,067	-0.1
2009	494,938.4	-6.2	-5.7	-6.4	-4.3	348,968.2	-8.0	253,797.8	-4.9	3,823	-3.9
2010	505,530.6	2.1	4.1	2.3	3.5	362,501.8	3.9	251,175.0	-1.0	3,908	-1.2
2011	497,448.9	-1.6	0.0	-1.4	-1.0	356,058.0	-1.8	251,584.0	0.2	3,844	-0.1
2012	500,474.7	0.6	1.4	0.5	1.0	359,170.1	0.9	251,650.1	0.0	3,878	0.0
2013	508,700.6	1.6	2.0	2.3	2.5	369,919.6	3.0	253,333.1	0.7	3,948	-0.3
2014	518,811.0	2.0	0.3	2.3	0.3	373,996.7	1.1	257,520.7	1.7	4,038	0.8
2015	538,032.3	3.7	1.6	3.9	3.2	389,444.5	4.1	260,613.9	1.2	4,180	0.3
2016	544,364.6	1.2	0.8	0.7	1.3	393,196.6	1.0	267,401.2	2.6	4,218	1.0
2017	553,073.0	1.6	1.7	1.8	1.2	401,073.7	2.0	272,101.5	1.8	4,307	0.4
2018	556,630.1	0.6	0.6	0.7	-0.0	402,480.5	0.4	281,350.2	3.4	4,325	1.3
2019	557,910.8	0.2	-0.4	0.3	-0.2	401,407.7	-0.3	286,892.4	2.0	—	0.7
2020	539,645.9	-3.3	-4.2	-3.5	-3.5	378,900.4	-5.6	283,186.5	-1.3	—	-0.9
2021	553,150.8	2.5	2.7	3.6	2.4	393,200.1	3.8	288,745.4	2.0	—	1.8
2022	561,765.9	1.6	1.2	2.0	0.3	403,156.0	2.5	295,384.9	2.3	—	1.9
2023	593,428.2	5.6	1.8	5.3	2.4	-	-	300,497.8	1.7	—	1.2

資料来源：内閣府『令和6年度年次経済財政報告—熱量あふれる新たな経済ステージへ—（令和6年8月2日）』（長期経済統計）、2024年8月。

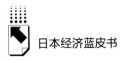

表7　国民经济统计（4）

年 份	民间最终消费支出（实际）		民间住宅投资（实际）		民间企业设备投资（实际）		民间库存增加（实际）	政府最终消费支出（实际）		公共固定资本形成（实际）		商品服务出口（实际）		商品服务进口（实际）	
	年增长率(%)	贡献度	年增长率(%)	贡献度	年增长率(%)	贡献度	贡献度	年增长率(%)	贡献度	年增长率(%)	贡献度	年增长率(%)	贡献度	年增长率(%)	贡献度
1955	—	—	—	—	—	—	—	—	—	—	—	—	—	—	—
1956	8.9	5.8	11.4	0.4	37.9	1.7	0.7	-0.2	0.0	-1.5	-0.1	17.4	0.5	26.9	-1.0
1957	8.1	5.4	6.8	0.2	27.5	1.6	1.2	-0.4	-0.1	10.3	0.5	11.4	0.4	22.8	-1.0
1958	6.3	4.2	14.0	0.5	-0.6	0.0	-1.3	4.6	0.9	17.7	0.9	5.2	0.2	-13.4	0.7
1959	8.4	5.5	9.9	0.4	23.1	1.5	0.5	7.5	1.4	11.8	0.7	13.0	0.5	22.8	-1.0
1960	11.0	7.3	27.9	1.0	44.4	3.2	0.5	4.4	0.8	15.0	0.8	12.8	0.5	23.1	-1.1
1961	10.4	6.7	12.8	0.5	27.8	2.6	1.2	5.4	0.9	22.8	1.3	5.3	0.2	26.4	-1.4
1962	7.5	4.8	15.6	0.6	6.2	0.7	-1.0	7.5	1.2	28.2	1.8	17.2	0.6	-1.2	0.1
1963	8.8	5.5	18.3	0.8	8.3	0.9	0.2	7.6	1.2	13.9	1.0	7.0	0.3	19.6	-1.0
1964	10.8	6.8	25.6	1.2	17.9	1.9	0.3	3.0	0.5	6.3	0.5	21.6	0.8	13.6	-0.8
1965	5.8	3.6	20.7	1.1	-5.7	-0.6	-0.4	3.1	0.4	10.0	0.7	23.8	0.9	5.6	-0.3
1966	10.0	6.3	6.0	0.4	14.5	1.4	-0.1	4.5	0.6	19.2	1.5	16.9	0.8	12.2	-0.7
1967	10.4	6.5	19.2	1.1	28.6	2.9	0.6	3.4	0.4	3.8	0.3	6.8	0.3	22.7	-1.4
1968	8.5	5.3	19.5	1.2	23.4	2.8	0.4	4.7	0.6	16.3	1.3	23.9	1.1	12.1	-0.8
1969	10.3	6.3	16.7	1.1	25.6	3.3	0.0	4.1	0.5	9.6	0.8	20.8	1.1	13.7	-0.9
1970	7.4	4.4	13.3	0.9	19.3	2.8	1.3	4.8	0.6	13.8	1.1	17.5	1.0	22.6	-1.5
1971	5.5	3.2	4.7	0.3	-2.5	-0.4	-0.8	4.9	0.5	18.8	1.5	16.0	1.0	7.0	-0.5
1972	9.0	5.3	18.0	1.3	2.3	0.3	-0.1	5.0	0.5	16.2	1.5	4.1	0.3	10.5	-0.8
1973	8.8	5.2	15.3	1.2	14.2	2.0	0.2	5.4	0.5	4.9	0.5	5.2	0.3	24.3	-1.9
1974	-0.1	0.0	-12.3	-1.0	-4.2	-0.6	0.5	-0.4	0.0	11.8	-1.1	23.1	1.4	4.2	-0.4
1975	4.4	2.6	1.2	0.1	-6.0	-0.9	-1.6	12.6	1.2	6.4	0.6	-1.0	-0.1	-10.3	1.0
1976	2.9	1.8	8.7	0.6	-0.1	0.0	0.2	4.2	0.4	2.5	0.2	16.6	1.2	6.7	-0.6
1977	4.0	2.4	0.5	0.0	-0.5	0.0	0.0	4.2	0.4	9.5	0.8	11.7	1.0	4.1	-0.3
1978	5.3	3.2	5.6	0.4	4.5	0.5	-0.1	5.2	0.5	14.2	1.3	-0.3	0.0	6.9	-0.6
1979	6.5	3.9	-0.9	-0.1	12.8	1.5	0.3	4.2	0.4	2.7	0.2	4.3	0.4	12.9	-1.1
1980	1.1	0.6	-9.2	-0.6	7.9	1.0	0.0	3.1	0.3	-4.8	-0.5	17.0	1.4	-7.8	0.7
1981	2.5	1.3	-1.8	-0.1	3.9	0.7	-0.1	5.4	0.8	2.7	0.3	13.4	1.7	2.4	-0.3
1982	4.7	2.4	-1.3	-0.1	1.2	0.2	0.1	4.2	0.6	-1.3	-0.1	1.5	0.2	0.6	-0.1
1983	3.4	1.8	-1.8	-0.1	2.8	0.5	-0.3	4.6	0.7	0.3	0.0	5.0	0.7	-3.2	0.4
1984	3.1	1.7	-2.1	-0.1	8.4	1.4	0.2	3.0	0.4	-1.1	-0.1	15.4	2.0	10.6	-1.2
1985	4.1	2.1	2.7	0.2	9.1	1.6	0.2	1.3	0.2	-1.1	-0.1	5.3	0.7	-2.6	0.3
1986	3.7	1.9	6.5	0.4	5.9	1.0	0.1	3.2	0.4	7.6	0.6	-5.0	-0.7	4.3	-0.4
1987	4.4	2.2	17.4	1.0	6.8	1.2	-0.2	3.6	0.5	8.7	0.7	0.1	0.0	9.4	-0.7
1988	5.1	2.6	9.2	0.6	17.0	3.0	0.4	3.8	0.5	4.0	0.3	6.8	0.7	19.0	-1.3
1989	4.9	2.5	-0.3	-0.0	11.6	2.2	0.0	2.5	0.3	3.3	0.3	9.6	0.9	17.8	-1.3
1990	4.8	2.4	-1.6	-0.1	9.3	1.9	-0.2	3.5	0.5	4.5	0.3	7.4	0.7	8.2	-0.7
1991	2.2	1.1	-6.0	-0.4	6.6	1.4	0.2	4.0	0.5	1.6	0.1	5.4	0.5	-1.1	0.1
1992	2.3	1.1	-4.8	-0.3	-7.1	-1.5	-0.4	2.7	0.4	13.7	1.0	4.6	0.4	-0.7	0.1
1993	1.1	0.5	0.2	0.0	-11.6	-2.2	-0.1	2.4	0.3	8.6	0.7	0.8	0.1	-0.3	0.1
1994	2.3	1.2	6.0	0.3	-4.6	-0.8	-0.4	3.8	0.5	-1.5	-0.1	4.4	0.4	8.3	-0.6
1995	2.5	1.3	-4.2	-0.3	7.6	1.2	0.4	3.8	0.6	0.5	0.0	4.2	0.4	13.0	-0.9
1996	2.0	1.0	10.9	0.6	6.0	1.0	0.1	2.3	0.4	5.7	0.5	4.8	0.4	11.8	-0.9
1997	0.6	0.3	-9.7	-0.6	3.6	0.6	0.1	1.6	0.2	-6.8	-0.6	11.1	1.0	0.5	-0.0
1998	-0.6	-0.3	-13.5	-0.7	-1.3	-0.2	-0.2	1.3	0.2	-4.1	-0.3	-2.4	-0.3	-6.8	0.6
1999	1.1	0.6	2.0	0.1	-4.8	-0.8	-1.0	3.5	0.6	6.0	0.5	2.0	0.2	3.7	-0.3
2000	1.5	0.8	1.3	0.1	6.0	0.9	0.6	3.9	0.6	-9.7	-0.8	13.0	1.3	9.6	-0.8
2001	2.1	1.1	-3.2	-0.2	0.2	0.0	0.1	2.4	0.4	-3.6	-0.3	-6.6	-0.7	1.2	-0.1
2002	1.3	0.7	-2.5	-0.1	-5.6	-0.9	-0.4	1.9	0.3	-4.7	-0.3	7.9	0.8	0.8	-0.1
2003	0.6	0.3	-0.5	-0.0	2.2	0.3	0.3	1.9	0.3	-6.9	-0.5	9.6	1.0	3.4	-0.3
2004	1.3	0.7	2.9	0.1	3.5	0.5	0.4	1.1	0.2	-9.0	-0.6	14.4	1.6	8.5	-0.8
2005	1.5	0.8	-0.1	-0.0	8.1	1.2	-0.2	0.8	0.1	-8.2	-0.5	7.1	0.9	5.9	-0.6
2006	0.9	0.5	0.4	0.0	2.1	0.3	-0.1	0.2	0.0	-4.9	-0.3	10.3	1.4	4.7	-0.6
2007	0.8	0.4	-9.6	-0.4	0.8	0.1	0.3	1.5	0.3	-5.3	-0.3	8.7	1.4	2.3	-0.3
2008	-1.1	-0.6	-6.2	-0.3	-2.9	-0.5	0.2	-0.1	-0.0	6.6	0.4	1.6	0.3	0.7	-0.1
2009	-0.9	-0.5	-17.8	-0.7	-13.0	-2.1	-1.6	2.0	0.4	-2.2	-0.1	-23.4	-4.0	-15.6	2.6
2010	2.3	1.3	-1.3	-0.0	-1.0	-0.1	1.0	1.9	0.4	-2.2	-0.1	24.9	3.1	11.3	-1.4
2011	-0.5	-0.3	6.9	0.2	4.0	0.6	0.2	2.2	0.4	-5.7	-0.3	-0.1	-0.0	5.7	-0.8
2012	2.0	1.2	2.3	0.1	3.1	0.5	0.0	1.7	0.3	2.0	0.1	0.1	0.0	5.5	-0.8
2013	2.6	1.5	8.2	0.3	2.2	0.3	-0.4	1.9	0.3	5.6	0.3	0.8	0.1	3.2	-0.5
2014	-0.9	-0.5	-3.1	-0.1	3.9	0.6	0.1	1.0	0.2	1.4	0.1	9.3	1.5	8.1	-1.5
2015	-0.9	-0.5	-0.0	-0.0	5.0	0.8	0.3	1.9	0.4	-4.0	-0.2	3.2	0.6	0.4	-0.1
2016	-0.4	-0.2	3.9	0.1	0.1	0.0	-0.1	1.6	0.3	2.4	0.1	1.6	0.3	-1.2	0.2
2017	1.1	0.6	0.5	0.0	2.4	0.4	0.1	0.1	0.0	0.1	0.0	6.6	1.1	3.3	-0.5
2018	0.2	0.1	-6.4	-0.2	2.3	0.4	0.2	1.0	0.2	0.6	0.0	3.8	0.7	3.8	-0.6
2019	-0.6	-0.3	4.1	0.2	-0.7	-0.1	-0.1	1.9	0.4	1.9	0.1	-1.5	-0.3	1.0	-0.2
2020	-4.4	-2.4	-7.7	-0.3	-5.1	-0.9	-0.1	2.5	0.5	3.6	0.2	-11.6	-2.0	-6.8	1.2
2021	0.8	0.4	-0.2	-0.0	1.6	0.3	0.4	3.4	0.7	-2.6	-0.1	11.9	1.8	5.1	-0.8
2022	2.2	1.2	-3.3	-0.1	3.1	0.5	0.1	1.7	0.4	-8.7	-0.5	5.5	1.0	7.9	-1.5
2023	0.6	0.3	1.0	0.0	2.2	0.4	-0.1	0.5	0.1	1.8	0.1	3.2	0.7	-1.3	0.3

资料来源：内閣府『令和6年度年次経済財政報告―熱量あふれる新たな経済ステージへ―（令和6年8月2日）』(長期経済統計)、2024年8月。

表8 国民经济统计（5）

年末	国民总资产					国民财富	
	金额（十亿日元）	与名义GDP之比（%）	占比（%）			金额（十亿日元）	与名义GDP之比（%）
			实物资产（土地等除外）	土地等	金融资产		
1955	51,422.0	5.76	32.6	30.6	36.8	32,704.7	3.66
1956	60,322.2	6.00	31.8	29.8	38.4	37,103.0	3.69
1957	68,244.2	5.89	29.8	29.9	40.3	40,481.3	3.50
1958	76,193.1	6.19	27.0	30.6	42.4	43,752.0	3.56
1959	89,131.9	6.34	25.5	30.2	44.4	49,584.9	3.53
1960	107,840.0	6.32	23.7	31.7	44.6	59,819.6	3.50
1961	133,283.4	6.46	23.5	31.0	45.6	72,297.0	3.51
1962	156,357.7	6.68	22.3	31.3	46.4	83,461.1	3.57
1963	183,270.6	6.84	21.8	29.3	48.9	92,923.6	3.47
1964	213,870.8	6.79	21.5	29.1	49.4	107,292.4	3.41
1965	241,570.7	6.89	21.2	27.9	50.9	118,028.4	3.37
1966	280,648.7	6.90	21.2	27.8	51.0	137,212.2	3.37
1967	333,694.7	7.00	21.0	28.2	50.8	163,842.2	3.44
1968	394,566.2	6.99	20.7	29.4	49.9	197,671.5	3.50
1969	476,211.0	7.18	20.6	30.0	49.4	241,579.4	3.64
	499,408.6	7.53	19.6	28.6	51.7	241,682.8	3.64
1970	590,573.4	7.55	20.5	29.4	50.1	296,467.3	3.79
1971	702,445.3	8.16	20.0	29.8	50.2	352,859.8	4.10
1972	932,810.6	9.47	18.8	31.5	49.7	473,379.9	4.81
1973	1,178,254.6	9.82	20.6	32.0	47.4	624,072.1	5.20
1974	1,300,905.2	9.09	23.4	29.1	47.5	685,723.9	4.79
1975	1,438,800.4	9.10	23.1	28.1	48.7	739,585.8	4.68
1976	1,627,933.8	9.17	23.3	26.6	50.1	814,906.7	4.59
1977	1,781,916.0	9.00	23.2	26.0	50.8	883,505.2	4.46
1978	2,031,898.0	9.32	22.3	25.9	51.7	989,289.6	4.54
1979	2,335,455.9	9.89	22.7	27.0	50.3	1,166,035.8	4.94
1980	2,642,194.0	10.32	22.4	28.2	49.4	1,339,614.4	5.23
	2,864,276.8	11.19	21.2	26.1	52.7	1,363,008.4	5.32
1981	3,160,372.8	11.51	20.0	26.7	53.3	1,484,720.7	5.41
1982	3,416,324.6	11.84	19.3	26.5	54.2	1,575,452.3	5.46
1983	3,699,899.5	12.26	18.2	25.5	56.3	1,629,378.0	5.40
1984	4,006,993.9	12.54	17.5	24.4	58.1	1,699,381.1	5.32
1985	4,377,491.7	12.86	16.5	24.3	59.2	1,811,019.5	5.32
1986	5,094,260.6	14.26	14.4	26.3	59.3	2,113,913.1	5.92
1987	5,962,689.6	15.97	13.0	29.4	57.6	2,579,662.1	6.91
1988	6,716,329.3	16.77	12.2	28.9	58.9	2,836,726.9	7.08
1989	7,710,418.9	17.97	11.9	29.4	58.7	3,231,062.4	7.53
1990	7,936,547.0	17.20	12.6	31.2	56.1	3,531,467.2	7.66
1991	7,987,085.8	16.25	13.4	28.7	57.8	3,422,746.4	6.97
1992	7,804,398.3	15.48	14.3	26.6	59.1	3,265,515.1	6.48
1993	7,903,074.8	15.67	14.3	25.1	60.6	3,192,859.5	6.33
1994	8,044,314.4	15.74	14.3	23.9	61.8	3,150,014.4	6.17
	8,599,526.3	16.83	18.8	22.9	58.2	3,671,951.7	7.19
1995	8,738,157.0	16.75	18.8	21.6	59.6	3,617,050.6	6.93
1996	8,913,942.3	16.64	19.2	20.8	60.0	3,665,584.7	6.84
1997	9,046,789.9	16.64	19.3	20.1	60.6	3,688,583.5	6.79
1998	9,102,612.8	16.97	19.2	19.2	61.6	3,628,751.2	6.76
1999	9,321,407.0	17.65	18.8	17.9	63.3	3,507,170.9	6.64
2000	9,209,077.6	17.20	19.3	17.2	63.5	3,494,809.8	6.53
2001	9,022,142.3	16.97	19.6	16.6	63.9	3,440,413.9	6.47
2002	8,876,598.4	16.92	19.8	15.9	64.3	3,346,758.1	6.38
2003	8,963,281.9	17.11	19.8	14.9	65.3	3,285,006.8	6.27
2004	8,997,050.0	16.99	20.0	14.2	65.8	3,258,914.1	6.16
2005	9,376,672.8	17.61	19.5	13.4	67.1	3,269,476.1	6.14
2006	9,412,194.7	17.59	19.8	13.6	66.6	3,359,820.4	6.28
2007	9,277,663.0	17.20	20.6	14.1	65.3	3,469,616.5	6.43
2008	8,903,129.2	16.87	21.7	14.5	63.7	3,455,035.1	6.55
2009	8,800,022.8	17.78	21.2	14.1	64.7	3,373,238.4	6.82
2010	8,831,076.2	17.47	21.1	13.7	65.3	3,322,230.9	6.57
2011	8,806,788.7	17.70	21.0	13.3	65.6	3,293,039.1	6.62
2012	9,008,897.0	18.00	20.5	12.8	66.7	3,298,061.0	6.59
2013	9,564,712.5	18.80	19.7	11.9	68.3	3,354,625.3	6.59
2014	10,001,851.8	19.28	19.3	11.5	69.2	3,430,080.6	6.61
2015	10,286,726.2	19.12	18.9	11.2	69.9	3,426,254.9	6.37
2016	10,580,670.8	19.44	18.4	11.2	70.4	3,471,881.1	6.38
2017	11,027,901.8	19.94	18.0	10.9	71.1	3,520,415.1	6.37
2018	11,023,913.4	19.80	18.3	11.1	70.6	3,589,868.2	6.45
2019	11,349,813.8	20.34	18.2	11.0	70.8	3,678,930.0	6.59
2020	11,912,783.7	22.08	17.3	10.7	72.1	3,689,186.7	6.84
2021	12,467,970.9	22.54	17.4	10.3	72.3	3,871,712.9	7.00
2022	12,649,323.4	22.52	17.9	10.4	71.7	3,999,057.9	7.12

资料来源：内閣府『令和6年度年次経済財政報告—熱量あふれる新たな経済ステージへ—（令和6年8月2日）』（長期経済統計）、2024年8月。

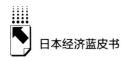

表9　个人消费、工资、住宅统计

年份	个人消费 家庭储蓄率	个人消费 新车初次登记、申报数（轿车）	个人消费 轿车持有数（平均每100户）（年度末值）	工资 春季工资上涨率	工资 现金工资总额增长率	住宅 新房开工户数 数量	住宅 新房开工户数 年增长率
	%	辆	辆	%	%	千户	%
1957	12.6	—	—	—	—	321	4.0
1958	12.3	49,236	—	—	—	338	5.3
1959	13.7	73,050	—	—	—	381	12.6
1960	14.5	145,227	—	—	—	424	11.5
1961	15.9	229,057	—	—	—	536	26.4
1962	15.6	259,269	—	—	—	586	9.4
1963	14.9	371,076	—	—	—	689	17.5
1964	15.4	493,536	—	—	—	751	9.1
1965	15.8	586,287	—	10.6	—	843	12.1
1966	15.0	740,259	9.8	10.6	—	857	1.7
1967	14.1	1,131,357	13.3	12.5	—	991	15.7
1968	16.9	1,569,404	17.6	13.6	—	1,202	21.2
1969	17.1	2,036,677	22.6	15.8	—	1,347	12.1
1970	17.7	2,379,137	26.8	18.5	—	1,485	10.2
1971	17.8	2,402,757	32.0	16.9	—	1,464	-1.4
1972	18.2	2,627,087	38.8	15.3	—	1,808	23.5
1973	20.4	2,953,026	42.3	20.1	—	1,905	5.4
1974	23.2	2,286,795	45.0	32.9	—	1,316	-30.9
1975	22.8	2,737,641	47.2	13.1	—	1,356	3.1
1976	23.2	2,449,429	55.0	8.8	—	1,524	12.4
1977	21.8	2,500,095	55.6	8.8	—	1,508	-1.0
1978	20.8	2,856,710	60.8	5.9	—	1,549	2.7
1979	18.2	3,036,873	64.1	6.0	—	1,493	-3.6
1980	17.7	2,854,175	64.9	6.74	—	1,269	-15.0
1981	18.6	2,866,695	71.7	7.68	—	1,152	-9.2
1982	17.3	3,038,272	76.4	7.01	—	1,146	-0.5
1983	16.8	3,135,611	79.2	4.40	—	1,137	-0.8
1984	16.7	3,095,554	83.6	4.46	—	1,187	4.4
1985	16.2	3,252,291	84.5	5.03	—	1,236	4.1
1986	15.4	3,322,888	91.3	4.55	—	1,365	10.4
1987	13.7	3,477,762	94.5	3.56	—	1,674	22.7
1988	14.2	3,980,942	104.1	4.43	—	1,685	0.6
1989	14.1	4,760,084	108.0	5.17	—	1,663	-1.3
1990	13.5	5,575,208	112.3	5.94	—	1,707	2.7
1991	15.1	5,416,423	114.2	5.65	4.4	1,370	-19.7
1992	14.7	5,097,435	116.1	4.95	2.0	1,403	2.4
1993	14.2	4,805,535	116.2	3.89	0.3	1,486	5.9
1994	12.3	4,860,582	118.6	3.13	1.5	1,570	5.7
1995	11.1	5,119,034	121.0	2.83	1.1	1,470	-6.4
1996	9.5	5,394,596	125.1	2.86	1.1	1,643	11.8
1997	9.7	5,182,286	127.8	2.90	1.6	1,387	-15.6
1998	11.1	4,647,966	126.7	2.66	-1.3	1,198	-13.6
1999	9.6	4,656,505	130.7	2.21	-1.5	1,215	1.4
2000	8.0	4,802,493	132.7	2.06	0.1	1,230	1.3
2001	4.2	4,789,300	137.3	2.01	-1.6	1,174	-4.6
2002	2.7	4,790,215	143.8	1.66	-2.9	1,151	-1.9
2003	2.3	4,715,921	142.3	1.63	-0.7	1,160	0.8
2004	2.0	4,768,101	134.3	1.67	-0.5	1,189	2.5
2005	2.7	4,748,391	139.1	1.71	0.8	1,236	4.0
2006	3.2	4,641,708	140.2	1.79	0.2	1,290	4.4
2007	3.3	4,400,259	140.3	1.87	-0.9	1,061	-17.8
2008	3.4	4,227,594	137.0	1.99	-0.3	1,094	3.1
2009	4.5	3,923,714	139.4	1.83	-3.8	788	-27.9
2010	3.3	4,212,201	136.9	1.82	0.6	813	3.1
2011	3.6	3,524,770	141.8	1.83	-0.3	834	2.6
2012	2.2	4,572,313	138.4	1.78	-0.8	883	5.8
2013	-0.1	4,562,150	128.6	1.80	-0.2	980	11.0
2014	-1.3	4,699,462	129.2	2.19	0.5	892	-9.0
2015	-0.4	4,215,799	131.1	2.38	0.1	909	1.9
2016	1.4	4,146,403	125.2	2.14	0.6	967	6.4
2017	1.0	4,386,315	128.4	2.11	0.4	965	-0.3
2018	1.1	4,391,089	126.3	2.26	1.4	942	-2.3
2019	2.9	4,301,012	125.7	2.18	-0.4	905	-4.0
2020	10.9	3,809,896	126.9	2.0	-1.2	815	-9.9
2021	6.6	3,675,650	127.2	1.86	0.3	856	5.0
2022	3.4	3,448,272	130.2	2.20	2.0	860	0.4
2023	0.1	3,992,660	128.9	3.60	1.2	820	-4.6
2023年7-9月	—	1,002,561	—	—	0.9	800	-7.7
2023年10-12月	—	1,003,462	—	—	0.9	803	-6.3
2024年1-3月	—	828,159	—	—	1.3	786	-9.6
2024年4-6月	—	P 949,597	—	—	—	—	—

资料来源：内閣府『令和6年度年次経済財政報告―熱量あふれる新たな経済ステージへ―(令和6年8月2日)』(長期経済統計)、2024年8月。

表10　设备投资、工矿业生产统计

| 年　份 | 设备投资 | 工矿业生产 | | | | | |
| | 设备投资与名义GDP之比（%） | 生产指数 | | 出厂指数 | | 生产者商品库存指数 | |
		2020年=100	年增长率（%）	2020年=100	年增长率（%）	2020年=100	年增长率（%）
1960	18.2	15.0	24.8	15.1	22.9	13.5	24.3
1961	20.2	18.1	19.4	17.8	18.0	17.6	31.7
1962	19.2	19.6	8.3	19.3	8.2	21.0	20.6
1963	18.1	21.8	10.1	21.4	10.5	21.8	5.5
1964	18.3	25.2	15.7	24.5	15.0	26.0	19.4
1965	15.7	26.2	3.7	25.6	4.1	27.9	6.9
1966	15.8	29.7	13.2	29.1	13.7	28.4	2.2
1967	17.8	35.5	19.4	34.3	17.5	33.5	18.1
1968	18.7	40.9	17.7	39.7	15.7	40.9	25.3
1969	20.2	47.4	16.0	46.2	16.4	47.7	16.8
1970	21.0	54.0	13.8	52.2	13.0	58.3	22.5
1971	19.0	55.4	2.6	53.8	3.1	63.9	9.1
1972	17.5	59.4	7.3	58.5	8.6	60.7	-4.9
1973	18.5	68.2	17.5	66.8	15.4	62.7	3.7
1974	18.4	65.4	-4.0	63.2	-5.3	89.8	43.2
1975	16.4	58.3	-11.0	58.5	-7.5	81.8	-8.9
1976	15.1	64.9	11.1	64.5	10.3	87.8	7.3
1977	14.1	67.5	4.1	67.0	3.9	90.6	3.0
1978	13.7	71.7	6.2	71.0	5.8	88.1	-2.9
1979	14.9	77.0	7.3	75.8	6.7	91.0	3.3
1980	16.0	80.7	4.7	77.9	2.9	98.6	8.3
1981	15.7	81.5	1.0	78.4	0.6	95.1	-3.6
1982	15.3	81.8	0.3	77.9	-0.7	93.5	-1.5
1983	14.6	84.1	3.6	80.5	3.5	88.2	-5.2
1984	15.0	92.2	9.4	87.0	8.2	95.0	7.6
1985	16.5	95.5	3.7	90.2	3.4	98.4	3.5
1986	16.5	95.3	-0.2	90.6	0.5	97.2	-1.2
1987	16.4	98.6	3.4	94.1	3.9	94.3	-3.0
1988	17.7	108.1	9.5	102.6	8.7	99.3	5.4
1989	19.3	114.4	5.8	108.5	5.9	107.6	8.3
1990	20.0	119.0	4.1	113.9	4.8	106.9	-0.7
1991	20.1	121.0	1.7	115.5	1.5	121.2	13.4
1992	18.3	113.6	-6.1	109.6	-5.1	120.1	-0.8
1993	16.3	109.2	-4.5	106.5	-3.7	117.8	-3.5
1994	15.7	110.4	0.9	107.5	0.9	112.3	-4.6
1995	16.2	113.8	3.2	110.2	2.6	118.5	5.5
1996	16.5	116.5	2.3	113.2	2.7	118.1	-0.3
1997	16.8	120.7	3.6	117.7	4.0	125.2	6.0
1998	16.2	112.4	-7.2	111.1	-6.6	115.2	-7.4
1999	15.7	112.6	0.2	112.3	1.1	107.3	-6.9
2000	16.3	119.2	5.7	119.0	5.8	109.5	2.1
2001	16.0	111.1	-6.8	111.3	-6.3	108.7	-0.7
2002	15.0	109.8	-1.3	111.1	-0.2	99.9	-8.0
2003	15.0	113.0	3.3	114.5	4.0	97.1	-2.4
2004	15.1	118.4	4.9	120.6	4.8	97.0	-0.1
2005	16.2	120.0	1.3	122.2	1.4	101.5	4.8
2006	16.5	125.3	4.5	127.9	4.6	105.1	3.5
2007	16.5	129.0	2.8	131.7	3.1	106.5	1.3
2008	16.4	124.6	-3.4	126.4	-3.2	113.7	4.8
2009	14.8	97.4	-21.9	99.0	-21.7	93.7	-17.6
2010	14.2	112.5	15.6	114.3	15.5	95.9	2.4
2011	14.9	109.3	-2.8	110.0	-3.7	97.9	2.0
2012	15.2	110.1	0.6	111.3	1.2	103.0	5.2
2013	15.4	109.6	-0.8	113.2	-0.6	95.1	-4.3
2014	15.9	111.9	2.0	114.0	0.7	100.7	5.9
2015	16.2	110.5	-1.2	112.5	-1.4	98.4	-2.3
2016	15.9	110.5	0.0	112.1	-0.3	95.3	-3.2
2017	16.1	114.0	3.1	114.9	2.5	99.2	4.1
2018	16.5	114.6	1.1	114.9	0.8	100.5	1.7
2019	16.5	111.6	-2.6	112.0	-2.5	101.0	0.5
2020	16.1	100.0	-10.4	100.0	-10.7	92.6	-8.3
2021	16.2	105.4	5.4	104.4	4.4	98.5	6.4
2022	17.1	105.3	-0.1	103.9	-0.5	101.2	2.7
2023	17.1	103.9	-1.3	103.2	-0.7	100.7	-0.5
2023年4-6月	16.8	104.8	0.9	103.9	0.9	105.5	5.7
2023年7-9月	17.0	103.3	-3.9	103.0	-2.5	103.6	0.0
2023年10-12月	17.3	104.4	-0.7	103.6	-0.3	102.7	-0.5
2024年1-3月	17.5	99.0	-4.0	97.6	-4.6	102.6	-1.0

资料来源：内閣府『令和6年度年次経済財政報告─熱量あふれる新たな経済ステージへ─（令和6年8月2日）』（長期経済統計）、2024年8月。

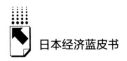

表11 工矿业指数、第三产业活动指数、企业收益统计

年 份	工矿业指数		第三产业活动指数	企业收益	
	生产者商品库存率指数	制造业开工率指数		经常收益	销售额经常收益率
	2020年=100	2020年=100	2015年=100	年增长率（%）	%
1960	—	—	—	40.7	3.8
1961	—	—	—	20.2	3.6
1962	—	—	—	-1.9	3.2
1963	—	—	—	25.5	3.3
1964	—	—	—	10.6	2.9
1965	—	—	—	-4.5	2.5
1966	—	—	—	42.2	3.0
1967	—	—	—	39.4	3.3
1968	55.2	—	—	19.5	3.4
1969	56.0	—	—	30.2	3.6
1970	59.0	—	—	13.7	3.4
1971	68.0	—	—	-17.4	2.6
1972	62.7	—	—	30.3	2.9
1973	52.9	—	—	78.9	3.8
1974	73.2	—	—	-27.3	2.2
1975	82.7	—	—	-32.6	1.4
1976	73.5	—	—	72.9	2.1
1977	74.6	—	—	8.0	2.1
1978	68.6	130.8	—	34.3	2.6
1979	63.4	138.6	—	31.9	3.0
1980	68.9	139.6	—	10.0	2.8
1981	72.2	132.4	—	-8.2	2.4
1982	72.5	128.4	—	-4.4	2.2
1983	69.0	130.1	—	12.3	2.4
1984	67.2	137.7	—	17.9	2.6
1985	70.0	137.9	—	3.9	2.6
1986	71.3	131.6	—	-1.6	2.5
1987	67.2	131.7	—	27.6	3.0
1988	63.6	139.4	—	25.6	3.4
1989	65.3	142.1	—	14.7	3.7
1990	64.5	143.6	—	-6.9	3.1
1991	68.9	140.6	—	-8.8	2.7
1992	75.6	129.1	—	-26.2	2.0
1993	76.5	122.5	—	-12.1	1.8
1994	73.4	122.0	—	11.9	1.9
1995	74.7	125.1	—	10.9	2.0
1996	75.4	126.3	—	21.9	2.4
1997	74.7	130.7	—	4.8	2.5
1998	82.4	120.8	—	-26.4	1.9
1999	75.4	120.4	—	17.7	2.3
2000	73.1	125.8	—	33.7	3.0
2001	80.6	116.3	—	-15.5	2.5
2002	74.5	117.6	—	-0.7	2.7
2003	70.9	122.7	—	12.6	3.0
2004	67.8	128.4	—	27.7	3.6
2005	69.6	130.0	—	11.8	3.9
2006	69.7	133.5	—	9.1	4.0
2007	69.8	134.7	—	3.6	4.0
2008	76.5	128.6	—	-26.3	3.0
2009	92.0	96.4	—	-35.3	2.3
2010	72.3	115.3	—	68.1	3.5
2011	78.2	110.4	—	-6.0	3.4
2012	81.9	112.7	—	8.8	3.8
2013	78.2	114.8	100.2	19.7	4.6
2014	79.4	119.7	99.6	10.9	5.0
2015	81.7	116.5	100.0	7.5	5.4
2016	82.5	114.7	100.6	1.5	5.5
2017	82.2	119.2	101.5	13.2	5.9
2018	85.5	119.3	102.8	3.7	5.9
2019	89.5	114.8	103.1	-3.5	5.7
2020	100.0	100.0	96.0	-27.3	4.7
2021	89.8	108.5	97.4	41.8	6.3
2022	96.6	108.1	99.0	11.2	6.6
2023	104.0	107.0	100.9	12.0	7.0
2023年4-6月	104.9	108.1	100.7	11.6	7.3
2023年7-9月	104.8	106.5	101.5	20.1	7.2
2023年10-12月	103.9	106.7	101.0	13.0	7.0
2023年1-3月	104.1	98.7	100.9	15.1	7.5

资料来源：内閣府『令和 6 年度年次経済財政報告—熱量あふれる新たな経済ステージへ—（令和 6 年 8 月 2 日）』（長期経済統計）、2024 年 8 月。

表12　人口、就业统计

年　份	人　口			就　业	
	总人口	平均家庭人数	合计特殊出生率	劳动力人口	劳动力参与率
	万人	人	%	万人	%
1960	9,342	4.13	2.00	4,511	69.2
1961	9,429	3.97	1.96	4,562	69.1
1962	9,518	3.95	1.98	4,614	68.3
1963	9,616	3.81	2.00	4,652	67.1
1964	9,718	3.83	2.05	4,710	66.1
1965	9,828	3.75	2.14	4,787	65.7
1966	9,904	3.68	1.58	4,891	65.8
1967	10,020	3.53	2.23	4,983	65.9
1968	10,133	3.50	2.13	5,061	65.9
1969	10,254	3.50	2.13	5,098	65.5
1970	10,372	3.45	2.13	5,153	65.4
1971	10,515	3.38	2.16	5,186	65.0
1972	10,760	3.32	2.14	5,199	64.4
1973	10,910	3.33	2.14	5,326	64.7
1974	11,057	3.33	2.05	5,310	63.7
1975	11,194	3.35	1.91	5,323	63.0
1976	11,309	3.27	1.85	5,378	63.0
1977	11,417	3.29	1.80	5,452	63.2
1978	11,519	3.31	1.79	5,532	63.4
1979	11,616	3.30	1.77	5,596	63.4
1980	11,706	3.28	1.75	5,650	63.3
1981	11,790	3.24	1.74	5,707	63.3
1982	11,873	3.25	1.77	5,774	63.3
1983	11,954	3.25	1.80	5,889	63.8
1984	12,031	3.19	1.81	5,927	63.4
1985	12,105	3.22	1.76	5,963	63.0
1986	12,166	3.22	1.72	6,020	62.8
1987	12,224	3.19	1.69	6,084	62.6
1988	12,275	3.12	1.66	6,166	62.6
1989	12,321	3.10	1.57	6,270	62.9
1990	12,361	3.05	1.54	6,384	63.3
1991	12,410	3.04	1.53	6,505	63.8
1992	12,457	2.99	1.50	6,578	64.0
1993	12,494	2.96	1.46	6,615	63.8
1994	12,527	2.95	1.50	6,645	63.6
1995	12,557	2.91	1.42	6,666	63.4
1996	12,586	2.85	1.43	6,711	63.5
1997	12,616	2.79	1.39	6,787	63.7
1998	12,647	2.81	1.38	6,793	63.3
1999	12,667	2.79	1.34	6,779	62.9
2000	12,693	2.76	1.36	6,766	62.4
2001	12,732	2.75	1.33	6,752	62.0
2002	12,749	2.74	1.32	6,689	61.2
2003	12,769	2.76	1.29	6,666	60.8
2004	12,779	2.72	1.29	6,642	60.4
2005	12,777	2.68	1.26	6,651	60.4
2006	12,790	2.65	1.32	6,664	60.4
2007	12,803	2.63	1.34	6,684	60.4
2008	12,808	2.63	1.37	6,674	60.2
2009	12,803	2.62	1.37	6,650	59.9
2010	12,806	2.59	1.39	6,632	59.6
2011	12,783	2.58	1.39	6,596	59.3
2012	12,759	2.57	1.41	6,565	59.1
2013	12,741	2.51	1.43	6,593	59.3
2014	12,724	2.49	1.42	6,609	59.4
2015	12,709	2.49	1.45	6,625	59.6
2016	12,704	2.47	1.44	6,678	60.0
2017	12,692	2.47	1.43	6,732	60.5
2018	12,675	2.44	1.42	6,849	61.5
2019	12,656	2.39	1.36	6,912	62.1
2020	12,615	—	1.33	6,902	62.0
2021	12,550	2.37	1.30	6,907	62.1
2022	12,495	2.25	1.26	6,902	62.5
2023	12,435	—	1.20	6,925	62.9
2023年7-9月	12,452	—	—	6,961	63.2
2023年10-12月	12,435	—	—	6,935	63.0
2024年1-3月	12,414	—	—	6,898	62.7
2024年4-6月	P 12,400	—	—	—	—

资料来源：内閣府『令和6年度年次経済財政報告—熱量あふ
れる新たな経済ステージへ—（令和6年8月2日）』（長期経済統
計）、2024年8月。

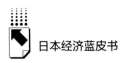

表13　就业、劳动时间统计

年　份	就业						劳动时间
	就业人数	雇佣者人数	雇佣者占比	完全失业人数	完全失业率	有效求人倍率	总实际劳动时间
	万人	万人	%	万人	%	倍	小时
1960	4,436	2,370	53.4	75	1.7	—	—
1961	4,498	2,478	55.1	66	1.4	—	—
1962	4,556	2,593	56.9	59	1.3	—	—
1963	4,595	2,672	58.2	59	1.3	0.73	—
1964	4,655	2,763	59.4	54	1.1	0.79	—
1965	4,730	2,876	60.8	57	1.2	0.61	—
1966	4,827	2,994	62.0	65	1.3	0.81	—
1967	4,920	3,071	62.4	63	1.3	1.05	—
1968	5,002	3,148	62.9	59	1.2	1.14	—
1969	5,040	3,199	63.5	57	1.1	1.37	—
1970	5,094	3,306	64.9	59	1.1	1.35	2,239.2
1971	5,121	3,412	66.6	64	1.2	1.06	2,217.6
1972	5,126	3,465	67.6	73	1.4	1.30	2,205.6
1973	5,259	3,615	68.7	68	1.3	1.74	2,184.0
1974	5,237	3,637	69.4	73	1.4	0.98	2,106.0
1975	5,223	3,646	69.8	100	1.9	0.59	2,064.0
1976	5,271	3,712	70.4	108	2.0	0.64	2,094.0
1977	5,342	3,769	70.6	110	2.0	0.54	2,096.4
1978	5,408	3,799	70.2	124	2.2	0.59	2,102.4
1979	5,479	3,876	70.7	117	2.1	0.74	2,114.4
1980	5,536	3,971	71.7	114	2.0	0.73	2,108.4
1981	5,581	4,037	72.3	126	2.2	0.67	2,101.2
1982	5,638	4,098	72.7	136	2.4	0.60	2,096.4
1983	5,733	4,208	73.4	156	2.6	0.61	2,097.6
1984	5,766	4,265	74.0	161	2.7	0.66	2,115.6
1985	5,807	4,313	74.3	156	2.6	0.67	2,109.6
1986	5,853	4,379	74.8	167	2.8	0.62	2,102.4
1987	5,911	4,428	74.9	173	2.8	0.76	2,110.8
1988	6,011	4,538	75.5	155	2.5	1.08	2,110.8
1989	6,128	4,679	76.4	142	2.3	1.30	2,088.0
1990	6,249	4,835	77.4	134	2.1	1.43	2,052.0
1991	6,369	5,002	78.5	136	2.1	1.34	2,016.0
1992	6,436	5,119	79.5	142	2.2	1.00	1,971.6
1993	6,450	5,202	80.7	166	2.5	0.71	1,912.8
1994	6,453	5,236	81.1	192	2.9	0.64	1,904.4
1995	6,457	5,263	81.5	210	3.2	0.64	1,909.2
1996	6,486	5,322	82.1	225	3.4	0.72	1,918.8
1997	6,557	5,391	82.2	230	3.4	0.69	1,899.6
1998	6,514	5,368	82.4	279	4.1	0.50	1,879.2
1999	6,462	5,331	82.5	317	4.7	0.49	1,842.0
2000	6,446	5,356	83.1	320	4.7	0.62	1,858.8
2001	6,412	5,369	83.7	340	5.0	0.56	1,848.0
2002	6,330	5,331	84.2	359	5.4	0.56	1,837.2
2003	6,316	5,335	84.5	350	5.3	0.69	1,845.6
2004	6,329	5,355	84.6	313	4.7	0.86	1,839.6
2005	6,356	5,393	84.8	294	4.4	0.98	1,830.0
2006	6,389	5,478	85.7	275	4.1	1.06	1,843.2
2007	6,427	5,537	86.2	257	3.9	1.02	1,851.6
2008	6,409	5,546	86.5	265	4.0	0.77	1,836.0
2009	6,314	5,489	86.9	336	5.1	0.45	1,767.6
2010	6,298	5,500	87.3	334	5.1	0.56	1,797.6
2011	6,293	5,512	87.6	302	4.6	0.68	1,789.2
2012	6,280	5,513	87.8	285	4.3	0.82	1,808.4
2013	6,326	5,567	88.0	265	4.0	0.97	1,791.6
2014	6,371	5,613	88.1	236	3.6	1.11	1,789.2
2015	6,402	5,663	88.5	222	3.4	1.23	1,784.4
2016	6,470	5,755	88.9	208	3.1	1.39	1,782.0
2017	6,542	5,830	89.1	190	2.8	1.54	1,780.8
2018	6,682	5,954	89.1	167	2.4	1.62	1,768.8
2019	6,750	6,028	89.3	162	2.4	1.55	1,732.8
2020	6,710	6,005	89.5	192	2.8	1.10	1,684.8
2021	6,713	6,016	89.6	195	2.8	1.16	1,708.8
2022	6,723	6,041	89.9	179	2.6	1.31	1,718.4
2023	6,747	6,076	90.1	178	2.6	1.29	1,725.6
2023年4-6月	6,745	6,078	90.1	177	2.6	1.32	146.3
2023年7-9月	6,750	6,088	90.2	181	2.6	1.29	143.0
2023年10-12月	6,764	6,090	90.0	175	2.5	1.28	145.3
2024年1-3月	6,768	6,104	90.2	178	2.6	1.27	138.8

資料来源：内閣府『令和 6 年度年次経済財政報告—熱量あふれる新たな経済ス
テージへ—(令和 6 年 8 月 2 日) 』(長期経済統計)、2024 年 8 月。

表14　物价统计

年　份	国内企业价格指数		消费者价格指数	
	2020年=100	年增长率（%）	2020年=100	年增长率（%）
1955	—	—	16.5	-1.1
1956	—	—	16.6	0.3
1957	—	—	17.1	3.1
1958	—	—	17.0	-0.4
1959	—	—	17.2	1.0
1960	48.0	—	17.9	3.6
1961	48.5	1.0	18.9	5.3
1962	47.7	-1.6	20.1	6.8
1963	48.4	1.5	21.6	7.6
1964	48.5	0.2	22.5	3.9
1965	49.0	1.0	23.9	6.6
1966	50.1	2.2	25.1	5.1
1967	51.5	2.8	26.1	4.0
1968	52.0	1.0	27.6	5.3
1969	52.9	1.7	29.0	5.2
1970	54.7	3.4	30.9	7.7
1971	54.2	-0.9	32.9	6.3
1972	55.1	1.7	34.5	4.9
1973	63.8	15.8	38.6	11.7
1974	81.4	27.6	47.5	23.2
1975	83.6	2.7	53.1	11.7
1976	88.3	5.6	58.1	9.4
1977	91.2	3.3	62.8	8.1
1978	90.7	-0.5	65.5	4.2
1979	95.3	5.1	67.9	3.7
1980	109.6	15.0	73.2	7.7
1981	111.1	1.4	76.7	4.9
1982	111.6	0.5	78.9	2.8
1983	110.9	-0.6	80.3	1.9
1984	111.0	0.1	82.2	2.3
1985	110.2	-0.7	83.8	2.0
1986	105.0	-4.7	84.3	0.6
1987	101.7	-3.1	84.4	0.1
1988	101.2	-0.5	85.0	0.7
1989	103.0	1.8	86.9	2.3
1990	104.6	1.6	89.6	3.1
1991	105.7	1.1	92.6	3.3
1992	104.7	-0.9	94.1	1.6
1993	103.1	-1.5	95.4	1.3
1994	101.4	-1.6	96.0	0.7
1995	100.5	-0.9	95.9	-0.1
1996	98.9	-1.6	96.0	0.1
1997	99.5	0.6	97.7	1.8
1998	98.0	-1.5	98.3	0.6
1999	96.6	-1.4	98.0	-0.3
2000	96.6	0.0	97.3	-0.7
2001	94.4	-2.3	96.7	-0.7
2002	92.5	-2.0	95.8	-0.9
2003	91.6	-1.0	95.5	-0.3
2004	92.8	1.3	95.5	0.0
2005	94.3	1.6	95.2	-0.3
2006	96.4	2.2	95.5	0.3
2007	98.1	1.8	95.5	0.0
2008	102.6	4.6	96.8	1.4
2009	97.2	-5.3	95.5	-1.4
2010	97.1	-0.1	94.8	-0.7
2011	98.5	1.4	94.5	-0.3
2012	97.7	-0.8	94.5	0.0
2013	98.9	1.2	94.9	0.4
2014	102.1	3.2	97.5	2.7
2015	99.7	-2.4	98.2	0.8
2016	96.2	-3.5	98.1	-0.1
2017	98.6	2.3	98.6	0.5
2018	101.0	2.6	99.5	1.0
2019	101.2	0.2	100.0	0.5
2020	100.0	-1.2	100.0	0.0
2021	104.6	4.6	99.8	-0.2
2022	114.9	9.8	102.3	2.5
2023	119.7	4.2	105.6	3.2
2023年4-6月	119.5	5.0	105.1	3.3
7-9月	119.6	3.0	105.9	3.2
10-12月	119.8	0.6	106.9	2.9
2024年1-3月	120.5	0.7	107.0	2.5

資料来源：内閣府『令和 6 年度年次経済財政報告—熱量あふれる新たな経済ステージへ—（令和 6 年 8 月 2 日）』（長期経済統計）、2024 年 8 月。

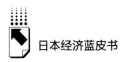
日本经济蓝皮书

表15　国际经济统计（1）

年　份	进出口通关				进口商品比例
	出口数量指教		进口数量指数		
	2015年=100	年增长率（%）	2015年=100	年增长率（%）	%
1955	—	—	—	—	11.9
1956	—	—	—	—	15.9
1957	—	—	—	—	22.9
1958	—	—	—	—	21.7
1959	—	—	—	—	21.5
1960	3.9	—	4.7	—	22.1
1961	4.1	5.1	6.0	27.7	24.5
1962	4.9	19.5	5.9	-1.7	25.9
1963	5.5	12.2	7.0	18.6	24.5
1964	6.8	23.6	8.0	14.3	25.8
1965	8.7	27.9	8.1	1.3	22.7
1966	10.1	16.1	9.4	16.0	22.8
1967	10.4	3.0	11.5	22.3	26.8
1968	12.8	23.1	12.9	12.2	27.5
1969	15.2	18.8	15.0	16.3	29.5
1970	17.5	15.1	18.1	20.7	30.3
1971	20.9	19.4	18.1	0.0	28.6
1972	22.4	7.2	20.3	12.2	29.6
1973	23.5	4.9	26.1	28.6	30.6
1974	27.6	17.4	25.5	-2.3	23.7
1975	28.2	2.2	22.3	-12.5	20.3
1976	34.3	21.6	24.1	8.1	21.5
1977	37.3	8.7	24.8	2.9	21.5
1978	37.8	1.3	26.5	6.9	26.7
1979	37.3	-1.3	29.3	10.6	26.0
1980	43.7	17.2	27.7	-5.5	22.8
1981	48.2	10.3	27.0	-2.5	24.3
1982	47.1	-2.3	26.8	-0.7	24.9
1983	51.4	9.1	27.3	1.9	27.2
1984	59.5	15.8	30.1	10.3	29.8
1985	62.1	4.4	30.2	0.3	31.0
1986	61.7	-0.6	33.1	9.6	41.8
1987	61.8	0.2	36.2	9.4	44.1
1988	65.1	5.3	42.2	16.6	49.0
1989	67.5	3.7	45.6	8.1	50.3
1990	71.3	5.6	48.2	5.7	50.3
1991	73.1	2.5	50.0	3.7	50.8
1992	74.2	1.5	49.8	-0.4	50.2
1993	73.0	-1.6	52.0	4.4	52.0
1994	74.2	1.6	59.0	13.5	55.2
1995	77.0	3.8	66.3	12.4	59.1
1996	78.0	1.3	70.0	5.6	59.4
1997	87.1	11.7	71.2	1.7	59.3
1998	86.0	-1.3	67.4	-5.4	62.1
1999	87.8	2.1	73.9	9.6	62.5
2000	96.1	9.4	82.0	11.0	61.1
2001	87.0	-9.5	80.4	-2.0	61.4
2002	93.9	7.9	82.0	2.0	62.2
2003	108.3	15.3	89.7	9.4	61.4
2004	120.8	11.6	137.1	52.9	61.3
2005	120.8	0.0	98.8	-28.0	58.5
2006	130.1	7.7	102.6	3.8	56.8
2007	136.4	4.8	102.4	-0.2	56.4
2008	134.3	-1.5	101.8	-0.6	50.1
2009	98.6	-26.6	87.1	-14.4	56.1
2010	122.5	24.2	99.2	13.9	55.0
2011	117.8	-3.8	101.8	2.6	51.6
2012	112.1	-4.8	104.2	2.4	50.9
2013	110.4	-1.5	104.5	0.3	51.7
2014	111.1	0.6	105.2	0.6	53.4
2015	109.9	-1.0	102.2	-2.8	61.6
2016	110.5	0.5	100.9	-1.2	66.0
2017	116.4	5.4	105.1	4.2	63.4
2018	118.3	1.7	108.1	2.8	61.9
2019	113.2	-4.3	106.9	-1.1	63.1
2020	100.0	-11.7	100.0	-6.4	66.7
2021	110.7	10.7	104.8	4.8	63.1
2022	110.0	-0.6	104.4	-0.4	56.7
2023	105.7	-4.0	99.3	-4.9	60.2
2023年4-6月	106.0	2.2	99.7	0.0	60.6
2023年7-9月	107.1	1.1	99.6	-0.1	61.6
2023年10-12月	105.8	-1.2	98.7	-0.9	61.1
2024年1-3月	102.3	-3.3	95.4	-3.3	60.2

　　资料来源：内閣府『令和6年度年次経済財政報告—熱量あふれる新たな経済ステージへ—（令和6年8月2日）』（長期経済統計）、2024年8月。

316

表16　国际经济统计（2）

年　份	进出口通关		国际收支等			
	关税负担率	出口中日元结算占比	贸易收支	出口额	进口额	日元汇率
	%	%	亿日元	亿日元	亿日元	日元/美元
1955	—	—	—	—	—	360.00
1956	—	—	—	—	—	360.00
1957	—	—	—	—	—	360.00
1958	—	—	—	—	—	360.00
1959	—	—	—	—	—	360.00
1960	—	—	—	—	—	360.00
1961	—	—	—	—	—	360.00
1962	—	—	—	—	—	360.00
1963	—	—	—	—	—	360.00
1964	—	—	—	—	—	360.00
1965	—	—	—	—	—	360.00
1966	—	—	8,247	34,939	26,692	360.00
1967	—	—	4,200	37,049	32,849	360.00
1968	—	—	9,096	45,948	36,851	360.00
1969	—	—	13,257	56,190	42,933	360.00
1970	—	—	14,188	67,916	53,728	360.00
1971	6.6	—	26,857	81,717	54,860	347.83
1972	6.3	—	27,124	84,870	57,747	303.08
1973	5.0	—	10,018	98,258	88,240	272.18
1974	2.7	—	4,604	159,322	154,718	292.06
1975	2.9	—	14,933	162,503	147,570	296.84
1976	3.3	—	29,173	195,510	166,337	296.49
1977	3.8	—	45,647	211,833	166,187	268.32
1978	4.1	—	51,633	199,863	148,230	210.11
1979	3.1	—	3,598	222,958	219,360	219.47
1980	2.5	—	3,447	285,612	282,165	226.45
1981	2.5	—	44,983	330,329	285,346	220.83
1982	2.6	—	45,572	342,568	296,996	249.26
1983	2.5	—	74,890	345,553	270,663	237.61
1984	2.5	—	105,468	399,936	294,468	237.61
1985	2.6	—	129,517	415,719	286,202	238.05
1986	3.3	—	151,249	345,997	194,747	168.03
1987	3.4	—	132,319	325,233	192,915	144.52
1988	3.4	—	118,144	334,258	216,113	128.20
1989	2.9	—	110,412	373,977	263,567	138.11
1990	2.7	—	100,529	406,879	306,350	144.88
1991	3.3	—	129,231	414,651	285,423	134.59
1992	3.4	—	157,764	420,816	263,055	126.62
1993	3.6	—	154,816	391,640	236,823	111.06
1994	3.4	—	147,322	393,485	246,166	102.18
1995	3.1	—	123,445	402,596	279,153	93.97
1996	2.8	—	90,346	430,153	339,807	108.81
1997	2.5	—	123,709	488,801	365,091	120.92
1998	2.6	—	160,782	482,899	322,117	131.02
1999	2.4	—	141,370	452,547	311,176	113.94
2000	2.1	36.1	126,983	489,635	362,652	107.79
2001	2.2	34.9	88,469	460,367	371,898	121.58
2002	1.9	35.8	121,211	489,029	367,817	125.17
2003	1.9	38.9	124,631	513,292	388,660	115.94
2004	1.7	40.1	144,235	577,036	432,801	108.17
2005	1.5	38.9	117,712	630,094	512,382	110.21
2006	1.4	37.8	110,701	720,268	609,567	116.31
2007	1.3	38.3	141,873	800,236	658,364	117.77
2008	1.2	39.9	58,031	776,111	718,081	103.39
2009	1.4	39.9	53,876	511,216	457,340	93.61
2010	1.3	41.0	95,160	643,914	548,754	87.75
2011	1.3	41.3	-3,302	629,653	632,955	79.76
2012	1.2	39.4	-42,719	619,568	662,287	79.79
2013	—	35.6	-87,734	678,290	766,024	97.71
2014	—	36.1	-104,653	740,747	845,400	105.79
2015	—	35.5	-8,862	752,742	761,604	121.09
2016	—	37.1	55,176	690,927	635,751	108.77
2017	—	36.1	49,113	772,535	723,422	112.13
2018	—	37.0	11,265	812,263	800,998	110.40
2019	—	37.2	1,503	757,753	756,250	108.99
2020	—	38.3	27,779	672,629	644,851	106.73
2021	—	38.1	17,623	823,526	805,903	109.89
2022	—	35.3	-155,107	988,582	1,143,688	131.57
2023	—	34.8	-65,009	1,003,546	1,068,555	140.59
2023年4-6月	—	—	-11,166	245,562	256,728	137.43
2023年7-9月	—	—	-6,573	254,376	260,949	144.56
2023年10-12月	—	—	-11,440	262,151	273,592	147.77
2024年1-3月	—	—	-11,333	253,390	264,723	148.56

资料来源：内閣府『令和6年度年次経済財政報告—熱量あふれる新たな経済ステージへ—（令和6年8月2日）』（長期経済統計）、2024年8月。

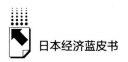

表17　国际经济统计（3）

年　份	国际收支等						
	经常收支	经常收支与名义GDP之比	贸易服务收支	金融收支	投资转移等收支	外汇储备	对外纯资产
	亿日元	%	亿日元	亿日元	亿日元	百万美元	十亿日元
1955	—	—	—	—	—	—	—
1956	—	—	—	—	—	467	—
1957	—	—	—	—	—	524	—
1958	—	—	—	—	—	861	—
1959	—	—	—	—	—	1,322	—
1960	—	—	—	—	—	1,824	—
1961	—	—	—	—	—	1,486	—
1962	—	—	—	—	—	1,841	—
1963	—	—	—	—	—	1,878	—
1964	—	—	—	—	—	1,999	—
1965	—	—	—	—	—	2,107	—
1966	4,545	1.2	—	—	—	2,074	—
1967	-693	-0.2	—	—	—	2,005	—
1968	3,757	0.7	—	—	—	2,891	—
1969	7,595	1.2	—	—	—	3,496	—
1970	7,052	1.0	—	—	—	4,399	—
1971	19,935	2.5	—	—	—	15,235	—
1972	19,999	2.2	—	—	—	18,365	—
1973	-341	0.0	—	—	—	12,246	—
1974	-13,301	-1.0	—	—	—	13,518	—
1975	-2,001	-0.1	—	—	—	12,815	—
1976	10,776	0.6	—	—	—	16,604	—
1977	28,404	1.5	—	—	—	22,848	—
1978	34,793	1.7	—	—	—	33,019	—
1979	-19,722	-0.9	—	—	—	20,327	—
1980	-25,763	-1.1	—	—	—	25,232	—
1981	11,491	0.4	—	—	—	28,403	—
1982	17,759	0.6	—	—	—	23,262	—
1983	49,591	1.7	—	—	—	24,496	—
1984	83,489	2.7	—	—	—	26,313	—
1985	119,698	3.7	106,736	—	—	26,510	—
1986	142,437	4.2	129,607	—	—	42,239	28,865
1987	121,862	3.4	102,931	—	—	81,479	30,199
1988	101,461	2.7	79,349	—	—	97,662	36,745
1989	87,113	2.1	59,695	—	—	84,895	42,543
1990	64,736	1.5	38,628	—	—	77,053	44,016
1991	91,757	2.0	72,919	—	—	68,980	47,498
1992	142,349	3.0	102,054	—	—	68,685	64,153
1993	146,690	3.0	107,013	—	—	95,589	68,823
1994	133,425	2.7	98,345	—	—	122,845	66,813
1995	103,862	2.0	69,545	—	—	182,820	84,072
1996	74,943	1.4	23,174	72,723	-3,537	217,867	103,359
1997	115,700	2.1	57,680	152,467	-4,879	220,792	124,587
1998	149,981	2.8	95,299	136,226	-19,313	215,949	133,273
1999	129,734	2.5	78,650	130,830	-19,088	288,080	84,735
2000	140,616	2.6	74,298	148,757	-9,947	361,638	133,047
2001	104,524	2.0	32,120	105,629	-3,462	401,959	179,257
2002	136,837	2.6	64,690	133,968	-4,217	469,728	175,308
2003	161,254	3.1	83,553	136,860	-4,672	673,529	172,818
2004	196,941	3.7	101,961	160,928	-5,134	844,543	185,797
2005	187,277	3.5	76,930	163,444	-5,490	846,897	180,699
2006	203,307	3.8	73,460	160,494	-5,533	895,320	215,081
2007	249,490	4.6	98,253	263,775	-4,731	973,365	250,221
2008	148,786	2.8	18,899	186,502	-5,583	1,030,647	225,908
2009	135,925	2.7	21,249	156,292	-4,653	1,049,397	268,246
2010	193,828	3.8	68,571	217,099	-4,341	1,096,185	255,906
2011	104,013	2.1	-31,101	126,294	282	1,295,841	265,741
2012	47,640	1.0	-80,829	41,925	-804	1,268,125	299,302
2013	44,566	0.9	-122,521	-4,087	-7,436	1,266,815	325,732
2014	39,215	0.8	-134,988	62,782	-2,089	1,260,548	351,114
2015	165,194	3.1	-28,169	218,764	-2,714	1,233,214	327,189
2016	213,910	3.9	43,888	286,059	-7,433	1,216,903	336,306
2017	227,779	4.1	42,206	188,113	-2,800	1,264,283	329,302
2018	195,047	3.5	1,052	201,361	-2,105	1,270,975	341,450
2019	192,513	3.5	-9,318	248,624	-4,131	1,323,750	357,015
2020	159,917	3.0	-8,773	141,251	-2,072	1,394,680	359,992
2021	214,667	3.9	-24,834	167,680	-4,232	1,405,750	417,908
2022	114,486	2.0	-210,665	64,253	-1,144	1,227,576	418,629
2023	213,810	3.6	-94,167	233,037	-4,001	1,294,637	471,306
2023年4-6月	58,614	3.9	-18,683	42,246	-972	1,247,179	—
2023年7-9月	61,055	4.1	-17,295	78,100	-1,297	1,237,248	—
2023年10-12月	66,306	4.4	-10,073	34,428	-726	1,294,637	—
2024年1-3月(P)	60,923	4.1	-18,386	59,758	-451	1,290,606	—

资料来源：内閣府『令和6年度年次経済財政報告—熱量あふれる新たな経済ステージへ—(令和6年8月2日)』(長期経済統計)、2024年8月。

表18　金融

年　份	货币存量（M2）平均余额		国内银行贷款约定平均利率	国债流通收益率	东证股价指数	东证股价时价总额（第一部）	股价收益率（PER）（第一部）
	亿日元	%	%	%		亿日元	%
1960	—	—	8.08	—	109.18	54,113	—
1961	—	—	8.20	—	101.66	54,627	—
1962	—	—	8.09	—	99.67	67,039	—
1963	—	—	7.67	—	92.87	66,693	—
1964	—	—	7.99	—	90.68	68,280	—
1965	—	—	7.61	—	105.68	79,013	—
1966	—	—	7.37	6.86	111.41	87,187	—
1967	297,970	—	7.35	6.96	100.89	85,901	—
1968	344,456	15.6	7.38	7.00	131.31	116,506	—
1969	403,883	17.3	7.61	7.01	179.30	167,167	—
1970	477,718	18.3	7.69	7.07	148.35	150,913	—
1971	575,437	20.5	7.46	7.09	199.45	214,998	—
1972	728,126	26.5	6.72	6.71	401.70	459,502	25.5
1973	893,370	22.7	7.93	8.19	306.44	365,071	13.3
1974	999,819	11.9	9.37	8.42	278.34	344,195	13.0
1975	1,130,832	13.1	8.51	8.53	323.43	414,682	27.0
1976	1,301,739	15.1	8.18	8.61	383.88	507,510	46.3
1977	1,449,873	11.4	6.81	6.40	364.08	493,502	24.2
1978	1,620,195	11.7	5.95	6.40	449.55	627,038	34.3
1979	1,812,232	11.9	7.06	9.15	459.61	659,093	23.3
1980	1,978,716	9.2	8.27	8.86	494.10	732,207	20.4
1981	2,155,266	8.9	7.56	8.12	570.31	879,775	21.1
1982	2,353,360	9.2	7.15	7.67	593.72	936,046	25.8
1983	2,526,400	7.4	6.81	7.36	731.82	1,195,052	34.7
1984	2,723,601	7.8	6.57	6.65	913.37	1,548,424	37.9
1985	2,951,827	8.4	6.47	5.87	1,049.40	1,826,967	35.2
1986	3,207,324	8.7	5.51	5.82	1,556.37	2,770,563	47.3
1987	3,540,364	10.4	4.94	5.61	1,725.83	3,254,779	58.3
1988	3,936,668	11.2	4.93	4.57	2,357.03	4,628,963	58.4
1989	4,326,710	9.9	5.78	5.75	2,881.37	5,909,087	70.6
1990	4,831,186	11.7	7.70	6.41	1,733.83	3,651,548	39.8
1991	5,006,817	3.6	6.99	5.51	1,714.68	3,659,387	37.8
1992	5,036,241	0.6	5.55	4.77	1,307.66	2,810,056	36.7
1993	5,089,787	1.1	4.41	3.32	1,439.31	3,135,633	64.9
1994	5,194,212	2.1	4.04	4.57	1,559.09	3,421,409	79.5
1995	5,351,367	3.0	2.78	3.19	1,577.70	3,502,375	86.5
1996	5,525,715	3.3	2.53	2.76	1,470.94	3,363,851	79.3
1997	5,694,907	3.1	2.36	1.91	1,175.03	2,739,079	37.6
1998	5,923,528	4.0	2.25	1.97	1,086.99	2,677,835	103.1
1999	6,162,653	3.2	2.10	1.64	1,722.20	4,424,433	—
2000	6,292,840	2.1	2.11	1.64	1,283.67	3,527,846	170.8
2001	6,468,026	2.8	1.88	1.36	1,032.14	2,906,685	240.9
2002	6,681,972	3.3	1.83	0.90	843.29	2,429,391	—
2003	6,782,578	1.7	1.79	1.36	1,043.69	3,092,900	614.1
2004	6,889,343	1.6	1.73	1.43	1,149.63	3,535,582	39.0
2005	7,013,739	1.8	1.62	1.47	1,649.76	5,220,681	45.8
2006	7,084,273	1.0	1.76	1.67	1,681.07	5,386,295	36.0
2007	7,195,822	1.6	1.94	1.50	1,475.68	4,756,290	26.7
2008	7,346,008	2.1	1.86	1.16	859.24	2,789,888	20.0
2009	7,544,922	2.7	1.65	1.28	907.59	3,027,121	—
2010	7,753,911	2.8	1.55	1.11	898.80	3,056,930	45.0
2011	7,966,101	2.7	1.45	0.98	728.61	2,513,957	21.0
2012	8,165,213	2.5	1.36	0.79	859.80	2,964,429	25.4
2013	8,458,837	3.6	1.25	0.73	1,302.29	4,584,842	31.8
2014	8,745,965	3.4	1.18	0.33	1,407.51	5,058,973	23.8
2015	9,064,060	3.6	1.11	0.27	1,547.30	5,718,328	23.8
2016	9,368,699	3.4	0.99	0.04	1,518.61	5,602,469	26.4
2017	9,739,925	4.0	0.94	0.04	1,817.56	6,741,992	29.3
2018	10,024,562	2.9	0.90	-0.01	1,494.09	5,621,213	19.5
2019	10,261,902	2.4	0.86	-0.02	1,721.36	6,482,245	23.0
2020	10,925,980	6.5	0.81	-0.02	1,804.68	6,668,621	27.8
2021	11,626,650	6.4	0.79	0.04	1,992.33	7,284,245	31.0
2022	12,012,019	3.3	0.77	0.41	1,891.71	6,762,704	19.1
2023	12,311,515	2.5	0.77	0.62	2,366.39	8,330,075	20.5
2023年4-6月	12,359,897	2.6	0.77	0.39	2,288.60	8,107,204	19.7
2023年7-9月	12,379,315	2.4	0.78	0.76	2,323.39	8,226,616	19.9
2023年10-12月	12,387,433	2.3	0.77	0.62	2,366.39	8,330,075	20.5
2024年1-3月	12,420,487	2.5	0.80	0.72	2,768.62	9,701,171	22.9

资料来源：内閣府『令和 6 年度年次経済財政報告—熱量あふれる新たな経済ステージへ—（令和 6 年 8 月 2 日）』（長期経済統計）、2024 年 8 月。

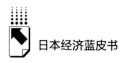

表19　财政（1）

年　度	一般政府 财政平衡 （与GDP之比）	中央政府 财政平衡 （与GDP之比）	地方政府 财政平衡 （与GDP之比）	社会保障 基金财政平衡 （与GDP之比）	租税负担率	国民负担率
	%	%	%	%	%	%
1956	1.4	–	–	–	19.5	22.8
1957	1.3	–	–	–	19.5	23.0
1958	-0.1	–	–	–	18.5	22.1
1959	1.0	–	–	–	18.0	21.5
1960	2.2	–	–	–	18.9	22.4
1961	2.4	–	–	–	19.5	23.3
1962	1.3	–	–	–	19.3	23.3
1963	1.0	–	–	–	18.7	22.9
1964	1.0	–	–	–	19.0	23.4
1965	0.4	–	–	–	18.0	23.0
1966	-0.4	–	–	–	17.2	22.3
1967	0.8	–	–	–	17.4	22.5
1968	1.2	–	–	–	18.1	23.2
1969	1.8	–	–	–	18.3	23.5
1970	1.8	0.0	-0.4	2.2	18.9	24.3
1971	0.5	-1.0	-1.0	2.5	19.2	25.2
1972	0.2	-1.1	-1.1	2.4	19.8	25.6
1973	2.0	0.4	-1.0	2.6	21.4	27.4
1974	0.0	-1.4	-1.3	2.6	21.3	28.3
1975	-3.7	-4.0	-2.1	2.4	18.3	25.7
1976	-3.6	-4.3	-1.6	2.3	18.8	26.6
1977	-4.2	-5.0	-1.8	2.7	18.9	27.3
1978	-4.2	-4.8	-1.7	2.4	20.6	29.2
1979	-4.4	-5.7	-1.4	2.6	21.4	30.2
1980	-4.0	-5.4	-1.3	2.6	21.7	30.5
1981	-3.7	-5.2	-1.2	2.8	22.6	32.2
1982	-3.4	-5.2	-0.9	2.7	23.0	32.8
1983	-2.9	-4.9	-0.8	2.7	23.3	33.1
1984	-1.8	-4.0	-0.6	2.8	24.0	33.7
1985	-0.8	-3.6	-0.3	3.1	24.0	33.9
1986	-0.3	-3.0	-0.4	3.1	25.2	35.3
1987	0.7	-1.9	-0.2	2.8	26.7	36.8
1988	2.2	-1.1	0.1	3.2	27.2	37.1
1989	2.6	-1.2	0.6	3.2	27.7	37.9
1990	2.6	-0.5	0.5	2.6	27.7	38.4
1991	2.4	-0.4	0.1	2.7	26.6	37.4
1992	-0.8	-2.4	-0.9	2.5	25.1	36.3
1993	-2.8	-3.6	-1.4	2.2	24.8	36.3
1994	-4.1	-4.3	-1.8	1.9	23.5	35.4
1995	-4.9	-4.4	-2.4	1.9	23.4	35.8
1996	-4.8	-4.0	-2.5	1.7	23.1	35.5
1997	-4.0	-3.5	-2.3	1.8	23.6	36.5
1998	-11.9	-10.7	-2.4	1.2	23.0	36.3
1999	-7.9	-7.3	-1.6	1.0	22.3	35.5
2000	-6.8	-6.4	-0.9	0.5	22.9	36.0
2001	-6.5	-5.7	-0.9	0.2	22.8	36.7
2002	-8.1	-6.6	-1.3	-0.2	21.3	35.2
2003	-7.4	-6.4	-1.3	0.3	20.7	34.4
2004	-5.3	-5.1	-0.7	0.5	21.3	35.0
2005	-4.1	-4.0	-0.2	0.1	22.5	36.3
2006	-3.0	-3.1	0.1	0.0	23.1	37.2
2007	-2.7	-2.5	0.0	0.0	23.7	38.2
2008	-5.5	-5.2	0.3	-0.6	23.4	39.2
2009	-10.2	-8.8	-0.2	-1.2	21.4	37.2
2010	-9.0	-7.5	-0.5	-1.0	21.4	37.2
2011	-8.9	-8.3	0.1	-0.7	22.2	38.8
2012	-8.1	-7.4	-0.1	-0.7	22.8	39.8
2013	-7.3	-6.7	0.0	-0.5	23.2	40.1
2014	-5.1	-5.2	-0.3	0.3	25.1	42.4
2015	-3.6	-4.4	0.0	0.9	25.2	42.3
2016	-3.5	-4.4	-0.1	1.1	25.1	42.7
2017	-2.9	-3.5	-0.1	0.7	25.5	43.3
2018	-2.4	-3.2	0.0	0.8	26.0	44.2
2019	-3.1	-3.8	-0.1	0.7	25.7	44.2
2020	-10.0	-10.3	-0.2	0.4	28.1	47.7
2021	-5.9	-7.2	0.6	0.7	28.9	48.1
2022	-3.6	-5.5	0.9	0.9	29.4	48.4
2023	-	-	0.9	-	27.5	46.1

資料来源：内閣府『令和6年度年次経済財政報告—熱量あふれる新たな経済ステージへ—（令和6年8月2日）』（長期経済統計）、2024年8月。

表20　财政（2）

年　度	国债发行		国债依存度（%）	国债余额	
	总额（亿日元）	赤字国债（亿日元）		金额（亿日元）	与名义GDP之比（%）
1958	0	0	0	0	0
1959	0	0	0	0	0
1960	0	0	0	0	0
1961	0	0	0	0	0
1962	0	0	0	0	0
1963	0	0	0	0	0
1964	0	0	0	0	0
1965	1,972	1,972	5.3	2,000	0.6
1966	6,656	0	14.9	8,750	0.6
1967	7,094	0	13.9	15,950	2.2
1968	4,621	0	7.8	20,544	3.4
1969	4,126	0	6.0	24,634	3.7
1970	3,472	0	4.2	28,112	3.8
1971	11,871	0	12.4	39,521	3.7
1972	19,500	0	16.3	58,186	4.8
1973	17,662	0	12.0	75,504	6.0
1974	21,600	0	11.3	96,584	6.5
1975	52,805	20,905	25.3	149,731	7.0
1976	71,982	34,732	29.4	220,767	9.8
1977	95,612	45,333	32.9	319,024	12.9
1978	106,740	43,440	31.3	426,158	16.8
1979	134,720	63,390	34.7	562,513	20.4
1980	141,702	72,152	32.6	705,098	25.0
1981	128,999	58,600	27.5	822,734	28.4
1982	140,447	70,087	29.7	964,822	31.1
1983	134,863	66,765	26.6	1,096,947	34.9
1984	127,813	63,714	24.8	1,216,936	38.0
1985	123,080	60,050	23.2	1,344,314	39.5
1986	112,549	50,060	21.0	1,451,267	40.7
1987	94,181	25,382	16.3	1,518,093	42.4
1988	71,525	9,565	11.6	1,567,803	41.9
1989	66,385	2,085	10.1	1,609,100	40.4
1990	73,120	9,689	10.6	1,663,379	38.7
1991	67,300	0	9.5	1,716,473	36.8
1992	95,360	0	13.5	1,783,681	36.2
1993	161,740	0	21.5	1,925,393	36.9
1994	164,900	41,443	22.4	2,066,046	39.9
1995	212,470	48,069	28.0	2,251,847	41.1
1996	217,483	110,413	27.6	2,446,581	45.4
1997	184,580	85,180	23.5	2,579,875	47.6
1998	340,000	169,500	40.3	2,952,491	55.2
1999	375,136	243,476	42.1	3,316,687	62.5
2000	330,040	218,660	36.9	3,675,547	68.4
2001	300,000	209,240	35.4	3,924,341	74.4
2002	349,680	258,200	41.8	4,210,991	80.4
2003	353,450	286,520	42.9	4,569,736	86.8
2004	354,900	267,860	41.8	4,990,137	94.2
2005	312,690	235,070	36.6	5,269,279	98.7
2006	274,700	210,550	33.7	5,317,015	99.0
2007	253,820	193,380	31.0	5,414,584	100.6
2008	331,680	261,930	39.2	5,459,356	105.8
2009	519,550	369,440	51.5	5,939,717	119.4
2010	423,030	347,000	44.4	6,363,117	126.0
2011	427,980	344,300	42.5	6,698,674	134.0
2012	474,650	360,360	48.9	7,050,072	141.2
2013	408,510	338,370	40.8	7,438,676	145.1
2014	384,929	319,159	39.0	7,740,831	147.9
2015	349,183	284,393	35.5	8,054,182	148.9
2016	380,346	291,332	39.0	8,305,733	152.4
2017	335,546	262,728	34.2	8,531,789	153.5
2018	343,954	262,982	34.8	8,740,434	157.0
2019	365,819	274,382	36.1	8,866,945	159.2
2020	1,085,539	859,579	73.5	9,466,468	176.1
2021	576,550	484,870	39.9	9,914,111	180.1
2022	624,789	537,519	44.9	10,424,369	186.1
2023	356,230	290,650	31.1	10,680,213	186.7

资料来源：内閣府『令和6年度年次経済財政報告—熱量あふれる新たな経済ステージへ—（令和6年8月2日）』（長期経済統計）、2024年8月。

Abstract

This report provides a systematic analysis and outlook on the macroeconomic performance, key aspects of economic policies, and future trends of Japanese economy. In 2024, the Japanese economy is showing a trend of recovery, but the pace is relatively slow. Affected by inflation, Japan's nominal GDP exceeded 600 trillion yen in 2024, reaching the highest level on record, but actual GDP growth remains at an ultra-low rate. The improvement of employment has promoted the recovery of consumption, and the demand for investment in equipment related to semiconductors and automation is also increasing. However, due to strong vigilance against inflation, domestic demand remains at a weak level. The depreciation of the Japanese yen has driven export growth, and benefiting from overseas investment returns and inbound tourist consumption, the current account surplus has significantly expanded. The Bank of Japan has made significant adjustments to its monetary policy, marking the end of the eight year era of negative interest rates. The newly established Ishiba government has introduced its first economic stimulus plan, emphasizing the transition to a "growth oriented" economy. The main content is to increase the real wages and income of all citizens, promote local economic revitalization, and focus on supporting the development of semiconductor and generative artificial intelligence industries. After being surpassed by Germany in nominal GDP in 2023, Japan's nominal GDP will still be lower than Germany's in 2024, ranking as the world's fourth largest economy. Looking ahead to the trend of Japanese economy, in the short term, it will continue to maintain a recovery tone, but faces significant uncertainty. In the medium to long term, the deep structural problems of Japan's economy and society are still difficult to solve, while the Japanese government is also trying to make adaptive adjustments. Therefore, the deepening structural problems and the continuous policy adjustments will be a long-term coexistence.

This report focuses on the Japanese economy under the changing global economic situation, and has three sections: "General Report", "Sub reports", and "the Japanese economy under the changing global economic situation". Based on general report, this report provides a comprehensive analysis and outlook on the dynamic changes, existing problems, and future trends of Japan's finance, industry, and foreign economic relations, and explores new opportunities and challenges for Sino-Japanese economic and trade cooperation. In the increasingly complex global economic situation, multiple aspects of Japanese economy are constantly adjusting and showing new trends. Therefore, this report also provides specific and in-depth analysis of some noteworthy topics. Such as, the new characteristics and trends of Japan's economic transformation, the trends and changes in bilateral economic relations between China and Japan, the security measures of Japan's battery mineral supply chain, the strategy and issues of Japan's biological transformation, the development and problems of Japan's green finance, the development strategy of Japan's generative artificial intelligence, the new trend of Japan's budget performance reform, the driving force and sustainability of Japan's real estate market warming, the trend and impact of semiconductor cooperation between Japan and the United States, the new progress and impact of Japan's high-quality infrastructure cooperation strategy in Southeast Asia, Japan's economic diplomacy from the perspective of the "Global South". This can provide reference for policy-making in related fields and offer new perspectives and ideas for academic research.

Keywords: Japanese Economy; Sino-Japanese Economic and Trade Relations; Economic Policies; Industrial Transformation; Economic Security

Contents

I　General Report

Abstract: In 2024, the Japanese economy is showing a trend of recovery, but the pace is relatively slow. Affected by inflation, Japan's nominal GDP exceeded 600 trillion yen in 2024, reaching the highest level on record, but actual GDP growth remains at an ultra-low rate. The improvement of employment has promoted the recovery of consumption, and the demand for investment in equipment related to semiconductors and automation is also increasing. However, due to strong vigilance against inflation, domestic demand remains at a weak level. The depreciation of the Japanese yen has driven export growth, and benefiting from overseas investment returns and inbound tourist consumption, the current account surplus has significantly expanded. The Bank of Japan has made significant adjustments to its monetary policy, marking the end of the eight year era of negative interest rates. The newly established Ishiba government has introduced its first economic stimulus plan, emphasizing the transition to a "growth oriented" economy. The main content is to increase the real wages and income of all citizens, promote local economic revitalization, and focus on supporting the development of semiconductor and generative artificial intelligence industries. After being surpassed by Germany in nominal GDP in 2023, Japan's nominal GDP will still be lower than Germany's in 2024, ranking as the world's fourth largest economy. Looking ahead to the trend of Japanese economy, in the short term, it will continue to maintain a recovery tone, but faces significant uncertainty. In the medium to long term, the deep structural problems of Japan's economy and society are still difficult to solve, while the Japanese government is also trying to make adaptive adjustments. Therefore, the deepening structural problems and the continuous policy adjustments will be a long-term coexistence.

Keywords: Japan's Economy; Private Consumption; Enterprise Investment; Inflation; Economic Policies

II   Situation Reports

Abstract: In 2024, Japan's fiscal budget explores fiscal consolidation under multiple constraints, aiming to boost economic vitality through wage increases and private investment, while facing persistently high debt pressure. The total budget amounts to 114.4 trillion yen, with social security and healthcare (29.5%) and debt servicing costs (24.6%) being the largest expenditure items. Additionally, the budget increases investment in addressing the low birth rate, national defense, and infrastructure. Fiscal revenue relies heavily on taxes (61.8%) and public debt (31.5%), with a significant proportion of special bonds, highlighting fiscal vulnerability. A supplementary budget of 13.9 trillion yen is added for economic revitalization, price stability, and security. The 2025 budget continues the reform direction, emphasizing social security optimization, green transformation, and technological investment, but the debt dependency remains high, posing severe challenges to fiscal sustainability.

Keywords: Financial Budget; Multiple Constraints; Super-aged Society; Fiscal Sustainability

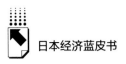
B.3 Japan's Financial Situation and Financial Policy in 2024

Liu Rui / 049

Abstract：In 2024, Japan's financial policy witnessed a significant and historic shift. The Bank of Japan（BOJ）successively implemented measures, such as ending the negative interest rate policy, abolishing YCC, stopping the purchase of risky assets and ending the zero-interest rate policy, to promote monetary policy to enter the normal track. The backdrop for these adjustments in 2024 is mainly due to unexpected inflation, wage growth exceeding expectations, and prominent side effects of long-term ultra-loose policies. The effects of these policy adjustments are reflected in the bond market, foreign exchange market, stock market, and the earnings of financial institutions. The normalization of Japan's monetary policy faces challenges such as the difficulty of BOJ's B/S contraction, and the increasing fiscal burden. In the future, the BOJ will continue to make phased policy adjustments and may raise interest rates slightly again in 2025. Meanwhile, with the changes in the domestic and international environment, the BOJ will continue to remain cautious in terms of magnitude and frequency.

Keywords：BOJ; Financial Policy; Financial Market; Monetary Policy Normalization; QQE

B.4 Japanese Industry in 2024：A Mixed Bag of Prospects

Tian Zheng / 066

Abstract：In 2024, due to the Noto Peninsula earthquake and natural disasters such as torrential rains and typhoons, the development of Japan's manufacturing industry will fluctuate, and the development of production machinery, electronic parts and components, and automotive industry will again face the risk of supply chain disruption, while the development of raw materials and consumer goods industry will remain sluggish. However, Japan's service industry as a whole shows a recovery trend Retail, Catering and other lifestyle services is slowly recovering, and in the context of global digital transformation, information and communications industry, financial services and other productive services development is good. At the same time, the depreciation of the yen, inflation, digital transformation and other issues still plague the development of Japanese industry. For this reason, Japanese government has taken measures to accelerate the development of industry by strengthening economic security guarantee policies, vigorously promoting policies related to economic green transformation, and facilitating industrial digital transformation.

Keywords: Japanese Industry; Yen Depreciation; Inflation; Corporate Governance; Digital Transformation

B.5 Japan's Foreign Economic Relations in 2024 and Prospects

Deng Meiwei / 081

Abstract: In 2024, Japan's external economic relations have shown notable performance, yet challenges remain. The country's export volume has surpassed 100 trillion yen for two consecutive years, with a significant narrowing of the trade deficit. However, this growth is primarily driven by price factors, exacerbated by the depreciation of the yen. Outward Direct Investment flows and returns have both achieved double-digit growth, yet structural adjustments in investment locations are evident. The differentiation in corporate overseas operations has intensified, with a rebound in the proportion of profitable enterprises after two years. However, there are heightened expectations of deteriorating performance in major markets such as China and Thailand. The resumption of the trilateral leaders' meetings among China, Japan, and the Republic of Korea signals a new phase in regional cooperation, yet Japan continues to strengthen the economic security dimension in its regional economic partnerships, supporting Ukraine and engaging Pacific Island nations to serve its strategic objectives. With the potential return of Donald Trump to the U.S. presidency increasing uncertainties in the global

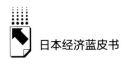

political and economic landscape, Japan is expected to maintain an active and strategic approach in advancing regional economic cooperation to mitigate external shocks.

Keywords: Japan; Foreign Trade; Foreign Direct Investment; Regional Economic Cooperation

B.6 Review and Prospect of Sino-Japanese Economic and Trade Cooperation in 2024　　*Chang Sichun* / 101

Abstract: In 2024, Sino-Japanese bilateral relations demonstrated a stabilizing and improving trajectory under the guidance of high-level engagements. Despite the widening asymmetry in trade interdependence, the complementarity of bilateral trade remains significant. Influenced by internal and external factors, Japan's direct investment in China further declined, yet the Chinese market remains critical for Japanese enterprises. Under the Regional Comprehensive Economic Partnership (RCEP) framework, economic and trade cooperation between the two countries has deepened. Looking ahead to 2025, amid challenges such as rising protectionism, fragmented supply chains, and slowing economic growth, Sino-Japanese economic relations face opportunities to advance collaboration. Both sides should deepen regional economic cooperation in the Asia-Pacific and third-party market collaboration under the Belt and Road Initiative (BRI) framework; leverage structural complementarity to unlock synergistic potential in areas such as the "silver-haired economy" (aging-related industries), dual-carbon strategy, and the digital economy; and stimulate economic dynamism through enhanced two-way investment. Despite persistent geopolitical risks, China and Japan retain opportunities to jointly address trade protectionism, safeguard regional supply chain stability, and promote the development of bilateral economic ties.

Keywords: Sino-Japanese Economic and Trade Cooperation; Supply Chain Security; RCEP; Silver Economy; Digital Economy

III   The Japanese Economy under the Changing Global Economic Situation

Abstract: New features and trends have emerged in Japan's economic transformation. The Russian-Ukrainian conflict in 2022 led to severe imported inflation in Japan, and the price increase situation has continued for three years without any relief. This unexpected way out of deflation has had a huge impact on the Japanese economy. In March last year, the Bank of Japan announced the lifting of negative interest rates and withdrew from the 11 − year " extra-dimensional easing". The depreciation of the yen, general wage increases, expanded corporate profits, and investment replacing trade have become new pillars supporting Japan's current account surplus. These have become new features of the Japanese economy. Judging from the trend, capital-based countries are being accepted by more people, but the trend of deglobalization has also led to the return of industrial policies, and uncertainty still looms over the Japanese economy.

Keywords: Economic Transformation; Imported Inflation; Financial Easing; Capital-based Country

Abstract: East Asia is an important region of the world economy and its economy has a high degree of economic activity. As atraditional developed country in East Asia, Japan has close economic ties with other economies in East Asia and

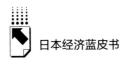
plays an important role in the development of East Asia. In recent years, with the shock of the COVID‐19 Epidemic and the changes of the international political and economic system and geopolitics, East Asia's economic relations have also undergone major changes. Against the backdrop of the COVID‐19 epidemic, the economic and trade relations between Japan and East Asia have significantly changed in terms of bilateral trade, with significant changes in the total volume of trade in goods and the structure of trade products. Behind the changes in the quantity and structure of trade are the changes in the structure of the division of labor, that is, the value chains and the industrial chains. In the latter aspect, the economic and trade structure of Japan and East Asia not only has a relative stability, but also been gradually undergoing major structural changes. The "de-Sinicization" trend deserves attention.

Keywords: International Division of Labor in East Asia; Industrial Chains-Value Chains; Economic and Trade Relations between Japan and East Asia

B.9　Bottlenecks and Breakthroughs: A Critical Examination of

　　　　Japan's Battery Mineral Supply Chain Security

Xu Bo, Zhang Junda / 153

Abstract: The security of battery mineral supply chains has emerged as a critical issue in Japan's industrial strategy. As a resource-scarce industrial powerhouse, Japan heavily relies on imports of key battery minerals such as lithium, cobalt, nickel, manganese, and graphite. This dependence has led to structural vulnerabilities, including high resource concentration, limited refining capacity, and an insufficient energy supply. Amid shifting global geopolitical and economic dynamics, intensified competition between resource-rich and consuming nations has further exacerbated Japan's supply chain fragility. In response, Japan has pursued various strategies to enhance supply chain resilience: diversifying upstream sources through resource diplomacy and deep-sea mineral exploration; strengthening midstream capabilities via technological innovation and integrated domestic-international refining networks; and reducing downstream dependence through material substitution and recycling initiatives. However, significant challenges remain, including technological constraints in deep-sea mineral extraction, the trade-offs between safety and economic feasibility in nuclear power plant restarts, and the slow commercialization of alternative mineral technologies.

Keywords: Japan; Battery Minerals; Supply Chain Security; Resource Strategy

B. 10   Strategic Trends and Implementation Pathways of
         Japan's Bioeconomy Development   *Ping Liqun* / 172

Abstract: As an emerging economic form in the 21st century, the bioeconomy is gradually demonstrating its enormous potential and influence on a global scale. The formulation of the bio-strategy marks Japan's shift from a biotechnology strategy to a bioeconomic strategy. In order to further utilize its own advantages to expand the bioeconomic market and achieve a win-win situation of solving the problems it faces and achieving sustainable economic growth, Japan has revised the "Bio-Strategy" and formulated the "Bioeconomic Strategy". Under the framework of the bio-strategy, the Japanese government is building a bio-community to make it a bio-innovation ecosystem that serves as a medium and hub capable of connecting domestic and foreign data, talents, investments, and research. This promotes the expansion of the bioeconomic market, with the goal of building Japan into a world-leading bioeconomic society by 2030 and establishing its leadership position and national competitive advantage in the field of bioeconomy.

Keywords: Bioeconomy Strategy; Bio-community; Regional Innovation Ecosystem

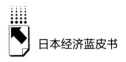日本经济蓝皮书

B.11   Study on the Development and Problems of Green Finance in

Japan in the Context of International Carbon Neutrality

Ding Hongwei , Wu Yuxi / 193

Abstract: With the advancement of the international community's carbon neutrality process, in 2020, Japan announced its goal of achieving carbon neutrality by 2050. In order to achieve the goal, Japanese government is mobilizing more funds for green development by establishing a sound green finance system. Japan's green finance mainly refers to green investment and financing. After the initial issue of green bonds by the Development Bank of Japan in 2014, green finance, including green bonds, green credits, sustainability bonds, sustainability-linked bonds, sustainability-linked loans and transition finance, has continued to develop, and the systems and mechanisms of green finance such as the "Bonds for the transition to a decarbonized economic structure" have been constantly innovated. Japanese government has been promoting market formation, promoting information disclosure, and improving the green finance market through three means: "guiding" "helping" and "pressing". On the basis of summarizing the development history and problems of green finance in Japan, this paper discusses the role of the Japanese government in promoting the development of green finance market, and seeks inspiration and lessons for the development of green finance in China.

Keywords: Green Finance; Green Investment and Financing; Carbon Neutrality; Bonds for the Transition to a Decarbonized Economic Structure

B.12   A Study on the Current State and Trends of Japan's

Generative AI Industry   *Zhou Shengsheng* / 208

Abstract: Since the release of ChatGPT, the continuous development of generative AI has been rapidly driving global industrial transformation, further intensifying shifts in the international competitive landscape. Against this backdrop, to protect its own interests and international influence, Japan has actively focused on generative AI development and accelerated its strategic deployment across the AI industry structure—including foundational hardware, AI models, applications, and users. Although Japan holds advantages in certain hardware sectors such as semiconductors, it still exhibits clear shortcomings in cloud service capabilities, domestic model competitiveness, AI talent reserves, and AI adoption rates. In the future, Japan will need to find a balance between domestic substitution and international cooperation, particularly by seeking opportunities for technological collaboration with China, in order to achieve its goal of enhancing international competitiveness.

Keywords: Generative AI; AI Industry Structure; Japan Economy

B.13   The Trends and Characteristics of Japan's Budget Performance
Management Reform under the New Situation
Ma Caichen, Tang Zhuoyue, Zhu Wenying and Bai Bo / 223

Abstract: Budget performance management is an important tool for fiscal and taxation policies to promote economic development. Starting from the new economic and fiscal situation in Japan, this article comprehensively examines the system, model, performance evaluation method, and development history of budget performance management. Based on this, the article analyzes and summarizes the latest progress in Japan's budget performance management reform: the budget performance management model is developing towards a result-oriented model, the budget performance evaluation method is becoming more scientific and efficient, and the policy evaluation and review system in the budget performance system are coordinated. Its main features are that it promotes the transformation of budget performance management from "resource allocation" to "results-oriented", focuses on evidence-based decision-making based on performance results, and pays

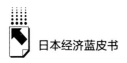

attention to the quality of performance goals and performance results.

Keywords: Japanese Budget; Budget Performance Management; Modern Budget System

B.14 Analysis of the Reasons for the Heating up of the Japanese
Real Estate Market and Its Sustainability *Zhou Xuhai* / 239

Abstract: After the collapse of the bubble economy, the Japanese real estate market entered a downward channel for nearly 20 years. It was not until the implementation of Abenomics that it showed signs of moderate recovery. However, since 2021, the real estate prices in Japan, especially in core cities, have shown an upward trend worthy of attention, and the average price of new apartments in the capital circle has hit record highs. This round of Japanese real estate market warming is the result of multiple factors, including rising land and construction costs, falling yen exchange rate, rising wages and stock market, and the implementation of the new real estate policy. However, due to the continuous population decline, weak economic recovery, narrowing interest rate difference between Japan and the United States, and severe housing vacancies, it is difficult to maintain the sharp rise in Japanese real estate prices for a long time.

Keywords: Real Estate Market; Housing Price; Real Estate Policy; Yen Exchange Rate

B.15 Japan-US Semiconductor Cooperation: Trends and Impacts
Deng Meiwei / 254

Abstract: In recent years, Japan and the United States have intensified semiconductor collaboration by deepening multilateral and bilateral mechanisms, advancing cooperation in technology R&D, supply chain resilience, talent cultivation, and policy coordination. This strategy extends to bolstered partnerships with China's Taiwan region, Southeast Asia, and India, aimed at consolidating technological dominance and securing supply chains. The Japan-U. S. semiconductor alliance demonstrates a clear strategic intent to counter China's technological rise. Their coordinated efforts not only disrupt the global semiconductor industry's shift toward China—thereby accelerating the fragmentation of supply chains—but also seek to widen the technological generation gap, confining China to mid-and low-end semiconductor sectors. Concurrently, this collaboration aims to reduce reliance on China's manufacturing capabilities and diminish its advantages in critical resource networks, industrial ecosystems, and technology diffusion capacities. Sustained research into these dynamics is imperative to understand their long-term implications.

Keywords: Japan; United States; Semiconductors; Technological Collaboration

B. 16   Recent Developments and Implications of Japan's High-Quality

Infrastructure Partnership Strategy: A Focus on Southeast Asia

Meng Xiaoxu, Tang Jia / 270

Abstract: In recent years, Japan has continuously deepened its High-Quality Infrastructure Partnership Strategy, particularly strengthening its strategic deployment in Southeast Asia. This strategy emphasizes transportation, energy, and digital infrastructure sectors, with a focus on exporting technical standards, promoting sustainability, and shaping rules to advance its "Indo-Pacific Strategy." Key motivations behind Japan's intensified infrastructure investments in Southeast Asia include geopolitical competition, economic strategic transformation, security demands, and the pursuit of dominance in standard-setting. These efforts not only serve Japan's economic and strategic interests but also aim to counterbalance the Belt and Road Initiative (BRI) and reshape the regional geo-economic and security landscape. Japan's promotion of high-quality infrastructure partnerships in

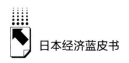
Southeast Asia will significantly impact China's strategic environment in its periphery, necessitating further research and analysis.

Keywords: Japan's High-Quality Infrastructure Partnerships; Southeast Asia; Indo-Pacific Strategy; The Belt and Road Initiative (BRI)

B.17   Japan's Economic Diplomacy Transformation in Africa from the Perspective ofthe Global South and Its Implications

Wang Yichen / 285

Abstract: For a long time, Japan's economic diplomacy in Africa has shifted from resource-driven aid to a diversified model centered on economic and trade cooperation, adapting to changes in the global economic landscape and strengthening its focus on the Global South. Through ODA, multilateral cooperation, high-quality infrastructure construction, and critical mineral development, Japan has deepened its economic ties with Africa, enhancing its economic resilience and international standing. At the same time, under the framework of the "Free and Open Indo-Pacific" initiative, Japan has engaged in competition with China in areas such as infrastructure construction, resource development, and global governance discourse. However, Japan's efforts in Africa remain constrained by limited scale, weak corporate risk resilience, and intense regional competition. As a key hub for resources and markets, Africa has become a strategic priority in Japan's economic diplomacy.

Keywords: Japanese Economic Diplomacy; Global South; International Cooperation in Africa; Sino-Japanese Competition

Appendix

社会科学文献出版社

皮 书

智库成果出版与传播平台

❖ 皮书定义 ❖

皮书是对中国与世界发展状况和热点问题进行年度监测，以专业的角度、专家的视野和实证研究方法，针对某一领域或区域现状与发展态势展开分析和预测，具备前沿性、原创性、实证性、连续性、时效性等特点的公开出版物，由一系列权威研究报告组成。

❖ 皮书作者 ❖

皮书系列报告作者以国内外一流研究机构、知名高校等重点智库的研究人员为主，多为相关领域一流专家学者，他们的观点代表了当下学界对中国与世界的现实和未来最高水平的解读与分析。

❖ 皮书荣誉 ❖

皮书作为中国社会科学院基础理论研究与应用对策研究融合发展的代表性成果，不仅是哲学社会科学工作者服务中国特色社会主义现代化建设的重要成果，更是助力中国特色新型智库建设、构建中国特色哲学社会科学"三大体系"的重要平台。皮书系列先后被列入"十二五""十三五""十四五"时期国家重点出版物出版专项规划项目；自2013年起，重点皮书被列入中国社会科学院国家哲学社会科学创新工程项目。

权威报告·连续出版·独家资源

皮书数据库
ANNUAL REPORT(YEARBOOK)
DATABASE

分析解读当下中国发展变迁的高端智库平台

所获荣誉

- 2022年，入选技术赋能"新闻+"推荐案例
- 2020年，入选全国新闻出版深度融合发展创新案例
- 2019年，入选国家新闻出版署数字出版精品遴选推荐计划
- 2016年，入选"十三五"国家重点电子出版物出版规划骨干工程
- 2013年，荣获"中国出版政府奖·网络出版物奖"提名奖

皮书数据库

"社科数托邦"
微信公众号

成为用户

　　登录网址www.pishu.com.cn访问皮书数据库网站或下载皮书数据库APP，通过手机号码验证或邮箱验证即可成为皮书数据库用户。

用户福利

- 已注册用户购书后可免费获赠100元皮书数据库充值卡。刮开充值卡涂层获取充值密码，登录并进入"会员中心"—"在线充值"—"充值卡充值"，充值成功即可购买和查看数据库内容。
- 用户福利最终解释权归社会科学文献出版社所有。

社会科学文献出版社 皮书系列
SOCIAL SCIENCES ACADEMIC PRESS (CHINA)

卡号：581465863738
密码：

数据库服务热线：010-59367265
数据库服务QQ：2475522410
数据库服务邮箱：database@ssap.cn
图书销售热线：010-59367070/7028
图书服务QQ：1265056568
图书服务邮箱：duzhe@ssap.cn

法律声明

　　"皮书系列"（含蓝皮书、绿皮书、黄皮书）之品牌由社会科学文献出版社最早使用并持续至今，现已被中国图书行业所熟知。"皮书系列"的相关商标已在国家商标管理部门商标局注册，包括但不限于LOGO（▧）、皮书、Pishu、经济蓝皮书、社会蓝皮书等。"皮书系列"图书的注册商标专用权及封面设计、版式设计的著作权均为社会科学文献出版社所有。未经社会科学文献出版社书面授权许可，任何使用与"皮书系列"图书注册商标、封面设计、版式设计相同或者近似的文字、图形或其组合的行为均系侵权行为。

　　经作者授权，本书的专有出版权及信息网络传播权等为社会科学文献出版社享有。未经社会科学文献出版社书面授权许可，任何就本书内容的复制、发行或以数字形式进行网络传播的行为均系侵权行为。

　　社会科学文献出版社将通过法律途径追究上述侵权行为的法律责任，维护自身合法权益。

　　欢迎社会各界人士对侵犯社会科学文献出版社上述权利的侵权行为进行举报。电话：010-59367121，电子邮箱：fawubu@ssap.cn。

社会科学文献出版社